U0865514

文化伟人代表作图释书系

An Illustrated Series of Masterpieces of the Great Minds

非凡的阅读

从影响每一代学人的知识名著开始

知识分子阅读，不仅是指其特有的阅读姿态和思考方式，更重要的还包括读物的选择。在众多当代出版物中，哪些读物的知识价值最具引领性，许多人都很难确切判定。

“文化伟人代表作图释书系”所选择的，正是对人类知识体系的构建有着重大影响的伟大人物的代表著作，这些著述不仅从各自不同的角度深刻影响着人类文明的发展进程，而且自面世之日起，便不断改变着我们对世界和自然的认知，不仅给了我们思考的勇气和力量，更让我们实现了对自身的一次次突破。

这些著述大都篇幅宏大，难以适应当代阅读的特有习惯。为此，对其中的一部分著述，我们在凝练编译的基础上，以插图的方式对书中的知识精要进行了必要补述，既突出了原著的伟大之处，又消除了更多人可能存在的阅读障碍。

我们相信，一切尖端的知识都能轻松理解，一切深奥的思想都可以真切领悟。

■ 文化伟人代表作图释书系

DAS
KAPITAL

何小禾 / 编译

资本论

〔德〕卡尔·马克思 / 著

重庆出版社

图书在版编目（CIP）数据

资本论/（德）马克思（Marx，K.）著；何小禾编译. —重庆：重庆出版社，2013.11（2025.10重印）

ISBN 978-7-229-07105-9

Ⅰ.①资… Ⅱ.①马… ②何… Ⅲ.①马克思著作—马克思主义政治经济学 Ⅳ.①A123

中国版本图书馆CIP数据核字（2013）第252378号

资 本 论
ZIBENLUN
〔德〕卡尔·马克思 著 何小禾 编译

策 划 人：刘太亨
责任编辑：肖化化 杜明阳
责任校对：李小君
封面设计：日日新
版式设计：梅羽雁

重庆出版社 出版

重庆市南岸区南滨路162号1幢 邮编：400061 http://www.cqph.com
重庆市国丰印务有限责任公司印刷
重庆出版社有限责任公司发行
全国新华书店经销

开本：720mm×1000mm 1/16 印张：24 字数：400千
2006年2月第1版 2014年10月第3版 2025年10月第54次印刷
ISBN 978-7-229-07105-9

定价：48.00元

如有印装质量问题，请向本社调换：023-61520678

PREFACE | 前 言

《资本论》的诞生，倾注了马克思毕生的精力，是他花费40年时间，阅读1 500种书籍，整理400余本笔记的心血之作。这是一部融政治经济学、哲学、科学社会主义为一体的博大精深的科学巨著，是马克思主义百科全书，是研究资本主义社会经济形态的巅峰之作，更是人类思想史上不朽的理论丰碑。该书一经面世，很快被译成70多种语言文字出版，全球累计销量达20亿册。人们争相阅读，口口相传，把它奉为“无产阶级的圣经”。

《资本论》作者马克思是马克思主义理论体系的创始人，近代政治经济学家、哲学家、社会活动家、革命理论家。1818年5月5日生于普鲁士莱茵省特里尔城。先后在波恩大学、柏林大学学习，最后在耶拿大学取得博士学位。1842年担任《莱茵报》主编。1843年同燕妮结婚后迁居巴黎。1844年创办《德法年鉴》，标志着其世界观转变完成。同年与恩格斯见面，二人从此成为一生的挚友。不久因从事革命活动被驱逐，迁居布鲁塞尔。1847年加入共产主义者同盟，与恩格斯共同起草了《共产党宣言》。1848年重回德国，创办《新莱茵报》，不久再遭驱逐，流亡巴黎，后定居伦敦。1867年，《资本论》（第一卷）出版。晚年继续撰写《资本论》。1883年3月14日在伦敦病逝，葬在海格特公墓燕妮的坟墓旁边。

《资本论》共四卷。马克思把前三卷称为理论部分，把第四卷称为历史批判部分。由于第四卷是以《剩余价值理论》为书名，故通常所说的《资本论》指前三卷，共190多万字。第一卷从简单的商品入手，研究资本的生产过程，揭示了作为阶级关系的资本的本质，重点阐述了剩余价值理论。第二卷分为三章，研究资本的流通过程和总过程的各种形式，进一步揭示资本的本质及其内在的深刻矛盾。第三卷探讨剩余价值如何在资产阶级内部分配的问题。全书对资本主义经济形态进行了全面深刻的剖析，揭示了资本主义经济的运行规律，对人类社会，尤其是占绝大多数人口的劳动者的命运产生了深远的影响。

马克思在《资本论》中创建了一个崭新的思想体系。其研究世界的方法源于德国哲学、早期社会主义理论和政治经济学。他像黑格尔一样，相信能够用一个辩证法公式概括人类的进化历程。他认为，所有哲学家都在致力于解释世界，但问题的关键在于如何改变世界。他在黑格尔辩证法的基础之上，颠覆了传统的“形而上学”，建立了一个在现实中得以实践的最大的人类思想体系。《资本论》，这部“稿费甚至不够支付写作它时所吸的雪茄烟钱”的光辉巨著，不仅深刻阐释了资本主义社会经济形态的诸多方面，还使人类世界在较大范围内发生了深刻变化。

恩格斯说：“自地球上有资本家和工人以来，没有一本书能像我们面前的这本书一样，对于劳动者具有如此重要的意义。资本和劳动的关系，是我们现代全部社会体系赖以旋转的轴心，这种关系在这里被第一次作了科学的说明，而这种说明之透彻和精辟，只有一个人能做到，这个人就是马克思，他攀登到最高点，把现代社会关系的全部领域一览无遗。”

编译者
2014年5月

ORIGINAL PREFACE | 原版序

原版序

现在，我将《资本论》第一卷献给读者。它是我1859年发表的《政治经济学批判》的续篇。初篇与续篇相隔许久，是因为多年疾病使我的工作一再中断。

在本卷第1章中，我将《政治经济学批判》的主要内容作了概述。这样既是为了本书内容的连贯和完整，同时也改进了叙述方式。在情况许可的范围内，前书只简略提到的一些论点，在本卷中我都作了进一步的阐述；而前书中已经详细阐述的论点，这里只略微提及。

万事开头难，各门科学亦是如此。所以，本卷第1章，特别是分析商品的部分，最难理解。其中，对价值实体和价值量的分析，我尽量做到通俗易懂。以货币形式为完成形态的价值形式，其内容却极其简单。两千年来，人类在这方面所进行的探讨和努力，并未取得多少实质性成果。但是，对于那些更有内容和更复杂的形式的分析，却取得了相当大的成功。为何如此？因为研究已经发育的身体比研究身体的细胞更容易。分析经济

□ **马克思**

马克思（1818—1883年），马克思主义创始人。犹太裔德国人，伟大的政治经济学家、哲学家、社会活动家、革命理论家。他一生著述颇丰，其中的主要著作《德意志意识形态》和《共产党宣言》是与其挚友恩格斯共同完成的。《德意志意识形态》一书批判了黑格尔的唯心主义哲学，论述了历史唯物主义的基本原理；《共产党宣言》的问世，则标志着马克思主义的诞生。1867年9月，马克思亲自撰写的《资本论》第一卷出版。他去世以后，《资本论》第二、三卷由恩格斯整理出版。

形式，只能用抽象的逻辑思维来进行。然而，对于资产阶级社会来说，劳动产品的商品形式，或者商品的价值形式，就是社会经济的细胞。在浅薄的人看来，分析这种形式，好像是对一些琐事斤斤计较。虽然的确如此，但这是必须使用显微镜才能透析的那种琐事。

因此，除了价值形式部分外，本书并不艰深难懂。当然，我指的是那些想学一些新知识、愿意独立思考的读者。

物理学家多在自然过程表现得最充分、最少受干扰的地方考察研究，或者在保证过程以其纯粹形态进行的条件下从事实验。在本书中，我所研究的是资本主义的生产方式、生产关系和交换关系。迄今为止，实行这种生产方式最典型的国家是英国。所以，在理论阐述时，我主要将英国作为例证。但是，如果德国读者看到英国工人所处的境况而伪善地耸耸肩膀，或者认为自己的生活状况远远好过英国工人而乐观地自我安慰，那我就要对其当头棒喝了：对不起，先生，这说的正是你们的事情！

资本主义生产的客观规律必然会引起激烈的社会对抗，但问题本身并不在于对抗的发展程度的高低，而在于这些规律本身，在于这些规律发生作用的必然性及其正在实现的趋势。工业较发达国家的现状，就是工业较不发达国家未来的景象。

在德国已经完全确立资本主义生产方式的地方，比如工厂，由于没有工厂法，工人的情况比英国还要糟糕。在其他方面，德国也同西欧所有国家一样，既苦于资本主义生产的发展，又无奈于资本主义生产的不发展。现代的、历史遗留下来的灾难压迫着我们，这些灾难的产生，是由于古老而陈旧的生产方式、社会关系和政治关系还在苟延残喘。使我们受苦的，不仅有活人，还有死人。死人控制了活人！

与英国相比，德国与西欧大陆国家的社会统计资料很是贫乏。但就是这点有限的资料，也能将那些国家的政治经济的帷幕揭开一道缝隙，使我们能够窥见幕内的真相。如果德国政府和议会也像英国那样，能够组织委员会并指派专人定期调查社会政治经济状况；如果这些委员会能够像英国委员会那样，有公开调查真相的真正权力；如果在调查中，能够找到像英国工厂视察员、编写《公共卫生》报告的英国医生、调查女工童工受剥削情况以及居住生活条件等的英国调查委员那样内行、公正、坚决的调查人员，那么，调查的情况就会使德国民众大吃一惊。柏修斯用一顶隐身帽将自己隐蔽起来，以便于追捕妖怪。我们却用隐身帽将自己的眼睛和耳朵严严实实地捂住，以看不见为由来否定妖怪的存在。

不要掩耳盗铃。正如18世纪美国独立战争给欧洲中等阶级拉响了警报一样，19世纪美国南北战争又给欧洲工人阶级敲响了警钟。在英国，社会改革的步伐明显加快，当它达到一定程度后，一定会波及整个欧洲大陆。到那时，它会是采取较残酷的还是较人道的形式，则要根据工人阶级自身发展的程度而定。所以，现在的统治阶级，姑且不论他们的动机是否高尚，其切身利益也迫使他们必须废除那些妨害工人阶级发展的障碍。因此，我用了较大的篇幅来叙述英国工厂立法的历史、内容及结果。一个国家向其他国家学习，不仅理所应当，而且是一种必须。一个社会即使探索到了社会发展的客观规律（本书的最终目的就是要揭示现代社会经济运动的客观规律），也不能跳过更不能用法令来取消社会的自然发展阶段，即便它能缩短和减轻“分娩”的痛苦。

为了避免产生误解，需要简单说明的是：我绝不用玫瑰色来描绘资本家和地主的面貌；本书中所涉及的人，只是一种经济范畴的人格化，是一定的阶级关系和经济利益的物质承担者。社会经济形态的发展是一种历史的、自然的发展过程。作为这些阶级中的个体，不管他在主观上怎样超脱各种关系，但在社会意义上，他必定是这些关系的承担者。而且我认为，我们无权要求个人对这些关系负责。

政治经济学所研究的材料的特殊性，把人们心中那些最激烈、最卑鄙和恶劣的感情全都暴露出来，并让代表私人利益的复仇女神来反对自由的科学研究。英国高教会派可以饶恕对它三十九个信条中的三十八个展开的攻击，却不允许攻击它的现金收入的三十九分之一。在今天，与批评传统的财产关系相比，笃信无神论已变成了一种很轻的罪。尽管如此，社会的进步却是无法阻挡的。以几星期前发表的蓝皮书《就工业和工联问题同女王陛下驻外使团的信函往来》为例，英国女王驻外使节在蓝皮书中坦率地说：在德国、在法国、在欧洲大陆的一切文明国家，他们对现有劳资关系的变革已同英国一样明显，一样不可避免。与此同时，大西洋彼岸的美国副总统威德先生也在公众集会上说：在奴隶制废除后，资本关系和土地所有权关系的变革将会被提到议事日程上来！这是时代进步的标志，是法官的紫衣黑袍无法遮掩的。奇迹不会在明天出现，但它已经透露出这样一种讯息：现有的社会制度不是一块铁板，而是一个能够变化并且经常处于变化过程中的机体。

这部著作的第二卷将探讨资本的流通过程和资本主义生产的总过程，第三卷即最后一卷将探讨理论史。

我欢迎任何科学的批评意见。但对于舆论的偏见，我从不让步。我坚信伟大的佛罗伦萨诗人但丁的格言：

走自己的路，让别人去说吧！

卡尔·马克思
1867年7月25日于伦敦

导读

REVIEW

1867年9月14日，《资本论》第一卷于德国汉堡正式出版；第二卷、第三卷也在马克思逝世后，经过恩格斯的认真研究和精心整理，得以出版。

《资本论》对资本主义进行了严厉的指控，以深沉犀利的笔触揭示了当时资本主义积累的普遍规律。《资本论》是马克思“整个一生科学研究的成果”，是他与恩格斯心血的结晶；它凝聚着马克思的全部心血和智慧，是马克思献给全世界工人阶级的一部最重要的科学文献；它在世界各国广泛流传，成为当时工人阶级反对资产阶级的强大思想武器。同时，以其对当时欧洲社会经济历史的高度概括，又可称得上是一部伟大的历史著作。

资本主义生产方式迅速发展的欧洲，其社会所固有的矛盾已日益凸显，工人阶级反对资产阶级的斗争也日益尖锐和复杂。在这种情况下，马克思开始着手研究政治经济学。他广泛阅读和收集包括农艺学、工艺学、解剖学、历史学、经济学和法律学等相关文献资料，在伦敦的大英博物馆里深入研读各类著作（约1 500余种），做了100余本摘录和笔记。

《资本论》以英国作为主要研究对象，因为当时的英国是资本主义发展较早且较成熟的国家。马克思说：“迄今为止，这种生产方式的典型地点是英国。因此，我在理论阐述上主要以英国为例。”然而，《资本论》所揭示的资本主义生产关系并不只适用于英国，而是适用于所有资本主义国家。马克思用源于德国哲学、早期社会主义理论和政治经济学的方法来研究世界。他像黑格尔一样，相信人类的进化历程可以用一个辩证法公式概括。他认为，所有哲学家所做的一切都是致力于解释世界，而问题的关键也都在于如何改变世界。在这部著作中，马克思还对古典经济学家进行了细致的分析和批判，并提出了全新的观点。他将逻辑、辩证法和认识论有机结合起来，使之融为一体，从而在黑格尔辩证法的基础上颠覆了传统的“形而上学”，建立了一个能用于实践的最大的人类思想体系。此外，《资本论》还被誉为研究资本主义社会经济形态的“扛鼎之作”。马克思本人曾指出：“在本书中，我要研究的是资本主义生产方式以及与之相适应的生产关系和交换关系。”《资本论》即论资本，而资本是带来剩余价值的价值，没有剩余价值就不存在资本，同样，没有资本也就无法带来剩余价值。因此可以说，这本书的核心内容便是剩余价值。

《资本论》全书共四卷。马克思把前三卷称为理论部分，将第四卷称为历史批判部分。他在第一版序言中指出：“这部著作的第二卷将探讨资本的流通过程（第二册）和总过程的各种形式（第三册），第三卷即最后一卷（第四册）将探讨理论史。”1866年10月13日，他在给库格曼的信中写道：“全部著作分为以下四册：第一册：资本的生产过程；第二册：资本的流通过程；第三册：总过程的各种形式；第四册：理论史。”但现在出版的《资本论》的分卷情况，与他当时的设想不尽相同。《资本论》第一卷出版后，马克思继续对第一卷进行修改和译文校订，并对第二卷和第三卷的手稿进行反复修改。但由于国际工人协会活动占用他大量时间，再加上其身体状况的恶化，在第二、三卷未出版之前，他便与世长辞了。马克思逝世后，恩格斯继承了他未竟的事业，将《资本论》第二册和第三册整理为第二卷和第三卷，并分别于1885年和1894年出版。恩格斯在世时，曾打算整理出版《资本论》第四卷，可惜未能如愿便去世了。后来由考茨基接手了这项工作，但他把它当作独立著作并于1904年、1905年、1910年分三卷出版，且命名为《剩余价值学说史》。故通常所说的《资本论》指前三卷。第一卷从简单的商品入手，研究资本的生产过程，揭示了资本的本质，重点阐述了剩余价值理论；第二卷共分三篇，研究资本的流通过程和总过程的各种形式，进一步揭示资本的本质及其内在的深刻矛盾；第三卷探讨剩余价值如何在资产阶级内部分配的问题；第四卷是剩余价值理论的发展史。可见，《资本论》主要在于研究资本家如何榨取工人所创造的剩余价值，以及剩余价值的实现和分配问题。因此，在《序言》中提到的“资本主义方式”，是指以资本主义所有制为基础的生产资料与劳动力相结合的方式，属于广义的生产关系，包括生产、交换、分配和消费等各方面关系。而“与之相适应的生产关系”则是指直接生产过程中人与人之间的关系，即狭义的生产关系，它从属于广义的生产关系。古典经济学家将政治经济学看作研究财富的科学，马克思第一次确定政治经济学的研究对象是生产关系，这是与古典经济学根本对立的。

在书中，马克思通过大量事实，深刻地分析了资本主义的发展历史，也指出了工人阶级贫困的根源。他指出，资本主义最主要的不公平在于对劳动的剥削，资本家支付工人工资，表面似乎公平合理，但实质上并非“等价交换”，因为工人为资本家劳动所创造的财富远远大于自身所得的报酬。例如，一个工人劳动一天所得报酬为10镑，而他一天之内为资本家所创造的利润远不止10镑，可能是20镑或30镑，甚至更高。而这多余的部分，即“剩余价值”——便进了资本家的口袋。同时，马克思还指出，生产资料的个人占有与生产产品的社会化矛盾必然会导致周期性的经济危机发生，这在一百多年后的今天，已被验证为真理。

如果说马克思的《资本论》是为当时资本主义社会下的工人阶级做辩护，那么18世纪英国学者亚当·斯密的经典著作《国富论》便是为资产阶级做辩护。《国富论》为资本主义社会如何增加财富提供了思路，是资本主义经济思想史上的里程碑。其内容从国富的源泉——劳动，说到增进劳动生产力的手段——分工，因分工而引起交换，论及作为交换媒介的货币，再探究商品的价格，以及价格的构成成分——工资、地租和利润。

《国富论》与《资本论》在当时被视为资本主义社会的两大政治经济学宪章。《国富论》的作者亚当·斯密认为，所有商品的价格都可分解为三部分——地租、劳动（工资）、利润，大部分商品都可被这三个部分完全覆盖，少数特殊商品的价格则只含有其中两个或一个因素。而马克思在其《资本论》

中则旗帜鲜明地指出：劳动是一切商品价值的唯一源泉，商品价格之所以会超出其支付给生产商品的工人的工资，是因为生产资料的所有者——资产阶级对工人劳动进行的残酷剥削。然而，尽管二者在基本理论上相互对立，但在具体论述中也有许多共鸣，例如商品价值的二重论（使用价值和交换价值）、价格围绕价值波动的规律论、货币的起源等。

《资本论》这部“稿费甚至不够支付写作它时所吸的雪茄烟钱”的伟大著作，深刻阐释了资本主义社会经济形态的诸多方面，使人类社会发生了深刻变化。它第一次深刻地分析了资本主义的整个发展过程。正如恩格斯所说：“自地球上有资本家和工人以来，还没有一本书像《资本论》这样，对劳动者具有如此重要的意义。资本和劳动的关系，是我们整个现代社会体系赖以旋转的轴心，这种关系在这里第一次作了科学的说明，而这种说明之透彻和精辟，只有一个人能够做到，这个人就是马克思，他攀登到最高点，将现代社会关系的全部领域一览无遗。”

虽然当今世界的形势较之一百多年前，早已发生了翻天覆地的变化，但《资本论》的基本理论直至今日仍具有深刻意义。作为人类宝贵的精神财富，在时间的长河中，《资本论》的意义越发显得深刻。它不是一部穷人的致富学，因为它并未给我们提供获得财富的技巧，但它在根本上解答了穷人为什么穷，富人为什么富的疑惑，昭示了穷人通往富裕的基本方向与途径。它为我们提供了认识经济社会的科学方法论，为我们透过经济现象看到经济内在的本质提供了思路，同时也为政府制定公共政策提供了理论依据。

在当今社会，作为经济学原典的《资本论》已不仅是经济学家堆砌案头的枯燥著作，而是变成了普通人顺应社会发展的有力工具书。对于普通民众而言，研读作为经济学原典的《资本论》不仅有利于分析当前社会的经济形势，更有益于因之洞悉到财富的奥秘。在当前全球经济危机的社会背景下，阅读《资本论》更是一种知识装备的基本需要。

目 录 CONTENTS

第 4 章 绝对剩余价值和相对剩余价值的生产 / 95

第 5 章 工 资 / 105

第 6 章 资本的积累过程 / 115

第二卷

第 1 章 资本形态变化及其循环 / 159

第 2 章 资本周转 / 181

第三卷

DAS
KAPITAL

第一卷

本卷主要研究资本的生产过程，即资本的直接生产过程，它是统一的生产过程和流通过程中抽象出来的生产过程。马克思指出，资本积累以剩余价值为前提，剩余价值以资本主义生产为前提，而资本主义生产又以商品生产者拥有较多的资本和劳动力为前提。因此，资本生产过程的实质是生产剩余价值。

手工工场

第1章
商品和货币

CHAPTER 1

在具体的、现实的交换过程中，各种不同的劳动产品在本质上彼此等同，即都具有使用价值，从而转化为商品。随着商品交换的不断扩大和发展，商品的使用价值和价值的对立进一步加强。为了交易，这一对立必须在外部表现出来，这就要求商品的价值有独立的表现形式。在此情况下，货币应运而生。

由此可见，货币作为商品的价值形式，是从商品中分离出来固定充当一般等价物的商品，是商品交换发展到一定阶段的产物，是商品内在矛盾发展的结果。

商 品

商品是为交换而生产的对他人或社会有用的劳动产品，是使用价值和价值的统一物。就使用价值而言，不同商品有质的区别；就价值而言，不同商品只有量的差异。

商品的使用价值和价值

首先，商品具有使用价值，它以自身的属性来满足人类的某种需要。这种需要不管是由胃而生，还是由人的精神产生，都无关问题的实质。商品满足人的需要有两种方式：一是作为生活资料（即消费品）来直接满足，二是作为生产资料来间接满足。

每一种商品都具有本质属性和自然属性，这使得商品在许多方面具备有用性。商品的这种有用性使商品具有了使用价值，这种使用价值以商品本身为载体，不能离开商品而抽象存在，因此，如铁、纸、小麦、金刚石等，它们本身就决定了自己的使用价值，这与人们为了获得商品的使用价值而付出的劳动没有关系。考察商品使用价值的前提，是商品具有一定的量，例如：一打表、一码布、一吨铁等。使用价值只有通过使用或消费商品才能得以实现，它构成了财富的物质内容，同时，也是交换价值的物质载体。

交换价值是一种使用价值和另一种使用价值相交换的量的关系或比例，而这个比例会随着时间或地点的不同而发生改变。

一定量的商品，可以按差异极大的比例和别的商品相交换，例如一夸特（英制单位，这里相当于12.7千克）小麦，和X量的鞋油或Y量的绸缎，再或是Z量的黄金相交换，由此可见，小麦的交换价值并不是唯一的。不管两种商品相交换的比例如何，都可以用一个等式来表示，如一夸特小麦=a吨铁。这说明在相交换的两种商品中，存在着一种等量的共同物质，它既非小麦，也非铁，也就是说，相交换的两种商品中的任何一种商品，其交换价值都可以转化为这种“共同的东西”。

商品交换的显著特点，就是从商品中剥离了使用价值。在交换关系中只要比例适当，一种使用价值和其他任何一种使用价值就可以完全相等。就使用价值而言，商品有质的区别；就交换价值而言，商品只有量的差别。

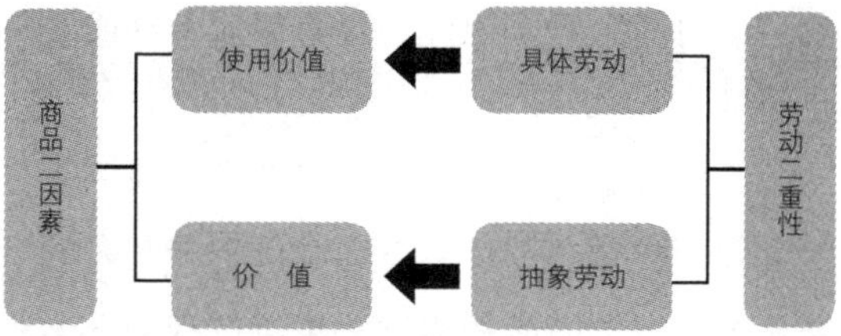

□ **劳动二重性决定商品二因素**

劳动的二重性是具体劳动和抽象劳动，商品的二因素是使用价值和价值。无论是商品的使用价值还是价值，都是劳动的产物：具体劳动创造商品的使用价值，抽象劳动创造商品的价值。因此，劳动二重性与商品二因素具有密切的内在联系，前者决定后者。

如果剥离使用价值，商品就只剩下劳动产品这一属性，那些使劳动产品成为使用价值的物件也会同时消失。随着劳动产品有用性质的消失，劳动产品中的各种劳动的有用性质以及它们的具体形式也随之消失。各种劳动不再有差别，它们都是无差别的人类劳动，即抽象的人类劳动。在商品的交换关系或交换价值中表现出来的共同东西，就是价值，即商品的价值。

由此可见，商品具有价值，是因为商品中凝结着抽象的人类劳动，它的价值量由劳动量来计量。因为劳动本身的量是由持续的劳动时间来计量，而劳动时间又是以小时、日等时间单位作为尺度，那是否可以说，一个人付出的劳动越少，技术越不熟练，制造商品花费的时间越多，他生产的商品就越有价值呢？答案是否定的。因为形成价值实体的劳动是相同的人类劳动与人类劳动力的消耗。体现在商品价值中的社会劳动力，在这里是被当作相同的人类劳动力，而这个相同的人类劳动力则是由无数的单个劳动力构成。在同一社会条件下，计算商品价值的劳动量不是参照个别劳动时间，而是平均必要劳动时间或社会必要劳动时间。社会必要劳动时间是在现有的社会正常的生产条件下，在社会平均的劳动熟练程度和劳动强度下制造某种使用价值所需要的劳动时间。例如，自英国纺织业采用蒸汽织布机后，将以前的织布时间缩短了一半，但实际上，英国的手工织布工人把纱织成布所耗费的劳动时间，仍然与之前相同。那么，这时手工织布工人一小时的个人劳动只相当于现在同一社会条件下半小时的社会劳动，而手工织布工人一小时劳动的价值也只有它以前的一半。

由此可见，商品的价值量是由社会必要劳动量[1]，或生产使用价值的社会必

[1] 社会必要劳动量：人们为生产某种产品必须使用的平均劳动量。

要劳动时间决定。因此，含有等量劳动或在相同时间生产出的商品，具有相等的价值量。

决定商品价值量的社会必要劳动时间不是固定不变的，而是随着劳动生产力的变化而变化。劳动生产力取决于劳动者的平均熟练程度、科学技术的发展及其在生产工艺上的应用程度、生产过程的社会组织、生产资料的规模和效应以及自然条件等。总之，社会生产力越高，生产一种物品所需要的劳动时间就越短，凝结在物品中的劳动量就越小，该物品的价值也就越小。反之，社会生产力越低，生产一种物品所需要的劳动时间就越长，该物品的价值也就越大。因此，商品的价值量与生产商品所耗费的社会必要劳动时间成正比，而与生产商品的社会生产力水平成反比。

一个物可以只有使用价值而没有价值，如空气、天然草地、野生林地等；一个物可以有用，并且是人类劳动的产品，但它不是商品。然而，没有一个物只有价值而没有使用价值。如果一个物没有使用价值，那么其中包含的劳动也毫无用处，不能被看成是劳动，也无法形成价值。

商品中的劳动的二重性

商品的使用价值和价值是由生产商品的劳动的二重性，即具体劳动和抽象劳动[1]决定的。

这里以1件上衣和10码麻布为例。假定前者的价值比后者的价值大一倍，如果10码麻布的价值量为W，那么1件上衣的价值量就为2W。

上衣的使用价值能够满足人们的某种特殊需要。要生产上衣，就需要进行特定形式的生产劳动。这种以劳动产品的使用价值来表示劳动有用性的劳动，我们称之为有用劳动。

上衣和麻布的使用价值具有根本性的差异，同样，产生这种使用价值的劳动也具有质的区别，所以它们才能作为商品相互对立，然后交换。

裁缝生产出上衣，无论是自己穿还是出售给顾客，它都具有使用价值。同

[1] 具体劳动和抽象劳动：各种不同使用价值的商品，是由不同种类的劳动生产出来的，这种在特定的具体形式下进行的劳动就是具体劳动；而抽象劳动是撇开劳动的具体形式的一般人类劳动，是指人类体力和脑力的凝结，包括科学技术、经营管理以及生产性服务劳动等重要形式。

样，上衣与其生产的劳动之间的关系，并不会因为裁缝成为专门职业而有所改变。只要人类存在，就有穿衣的需要，在裁缝这种职业出现之前，人们已经缝制了几千年的衣服。但是，上衣、麻布以及任何一种并非天然存在的物质财富要素，都必须通过某种专门的、适合于特殊的人类需要的、有目的的生产活动才能被创造出来。因此，有用劳动作为使用价值的创造者，存在于一切社会形态中，不随任何社会形式的变化而变化，是人类生活得以实现永恒的基础和条件。

□ **商品中的劳动二重性**

生产商品的具体劳动和抽象劳动构成了劳动的二重性。具体劳动生产商品的使用价值，抽象劳动生产商品的价值。如图所示，裁缝生产出的上衣，不管是他自己穿还是当成商品出售，都具有使用价值，这是通过具体劳动生产出来的；而只有当上衣被作为商品出售，才具有价值，此时它是价值的实体，是抽象劳动的凝结。

现在，我们暂且放下商品的使用价值来阐述它的价值。

我们曾假定1件上衣的价值比10码麻布的价值大一倍，那么，20码麻布的价值量就和1件上衣的价值量相等。上衣和麻布都是具有相等价值的实物，是同种劳动的客观体现，但缝和织是两种不同形式的劳动。在某种社会状态下，虽然同一个人既可能缝也可能织，但这只是同一个人的两种不同劳动方式罢了。尽管它们是两种不同的劳动方式，但二者都是人的脑、肌肉、神经、手等的生产耗费，从这个意义上说，二者都是无差别的人类劳动，是人类劳动力耗费的两种形式。当然，人类劳动力只有在取得一定程度的发展之后，才能以各种形式耗费掉。

在作为价值的上衣和麻布中，它们的使用价值已被剥离，因而缝和织这两种有用劳动的区别也被撇开。作为使用价值的上衣和麻布，是人类劳动同布或纱的结合，而作为具有价值的上衣和麻布，不过是无差别劳动的凝结。同样，这些价值所包含的劳动之所以被看作劳动，并不是因为它们同布或纱发生了生产关系，而是因为它们是人类劳动力的耗费。正是由于缝和织是两种不同质的劳动，才形成了上衣和麻布不同的使用价值；而正是因为这两种劳动质的区别被抽去，让它们成为同质的劳动，才形成了上衣和麻布的价值。

之前我们曾举例，1件上衣的价值比10码麻布的价值大一倍。那么它们的价值量的差别又从何而来呢？因为生产后者的劳动量只是前者的一半，所以生产前者的社会必需劳动时间就要比后者多一倍。

就使用价值而言，影响它的只是商品中包含的不同的具体劳动；就价值量而言，影响它的则是商品中包含的抽象劳动的量。

一切劳动，既是人类劳动力在生理上的耗费，也是在特定形式上的耗费。作为抽象劳动，它创造商品的价值；作为具体劳动，它生产商品的使用价值。

简单、个别的价值形式

商品以铁、麻布、小麦等使用价值或自然形式出现。一个物之所以是商品，是因为它既是有用物品又是价值承担者，所以一个物表现为商品或具有商品的形式，只是因为它具有二重性——自然形式和价值形式[1]。

因为在商品的价值中看不到自然物质，所以不管你把商品怎样颠来倒去，你也不可能触摸到商品的价值。商品的价值只有在商品与商品的社会关系中表现出来。只有从商品的交换价值或交换关系出发，我们才能探索到隐藏在商品中的价值。

众所周知，商品具有与使用价值的自然形式形成鲜明对照的、共同的价值形式——货币形式[2]。接下来我们就来探讨这种货币形式的起源，也就是探讨商品价值关系中包含的价值表现是怎样从最简单的形式一直发展到炫目的货币形式。

很明显，最简单的价值形式就是一个商品同另一个不同种的商品的价值关系。

相对价值形式和等价价值形式是同一价值表现出的两个相互依赖、相辅相成、缺一不可的要素，同时又是相互排斥、相互对立的两极，这两种形式总是分配在通过价值表现互相发生关系的不同的商品。同一商品在同一个价值表现中，不能同时具有两种形式，并且，这两种形式还是作为两极互相对立和排斥的。

一种商品是处于相对价值形式还是等价价值形式，由它当时在价值表现中所

[1] 价值形式：即商品的价值表现形式。在商品交换发展的历史过程中，随着商品交换从偶然的行为逐步扩大成为经济生活中的重要环节，商品的价值形式也逐步发展。

[2] 货币形式：当某些金属取得了固定的担当一般等价物的独占权时，一般价值形式就发展成了货币形式。货币形式随着商品交换和商品经济的发展不断地发展变化。迄今为止，货币形式大致经历了实物货币、金属货币、纸币和信用货币几个发展阶段。

处的地位决定，也就是取决于它是价值被表现的商品，还是表现价值的商品。

要发现一件商品的价值表现怎样隐藏在两个商品的价值关系中，必须撇开这个价值关系中的质和量的关系，而首先考察它质的方面的关系。不同物的量只有化为同种物质后，才能在量上互相比较。不论20码麻布＝1件上衣，还是20码麻布＝20件上衣，麻布＝上衣是这一等式的基础，只有把等式两端的商品还原为同一性质的东西，才能比较它们的量。在麻布＝上衣这一等式中，这两个被看作质上等同的商品所起的作用是不同的。麻布的价值是通过它同上衣的交换关系来表现，而上衣则以自己充当麻布的等价物来表现，上衣是价值的存在形式，是作为价值物出现的。

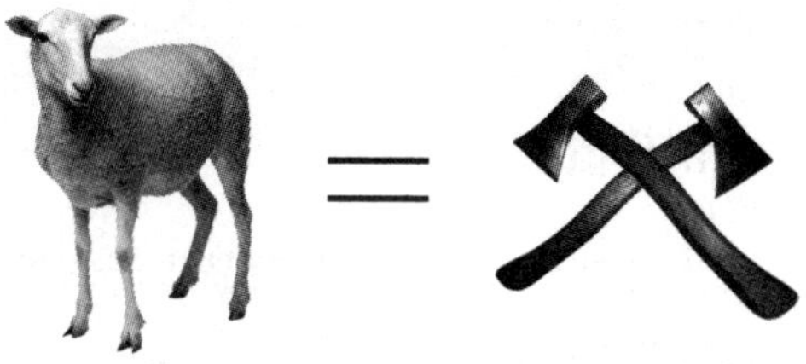

□ **简单的价值形式**

简单的价值形式，即一种商品的价值简单地表现在与它相交换的另一种商品上。它是人类社会出现最早的价值形式，与原始社会末期出现的物物交换相联系。如图中所示，牧人的1只绵羊与铁匠的2把斧子进行交换，“绵羊”这一商品处于主动地位，它的价值通过斧子这一商品相对地表现出来，是价值被表现的商品；相反，“斧子”则处于被动地位，表现出“绵羊”的价值，起着等价物的作用，处于等价形式上。

我们知道，商品作为价值是人类劳动的凝结，商品的这种价值性质是通过商品与商品的交换关系显露出来的。离开了交换关系的孤立商品，只能说明商品包含着价值，并不能说明价值表现的形式。因此，只有在麻布＝上衣这一等式中，织麻布的劳动和缝上衣的劳动才能实际地转化为共同的量，即化为抽象的人类劳动。作为一种具体劳动，两者的劳动是有区别的，但是，缝与织都具有人类劳动的共同性质，由此可以证明二者创造出的价值没有任何差别。通过这种间接的方法，说明只有在不同商品的等价交换中，抽象劳动凝结在商品体内的价值，才能得以具体体现。

简单的价值形式是人类社会出现最早的价值形式。在这种价值形式中，商品的价值表现还很不充分、完全。

在一切社会状态下，劳动产品都是使用物品，只有在使生产一个使用物所耗费的劳动表现为该物价值的时代，劳动产品才转化成商品。所以，商品的简单价值形式同时又是劳动产品的简单商品形式，而商品形式的发展与价值形式的发展是步调一致的。

扩大的价值形式

随着生产力的进步和商品生产的扩大，人们用来交换的产品日益增多，交换逐渐变成一种经常性活动。这时，一种商品已经不是偶然地，而是经常地同多种商品进行交换。在这种情况下，简单的价值形式就逐步地过渡到扩大的价值形式。扩大的价值形式可以用下面的等式来表示：

20码麻布=1件上衣，

或=10磅茶叶，

或=40磅咖啡，

或=1夸特小麦，

或=2盎司金，

或=1/2吨铁，

或=其他商品。

在这种价值形式中，一种商品的价值不只是简单地、偶然地表现在另一种商品上，而是经常地表现在其他许多商品上，如茶叶、咖啡、小麦、金、铁等。这样，商品的价值便真正表现为无差别的人类劳动的凝结。因为形成价值的劳动现在非常明确地表现为一种等价劳动，其他任何一种人类劳动都与之等同，不管这种劳动具有怎样的自然形式，不管它是上衣、小麦、铁或金。因此，现在麻布通过自己的价值形式，不再只和某一种商品发生社会关系，而是与整个商品世界发生社会关系，麻布的相对价值形式也随之扩大。每一种商品，如上衣、茶叶、小麦、铁等，都在麻布的价值表现中充当等价物，而这些商品的自然形式此时都成为一个特殊的等价形式。同时，由于经常进行交换，各种商品的交换比例与它们包含的价值更加趋于相等。

在扩大的价值关系中，处于等价形式中的每一种商品，如上衣、茶叶、小麦、铁等，都成为麻布的等价物，充当有自己特殊自然形式的价值体。每一种充当等价物的商品，都与其他等价形式并列。同样，各种不同的商品中所包含的各种形式的具体劳动，也成为人类一般劳动多种特殊的实现形式或表现形式。

总和的或扩大的价值形式存在着以下的缺点：

从扩大的相对价值形式看，第一，商品的相对价值表现是未完成的，因为它的表现形式永无止境，每当有新的商品进入交换领域，新的价值等式也随之出现；第二，价值形式是杂乱的，因为它表现在种类不同而且互不关联的商品上；第三，每一种商品都有不同的、无穷无尽的、并不统一的价值表现形式。

从等价形式看，第一，由于每一种商品的自然形式都是一个特殊的等价形式，并且会排斥其他的等价形式，所以存在着局限性；第二，虽然每个特殊的商品等价物中包含着一定的、具体的、有用的劳动，但都只是人类劳动的特殊表现形式，因而是不充分的。

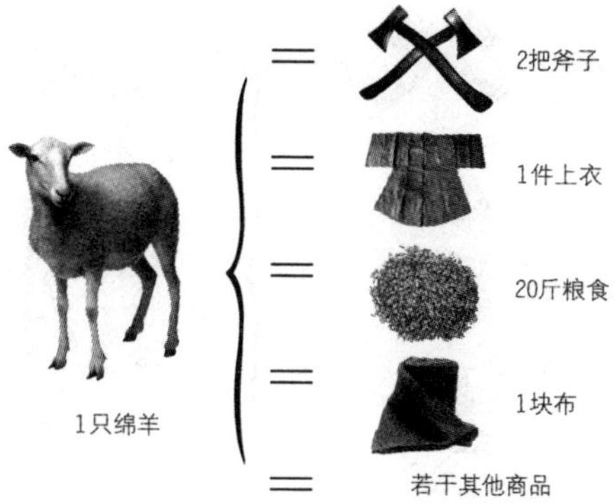

□ **扩大的价值形式**

随着社会大分工的出现，物物交换不再是偶然的、个别的现象，而成为经常的现象，简单的价值形式也随之发展为扩大的价值形式。所谓扩大的价值形式，指的是一种商品的价值以一系列其他商品来表现的价值形式。如图所示，1只绵羊的价值，可以通过2把斧子、1件上衣、20斤粮食、1块布或若干其他商品表现出来。

一般的价值形式

在扩大的价值形式中，每种商品都有许多价值形式，这一弊端造成商品没有一个统一的价值表现形式，因此在商品交换时，会产生诸多麻烦和不便。例如，一个人想用小麦去换茶叶，但有茶叶的人却不需要小麦，他需要的是上衣，然而有上衣的人却不需要小麦，只需要咖啡，有咖啡的人才需要小麦。这样，有小麦的人必须先去换咖啡，再用咖啡换上衣，最后再用上衣去换茶叶。交换过程中存在的这种不便，注定了扩大的价值形式必然要过渡到一般的价值形式。一般的价值形式，可以用下面的等式来表示：

1件上衣=20码麻布，

10磅茶叶=20码麻布，

40磅咖啡=20码麻布，

1夸特小麦=20码麻布，

2盎司金=20码麻布，

1/2吨铁=20码麻布，

x量的商品A=20码麻布，

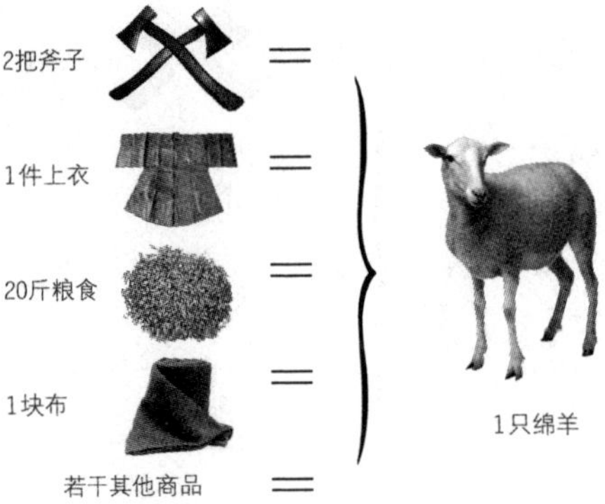

□ **一般价值形式**

一般价值形式，即一切商品的价值都统一地表现在从商品世界分离出来充当一般等价物的某一种商品上，简而言之，就是一切商品的价值都通过某一种商品来表现。如图所示，2把斧子、1件上衣、20斤粮食、1块布或若干其他商品的价值，都可以通过1只绵羊表现出来。显而易见，一般价值形式似乎只是扩大的价值形式的颠倒。此时，羊不再处于主动地位，而是处于等价形式的位置上，是一切商品的共同的等价物。

其他商品=20码麻布。

在这种价值形式中，各种商品的价值都通过一种商品（麻布）来表现。这时，商品的价值表现既是简单的，又是统一的，因而是一般的。既然各种商品的价值都表现在一种商品上，那么各种商品的价值也就可以通过这种商品来相互比较了。而这种用来表现其他商品价值的商品就成了一般等价物，人们用一般等价物[1]就可以换到他所需要的任何商品。

与前两种价值形式相比，一般的价值形式有以下变化：

从相对价值形式的性质来看，一般的价值形式将商品的价值表现从商品世界中分离出来，表现在同一种商品上，例如麻布，因而使一切商品的价值都能通过麻布表现出来。每个商品的价值由于与麻布等同，现在不仅与它自身的使用价值相区别，而且能够与一切使用价值相区别。因此，只有这种形式才真正使商品作为价值互相发生关系，或者使它们互相表现为交换价值。

现在，一切商品，不仅表现为在质上具有与麻布等同的形式，而且在量上也可以与麻布相比较。由于所有商品都使用同一材料（麻布）来反映自己的价值量，所以这些价值量就可以互相反映。例如，10磅茶叶 = 20码麻布，40磅咖啡 = 20码麻布，因此，10磅茶叶 = 40磅咖啡。或者说，1磅咖啡所包含的实体劳动，只等于1磅茶叶所包含的1/4。

与相对价值形式相适应，等价形式的性质也发生了变化。麻布从商品世界中

[1] 一般等价物：即从商品中分离出来的充当其他一切商品的统一价值表现材料的商品，它的出现是商品生产和交换发展的必然结果。历史上，一般等价物曾由一些特殊的商品承担，随着社会的进步，黄金和白银成了最适合执行其职能的货币。货币是从商品中分离出来固定充当一般等价物的特殊商品。

被分离出来，专门充当一切商品等价物的商品，获得了一般等价物的性质，具有相对价值形式，因此能够与其他一切商品直接交换。织，这种生产麻布的私人劳动，也就从一般社会形式，变成了人类劳动的一般表现形式。这样，商品价值中的劳动被物化，是被抽去了具体形式的抽象劳动，把一切具体劳动都转化为人类劳动力的耗费。

一般价值形式是所有商品交换关系的反映。由此可见，在这个世界上，生产商品的一切劳动都具有人类一般劳动的性质，这种性质形成了生产商品劳动的、特殊的、社会的性质。

一般价值形式，顾名思义就是价值的一种形式。充当一般等价物的商品可以是任何商品。随着商品交换的发展，当一种商品被其他一切商品当作等价物排挤出来充当一般等价物，而其他商品都通过这种商品统一地表现价值时，它就成为了货币商品。

货币形式

在一般的价值形式中，一般等价物还没有固定为某一种商品，这阻碍了商品交换的进一步发展。随着社会生产力的发展，商品大生产应运而生。这时，交换的商品增多了，范围也随之扩大，这就要求一般等价物固定在某种商品上。当这种情况出现时，一般的价值形式便过渡到货币形式。而货币形式则可以用下面的等式来表示：

20码麻布=2盎司金，

1件上衣=2盎司金，

10磅茶叶=2盎司金，

40磅咖啡=2盎司金，

1夸特小麦=2盎司金，

1/2吨铁=2盎司金，

*x*量的商品A=2盎司金。

商品的价值形式从简单过渡到扩大，再从扩大过渡到一般。它的每一次过渡都发生了本质的变化，只有由一般的价值形式过渡到货币形式，才不会发生本质的变化，唯一的区别只是金代替麻布成为一般等价物。金能够作为固定的一般等价物，是因为它早就作为商品与其他商品相对立。金是商品，也有价值，在以往

□ 原始货币——贝币

随着商品交换的增多和交换范围的扩大，迫切要求一般等价物固定在某种商品上。在此情况下，货币应运而生。其中，贝以其坚固耐磨、光洁美丽、易于携带和具有自然单位的特点，充当了商品交换的媒介，成为原始货币之一。贝币种类繁多，以齿贝最为通行。在货币史上，贝币的使用范围遍及世界上的许多民族，流通时间也较长。

的商品交换中，金或者在个别的交换行为中起个别等价物的作用，或者与其他商品等价物并列起特殊等价物的作用。总之，一旦它在商品世界的价值表现中独占了一般等价物的位置，它就成为了货币商品。

货币形式和一般的价值形式并没有本质的区别。所不同的是，在货币形式上，一般等价物已经固定由黄金或白银来充当。这种固定充当一般等价物的商品就称之为货币。由此可见，货币是在商品交换的发展过程中自发产生的，是商品内在矛盾发展的结果。

商品的拜物教性质

乍看之下，商品是一种简单而平凡的东西，深入分析后，却发现它是一种充满微妙和怪诞的古怪东西。

商品的神秘性质不是产生于商品的使用价值，也不是来源于价值规定的内容。首先，无论生产商品的有用劳动区别有多大，从生理学的角度而言，它们都是人的脑、神经、肌肉、感官等的耗费；其次，作为决定价值量的劳动，它们的持续时间或劳动量，可以明显地与劳动的质区别开来。无论在何种状态下，人们对生产生活资料所消费的劳动量都是极为关注的，只是不同的社会关注的程度不同；其次，当人们通过某种方式为对方劳动时，这种劳动也就具有了社会的形式。

由此可见，劳动产品作为商品的神秘性质，是由商品形式本身产生的。商品形式把人们本身劳动的社会性质反映成劳动产品本身的性质，使之成为一种天然的社会属性[1]，从而把生产者同总劳动的社会关系表现为存在于生产者之外的、

[1] 社会属性：一定区域经济基础下的上层建筑形态所反映的东西，叫作社会属性，如“市场经济”就是社会属性的一种。

物与物之间的社会关系。劳动产品一旦作为商品来生产，就会打上拜物教的烙印，所以拜物教与商品生产不可分割。

商品的拜物教特征，来源于生产商品的劳动所特有的社会属性。这一点，在上文中已经分析过。

劳动产品成为商品，仅因为它们是相互独立的私人劳动产品，而这些劳动的总和就是社会总劳动。生产者通过交换劳动产品与社会发生接触，其私人劳动的特殊性质才在交换中得以体现。作为社会总劳动的私人劳动，它不是表现为人们在自己的劳动中直接的社会关系，而是表现为人们之间的物的关系和物之间的社会关系。

劳动产品只有在相互交换中，才会被社会所承认，才能表现出价值，而且，这种价值同人们可以感觉到的使用价值相分离。所谓有用物，是指价值被表现的商品，而价值物则是用来表现各种商品价值的商品，只有在商品交换得到充分发展时，劳动产品才会分裂成有用物和价值物。只有那时，生产者的私人劳动才能真正取得二重社会性质，即社会有用性和社会等同性。但这种私人劳动的二重社会性质，不能直接在私人生产者面前表现出来，就是说，在实际交易中，私人劳动的二重社会性质是无法看出的，能够看到的只是私人劳动的社会有用性，即劳动产品必须具有使用价值。由于在交换中，人们无法看到私人劳动的二重社会性质，因此，难免产生幻觉，认为劳动产品之所以能成为商品，采取使用价值和价值的形式，是因为劳动产品本身就具有这两种属性。由于生产商品价值的抽象劳动，总是凝结在商品的价值之中，并通过物物交换的形式表现出来，因此很容易让人把劳动产品的社会性质看成是其本身的物质属性。

在资本主义商品经济条件下，生产商品的劳动，既具有私人性质，又具有社会性质，

□ **商品的神秘拜物性**

马克思认为，劳动产品一旦作为商品来生产，就会打上拜物教的烙印，因此，商品生产与拜物教不可分割。图中，两个小女孩正在卖水果。这些水果本身是非常简单和常见的东西，但它们一旦作为商品来贩卖，就具有了一种神秘的性质。

但直接表现出来的只是私人劳动。劳动的社会性质，只有通过商品交换才能间接地表现出来。通过交换，商品生产者之间才发生社会联系，他们的私人劳动才在事实上转化为社会劳动的一部分。商品本是劳动者生产出来的劳动产品，现在却成为人们命运的主宰，这就必然使商品具有一种神秘的性质，因而，商品拜物教[1]由此产生。

商品生产者之间的社会关系可以这样理解：生产者将自己的产品当作商品或价值来对待，而且通过这种物的形式把私人劳动当成相同的人类劳动，然后相互发生关系。相应地，人们崇拜抽象人的基督教，特别是资产阶级发展阶段时期的基督教，认为它是最恰当的宗教形式。只有当实际生活中的关系，表现为人与人之间和人与自然之间极明白、极合理的关系之时，现实世界中的宗教反映才会消失。只有当物质生活过程的形态作为自由结合的人的产物，被人有意识、有计划地加以控制时，它的神秘面纱[2]才会被揭掉。

政治经济学分析的价值和价值量，共同提示了这些形式所掩盖的内容，但是对于这些内容为什么要采取这样的形式，商品的价值量又为何用劳动时间来计量等问题还不甚明白。

因为商品形式是资产阶级生产的最一般也是最不发达的形式，所以它的拜物教性质比较容易被看穿。

商品的交换过程

商品要进入市场进行交换，必须有它的监护人，即商品所有者。为了使商品之间彼此发生关系，商品监护人必须把自己的意志体现在商品中，然后相互发生关系。因此，只有在一方符合另一方的意志时，才能出售自己的商品，从而占有商品。商品监护人必须承认对方是商品私有者，这种契约式的法权关系，反映了商品所有者之间的意志关系，而这种法权关系或意志关系的内容是由这种经济关

[1] 商品拜物教：在马克思主义理论中，商品拜物教是资本主义市场社会中的社会关系的一种形态，其社会关系体现为一种基于商品或货币的客体关系，主要表现在劳动的商品化和异化。

[2] 商品形式在人们面前，把人们本身劳动的社会性质反映成劳动产品本身的物的性质，反映成这些物的天然的社会属性，从而把生产者同总劳动的社会关系反映成存在于生产者之外的物与物之间的社会关系。由于这种转换，劳动产品成了商品，成了可感觉而又超感觉的物或社会的物。

系本身决定的。在这里，商品监护人彼此只是作为商品的代表即商品所有者而存在，他们扮演的角色不过是经济关系的人格化。

□ 交换

由于社会的分工，生产者生产的单一性和需要的多样性之间形成了矛盾，相互交换产品便成为一种必要。商品所有者把自己的意志体现在商品中，在交换时，双方只有达成一致的意愿，才能让渡自己的商品，占有别人的商品，交换才算成功。图中描绘的是中世纪市场上商品交换的情景。流动商贩带着商品四处兜售，以货易货：买东西的人喜欢测试商品，讨价还价。

商品所有者与商品的不同之处，主要表现在：一个是人，一个是物。人有感觉器官，有思维，物则没有。就商品而言，每个单独的商品只是它本身价值的表现形式，不管对方是美是丑，只要价值量相等，商品之间就可以互相交换。商品所有者却不同，他们用自己的感觉器官和思维，弥补了商品所缺乏的、感知其他商品具体属性的能力。对他们而言，他们所占有的商品对他们自己没有直接的使用价值，但对别人却有，否则他是不会拿到市场上去交换。对商品所有者而言，商品是交换价值的承担者，是一种交换手段，他们通过出售自己的商品来取得对自己具有使用价值的商品。一切商品，对它们的所有者来说，都不具有直接的使用价值，而对它们的非所有者而言，却具有使用价值，因此，商品必须进行交换，而商品交换使商品之间发生价值关系并作为价值来实现。综上所述，商品在发挥使用价值以前，必须先以价值实现交换。

另一方面，商品在实现价值以前，必须首先证明自己具有使用价值。因为耗费在商品上的人类劳动，只有对他人有用时，才算具有使用价值。这种劳动对别人是否有用，劳动产品是否能够满足他人生活的需要，只有通过交换才能得以证实。

每一个商品所有者都想出让自己的商品，去换取具有自己所需要的使用价值的商品。从这点来看，商品交换是商品所有者个人的过程。另一方面，商品所有者想实现其商品的价值，必须通过他所中意的任何其他具有同等价值的商品来实现，而不管自己的商品对另一种商品的所有者是否具有使用价值。就此而论，商品交换又是一般社会的过程。但是，对一切商品所有者来说，同一过程不可能既是个人的过程，又是一般社会的过程。

我们仔细分析就会发现：对每个商品的所有者而言，他们所拥有的商品是其他一切商品的一般等价物。因为一切商品所有者都这样想，这样做，所以没有一个商品能够成为一般等价物，商品也就不具有使它们作为价值彼此等同的、作为价值量互相比较的、一般的相对价值形式，所以它们只是以产品或使用价值的形式相互对立，而并非作为商品存在。

商品的本质特征体现在商品所有者的天然本能中。商品所有者只有使他们的商品同其他可以作为一般等价物的商品相对立，才能使其商品以价值的形式与其他商品发生关系。因为只有社会中进行的商品交换活动才能使一种特定的商品成为一般等价物，所以在交换中，商品所有者通过他们的社会行动，使某种特定的商品从其他商品中分离出来，并通过这种商品来全面表现其他商品的价值，而这种商品的自然形式就成为社会公认的等价形式。这一过程使得商品分离出充当一般等价物的特殊社会职能，而此商品就成为了货币。

货币是商品交换的必然产物。在商品交换过程中，各种劳动产品在本质上彼此等同，从而在事实上转化成商品。随着商品交换的不断扩大和发展，商品的使用价值和价值的对立进一步加强。为了交易，这一对立必须在外部表现出来，这就要求商品价值有独立的形式，这种需要一直持续到劳动产品分为商品和货币这两种形式为止。由此可见，随着劳动产品转化成商品，商品也在一定程度上同时转化成货币。

货币的职能

货币有价值尺度、流通手段、贮藏手段、支付手段和世界货币五种职能，其中，价值尺度、流通手段是货币的基本职能，贮藏手段、支付手段和世界货币是货币的一般职能。

货币的本质是一般等价物。一般等价物是从其他商品中分离出来，可以与其他一切商品相交换并表现其他一切商品价值的商品。

价值尺度

为了叙述方便，在本书中都假定金是货币商品[1]。

金的第一个职能，是为一切商品提供表现价值的材料，或者说，是把商品价值以等值的量表现出来，从而使商品在质上相同，在量上可以相互比较。所以，金执行一般的价值尺度的职能，使得金这个特殊的等价商品成为货币。

商品并不是有了货币才可以流通。相反，由于所有商品作为价值都是人类劳动的物化，其本身就可以流通，因此所有的商品都能共用

□ **黄金**

黄金因为数量少、难冶炼、价值高，同时具有良好的耐腐蚀性、延展性和分割性，并符合固定充当一般等价物的条件，即形式统一、质地均匀、坚固耐用、价值稳定、便于携带而成为最适于充当货币的商品。

[1] 马克思说过："金银天然不是货币，货币天然是金银。"金和银在自然界早已存在，它们最初是作为一种商品出现的，并非一般等价物。但当商品经济发展到一定阶段时，由于金银具有体积小、价值大、便于携带、质地均匀等优势，才固定充当了一般等价物。

一个特殊的商品来计量自己的价值，而这个特殊的商品就成为它们共同的价值尺度或货币。货币是商品内在的价值尺度，即劳动时间的外部表现形式。

金所表现的商品价值，就是商品的货币形式或价格，如要表现铁的价值，只需用“1吨铁=2盎司金”就可以了。这个等式不再需要和其他商品的价值等式排成行列，因为作为等价商品，金已经具有了货币的性质，它使得如今商品的一般相对价值形式又具有了商品最初的、个别的相对价值形式。另一方面，扩大的相对价值表现，就成为货币商品所特有的相对价值形式[1]。

与商品的所有价值形式一样，商品的价格或货币形式是不可捉摸的，它只是一种观念或想象。既然商品在金上的价值表现是抽象的，那么，要表现商品的价值，只需用想象或观念中的金即可。所有商品监护人都明白一点：当他以想象的形式来表现商品的价值时，他根本不需要把眼前的商品换成金，也就是说，他可以用金来估量数以万计的商品，而不必用到丝毫实际的金。所以，货币在执行价值尺度职能时，只是表现价值，而不是实现价值。虽然货币只是表现价值，但商品的价格却完全取决于实实在在的货币材料。例如，一吨铁的价值，即包含的人类劳动量，是通过想象把与生产一吨铁的等量劳动用货币形式表现出来。也就是说，一吨铁的价值，会根据充当价值尺度材料的不同，而出现不同的价格表现。例如，金和银同时执行价值尺度的职能，那么所有商品都会出现两种不同的价格表现，即金价格和银价格。

只要是价格已确定的商品，都可以用这样的形式来表现：a量商品A=x量金，b量商品B=y量金，c量商品C=z量金，在这里，a、b、c代表不同的商品的量，A、B、C代表量不同的商品量，x、y、z代表不同的金量。这样，商品的价值就可以用不同量的金来表示，也就是说，尽管商品种类繁多，但都可以用同一种物——金的不同的量来表示。

为了使不同金量所表示的不同商品的价互相比较、计量，在技术上就必须将某一固定的金量作为商品价值的计量单位。这个计量单位本身通过进一步等分而发展成为标准。在一切金属的流通中，原有的重量标准的名称，也就成了最初的货币标准或价格标准的名称。

---

[1] 相对价值形式：属于劳动产品，具有价值，是商品交换价值关系中与等价形式相对立的一级。取决于相交换的两种商品的社会必要劳动量之间的比例关系。

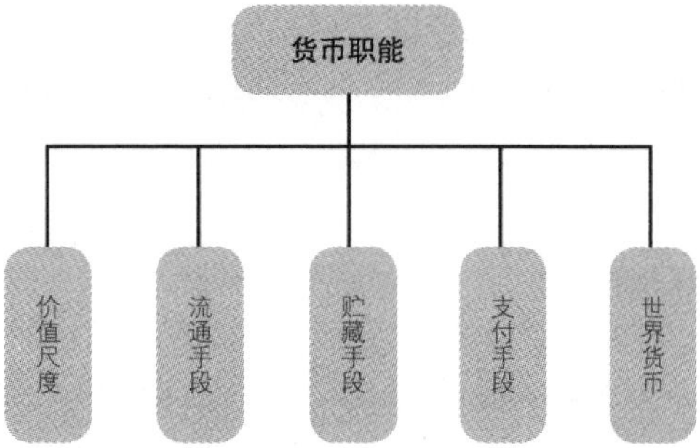

□ **货币职能**

货币职能，即货币在人们的经济生活中所起的作用。它的各种职能是随着商品生产和交换的发展逐步发展起来的。商品进入流通之前，先由货币表现和衡量其价值，执行价值尺度的职能；在流通过程中，货币作为交换的媒介，执行流通手段的职能，它们是货币的两个基本职能。与此同时，货币还具有贮藏手段、支付手段和世界货币的一般职能。

货币执行着两种完全不同的职能：价值尺度和价格标准。把货币看成是人类劳动的社会化身，它是价值尺度——让各种各样的商品的价值变成价格，变成想象的金；把货币看成是约定的金属的量，它是价格标准——计量金量。价值尺度的职能是为了计量不同商品的价值，而价格标准的职能是为了用一个金量去计量其他不同的金量。作为计量单位的金量越是稳定，价格标准就能越好地执行自己的职能。

金的价值变动不会影响金执行价格标准的职能，也不会妨碍金执行价值尺度的职能。商品用金来估价有一个前提：在一定时间内生产一定量的金要耗费一定量的劳动量。这与一种商品的价值由任何其他商品的使用价值来表现的前提一样。

当货币价值不变，商品价值升高时，或商品价值不变，货币价值降低时，商品的价格才会普遍升高；当货币价值不变，商品价值降低时，或商品价值不变，货币价值升高时，商品的价格才会普遍降低。但我们不能说，货币价值提高，商品价格就一定会降低，或货币价值降低，商品价格就一定升高，因为它只适用于价值不变的商品。比如说，某种商品的价值和货币价值按一定的比例同时升高或降低，商品的价格就不会改变。如果这些商品的价值比货币的价值增加得慢或快，那么商品的价格就会改变——降低或升高，变化的幅度由商品的价值变动和货币的价值变动之间的差额来决定。

价格通过这样的方式来表现商品的价值：如1盎司金能直接与1吨铁交换，但我们绝不能反过来说，1吨铁能与1盎司金交换。一种商品，除了有实在的形态（如铁）外，还表现想象中的形态（如金），但它不能同时两者兼具。要确定商品的价格，只须让它同想象的金相等就可以了。对商品的所有者而言，商品必须被金替代才能起到一般等价物的作用。

价格形式体现了商品为取得货币而流通的可能性和必要性。金之所以被当作观念中的价值尺度，是因为它在交换过程中作为货币商品进行流通，所以，在观念的价值尺度中，金作为一种坚硬的货币隐藏起来。

流通手段

商品的交换过程是一种社会的物质变换，也就是将它们的非使用价值转换成使用价值，是用一种有用劳动的产品代替另一种有用劳动的产品。

商品交换过程包含着矛盾的对立统一关系[1]。商品的发展并没有消除这些矛盾，而是为这些矛盾的运动提供了解决的方法。商品交换过程是在两个互相对立、互为补充的形态变化中实现的，即从商品转化为货币，又从货币转化为商品。商品的这两个形态变化就是商品所有者的两种行为，前者是卖，后者是买，这两种行为的统一就是：为买而卖，因此，商品的交换过程是在W—G—W（商品—货币—商品）的形式变换中完成的。从这种运动形式的物质内容来说，就是商品换商品，即社会劳动的物质变换。一旦这种物质变换的结果达到，其过程本身也就结束。

W—G，从商品到货币，这是商品的第一形态变化。商品只有通过货币，才能取得一般的社会公认的等价形式。为了把别人口袋中的货币吸引过来，商品必须对货币所有者具有使用价值，也就是说，用在商品上的劳动应是社会有用劳动的耗费，是社会分工的一部分。但在资本主义生产方式下，社会分工是生产者自发形成的，每一个商品生产者都无法决定商品的生产和交换，也就是不能保证商品都能变成货币。

对一个商品所有者而言，金代替了他拥有的商品；对另一个商品所有者而言，商品代替了他拥有的金。我们可以明显发现商品和金交换了，但商品只是同自己的一般价值形态交换，金只是与它的使用价值的特殊形态交换。它们之间的交换从商品所有者的角度来看，是卖；从货币所有者的角度来看，是买。我们可以说，买就是卖，W—G同时也是G—W。

---

[1] 矛盾的对立统一关系：唯物辩证法的矛盾范畴是辩证矛盾、客观矛盾，指事物之间或事物内部诸要素之间既对立又统一的关系。这是唯物辩证法的根本规律，又称对立面的统一和斗争的规律。它揭示了自然界、人类社会和人类思维等领域的任何事物都包含着内在的矛盾性。事物内部矛盾推动事物发展。

□ 货币流通

商品交换过程是在两个互相对立、互为补充的形态变化中实现的，即从商品转化为货币，又从货币转化为商品。在此过程中，商品所有者必须先将自己的商品卖出，交换成货币，再用货币购买自己所需的商品。此时，货币执行着流通手段这一基本职能。

G-W，从货币到商品，这是商品的第二形态变化，也可称之为最终的形态变化。这个形态变化是比较容易实现的，因为，货币是社会公认的一般等价物，是绝对可以出让的商品。

如果考察商品的总形态变化，我们就会发现，这个总形态变化是由两个相互对立、互为补充的运动组成：W-G，即卖；G-W，即买。商品的这两个对立的转化，是通过商品所有者的卖和买这两个相反的运动阶段来完成的。而这一运动阶段形成了一个循环过程：首先是商品形式，然后是商品形式的抛弃即商品转化为货币，最后是商品形式的复归即货币转化为商品。每个商品的形态变化所形成的循环，同其他商品的循环彼此交错在一起，整个过程就表现为商品流通。

无论是在形式上还是在实质上，商品流通和直接的产品交换都存在很大区别。直接的产品交换，是产品之间互相交换，卖和买处在同一过程。在商品流通中，商品所有者之间并不是以物易物，他们必须先将自己的商品卖出，获得货币，然后再用货币购买自己所需的商品。在这里，流通过程是持续的，它不会在使用价值换位和转手后就结束，货币也不会在一种商品的形态变化系列中退出后就消失，它将不断地停留在商品空出来的流通位置上。在这里，货币作为商品流通的中介，取得了流通手段的职能。

货币流通表现商品流通的过程，货币流通的速度也就表现了商品形式变换的速度。

贮藏手段

两种相对立的商品形态不断循环，或是卖与买的不停转换，它的外在表现就是货币的不停流通。但商品的形态变化系列一旦中断，比如说商品卖出之后，没有接着买，货币就会停止流动，于是货币就会硬化为贮藏货币，商品出售者也就成为货币贮藏者。

随着商品流通的发展，人们保留商品第一形态变化的产物，也就是保留货币的欲望也随之发展起来，保留货币的必要性也相应增强。这时，有人出售商品不是为了购买商品，而是为了取得货币，因为用货币可以购买任何商品。货币成为财富的社会表现，不管什么人，拥有的货币越多，权力就越大。

商品作为使用价值，能满足人们的某种特殊需要，是构成物质财富的特殊要素，而商品的价值则衡量着商品占有者的社会财富。对商品占有者而言，价值同价值形式是分不开的，货币的增多就是价值的增多。从商品占有者的本性看，贮藏货币的欲望是没有止境的。在质的方面，作为物质财富的一般代表，货币能直接转化成任何商品，因此是无限的。在量的方面，每一个现实的货币额又是有限的，只是一种作用有限的购买手段。货币这种内在的量的有限性和质的无限性之间的矛盾，迫使货币贮藏者不断地积累货币，贮藏货币。

随着资产阶级社会财富的增长，富人为了显露财富，除直接贮藏金银外，还使货币的贮藏出现了另一种形式，即收藏金银制成的饰品。

在金属流通的经济中，货币贮藏执行着种种不同的职能，其中最重要的是调节货币流通量的职能。这一职能是在金银铸币的流通条件中产生的。由于商品流通在范围、价格和速度方面的经常变动，流通中的货币量也不断增减，因此，实际流通的货币量必须要有伸缩性。为实现这个目的，一个国家现有的金银量必须大于执行铸币职能的金银量，而这个条件只有通过货币的贮藏形式才能实现。货币贮藏犹如蓄水池，少则蓄，满则溢，流通中的货币永远不会溢出它流通的渠道。

支付手段

在商品流通的直接形式中，同一价值量总是相对地存在着，一边是商品，另一边是货币，商品所有者只是作为现存的互相等价的物的代表进行接触。随着商品流通的发展，商品的流通同商品价格的实现在时间上分离开来。生产不同的商品所需要的时间各不相同，甚至一些商品的生产还与季节有关。此外，商品产地和市场的距离也有远有近，有的就在市场所在地生产，有的则需要经过长途运输才能送到市场。因此，那些生产时间短、生产季节早、就近销售的商品所有者，总会比那些生产时间长、生产季节晚、远地销售的商品所有者先进入市场。这样，前者在后者成为买者之前，就已经作为卖者出现了。当同样一些交易总是在同一些人中间反复进行时，商品的销售条件就会按照商品的生产条件来进行调节。于是，就会出现这种情况：某些商品卖出时不能要求买者立即支付货币，而是要经过一段时间后，卖者才能收取货币。一个商品所有者出售他现有的商品，而另一个商品所有者却只是以货币的代表身份来购买商品，在这种交换关系中，前者成为债权人，后者成为债务人。由于商品的形态或商品的价值形式在这里发生了变化，货币就取得了另外一种职能——支付手段。

□ **市场**

货币体现商品生产者之间的关系。一切商品只有通过与货币相交换，才能证明它们是社会劳动产品，是价值物。所以，货币体现社会劳动，反映着商品生产者之间相互交换劳动的关系。图中来自四面八方的人们纷纷涌向市场，用货币购买各自所需要的商品。在此过程中，货币既执行着它的基本职能——流通手段，又执行着它的一般职能——支付手段。

债权人或债务人的身份产生于简单的商品流通中。这种形式的改变，在卖者和买者身上打上了债权人或债务人的新烙印。最初，这也是暂时的和由同一些流通当事人交替扮演的角色，这与卖者和买者的角色一样。而这两种角色还可以不依赖商品流通而出现。

让我们回到商品流通上来。等价的商品和货币不再同时出现在卖的过程的两极上。货币一方面在决定所卖商品的价格上执行着价值尺度的职能，一方面执行着观念中的购买手段的职能。虽然货币只是存在于买者支付货币的承诺中，但它实现了商品的交换。只有当支付日期到来时，支付手段才真正进入流通，也就是说，从买者手中转到卖者手中。流通手段转化为贮藏货币，是因为流通过程在第一阶段出现中断，或商品以转化形态退出了流通。

在商品退出流通之后，货币才以支付手段的职能进入流通领域。货币不再是流通过程的媒介，它是作为交换价值的无条件存在，或作为一般商品，单独结束这一过程。卖者把商品变为货币，是为了通过贮藏货币来满足某种需要，货币贮藏者把商品变为货币，是为了以货币形式保存商品，欠债的买者把商品变为货币，则是为了支付欠款。如果欠债的人不支付，他的财产就会被强制拍卖。由于流通过程本身的关系产生的社会必要性，商品的价值形态即货币就成了卖的目的本身。

买者在把商品变为货币之前，就已经把货币转化成了商品，或者说，他是先完成商品的第二形态变化，再完成商品的第一形态变化。卖者的商品在转化成货币之前，已经转化为使用价值，它的第一形态变化只是以后才完成的。

在流通过程的每个特定时期，到期的债务代表着产生这些债务的商品价格总额。支付这一价格总额所需的货币量，取决于支付手段的流通速度，它由这样两种情况决定：一是债权人和债务人之间关系的锁链，二是各种不同的支付期限的间隔。

货币作为支付手段，其中包含着直接的矛盾：在各种支付互相抵消时，只需要在观念上执行计算货币或价值尺度的货币。在必须进行实际支付时，货币就不再充当流通手段和物质变换的媒介形式，而是充当社会劳动的化身，是绝对的商品。这种矛盾在发生货币危机时，会特别明显地暴露出来。当危机爆发时，货币不再被平凡的商品所替代，商品的使用价值也迅速消失，而商品的价值也会在其本身的价值形式面前消失。在危机蔓延期间，商品和货币之间的对立会发展成绝对的矛盾，因此，货币的表现形式已变得不再重要。无论是用金支付，还是用银行券这样的信用货币来支持，都无法阻止货币荒[1]。

货币充当支付手段的职能会引发一系列的后果：

一、产生信用货币。在商品流通中，当商品所有者作为卖者赊卖商品时所获取的债权，会因为他成为买者时把债券转让给他人而使债券流通，于是，这种债券就成为信用货币，因此，信用货币是直接从货币作为支付手段的职能中产生的。同时，随着信用事业的扩大，货币作为支付手段的职能也在扩大。作为支付手段的货币取得了它特有的各种存在形式，并以这些形式占据了大规模交易的领域。而金银铸币则被挤到小额贸易的领域之内。

二、在商品生产达到一定水平和规模时，货币作为支付手段的职能就会超出商品流通领域。原本以实物交纳的地租、赋税等，现由货币替代，在这里，货币

[1] 货币荒：也称钱荒，指流通领域内货币相对不足而引发的一种金融危机。货币荒在经济上是一个比较常见的现象。

充当着支付手段的职能。

三、必须积累货币，以便如期偿还债务。随着资产阶级社会的发展，货币贮藏作为独立的致富形式的现象渐渐消失，而作为支付手段准备金形式的货币贮藏却普遍起来。

世界货币

只要货币离开国内流通领域，就会失去在这一领域获得的价格标准、铸币、辅币和价值符号等地方形式，回归到最初的贵金属形式。在世界贸易中，商品必须极力体现自己的价值，以它独立的价值形态（世界货币的形式）与商品相对立。只有在世界市场上，货币才能充分地作为这样一种商品发挥作用，这种商品的自然形式也是人类抽象劳动的直接的社会形式。

在国内流通领域，只能有一种商品充当价值尺度，进而充当货币。在世界流通领域，金和银同时充当价值尺度——充当双重货币。

世界货币执行着一般支付手段、一般购买手段和一般财富的绝对社会化身的职能。世界货币最主要的职能，是平衡国际贸易差额。当各国间的贸易平衡突然遭到破坏时，金银就会充当国际购买手段。在不是要购买或者支付，而是要将财富从一个国家转移到另一个国家，但同时这种转移又不容许以商品转移的形式而只能用货币形式时，金银还充当着财富的绝对的社会化身。

对任何国家而言，不管是为了国内流通还是世界市场的流通，都需要储备一定量的准备金。货币作为国内流通手段和支付手段的职能与它作为世界货币的职能，共同产生了货币的贮藏职能。

金银的流通具有二重性：一方面，金银从产地分散到世界各个市场，在不同

□ **世界货币**

世界货币是在国际商品流通中发挥一般等价物作用的货币，它是随着商品生产和交换的发展而产生和发展的。马克思指出，在世界流通领域，金银同时充当价值尺度，即双重货币。当然，除此之外，它们还执行着一般支付手段、一般购买手段和一般财富的绝对社会化身的职能，但其最主要的职能是平衡国际贸易差额。

程度上为不同国家的流通领域所吸收，从而进入国内流通渠道，补偿了磨损的金银铸币，或为制作奢侈品提供原材料，并且成为贮藏货币。这个过程的第一种运动，以实现在商品上的一国的劳动和实现在金银出产国的劳动之间的直接交换为媒介。另一方面，金银又在不同国家的流通领域之间往返，这种运动随着汇率的不断变化而产生。

在生产发达的资产阶级国家，大量的、集中在银行准备库内的贮藏货币的职能，都被限制在它执行各种特殊职能所必需的最低限度以内。抛开某些特殊情况，如果银行准备库内的货币贮藏量大大超过平均水平，很明显，这是商品流通停滞的信号，或是代表商品形态变化的流通已经中断。

货币转化为资本

资本最初表现为一定量的货币，但货币不一定是资本，即货币只有在一定条件下才能表现为资本。但作为货币的货币与作为资本的货币，具有根本不同的性质和内容。

如果撇开商品流通的物质内容和各种使用价值的交换，重点考察在这一过程中所形成的经济形式，我们就会发现，货币是这一过程的最后产物，也是资本的最初表现形式。

在历史上，资本最初普遍以货币形式，作为货币财产、商人资本和高利贷资本，与地产权力相对立。我们无须回顾资本产生的历史，就可以认识到货币是资本的最初形式，因为这个事实几乎每天都在我们面前重演。每一个新资本最初都是以货币形式出现在商品市场、劳动市场或货币市场上，经过一定的流通过程，这些货币就转化成了资本。

作为货币的货币与作为资本的货币之间的区别，就是两者具有不同的流通形式。

商品流通的直接形式是：W（商品）—G（货

□ **葡萄牙商人的贸易船队**

每一个新资本最初都是通过货币的流通过程，从商品市场、劳动市场或货币市场上转化而成。如16~17世纪的国际贸易以中国商品为主导，仅葡萄牙商人就会在每年两次的广州定期交易会上带200万两以上的银子订购货物，然后由广州经澳门，把中国商品源源不断地输出到世界各个国家和地区。随着世界市场的扩大，资本的现代生活史也随之揭开。图为当时葡萄牙商人的船队。

	流通形式				流通内容		
	买卖顺序不同	流通的起点和终点不同		流通中的媒介不同	流通的对象不同	流通的目的不同	运动限度不同
		起点	终点				
W—G—W	先卖后买	一种商品	另一种商品	货币	进入交换的是两种不同的等价的使用价值	消费（为买而卖）	以卖开始，以买结束
G—W—G	先买后卖	货币	资本	商品	起点和终点都是同质的货币，但终点货币量大于起点货币量	交换价值本身（为卖而买）	以买开始，以卖结束

□ **商品流通形式与货币流通形式**

商品的流通形式为W—G—W，代表着商品—货币—商品的流通过程，是先卖后买；货币的流通形式为G—W—G，代表着货币—商品—货币的流通过程，是先买后卖。二者在方向上是相反的，决定它们的具体因素或条件也不完全相同，因此是矛盾的统一体。

币）—W（商品），它代表商品转化为货币，货币再转化为商品，为买而卖；除此之外，还有一种完全不同的形式：G（货币）—W（商品）—G（货币），它表示货币先转化为商品，商品再转化为货币，是为卖而买。

这两种流通形式，尽管都有买和卖两个流通阶段，但它们对立的流通阶段却具有相反的顺序。W（商品）—G（货币）—W（商品）的流通以卖开始，以买结束，货币最后转化为具有使用价值的商品。在这一流通形式中，货币执行着购买手段的职能，充当商品交换的媒介。而G（货币）—W（商品）—G（货币）的流通以买开始，以卖结束。买者支出货币的目的，是为了作为商品卖者收回货币。他购买商品，把货币投入流通领域，是为了通过出卖同一商品，从流通中再取回货币。但是，货币是同质的，如果用同量的货币换取同量的货币，那就是一种既无目的又无意义的活动。实质上，货币所有者把货币投入流通，是为了获取更多的货币。因此，这种流通形式的完整公式应该是G—W—G'，其中的G' = G + ΔG，即等于原预付货币额加上一个增殖额。我们把这个增殖额或超过原价值的余额叫作剩余价值。这种能够带来剩余价值的货币就是资本，货币所有者也就成为了资本家。由此可知，资本就是能够带来剩余价值的价值。由于G—W—G'公式反映了各种形态的资本运动的共同目的，因而被称为是资本的总公式。

那么，剩余价值是怎样产生的呢？在资本总公式中，剩余价值表现为两个流通行为的结果。这种结果看起来似乎是在流通中产生的，然而在流通中，如果交易双方实行等价交换，是不会产生剩余价值的。这是因为，任何人从流通中取出的价值，都不会大于他投入流通的价值，在这种情形下，就不会有剩余价值形成。如果交易双方不是等价交换，则不会产生剩余价值，因为一方的剩余价值，是另一方的不足价值，一方价值的增加，代表另一方价值的减少，流通中的价值总量并没有增大。由此可知，剩余价值的形成，即货币转化为资本，是不能从流通中产生的。

但是，剩余价值的产生又离不开流通，因为商品生产者只是在流通领域才相互发生关系，也就是说，流通是商品生产者的全部商品关系的总和。那么，剩余价值能否从流通以外的地方产生呢？也不行！因为在流通以外，商品生产者只同他自己的商品发生关系。就商品的价值来说，商品生产者的商品包含着其自身的劳动量，这个劳动量是按一定社会规律来计量的。这个劳动量就是商品的价值量，而价值量是以货币来计算的，因此劳动量就表现为一个价格。就是说，商品生产者的劳动可以创造商品的价值，但不能创造超过这个商品本身价值而形成的余额，不能表现为一个大于自身价值的价值。商品生产者能够用自己的劳动创造价值，但是不能创造进行增殖的价值。

在流通之外，价值是无法进行增殖的，而货币也无法转化为资本。剩余价值虽然不能从流通中产生，但是也不能离开流通而产生。货币所有者要使货币转化为资本，取得剩余价值，必须在流通中找到一种特殊商品，这种商品的使用价值本身就是价值的源泉[1]，它的实际使用不仅能够创造价值，并且能够创造出比它自身价值更大的价值。这种特殊商品就是劳动力，而货币转化为资本，就是以劳动力变成商品为基础的。

劳动力即人的劳动能力，它存在于人的身体中，是人生产某种使用价值时所运用的体力和智力的总和。劳动力要成为商品，必须具备两个条件：第一，劳动者是自由人，作为买者和卖者，劳动者与货币所有者在法律上地位平等，劳动者有权支配自己的劳动力，并把它作为商品出卖；第二，劳动者除了自己的劳动力

[1] 使用价值是物品的有用性，价值是凝结在商品中的一般人类劳动。人类的劳动必须与具体的实物，如原材料相结合，才能形成使用价值，若只有原材料而没有人类劳动，即便有使用价值也不会形成价值。因此，使用价值是价值的源泉。

外一无所有，不得不把只存在于他身体中的劳动力当作商品出卖。

劳动力作为商品，与其他一切商品相同，都具有价值和使用价值。

劳动力的价值，是由生产和再生产劳动力的社会必要劳动时间决定的。由于劳动力只是作为活的个体的能力而存在，因此，劳动力的生产和再生产要以此为前提。劳动者要生存，就必须消费一定数量的生活资料，因此，劳动力的价值可以归结为一定量的生活资料的价值，并且，它也随着这些生活资料的价值，即生产这些生活资料所需要的劳动时间量的变化而变化。劳动力的价值包括：①劳动者本人生产和再生产劳动力所必需的生活资料的价值；②为使劳动力得以延续，劳动力的价值还包括劳动者养育后代所必需的生活资料的价值；③为适应生产的需要，劳动者必须掌握一定的劳动技能，由此产生的训练和教育费用。简而言之，劳动力价值就是由生产和延续劳动力所必需的生活资料的价值来决定的。

作为商品，劳动力是一种特殊的使用价值。其特殊性表现在，它在使用过程中，不仅能创造价值，而且能创造出比它自身价值更大的价值。资本家购买劳动力，正是看中了它的这种特殊使用价值，并通过对它的支配来生产剩余价值。

劳动力的买和卖是在流通领域或商品交换领域内进行的。在流通中，劳动者和资本家分别以劳动力的卖者和买者身份发生关系。从表面上看，这种关系似乎是自由、平等的，但当买卖双方一旦离开这个流通领域或商品交换领域，这种自由、平等的假象就暴露无遗。

第 2 章

绝对剩余价值的生产

CHAPTER 2

在资本主义发展的早期阶段，资本家对剩余价值的榨取主要依靠延长工作日。为此，资本家曾经运用国家法律来强制延长工作日。产业革命后，机器的使用为资本家延长工作日创造了新的条件，成为生产绝对剩余价值的主要手段。同时，机器的使用还使小生产者大量沦为无产者，使女工和童工涌入劳动市场，在劳动力供过于求的情况下，资本家有可能把工作日延长到超过它的最大限度。可以说，资本家为了追逐剩余价值，已经突破了工作日的道德极限和生理极限。

劳动过程和价值增殖过程

劳动本身就是使用劳动力的过程。资本家作为劳动力的买者，他购买劳动力的目的是为了消费劳动力；劳动者作为劳动力的卖者，在出卖劳动力后就成为事实上的工人，而在此之前，他只是可能意义上的工人。劳动者为了把劳动融入商品中，必须先把劳动融入使用价值中，融入能满足某种特定需要的物中。

劳动过程

劳动过程首先表现在人与自然之间，它以人自身的活动引起、调整和控制人与自然之间的物质变换。人自身作为一种自然力与自然物质相对立。为了改变物质的自然形态，使其能满足人们生存的需要，人必须使他的身体运动起来。当他通过这种运动改造自然的同时也改造了自己。人的劳动是一种有意识、有目的的活动，这种活动是专属于人类的，它与动物求生的本能活动有着本质区别。例如，虽然蜜蜂建筑蜂房的本领会令许多建筑师感到惭愧，但是世界上最蹩脚的建筑师也比蜜蜂高明——因为即便是最蹩脚的建筑师，在他用蜂蜡建筑蜂房之前，蜂房已经在他的头脑中“建成”了。劳动过程结束时要得到的结果，在开始时就已经存在于脑中。人不仅使自然物体发生了形式上的变化，还利用它们实现自己的目的。这个目的他早已知道，是作为一种规律决定着他的活动方式和方法，而他的意志必须服从这个目的。

任何劳动过程都包含三点要素：有目的性的活动或劳动本身、劳动对象和劳动资料。

土地最初以食物，或现成的生活资料为人类提供生存条件，它未经人的改造，就成为人类劳动的原始对象。凡是那些通过劳动同土地脱离直接联系的物体，都是天然的劳动对象，如捕获的鱼，在原始森林中砍伐的树，从地下开采出来的矿石。而那些以前被加工过的劳动对象，我们称之为原料，如已经开采出来正在清洗的矿石，用来做家具的木材等。一切原料都是劳动对象，但不是所有劳动对象都是原料。只有在劳动对象被人的劳动加工后并发生了形式上的变化，才称之为原料。

劳动资料是处于劳动者和劳动对象之间，把劳动者的活动传导到劳动对象上去的物和物的综合体。劳动者直接掌握的不是劳动对象，而是劳动资料。土地本身是劳动资料，但是它要在农业生产中起作用，就必须以其他劳动资料和劳动力的较高发展为前提。

□ **中国劳工　历史资料**

在资本主义条件下，劳动过程就是资本家消费劳动力的过程。而劳动力商品的价值，与劳动力供给市场的饱和度有很大关系，饱和度越大，劳动力价值越小。在法国，很多在大战期间招募的中国劳工受雇于兵工厂，更多的人被分配从事危险工作，比如挖战壕和掩埋尸体。图为中国劳工在法国兵工厂工作。

劳动资料非常广泛，例如，人在劳动中直接使用的自然物，如石块、木头、骨头、贝壳等就是最原始的劳动资料。这些自然物的利用，延长了人的自然肢体。最初，人类只是使用土地上现成的劳动资料，但随着社会生产力的发展，他们开始使用经过加工制造的劳动资料，如各种生产工具。除了这些可以把劳动的作用传达到劳动对象上去的传导体劳动资料外，那些在劳动过程的进行中所需要的一切物质条件，也都是广义的劳动资料。这些劳动资料虽然不直接加入劳动过程，但是缺少它们，劳动过程就无法进行或彻底进行。这类劳动资料包括土地、厂房、运河、道路等。

劳动过程，就简单的、抽象的要素而言，是制造使用价值的有目的性的活动，是人类为了需要而占有自然物，从而与自然之间进行物质交换的一般条件，也是人类正常生活的永恒条件，所以，劳动过程不会随着人类生活的变化而变化，它是人类生活的一切社会形式所必需的、共有的。

在资本主义条件下，劳动过程就是资本家消费劳动力的过程，具有两个特点：第一，工人在资本家的监督下劳动，其劳动属于资本家所有。因为工人已将劳动力作为商品出卖给资本家，所以劳动就不再属于劳动者本人而归资本家所有，在劳动中，工人只能按资本家的要求去做。第二，劳动产品归资本家所有，而不归直接生产者所有。资本家购买了劳动者的劳动力，也就获得了劳动力的使用权，资本家把劳动者的劳动看作是和生产资料一样的生产要素。资本主义的劳动过程就是生产要素的结合过程，因此，这个过程的产品就必然归资本家所有。

价值增殖过程

资本家的所有物，即产品，是一种使用价值，例如棉纱、皮靴等。虽然这些产品能满足人们的某种生活需要，而且在一定意义上还构成社会进步的基础，但是，资本家生产皮靴并不是为了得到皮靴本身。在商品生产中，产品的使用价值本身对资本家没有丝毫的吸引力，资本家之所以要生产使用价值，仅仅是因为使用价值是交换价值的物质基础和物质承担者。对资本家而言，他只关心两点：第一，他生产出来的物品的使用价值必须具有交换价值，是用来出售的物品——商品；第二，他要使生产出来的商品的价值，大于为购买生产该商品所需的各种商品，即生产资料和劳动力的价值总和。对资本家来说，他不但要生产使用价值，还要生产价值和剩余价值。

正如商品是使用价值和价值的统一体[1]一样，商品生产过程必定是劳动过程和价值形成过程的统一。

众所周知，每个商品的价值都是由凝结于其中的劳动量与生产该商品所需的社会必要劳动时间决定的。

价值形成过程是价值增殖过程的基础，要揭示此过程，必须考察价值形成过程。首先，我们将商品生产过程作为价值形成过程来考察。那么，价值是怎样增殖的呢？我们假定，某个纺纱厂一个纺纱工人的劳动力日价值为3先令，纺纱工人用6小时劳动就可以创造出这3先令的价值。或者说他们用6小时的劳动，可以把5磅棉花纺成5磅棉纱。假设棉花价值为10先令，磨损的机器和消费的纱锭等劳动资料价值2先令，加上工人6小时劳动创造的价值3先令，那么，这5磅棉纱的总价值就是15先令。但是，资本家为生产5磅棉纱所预付的资本价值也是15先令，这样，

---

[1] 商品的使用价值与价值是统一的，缺少其一都不能成为商品。价值的存在要以使用价值的存在为前提，凡是没有使用价值的东西，就不会有价值；使用价值是价值的物质承担者，价值寓于商品的使用价值之中。

资本家卖出5磅棉纱得到的15先令收入，等于他预付的资本价值15先令，在这个价值形成过程中，资本家预付资本的价值没有增殖。可见，单纯的价值形成过程并不能产生剩余价值。

价值增殖的关键，在于资本家购买的劳动力商品具有独特的使用价值。劳动力的价值和劳动力在劳动过程中创造的价值，是两个完全不同的量，资本家之所以购买劳动力，正是看中了这个价值差额。上例中，工人的劳动力日价值为3先令，而他们劳动6小时就可以创造出这3先令的价值，就是说，工人每天生产劳动力所必要的生活资料只需花费6小时的劳动。但是，工人在出卖劳动力后，其使用价值已经不归卖者所有，正如已经卖出的油，其使用价值不归油商所有一样。资本家支付了劳动力的日价值，劳动力一天的使用（一天的劳动）就归资本家所有，尽管工人劳动6小时就可以生产出与日价值等价的劳动力价值，但资本家不会让工人只劳动6小时，而可能会要他们劳动12小时。在12小时内，工人可纺纱10磅，尽管为此所耗费的生产资料价值相应地由12先令增加到24先令，但是，工人在12小时的劳动中却创造了6先令的新价值。这样，10磅棉纱的总价值就等于24先令，加上工人劳动12小时创造的6先令新价值，共计30先令。而资本家在此之前所预付的资本仅27先令，如按10磅棉纱的价值卖出，资本家就能赚3先令。而这3先令的增殖额就是剩余价值。

通过比较价值形成过程和价值增殖过程就会发现，后者不过是超过了一个定点而延长了前者。如果价值形成过程只持续到这一点，即资本所预付的劳动力价值与新创造的价值等同，那就是一般的价值形成过程。如果价值形成过程超过这一定点而延续下去，就变成了价值增殖过程。

对于价值增殖过程而言，究竟资本家占有的劳动是简单的社会平均劳动，还是复杂的高级劳动，是毫无关系的。因为比社会平均劳动更高级、更复杂的劳动，需要比普通劳动力花费更高的教育费用和更长的生产时间，所以它表现为较高级的劳动，在同样长的时间里，可以物化更多的价值在产品上。拿纺纱工人和珠宝工人为例，虽然两者的劳动差别巨大，但是他们用来补偿自身的劳动力价值的那部分劳动和用来创造剩余价值的那部分剩余劳动，并没有本质的区别。可见，在这两种工人身上，剩余价值都是来源于剩余劳动和同一劳动过程的劳动时间的延长。

不变资本和可变资本

资本由两个部分组成，从劳动过程的角度看，一个是客观因素，一个是主观因素；从价值增殖过程的角度看，一个是不变资本，一个是可变资本。

劳动过程中的不同因素，在产品价值的形成中起着不同的作用。

在劳动过程中，工人将自己一定量的劳动消耗到劳动对象上，也就是把新创造的价值加到劳动对象上。另一方面，在劳动过程中被消耗的生产资料的价值又成为产品价值的组成部分，如棉花和纱锭的价值成为棉纱价值的一部分。可见，生产资料的价值因其被转移到产品上而得以保存。这种转移是在生产资料转化为产品时发生的，是在劳动过程中发生并通过劳动实现的。

这种转移又是如何实现的呢？在同一时间内，工人并没有劳动两次：一次通过自己的劳动将价值转移到棉花上；另一次把加工所用的棉花和纱锭的价值转移到产品棉纱中，它只是创造了新价值而保存了旧价值。但是，我们必须认识到，把旧价值保存在产品中和把新价值加到劳动对象上，是工人在同一时间内通过同一次劳动而达到的两种完全不同的结果。这种结果的二重性只能通过劳动的二重性来理解。在同一时间内，就劳动的二重属性来说，必然是：一种属性创造价值；一种属性保存价值。

工人只有通过他特有的生产劳动方式，才能把生产资料价值转移到产品中去。如纺织工人只有通过纺纱，织布工人只有通过纺织，铁匠只有通过打铁，才能把它加入劳动时间，从而加入新价值。生产资料旧的使用价值消失了，只是为了以一种新的使用价值出现。工人保存被消耗掉的生产资料的价值，或者说，把这部分被消耗的价值作为价值组成部分转移到新产品上，并不是因为他们加入了一般劳动，而是由于这种追加劳动的有用性质。

工人通过自己的劳动创造价值，并不因为他的劳动是纺纱还是木匠，而是因为他的劳动是一般的、抽象的社会劳动。实际上，工人能够在产品中加入一定的价值量，并不是因为他的劳动具有某种特殊的有用性，而是因为他的劳动持续了一定的时间，也就是消耗了一定量的人类一般劳动。因此，纺纱工人的劳动，就它抽象的一般属性来说，作为人类劳动力的耗费，是把新价值加到新产品之中。而就它具有的特殊有用属性来说，作为纺纱的过程，是把生产资料的价值转移到新产品之中，从而把这些价值保存下来，并由此产生了劳动在同一时间内所得出的二重性结果。

□ **纺纱车间**

工人通过自己的劳动创造价值，并不因为他的劳动是纺纱劳动还是木匠劳动，而是因为他的劳动是一般的、抽象的社会劳动。纺纱工人的劳动，就它抽象的一般属性来说，是作为人类劳动力的耗费，把新价值加到新产品当中。

在产品中加入新价值，是因为追回了单纯的劳动的量；而在新产品中保存消耗的生产资料的价值，是由于所追加的劳动的性质。同一劳动因它的二重性造成了这种二重作用。在同一不可分割的劳动过程中，劳动保存价值的属性和劳动创造价值的属性具有本质的区别。纺相同量的棉花所需要的劳动时间越长，加到棉花上的新价值就越大；在相等的劳动时间内纺的棉花磅数越多，保存在产品中的旧价值就越大。

把价值的象征性符号撇开，它就只存在于某种使用价值中，也就是存在于某种物中。如果使用价值丧失，价值也就随之丧失。然而，在劳动过程中发挥作用的生产资料则不同，生产资料在丧失使用价值的同时并不丧失自己的价值，因为在劳动过程中，它丧失的只是自己最初的使用价值形态，新的使用价值形态则已转移到产品中。生产资料在劳动过程中所丧失的最大限度的价值量，不会大于它们进入劳动过程原有的价值量，因为生产资料转移给产品的价值，决不会大于它在劳动过程中因自身使用价值的消灭而丧失的相应价值。如果生产资料本身就不是人类劳动的产品，那它就不可能有任何价值转移到产品中去。也就是说，它只能充当使用价值的形成要素，而不能充当交换价值的形成要素。自然界中，一切未经人类劳动加工便天然存在的生产资料，如土地、风、水、地下的铁矿、原始森林中的树木等，都是如此。

生产资料把价值转移到新形态的新产品上，有一个前提条件——只具有在劳动过程中丧失了存在于旧的使用价值形态中的价值。生产资料丧失的价值的最大值，是以它们进入劳动过程时原有的价值量为上限，因此，生产资料加到新形态产品中的价值，绝不会大于进入劳动过程中所具有的价值。

对生产资料而言，被消耗的只是它们的使用价值。正是由于这种使用价值的消费，劳动制造出产品。生产资料的价值之所以被保存下来，是因为原先借以存在的使用价值被改造成另外一种使用价值。因此，生产资料的价值能够体现在产品的价值中，确切地说，不是再生产，而是旧交换价值借以再现的新使用价值。

但是，劳动过程的主观因素，即发挥作用的劳动力，却与此不同。当劳动力通过有目的的具体劳动形式，将生产资料的价值转移到产品上并保存下来时，工人的劳动时刻都形成追加的价值，即新价值。这一价值是真正再生产出来的，而不似生产资料的价值，只是表面再生产出来的。因为，在这里，一个价值对另一个价值的补偿，是通过创造新价值来实现的。

劳动过程的不同因素在产品价值的形成中所起的不同作用，实质上说明了资本的不同组成部分在价值增殖过程中执行的不同职能。产品总价值超过产品形成要素的价值总额而形成的余额，就是价值已经增殖的资本超过原预付资本价值而形成的余额。生产资料、劳动力，只是原有资本价值从货币形式转化为劳动过程的因素时所采取的不同存在形式。可见，转变为生产资料的资本，即购买原料、辅助材料、劳动资料的那部分资本，由于在生产过程中未改变自身价值量，因此称为不变资本部分。反之，转变为劳动力的资本，由于在生产过程中改变了自己的价值量，再生产出超过自身价值而形成的余额，即剩余价值，这部分资本从不变量转化为可变量，因此被称为可变资本。

生产资料的价值变动，会影响到已经进入生产过程的生产资料，但不会改变生产资料作为不变资本的性质。同样，可变资本和不变资本之间的量的比例的改变，也不会影响它们在职能上的区别。举例来说，在技术条件大为改善后，以前10个工人用10件价值很小的工具只能加工少量的原料，而现在1个工人用1台价格昂贵的机器就能加工为原来100倍的原料。在这种情况下，被加工的生产资料，即不变资本的价值量大大增加了，但资本的可变部分即预付劳动力的部分大大减少，然而，这种变动只是改变了总资本中不变资本和可变资本的占有比例，对不变资本和可变资本的区分并未产生任何影响。

剩余价值率

剩余价值率是剩余价值和可变资本的比率，或剩余劳动时间和必要劳动时间的比率。在资本主义条件下，它是工人受资本家剥削程度的表现。由于资本家对利润的贪欲是无止境的，因此他们会采取各种手段不断提高剩余价值率，加重对雇佣劳动者的剥削。

在资本主义商品生产中，预付资本C产生的剩余价值，首先表现为产品价值超过它的各种生产要素价值总额而形成的余额。资本家的预付资本C分为两部分：一部分是用来购买生产资料而支出的货币额c，即不变资本价值；另一部分是用来购买劳动力而支出的货币额v，即可变资本价值，因此，最初的预付资本$C=c+v$，例如，预付资本500镑=410镑（c）+90镑（v）。在生产过程结束时的商品价值则是不变资本价值、可变资本价值和剩余价值之和，即：$C'=c+v+m$（m是剩余价值），例如，预付资本500镑变成410镑（c）+90镑（v）+90（m）镑。预付资本C变成C'，也就是500镑变成了590镑，两者之差90镑就是剩余价值。

由于不变资本的价值只是再现在产品中，因此，在生产过程中，实际新生产的价值产品，同生产过程结束时的产品价值是不同的。新生产的价值产品只是产品价值构成的一部分，它是在劳动过程中新创造的价值，这一部分价值，等于可变资本价值加剩余价值。在生产过程中，不变资本的价值不论大小，

□ 工厂一角　资料图片

剩余价值的变动取决于三个因素，即工作日的长度、劳动的标准强度和劳动生产力。在这三个因素中，如果一个不变，另外两个发生改变；或者其中两个不变，另一个发生变化；或者三个因素同时变化，都可以产生种种不同的组合。而且如果三个因素变化的大小和方向不同，这些组合就会更加多样化。为了加强对劳动者的剥削，资本家可以不择手段。图中，工人们在简陋的条件下为资本家创造着剩余价值。

都不影响价值产品，剩余价值是可变资本的价值增殖，所以剩余价值是可变资本变化的结果。

实际上，剩余价值只是可变资本转化为劳动力后，资本部分发生价值变化的结果。也就是说，剩余价值只是可变资本增殖的结果，但是剩余价值生产的实质却被资本主义商品生产的表象所掩盖。由于可变资本的增加，预付资本也随之增加。可见，要对资本主义商品生产过程进行全面的分析，就必须把产品价值中属于不变资本价值的部分完全抽去，即不变资本$c=0$。

假定不变资本$c=0$，预付资本就从$c+v$简化为v，产品价值$c+v+m$就简化为$v+m$。如产品价值为180镑，扣除其中90镑可变资本的价值，剩余价值就是90镑。90镑，就是剩余价值的绝对量，而剩余价值的相对量，即可变资本价值增殖的比率，则由剩余价值同可变资本的比率来决定，或者用m/v来表示，上例中，剩余价值的相对量是100%。可变资本的这种相对价值增殖或剩余价值的相对量，叫作剩余价值率，其计算公式是：

剩余价值率＝剩余价值/可变资本

剩余价值率还可由剩余劳动和必要劳动的比率来表示。工人的工作日分为两部分。其中一部分，工人只是生产自己劳动力的价值，或者说只是生产他必要生活资料的价值。这一部分劳动，工人只是用新创造的价值来补偿预付的可变资本的价值，所以，这种价值的生产就表现为再生产。我们把这种再生产的工作日部分称为必要劳动时间，在此时间内耗费的劳动称为必要劳动。这种劳动对工人来说是必要的，因为不论怎样的社会形式，工人都要再生产自己所必需的生活资料。这种劳动对资本和资本世界来说也是必要的，因为工人的存在是它们存在的基础，没有雇佣劳动就没有资本。

工作日的另一部分，是工人超出必要劳动的界限而做工的时间。这段时间虽然耗费工人的劳动力，但不为工人形成任何价值，只为资本家形成剩余价值。我们把工作日的这部分时间称为剩余劳动时间，这段时间内耗费的劳动被称为剩余劳动。把剩余价值看作只是剩余劳动时间的凝结，只是对象化的剩余劳动，这对于认识价值本身具有决定性的意义，因为它在揭示剩余价值的性质和来源的同时，还指明了资本主义社会剩余劳动的特点。尽管剥削制度不同，但剥削阶级对直接生产者剥削的内容却完全相同，都是榨取剩余劳动，它们的区别只是榨取剩余劳动的形式不同罢了。奴隶社会，是直接在奴隶身上榨取剩余劳动；资本主义社会，则是通过剩余价值的形式在工人身上榨取剩余劳动。

由于可变资本的价值等于它所购买的劳动力的价值，而劳动力的价值决定工作日的必要劳动时间，剩余价值又由工作日的剩余劳动时间决定，由此推断：剩余价值同可变资本之比等于剩余劳动与必要劳动之比。如此一来，剩余价值率就可以表现为：

$$\text{剩余价值率}=\frac{m}{v}=\frac{\text{剩余劳动}}{\text{必要劳动}}$$

剩余价值率把同一种关系表现在两种不同的形式上：一个是物化劳动的形式，一个是流动劳动的形式[1]。因此，剩余价值率是资本家的剥削率，也是工人受资本家剥削程度的准确表现。

[1] 物化劳动又称死劳动、过去劳动和对象化劳动，指保存在一个产品或有用物中凝固状态的劳动，是劳动的静止形式；流动劳动又称活劳动，指在物质资料生产过程中发挥作用的能动的劳动力，是劳动者加进生产过程的新的、呈流动状态的劳动。二者是物质资料生产中所用劳动的一对范畴。

工作日

工作日也称劳动日，是以日为计算单位的劳动时间，指工人在一昼夜内工作时间的长度。工作日通常分为四种，即标准工作日、特殊条件下的缩短工作日、延长工作日和无定时工作日。

我们假定，劳动力按照它的价值进行买卖。其价值和其他各种商品的价值一样，都是由生产它所必需的劳动时间决定的。因此，如果工人生产一天生活资料所需时间为6小时，那么，工人每天就要劳动6小时来生产他的劳动力，或者说，再生产出他出卖劳动力获得的价值，这样，他的必要工作时间就是6小时。在其他条件不变的情况下，必要工作时间是固定不变的，但是，由此还无法确定工作日本身的量。

我们用线段*a*——*b*表示必要劳动的持续时间，假定是6小时。再假定劳动时间分别超过*ab*线1小时、3小时和6小时，那么，我们就可以得到3条不同的线：

工作日1：*a*————*b*—*c*

工作日2：*a*————*b*———*c*

工作日3：*a*———*b*—————*c*

这3条线分别表示三种不同的工作日时间：7小时、9小时和12小时。其中，*ab*是必要劳动时间，*bc*是剩余劳动时间，*ac*为工作日时间。在这里，工作日时间*ac*随着变量*bc*而变化。因为必要劳动时间*ab*是定量，所以，*bc*与*ab*之比是可以计算出来的：在工作日1中，*bc*：*ab*=1：6；在工作日2中，*bc*：*ab*=3：6；在工作日3中，*bc*：*ab*=6：6。又因为剩余价值的比率等于剩余劳动时间——必要劳动时间，所以只要知道这两条线段之比，便可以得出剩余价值率。就以上三种工作日来说，剩余价值率分别为16.7%、50%和100%。但是，仅仅知道剩余价值率，并不能判断工作日的长度。比如，剩余价值率是100%，但工作日可以是8小时、10小时或12小时，这个剩余价值率只能表明工作日的两个组成部分即必要劳动时间和剩余劳动时间相等，并不能明确表示这两部分时间各有多长。

工作日或劳动日是指劳动者在一天内劳动的时间，它是由必要劳动时间和剩余劳动时间构成。一方面，工作日不是一个定量，而是一个可变量。固然，它的一部分是由工人再生产所必需的必要劳动时间决定的，但是它的时间总长度却随着剩余劳动时间的变化而变化。因此，工作日是可以确定的，但它本身是不定的。另一方面，虽然工作日是可变动的量，但它的变动只能在一定范围内，而它的最低界限也无法确定。假定剩余劳动时间线 $bc=0$，我们可以得出一个最低界限，即工人为维持自身生活的需要而在一天中从事必要劳动的时间。但是，在资本主义生产方式下，必要劳动始终只能是工人工作日的一部分，所以工作日的时间绝不会缩短到这个最低限度。虽然无法确定工作日时间的最低界限，但工作日却有一个最高界限，它取决于两个方面。第一是身体界限。一个人在24小时的工作日内只能支出一定量的生命力，正如一匹马每天不停地干活，一天也只能干8小时。工人每天必须有一部分时间用来休息、吃饭、盥洗、穿衣等。第二是社会界限。工人必须有一定的时间来满足精神和社会的需要，这种需要的范围和数量由社会的文化状况决定。虽然工作日的长度是在身体界限和社会界限之内变动，但这两个界限有极大的弹性和变动余地，例如，我们看到有8小时、10小时、12小时、14小时、16小时、18小时的工作日，也就是说，工作日的长度是多种多样的。

□ **打哈欠的熨衣工**

生产资料垄断者的共同特点是占有生产资料，强迫劳动者为他们提供剩余劳动。在生产条件不变的情况下，生产资料垄断者采用延长工作时间的办法来获得更多的剩余价值，严重地剥夺了劳动者的休息时间。图中的一名熨衣工由于长时间工作而疲惫不堪，哈欠连天。

资本家按照劳动力的日价值购买劳动力，也就是说，劳动力在一个工作日内的使用价值归资本家所有，所以要求工人在一个工作日内为他做工。一个工作日自然要比一个生活日要短，但究竟短多少，资本家有自己的看法。资本家是人格化的资本，他的灵魂就是资本的灵魂。所有资本只有一种生活本能，即实现价值增殖，从而获取剩余价值。资本是死的，它就如吸血鬼一般，只有吮吸工人的剩余劳动才会重生，吮吸的活劳动越多，生命力则越旺盛。工人劳动的时间，其实就是资本家消费他所购买的劳动力的时间。如果工人利用这部分时间做自己的事情，那就相当于偷窃了资本家的时间。

劳动者出卖的劳动力和其他商品不同，它可以创造剩余价值。正是这个原因，资本家才购买。对资本家来说，劳动力意味着增殖；对劳动者来说，劳动力意味着体力的过多支出。

就商品交换的本质而言，它并没有给工作日规定任何界限，因而也就没有给剩余劳动规定任何界限。作为资本家，总是最大限度地延长工作日，如有可能，他就把一个工作日延长为两个工作日。另一方面，由于作为商品的劳动力的特殊性质，资本家也必须遵循一定的消费界限。于是这里出现了“二律背反[1]”，资本家的权利同劳动者的权利相对抗，这两种权利都是被商品交换规律所承认的。在资本主义生产的历史上，工作日的确定过程，就是工人阶级为反对延长工作日而进行的斗争过程，也是整个资产阶级和工人阶级之间的斗争过程。

资本并没有发明剩余劳动，只是在少数人占有生产资料的地方，所有劳动者，不管是自由的还是不自由的，都必须在维持自身生活所必需的劳动时间以外，追加超额的劳动时间来为生产资料的所有者生产生活资料。不论这些所有者是雅典的贵族、罗马的市民、诺曼的男爵、美国的奴隶主还是现代的资本家，只要生产资料被少数人垄断，这种现象就必然存在。

在商品的使用价值而不是商品的价值占优势地位的社会形态中，剩余劳动的产生就会受到需求范围的限制。在古代，只有谋取具有独立的货币形式的交换价值的地方，即在金银的开采地，才会有让人惊骇的过度劳动。但是，在那些还在奴隶劳动等较低级形式上从事生产的民族，一旦被卷入资本主义统治下的世界市场，而这个市场又让他们的产品外销成为首要利益时，就会在奴隶制、农奴制等野蛮行为之上，再加上一层过度劳动的文明暴行。例如，美国南部各州盛产棉花，在其以满足本地需要为主要的生产目的时，黑人劳动还带有一种温和的家长制性质。但随着棉花以交换价值的形式出口，并直接为这些州带来经济效益时，资本家追加的超额劳动就会使黑人喘不过气来，过度的劳动使一些黑人仅工作七

[1] 二律背反：康德提出的哲学的基本概念。指双方各自依据普遍认同的原则建立起来的、公认为正确的两个命题之间的矛盾冲突。康德认为，由于人类理性认识的辩证性力图超越自己的经验界限去认识物体，误把宇宙理念当作认识对象，用说明现象的东西去说明它，这就必然产生二律背反。

年就将生命耗尽。在这个时候，资本家已经不再是从黑人身上榨取一定量的有用产品，而是要榨取剩余价值。

事实上，历史上的生产资料垄断者，都具有共同的特点——占有生产资料，强迫劳动者为他们提供剩余劳动，只不过他们榨取剩余劳动的形式不同罢了。这里，我们可以将多瑙河各公国对剩余劳动的贪欲和英国工厂对剩余劳动的贪欲作一个对比：

□ 被奴役的印第安人

16世纪，新航路开辟后，英国、法国、荷兰等国家先后走上了殖民掠夺的道路。在美洲，为了追逐黄金，欧洲殖民者不仅强占了印第安人的土地，还肆意屠杀和奴役印第安人（上图中，殖民者正在玩弄被奴役的印第安人）。然而，欧洲本土工人们的命运，并不比美洲被奴役的印第安人好。为了无限度地追逐剩余价值，资本家贪婪地延长工人的工作日，疯狂掠夺他们的剩余劳动。

假定英国工厂工人的工作日由 6 小时必要劳动和 6 小时剩余劳动组成，那么，自由工人每周为资本家提供的剩余劳动时间就是 6 小时 × 6 小时=36小时。这等于他每周为自己劳动 3 天，又为资本家免费劳动 3 天，只是这种情形将剩余劳动和必要劳动融合在一起，因此，在一般情况下不易觉察出来。而多瑙河各公国的徭役劳动则不同，在徭役劳动中，农民为维持自身生活所完成的必要劳动和他为领主所完成的剩余劳动在空间上是分开的，农民在自己的地里完成必要劳动，在主人的领地里完成剩余劳动，因此，这两部分劳动时间是各自独立的。但徭役劳动形式中剩余劳动和必要劳动的分离，丝毫不会改变剩余劳动和必要劳动之间量的比率。每周三天的剩余劳动，无论是徭役劳动还是雇佣劳动，对劳动者而言都是毫无回报的超额劳动，只是资本家对剩余劳动的贪欲表现为无限度地延长工作日，而领主的贪欲则直接表现为追求徭役的天数。

在英国的一些工业部门，资本家贪婪地延长工作日，无限度地压榨剩余劳动。正如一个英国资产阶级经济学家所说的那样：工厂主贪得无厌，他们追逐利润时犯下的罪行，同西班牙人征服美洲追逐黄金时犯下的买卖、鞭笞黑奴以及贩卖人肉的暴行相比，有过之而无不及。资本家对剩余劳动的疯狂掠夺，引发工人运动不断高涨，迫使国家制定工厂法以限制资本的无限度扩张。但是，在英国的另外一些生产部门，毫无拘束的压榨现象依然存在。如苏格兰斯泰福郡的陶器业，就是因为压榨劳动力的现象十分严重，曾三度成为议会调查的对象。我们从议会的调查报告中摘录了一些受剥削的儿童提供的证词，根据这些证词，我们可以推知成年人特别是少女和妇女的受剥削情况。

议会的调查报告记载：

威廉·伍德，九岁，从七岁零十个月就开始做工，具体工作是“运模子”，即把已经入模的坯子搬到干燥房，再把空模搬回来。每天早晨六点上工，晚上九点左右下工。“我每天都干到晚上九点钟。最近八个星期都是如此。”就是说，一个七岁的孩子每天竟要劳动十五个小时。

约·默里，十二岁，他说：“我干的是运模子和转辘轳，我每天早晨六点钟上工，有时四点钟上工。昨天，我干了一整夜，一直干到今晨六点钟。我从前天夜里到现在就没有上过床。除我以外，还有八九个孩子昨天都干了一整夜。我一个星期挣三先令六便士。昨天，我整整干了一夜，也没多得到一个钱，上星期我就整整干了两夜。”

由于劳动时间过长，陶工的寿命特别短。他们一般都身材矮小，发育不良，而且胸部往往是畸形的。他们反应迟钝，常患消化不良症、肝脏病、肾脏病和风湿症，体质极为虚弱，但他们最常患的还是胸腔病、肺炎、肺结核、支气管炎和哮喘。有一种哮喘病是陶工特有的，通称陶工哮喘病或陶工肺结核，三分之二以上的陶工都患有这种病。

除陶器业外，英国火柴制造业压榨劳动力的情况也十分严重。自1833年发明用木梗涂磷制造火柴的办法后，火柴制造业便在英国迅速地发展起来，并很快由人口稠密的伦敦地区传到曼彻斯特、伯明翰、利物浦、布利斯托尔、诺里奇、新堡、格拉斯哥等地，它同时也使火柴工人的职业病——牙关紧闭症[1]蔓延到各地。火柴工人中有一半是13岁以下的儿童和不满18岁的少年。火柴制造业是对人体健康有害的工作，令人生厌，所以工人阶级中只有那些生活无以为继的人，比如饿得半死的寡妇等，才肯将衣衫褴褛、饥肠辘辘、无人照管、未受教育的孩子

[1] 牙关紧闭症：是由破伤风杆菌引起的急性感染，症状表现为随意肌间歇性强直性痉挛和咬肌痉挛。

送去干这种活。1863年，在议会调查询问过的证人当中，有270人不满18岁，40人不满10岁，10人只有 8 岁， 5 人只有 6 岁。他们的工作日在12小时、14小时或15小时不等，此外还有夜间劳动，没有固定的吃饭时间，并且多半是在充满磷毒的生产间吃饭。

□ **童工**

为了最大化地获得剩余价值，资本家打着让妇女和儿童参加劳动锻炼的幌子，招收童工和妇女。儿童们一般被安排到工厂或矿场工作，他们像成人一样从事各种劳务。他们在工资极低、劳动条件恶劣的情况下从事沉重、有害健康的劳动，不仅身心备受摧残，发育畸形，智力也变得衰退，甚至有不少人断送了幼小的生命。为此，马克思说："工业资本家像吸血鬼一样，只有靠吮吸人血——并且是吮吸儿童的血——才能生存。"

从价值增殖过程来看，不变资本即生产资料的存在，就是为了榨取劳动，并在榨取劳动的同时，还榨取一定比例的剩余劳动。如果不这样做，而是把生产资料闲置在一旁，就会给资本家造成损失，因为生产资料闲置不用就会变成毫无作用的预付资本。如果要恢复中断的生产，就必须追加开支。把工作日延长到自然日的界限之外，也就是延长到夜间，只是一种缓和的方法，仅能大致满足资本家的欲望。而资本家占有劳动者一昼夜即24小时的劳动，是资本主义生产的内在要求。但是，日夜不停地榨取同一劳动力，从身体上来说是不可能的，于是，为了榨取更多的剩余劳动，资本家找到了一个克服生理障碍的办法，那就是让白天被吸尽的劳动力和夜里被吸尽的劳动力交替换班工作。换班有多种办法，比如，让一部分工人这个星期上日班，下个星期上夜班等。这种换班制度在英国棉纺织业等部门的早期发展阶段很盛行。这种24小时昼夜不停的生产过程，作为一种制度，直到今天还存在于大不列颠的许多工业部门中，如英格兰、威尔士和苏格兰的炼铁厂、锻冶厂、压延厂以及其他金属工厂。在这种换班制度下，劳动过程是6个工作日每天24小时，有许多工厂还把星期日的24小时也包括在内。工人中既有成年人也有儿童、少年，这些儿童和少年的年龄，从6岁到18岁不等。我们暂且不说夜班对劳动者身体的伤害。就24小时昼夜不停的生产过程而言，便为资本家打破名义上的工作日界限提供了极大的方便。

什么是一个工作日呢？资本家支付的劳动力日价值，可以在多长时间内消费劳动力呢？在劳动力本身的再生产所需的劳动时间以外，还可以将工作日延长到何种程度呢？对于这些问题，资本家的回答是：工作日就是一天24小时减去几小时休息时间。不言而喻，工人终生都是劳动力，按照自然和法律，工人的全部可供支配时间都是劳动时间，也就是说，工人的劳动力应该全部用于资本的自行增殖。至于工人个人受教育、发展智力、履行社会职能、进行社交活动、自由运用体力和智力的时间，以及星期日的休息时间等等，则不是资本家关心的事。

14世纪中到17世纪末是资本主义发展的最初阶段。这一阶段，生产技术以手工劳动为特征，为了大力发展生产，只有不断增加劳动量，而资本家则通过延长工作日来提高剥削程度。资本家无限度地追逐剩余劳动，不仅突破了工作日的道德极限，还突破了工人的身体极限。他侵占了人的身体成长、发育和维持健康所必需的时间，掠夺了人呼吸新鲜空气和接触阳光的时间，还克扣了工人吃饭的时间，将之并入生产过程。他对待工人就像对待生产资料一样，给工人饭吃，就如给锅炉加煤、给机器加油一般。资本家把积蓄、更新和恢复生命力所需要的正常睡眠，变成仅仅为了恢复耗尽精力的机体所必不可少的几小时迷糊状态。在这里，工作日的界限，不是由维持劳动力的正常状态所必需的休息时间来规定，而是由对劳动力每天最大限度的压榨来规定。虽然这种做法势必缩短工人的寿命，但是资本家是不顾工人寿命长短的，他唯一关心的，是如何在一个工作日内最大限度地消费劳动力。他通过缩短工人的寿命来达到这一目的，这与贪得无厌的农场主靠掠夺肥沃土地来提高产量毫无区别。因此，资本主义生产的实质，就是剩余价值的生产，就是对剩余劳动的榨取。延长工作日，不仅使人的劳动力因被夺去正常生活条件而处于萎缩状态，还可能使劳动者死亡。资本家以缩短工人的寿命为代价来延长工人的生产时间。

□ **矿工的妻子们**

妇女、儿童加入了雇佣劳动者的队伍，这使资本家扩大了自己的剥削范围，尤其是当他们延长了这些雇佣者的工作日之后，更是严重摧残了妇女、儿童的身心健康。图中，矿工的妻子们正在艰辛地劳动。

□ 时间是什么　资料图片

在马克思主义经济学中，将劳动时间作为计量单位，用来计量凝结在商品中的抽象劳动，其合理性源于马克思的剥削观。资本主义进入机器大工业生产阶段后，资本家更是加强了对工人的剥削，其最主要的手段就是最大限度地延长工作日。对这些资本家来说，工人劳动时间越长，他们获得的利润就越大。图中的这个计时器代表着抽象的时间概念，它是马克思主义经济学中一个永恒的分母。

但是，劳动力的价值包含工人再生产或延续后代所必需的生活资料的价值。由于资本家无限度地追逐剩余价值，必然使工作日延长到违反自然规律的程度，从而缩短工人的寿命，发挥作用的时间也随之缩短。同时，已经消费掉的劳动力必须要迅速地进行补偿。这样，在劳动力的再生产上就要投入更多的费用，这正像一台机器，磨损得越快，每天要再生产的那部分机器价值也就越大。因此，资本家为了自身的利益，也需要规定一种正常工作日来延长劳动力发挥作用的时间。但是，对于单个的资本家而言，他所关心的只是如何快速聚集财富，至于劳动力的衰退将给资本主义生产方式带来怎样的恶果却毫不在意。作为资本家，他决不会自动限制工作日。

资本主义进入机器大工业生产阶段后，资本家加强了对工人的剥削，最大限度地延长工作日。而资本家对劳动者的残酷剥削和沉重压迫，必然激起工人阶级的激烈反抗。他们坚决反对过度延长工作日，并由此展开了一系列争取正常工作日的斗争。因此，正常工作日的确立，是工人阶级同资产阶级进行长期的或隐或现的斗争的产物。这种斗争，首先开始于现代工业的发源地——英国。从19世纪初开始，英国工人阶级经过几十年艰难的、反复的斗争，终于迫使资产阶级的议会通过了一系列工作日法案。继英国立法之后，法国紧随其后，在1848年二月革命[1]中，法国工人提出了12小时工作日制度。在法国工人阶级的坚决斗争下，法国最

[1] 二月革命：它是法国推翻七月王朝，建立法兰西第二共和国的资产阶级革命，是1848年欧洲革命浪潮的重要部分之一。面对奥尔良王朝的失政，法国人民成功推翻当时的法国国王路易腓力，鼓舞了欧洲其他地区的革命运动，为资本主义发展扫清了道路。

终颁布了缩短工作日的法令。尽管这个法令没有英国工厂法完备，但由于它是通过革命斗争方式得到的，因而具有独特的优点。它给所有的作坊和工厂毫无区别地规定了同样的工作日界限。

必须承认，工人在进入生产过程和走出生产过程时是不同的。在市场上，他作为劳动力商品的所有者与其他商品的所有者相遇，即作为商品所有者与商品所有者相遇。他在出卖自己的劳动力时，同资本家缔结的契约表明了他可以自由支配自己。但在成交以后，他却发现自己根本就无法

自由支配自己，而是被迫出卖劳动时间的人。为了反抗，为了使自己不再通过自愿与资本家缔结契约而把自己和后代卖出去送死或受奴役，工人必须团结起来，作为一个阶级同资产阶级作坚决斗争，才能争取到一个正常工作日，为工人建立一个强有力的社会屏障。

剩余价值率和剩余价值量

在劳动力价值已定的情况下，一个工人所生产的剩余价值量由剩余价值率决定，因为剩余价值量等于预付的可变资本量乘以剩余价值率。因此，可变资本越大，生产的价值量和剩余价值量就越大。

我们首先假定，劳动力的价值，即再生产或维持劳动力所必需的劳动时间，是一个已知的不变的量。

根据这个假设，知道了剩余价值率，也就可以知道一个工人在一定的时间内为资本家生产的剩余价值量。例如，如果必要劳动一天为6小时，表现在金额为1塔勒（15世纪末以来主要铸造和流通于德意志等中欧地区的一系列大型银币的总称），那么，1塔勒就是一个劳动力的日价值，或者说，是资本家购买一个劳动力所预付的可变资本价值。如果剩余价值率是100%，那么，这1塔勒的可变资本就可以生产1塔勒的剩余价值量，或者说，工人每天工作6小时所产生的剩余劳动量。

因为可变资本是资本家在生产中所使用的全部劳动力的总价值的货币表现，所以可变资本的价值等于一个劳动力的平均价值乘以劳动力的人数。在劳动力价值已知的情况下，可变资本的量与雇佣的工人人数成正比。如果一个劳动力的日价值是1塔勒，那么，每天雇佣100个劳动力，就必须预付100塔勒的资本，如果剥削n个劳动力，就必须预付n塔勒的资本。

如果可变资本1塔勒，即一个劳动力的日价值，每天可产生1塔勒的剩余价值，那么，可变资本100塔勒每天就可以产生100塔勒的剩余价值，可变资本n塔勒每天可以产生剩余价值（$1\times n$）塔勒。可见，所生产的剩余价值量等于一个工人在一个工作日生产的剩余价值量乘以工人的总数。在劳动力价值已定的情况下，一个工人所生产的剩余价值量由剩余价值率决定。由此可以得出第一个规律：所生产的剩余价值量，等于预付的可变资本量乘以剩余价值率，或者说，等于一个资本家同时剥削的劳动力的总数乘以平均每个劳动力所产生的剩余价值量。

在生产一定量的剩余价值时，一种因素的减少可以由另一种因素的增加来补偿。如果可变资本减少，便由提高劳动力受剥削的程度来补偿。按照先前的假定，一个资本家每天要剥削的工人人数是100人，必须支出的预付资本为100塔勒，如果剩余价值率是50%，这100塔勒的可变资本就可生产50塔勒的剩余价值，或100×3个劳动小时的剩余价值。如果剩余价值率提高一倍，或者把工作日从6小时延长到12小时，这时，尽管可变资本由100塔勒减少到50塔勒，仍可生产50塔勒的剩余价值。总之，在一定范围内，资本家所能榨取的劳动量，并不取决于工人的供给。如果剩余价值率降低，只要追投可变资本，或者按比例增加雇佣工人的人数，所生产的剩余价值量仍能保持不变。

但是，靠提高剩余价值率或延长工作日来补偿工人人数或可变资产量的减少是有限制的。因为无论劳动力的价值如何，无论必要劳动时间是2小时还是10小时，一个工人每天的劳动时间总是小于24小时，而且，他们的劳动时间也不可能全是剩余劳动时间。上例中我们假定，6小时的劳动等于一个劳动力的日价值，或者说，要补偿购买劳动力所预付的资本价值，每天需要劳动6小时。如果资本家将工作日延长到12小时，在剩余价值率为100%的条件下，资本家用500塔勒的可变资本，使用500个工人，每天可生产500塔勒的剩余价值，或6×500个劳动小时的剩余价值。如果资本家将工作日延长到18小时，尽管剩余价值率变为200%，但资本家将工人从500人减少为100人，这时工人只能生产200塔勒的剩余价值，或12×100个劳动小时的剩余价值。如果资本家将工作日延长到24小时，剩余价值率提高到300%，这在事实上是不可能的，即使可能，工人也只能生产300塔勒的剩余价值，仍然比不上原来500个工人在12小时生产的500塔勒的剩余价值。因此，在一个工作日内，从一个工人身上榨取的剩余价值量，总有一个不能超越的最高界限。要使剩余价值在一定的量上继续增加，就只能增加工人人数，即增加可变资本的数量。如此一来，就形成剩余价值量的第二个规律："平均工作日（总是小于24小时）的绝对界限，就是可变资本的减少可以由剩余价值率的提高来补偿，或者说，雇佣工人人数的减少可以由提高劳动力受剥削的程度来补偿。"

从以上两个规律可以引申出第三个规律——"在剩余价值率和劳动力价值已定的情况下，所生产的剩余价值量同预付的可变资本量成正比。"

这一规律是从剩余价值量取决于剩余价值率和可变资本量这两个重要因素而得出的。如果剩余价值率或劳动力受剥削的程度已定，劳动力价值或必要劳动时间量已定，那么，可变资本越大，所生产的剩余价值量也就越大。如果工作日的界限及其必要劳动时间已定，那么，一个资本家在生产中获得的价值量和剩余价值量，则取决于他所推动的劳动量。根据以上假设，资本家推动的劳动量又取决于他所剥削的劳动力的数量，或他所剥削的工人人数，而受他剥削的工人人数又是由他的预付可变资本量决定的，所以，在剩余价值率和劳动力价值已定的情况下，剩余价值量同预付的可变资本量成正比。然而，资本家把他的资本分为两部分，一部分用来购买生产资料，这是他资本的不变部分；另一部分用来购买劳动力，从而形成他的可变资本。在不同生产部门中，尽管生产方式相同，但资本划分为不变部分和可变部分的比例却是不同的。并且这一比例会随着生产过程中科学技术发展的变化而变化。但是，无论资本是分为不变资本还是可变资本，或是后者与前者之比是1∶2、1∶10，还是1∶x，这个规律都不会受到影响。因为，不变资本的价值虽然再现在产品价值中，但它并未形成产品的新价值。在生产过程中，1 000个纺纱工人耗费的原料、纱锭，当然比100个纺纱工人耗费得更多。但是，不管这些追加的生产资料的价值是提高、降低，还是不变，也不管是大是小，都不会对劳动力的价值增殖过程有任何影响，因此，在劳动力的价值已定和劳动力受剥削的程度相同的情况下，不同的资本所生产的价值量和剩余价值量，同这些资本的可变部分即劳动力部分的量成正比。

□ **蔬菜罐头加工坊**

资本家的资本分为不变资本和可变资本两部分，前者用来购买生产资料，后者用来购买劳动力。在生产过程中，不变资本不能形成产品新的价值，可变资本则刚相反。图中，一群妇女正在生产蔬菜罐头。其中，资本家用来购买蔬菜等生产资料的这部分资本，并不会形成新的价值；而他支付妇女工资的这部分资本，则可以形成新的价值，即妇女们加工出来的蔬菜罐头所产生的价值。

并不是任何额度的货币都可以转化成资本，这种转化的前提是单个货币所有者或商品所有者手中有一定的最低额度的货币或交换价值。可变资本的最低额度，就是为取得剩余价值全年按日使用的一个劳动力的成本价格。单个货币所有者或商品所有者要蛹化为资本家而必须拥有的最低货币额度，在资本主义发展的不同阶段是不同的。在资本主义生产的初期阶段，某些生产部门所需要的最低货币额度，往往不是由单个人所提供的，而是由国家对私人的补助完成的。

在生产过程中，资本逐渐演变成一种对劳动，即对工人本身的指挥权。作为资本人格化的化身，资本家监督工人按规则和相应的强度工作。作为他人辛苦劳动的制造者，作为剩余价值的拥有者和工人的剥削者，资本在精力、贪婪和效率方面，远远超出了过去所有以直接强制为基础的生产制度。

如果从劳动过程的角度来考察生产过程，那么工人并没有把生产资料当作资本，只是把它当成有目的的劳动的手段和材料。如果从价值增殖的过程来看，生产资料就转化为吸收工人劳动的手段，而不再是工人使用的劳动资料。货币单纯地转化成生产过程的物质因素，转化成生产资料，就使生产资料变成了榨取他们劳动和剩余价值的合法权和强制权。

第 3 章

相对剩余价值生产的三个阶段

CHAPTER 3

在资本主义生产方式的发展过程中，相对剩余价值的生产经历了简单协作、工场手工业和机器大工业三个发展阶段。但其生产的关键则是缩短必要劳动时间。要缩短必要劳动时间，就必须降低劳动力价值；要降低劳动力价值，则必须降低生产和再生产劳动力所必需的生活资料的价值。为此，就必须提高生活资料生产部门的劳动生产率。

相对剩余价值

通过延长工作日总长度而生产的剩余价值，叫作绝对剩余价值；通过缩短必要劳动时间来相对延长剩余劳动时间而生产的剩余价值，称为相对剩余价值。

工作日的一部分劳动时间，用来生产出资本所支付的劳动力价值的等价物，这一部分时间是不变量。在一定的生产条件下，在社会现有的经济发展阶段上，这一部分时间也是不变量。一个工作日除了这部分时间之外，工人还可以劳动2小时、3小时、4小时，或者6小时等，这部分延长的劳动时间决定了剩余价值率和工作日的长度。如果说必要劳动是不变量，那么，工作日就是可变量。现假定有一个工作日，它的总时间长度、必要劳动时间和剩余劳动时间都是确定的。如*ac*线*a*———*b*—*c*表示一个12小时的工作日，其中必要劳动时间线*ab*为10小时，剩余劳动时间线*bc*为2小时。问题是，如果不依靠*ac*线的进一步延长，怎样才能增加剩余价值的生产呢？或者说，怎样才能延长剩余劳动时间线*bc*呢？

□ **转炉炼钢**

1856年，发明家贝塞麦发明了转炉炼钢法，其效率比过去常用的坩埚法高出百余倍。它有效地缩短了工人的必要劳动时间，使剩余劳动时间得以延长，从而生产出更多的相对剩余价值。为了占有更多生产剩余价值的时间，资本家积极地采用这种新的生产方式来缩短必要劳动时间。

尽管*ac*线已确定，但是*bc*线仍有延长的空间，不过，*bc*线的延长方向不是越过工作日总长度的终点*c*延长，而是由它的起点*b*向*a*延长。假设一个工作日时间线为*a*———*b'*—*b*——*c*，*b'*—*b*的长是*b*——*c*的一半，或等于1小时。假如*b*移到*b'*，*cb*就相应地延长到*cb'*，也就是剩余劳动时间增加了1小时，从之前的2小时变为现在的3小时，而此时整个工作日的时间仍是12小时。很明显，如果必要劳动不同时从ab缩短到ab'，也就是从原来的10小时缩短到9小时，剩余劳动时间也不可能从cb延长到cb'，即从之前的2小时增加到现在的3小时。必要劳动时间的缩短与剩余劳动时间的延长是相应的，或者说，把工人为他们本身耗费的劳动时间中的一部分，转化成为资本家耗费的劳动时间。虽然工作日中的必要劳动时间和剩余劳动时间有所变化，但是工作日的时间长度并未改变。

知道工作日的量和劳动力的价值，显然也就知道剩余劳动量。生产劳动力必需的劳动时间，即劳动力价值[1]，决定了再生产劳动力价值所必需的劳动时间。

工人劳动力价值的降低取决于他每天必需的生活资料价值的降低，生活资料价值的变动又与劳动生产力的发展相联系，因此，要降低劳动力价值，就必须提高劳动生产力。劳动生产力的提高，是指在劳动过程中缩短生产某种商品所需要的社会必要劳动时间，从而用较小的劳动量获得较大的使用价值。然而，要提高劳动生产力，就必须变革劳动过程中的技术条件和社会条件，只有对生产方式进行改革，才能提高劳动生产力，从而降低劳动力的价值，只有劳动力价值的降低，才能使社会必要劳动时间缩短。

要降低劳动力的价值，必须提高那些制造或提供必要生活资料的产业部门的劳动生产力。这是因为，它们的产品决定着劳动力的价值，这些产品或属生活资料，或能代替生活资料。其次，商品的价值不仅取决于最终形成商品的那种劳动的量，而且还取决于形成该商品的那些生产资料所包含的劳动量。例如，皮靴的价值不仅取决于鞋匠的劳动，还受到皮革、蜡、线等材料的价值的影响。那些为生产生活资料提供不变资本物质要素的产业部门，提高了生产力，降低了相关产品的价格，使劳动力的价值也随之降低。但是，那些既不提供必要生活资料，也不为制造必要生活资料提供生产资料的部门生产力的提高，则不会影响劳动力的价值。

在资本主义商品生产中，相对剩余价值的生产过程，是从个别到一般的过程，即从个别资本家追逐超额剩余价值到所有的资本家普遍获得相对剩余价值的

[1] 劳动力价值：生产、发展、维持和延续劳动力所必需的生活资料的价值。由于劳动力只能作为活着的劳动者的能力而存在，而劳动力的生产要以劳动者的生存为前提，劳动者的生存和维持，则需要有一定数量的生活资料。而生产劳动力所需要的劳动时间，也就是生产这些生活资料所需要的劳动时间，便成为劳动力的价值。因此，劳动力的价值，就由维持劳动力所有者的生活资料的价值构成。

过程。个别资本家提高劳动生产力，直接目的就是为了获得超额剩余价值。当个别资本家通过提高劳动生产力而使商品更便宜时，他绝非抱着降低劳动力的价值、减少必要劳动时间的目的，但只要当他实现了自己商品的价值，他也就促成了一般剩余价值率的提高。当个别资本家因采用新的生产方式而减少了生产商品的劳动时间后，他的商品的个别价值就会低于社会价值。但是，商品的现实价值是它的社会价值而不是它的个别价值，就是说，它的现实价值不是用生产者的个别劳动时间来计量，而是用生产商品所必需的社会必要劳动时间来计量。因此，采用新生产方式的个别资本家在出售商品时，就不仅可以获得剩余价值，而且还可以获得超额剩余价值。

超额剩余价值实质上属于相对剩余价值的生产，因为剩余价值生产的增加也是靠缩短必要劳动时间，相对延长剩余劳动时间来实现的。假定必要劳动时间是10小时，剩余劳动时间是2小时，劳动力的日价值等于5先令。如果采用新的生产方式的资本家在12小时内可生产24件商品，价值20先令，其中12先令用来补偿消耗掉的生产资料即不变资本，其余8先令是体现一个工作日的价值的货币表现。这个货币表现相比同类社会平均劳动的货币表现要多，因为12小时的同类社会平均劳动只表现为6先令。而资本家只需和从前一样支付5先令的劳动力日价值，就可以使工人在比过去少的时间内再生产这个价值。可见，采用新的生产方式的资本家，相比同行业，可以在工人的一个工作日中占有更多的剩余劳动时间。个别资本家所做的，就是所有资本家在生产相对剩余价值时所追求的。当新的生产方式被普遍采用，生产出来的商品个别价值同它的社会价值之间的差额消失之时，超额剩余价值也随之消失。但是，随着社会生产力的普遍提高，劳动力的价值必然下降，整个资

□ 第一台手动洗衣机

1858年，美国人汉密尔顿·史密斯制成了世界上第一台洗衣机，标志着用机器洗衣的开端。如图所示，该洗衣机的主件是一只圆桶，桶内装有一根带有桨状叶子的直轴，轴是通过摇动和它相连的曲柄转动的。它的发明，为资本家节省了劳动力，缩短了生产商品的必要劳动时间，延长了剩余劳动时间，榨取更多的相对剩余价值。不过，由于这台洗衣机使用费力，且损伤衣服，并没有被广泛使用。

产阶级将获得更多的相对剩余价值。

价值由劳动时间决定。这一规律，既会使采用新生产方式的资本家意识到，要获得超额剩余价值，在出售自己的商品时，必须使商品的价值低于商品的社会价值；又会作为竞争的强制规律，迫使其他竞争者也必须采用新的生产方式。因此，只有当劳动生产力的提高扩展到必要生活资料部门，从而使构成劳动力价值要素的商品变便宜时，一般剩余价值率才会最终受到这整个过程的影响。

商品的价值与劳动生产力成反比，而劳动力的价值与劳动生产力同样成反比，因为劳动力的价值是由商品价值决定的。相反，相对剩余价值则与劳动生产力成正比——相对剩余价值随着生产力的提高而提高，下降而下降。在货币价值不变的情况下，一个12小时社会平均工作日总是生产6先令的价值产品——不管这个价值额怎样分割为劳动力价值的等价物和剩余价值。如果生产力提高，每天的生活资料价值以及劳动力的日价值，从5先令下降到3先令，那么剩余价值就会从1先令增加到3先令。与此同时，再生产劳动力的价值，就会由从前需要的10个劳动小时，减少为现在的6个劳动小时，那么，这多出来的4个劳动小时就被并入了剩余劳动时间。因此，通过提高劳动生产力来降低商品的价格，从而降低工人本身的价格，是资本内在的冲动和普遍的趋势。

生产商品的资本家并不关心商品的绝对价值本身，他关心的只是凝结在商品中的在出售时才能实现的剩余价值。剩余价值的实现，自然就包含着对预付价值的补偿。因为相对剩余价值的增加和劳动生产力的发展成正比，而商品价值的降低与劳动生产力的发展成反比，也就是说，同一过程使商品便宜，并使凝结在商品中的剩余价值提高。这就揭开了一个谜团：为什么只关心生产交换价值的资本家，总是力求降低商品的交换价值？

在劳动生产力提高的条件下，工人在1小时内会生产出相当于他过去10倍的商品，从而生产每件商品的劳动时间降低为过去的1/10，但是，这仍然无法改变他要劳动12小时的命运。也就是说，工人要在12小时内生产1 200件商品，而不是以前的120件。甚至，他们的工作日还可能延长，如果资本家将工作日延长2小时，那么，他们就要在14小时内生产1 400件商品。

可见，在资本主义生产条件下，资本家提高劳动生产力的目的，绝对不是为了缩短工作日的时间，而是为了缩短生产商品的必要劳动时间，从而延长剩余劳动时间，以便榨取更多的相对剩余价值。

协作劳动

在同一生产过程中，或在不同的但相互联系的生产过程中，许多人集中在一起，有计划地协同劳动，这种劳动形式就叫作协作。在同一生产过程中，如果从事协作劳动的劳动者之间没有进行分工，就叫简单协作。而简单协作则是资本主义生产的起点。

工人在同一时间，集中在同一空间，在资本的统一指挥下生产同一种商品，这在历史上和逻辑上都是资本主义生产的起点。就初期的资本主义生产而言，无论是从劳动的生产技术条件看，还是从劳动的分工协作方式看，除了同一资本同时雇佣的工人较多、劳动规模较大以外，它和行会手工业几乎没有区别。就是说，在生产方式上，最初的资本主义生产和行会手工业生产只是量的区别，并没有质的区别。

这种量的区别表现在：一定的资本所生产的剩余价值量，等于一个工人所提供的剩余价值乘以同时雇佣的工人人数。工人人数的多少对剩余价值率或劳动力的剥削程度不会产生任何影响。并且，根据价值的性质，就商品价值的生产而言，劳动过程中任何质的变化都不会产生影响。假如一个12小时工作日物化为6先令，那么1 200个这样的工作日就物化为（6×1 200）先令。在前一种情况下，产品的价值表现为12个劳动小时，在后一种情况下，产品的价值则表现为（12×1 200）个劳动小时。在价值生产上，总数是由许多个数的总和构成多数，因此对价值生产而言，1 200个工人无论是单独劳动，还是在同一资本的指挥下联合劳动，两者得到的结果是完全相同的。

但是，上述这种情况在特殊情况下还是会有所变化。物化为价值的劳动，是社会平均劳动，也就是平均劳动力的表现，但是，平均量始终只是作为同种的众多不同的个别量的平均数而存在。在所有产业部门，个别工人——工人甲或工人乙，都与平均工人有所偏差，这种偏差在数学上就称为“误差”。然而，只要把众多的工人聚集起来，这种偏差就会因互相抵消而消失。有一个明显的事实是，同时雇佣的许多工人的总工作日除以工人人数，就会得到一天的社会平均劳动。

例如，假定一个人的工作日是12小时，那么同时雇佣12个工人的工作日就构成144小时的总工作日。虽然这12个工人的个人劳动都不可能与社会平均劳动相等，但是每个工人的工作日作为144小时总工作日的1/12，都具有社会平均性质。对于雇佣12个工人的资本家来说，工作日是这12个工人的总工作日，所以不管这12个工人是协同劳动，还是各自独立地做工，只要他们为同一资本家劳动，那么每个工人的工作日都是总工作日的组成部分。反之，如果将这12个工人按两人一组进行分配，每一组为一个小业主做工，那么，这6个小业主能否生产出同样的价值量和实现一般剩余价值率，就带有很大的偶然性了。如果一个工人生产一种商品所花费的时间明显高于社会必要时间，并且他的个人必要劳动时间也明显地偏离社会必要劳动时间或平均劳动时间，那么，他的劳动就不能被当作平均劳动，这样的劳动力就会因为不是平均劳动力而无法销售，或者，只能以低于劳动力的平均价值出卖。因此，必须要有一定的最低限度的劳动能力作为前提。之后我们会看到：资本主义生产找到了衡量这个最低限度的方法，虽然它会偏离平均水平。由于劳动力必须按平均价值支付，因此，在6个小业主中，有人赚到的则会比一般剩余价值率高，有人赚到的则会低于一般剩余价值率。从整个社会而言，这些差别会相互抵消，但就单个的业主来说却不会。所以，对单个生产者而言，只有当他作为资本家进行生产，并同时使用许多工人，致使一开始就推动社会平均劳动，那时价值增殖规律才会完全实现。

□ **纺线工场**

1776年，亚当·斯密在《国富论》[1]中第一次提出了劳动分工的观点，并系统全面地阐述了劳动分工对提高劳动生产率的巨大作用。这一劳动方式很快被资本主义生产采用，成为提高资本剩余价值率的手段。图中，一家纺线工场内的工人正在进行分工劳动。

即使劳动方式不变，同时使用较多的工人也会在劳动过程的物质条件上引起

[1]《国富论》：全书名为《国民财富的性质和原因的研究》，被誉为西方经济学的“圣经”，是影响世界历史的十大著作之一。其作者是英国经济学家亚当·斯密。

□ 剪羊毛

与同样数量的个人工作日的总和相比较，结合工作日可以生产更多的使用价值，从而减少生产商品的必要劳动时间。图中，捉羊、剪羊毛、搬运羊毛的劳动分别由不同的工人进行，这一分工与协作可以大大提高工人剪羊毛的速度，最终提高资本生产的剩余价值率。

革命性的变化。如容纳许多人同时做工的厂房、储藏原料的仓库，供许多人同时使用或交替使用的容器、工具等，都是在劳动过程中由许多人共同消费。一方面，商品和生产资料的交换价值，丝毫不会因它们的使用价值得到更充分的利用而有所增加；另一方面，由于同时使用较多的工人，生产资料的规模也会相应扩大。比如，一个能容纳20个织布工人用20台织机劳动的房间，肯定比一个独立织布者带两个帮工劳动的房间要大得多。但是，建造一座容纳20个人的工厂比建造10座只能容纳两个人的作坊所耗费的劳动要少，因此，大量的、聚集起来共同使用的生产资料的价值，通常不会和这些生产资料的规模及其效果成比例地增加。共同使用的生产资料转移到单个产品中的价值组成部分之所以较小，是因为这些生产资料转移的总价值被同时分配在大量的产品上；并且，这些生产资料加入生产过程的价值同分散的生产资料相比，虽然绝对值较大，但相对于其作用范围就小了许多。不变资本的价值组成部分降低了，商品总价值也随着这部分价值量的减少而降低，其结果与商品生产资料变成廉价生产时所产生的结果相同。生产资料的这种节约，仅是因为众多工人在劳动过程中共同消费它们。即使众多工人只是在空间上聚集在一起，并没有协作劳动，这种生产资料也与单干的个体劳动者或小业主分散地花费较大的生产资料不同。

生产资料的节约可以从两方面去考察：一是它让商品更便宜，从而使劳动的价值下降；二是它改变剩余价值同所有预付资本（资本组成中的不变部分和可变部分之和）的比例关系。

一个骑兵连的进攻力量或一个步兵团的防御力量，与众多分散的骑兵的进攻力量的总和或与众多分散的步兵的防御力量的总和有着本质的差别。同理，单个劳动者的力量的机械总和，与许多人同时完成一项不可分割的操作所发挥的社会力量也有本质的差别。此时，协作劳动所产生的效果，要么是个人劳动根本不可能达到的，要么只能在耗费更长时间的条件下或是在很小的规模上才能达到。协作不仅提高了个人的劳动生产力，而且创造了一种新的生产力，这种生产力的本身就是集体力，我们又称之为凝聚力。

在众多社会生产中，多种力量融合在一起而产生的新力量，仅是社会接触就会激发劳动者的竞争心理，从而振奋精神，提高个人工作效率。因此，12个人在一个144小时的共同工作日中生产的总产品，一定比12个劳动者每人单干12小时，或1个劳动者连续劳动12天所生产的产品要多得多。

虽然同一项工作可以由众人协作完成，但是个人劳动作为总劳动的一部仍可以代表劳动过程本身的不同阶段。由于协同劳动，劳动对象可以更快这些阶段。例如，砖匠站成一排，把砖从脚手架的下面传到上面，虽然每个人的事情都一样，但这些单个操作构成了一个总操作的连续部分，成为每块砖在劳动过程中必须通过的各个特殊阶段。因此，24只手同时传砖，比单独的劳动者用两只手搬着砖上下一趟要快得多。在协作中，许多劳动者做着同一种工作，在工作中可以互相补充，因为这种最简单的共同劳动的形式即使在最发达的协作形态中也起着重大作用。若是劳动过程过于复杂，只要有众多劳动者共同劳动，就可以把不同的工作分给不同的人，然后同时进行操作，这样，制造总产品所必要的劳动时间就被缩短了。

许多生产部门都有特殊的紧急时期，它是由劳动过程的性质决定的，例如，剪一群羊的毛或收割若干谷物。在这种情况下，产品的数量和质量取决于劳动能否在一定的时间内开始并在一定的时间内结束。在这里，劳动过程需占用的时间是事先就确定好的，就像捕鲱鱼一样。一个人若从一天中分割出一个工作日，例如12小时，那么100个人协作劳动就可以把一个12小时的工作日扩大成一个1 200小时的工作日。短促的劳动期限可以由在紧要关头投入的巨大劳动量来补偿。能否不失时机地获得成果，取决于是否同时使用许多协同劳动的工作日，而成效的大小则取决于劳动者的数量——总比在同样长的时间内，为达到同样效果所投入的单干劳动者的人数要少。

协作可以节约生产资料。从价值方面来讲，一方面，协作可以合理地使用生产资料，并使生产资料的交换价值不会有所增加。另一方面，共同使用生产资料会使生产规模扩大，但是所需要增加的生产资料的价值，同样不会随之增加；协作使劳动具有连续性，使许多人同时协同完成同一工作，但作为总劳动中的一部分的个人劳动，仍可代表劳动过程中的不同阶段；协作使工作效率提高，从而使劳动对象可以更快地通过这些阶段。协作还可以利用集体的力量，扩大劳动的空间范围，例如拦河、筑坝、灌溉、开凿运河、修筑道路、铺设铁路等大型工程不通过协作根本就无法完成。此外，协作可以相对地缩小生产空间，从而节约非生产费用。

总之，与同样数量的个人工作日的总和相比，结合工作日可以生产更多的使用价值，同时减少生产商品的必要劳动时间。在任何情况下，结合工作日的特殊生产力[1]都是劳动的社会生产力或社会劳动的生产力，这种生产力是由协作本身产生的。

既然劳动者集合在一起是进行协作劳动的条件，那么，一个资本家或同一个资本，如果不同时雇佣工人即同时购买他们的劳动力，协作劳动也无法进行。在劳动力本身聚集在生产过程中之前，这些劳动力的总价值必须已经被揣在资本家的衣兜里。一次支付300名工人的劳动报酬，哪怕是一天，也比全年按周支付少量工人的劳动报酬需要更多的资本。所以，协作劳动的人数即生产的规模，直接取决于资本家能同时支付多少资本量来购买劳动力，也取决于一个资本家拥有的能满足许多工人使用的生产资料。

起初，为了有足够的被同时剥削的工人，产出足够的剩余价值，以便让雇主不再从事体力劳动，变成资本家，从而建立形式上的资本关系，则需要一定量的、最低额度的单个资本。

同样，最初的资本家指挥劳动也只是表现为这样一种形式：工人不是为自己劳动而是为资本家劳动，所以是在资本家的支配下劳动。随着许多雇佣工人协作劳动，资本家指挥劳动逐渐成为劳动过程中的必要条件，成为实际的生产条件。生产场所不能缺少资本家的命令，就如战场上不能缺少将军的指挥命令一样。

因为资本主义生产过程具有二重性：一方面是制造新产品的社会劳动过程，

---

[1] 此特殊生产力是指劳动者在有计划地与他人的分工协作中，摆脱个人局限，发挥出他的种属能力。

另一方面是资本的价值增殖过程，所以资本主义的管理也具有二重性，并且从其形式上来说还具有专制性。随着协作劳动规模的不断扩大，这种专制有了自己独特的形式。就像起初资本家的资本一达到开始真正的资本主义生产所必需的最低额度时，资本家就不再从事体力劳动一样，如今资本家把直接和经常监督工人的职责交给了特别的雇佣工人，他们以资本的名义进行指挥，而监督工人则成为他们的专职。

□ 刨木地板工人

劳动分工使同样数量的人们单个所能完成的工作量大大增加，这是因为：第一，它提高了每一个工人的熟练程度；第二，它节约了由一种工作转到另一种工作所损耗的时间；第三，它发明了很多机器，简化了劳动过程。图中的刨木地板工人正进行分工劳动。

工人是自己劳动力的所有者，他作为劳动力的卖者与资本家进行交易，只能出卖给资本家他所拥有的东西——个人的、单个的劳动力。工人作为独立的、单个的人，他们只和同一资本发生关系，而工人彼此之间则不发生关系。工人的协作是在劳动过程中才开始的，但此时他们已不再属于自己。工人一旦进入劳动过程，便成为资本的一部分。作为协作的人，作为一个工作机体的组成部分，工人只不过是资本的一种特殊存在方式。因此，在协同劳动中，工人作为社会工人所发挥的生产力，是资本的生产力。只要把工人置于一定条件下，劳动的社会生产力就可以无须支付报酬而发挥出来，而资本正是把工人置于这样的条件下。因为劳动的社会生产并不耗费资本，又因工人在他的劳动本身属于资本之前并不能发挥这种生产力，所以劳动的社会生产力好像是资本天然具有的，是资本内在的生产力。

正如协作发挥的劳动的社会生产力表现为资本生产力一样，协作劳动本身表现为与单个的独立劳动者或小业主的生产过程相对立的资本主义生产过程的特有形式。这是劳动在实际过程中因为隶属于资本而发生的第一个变化。这种变化的前提，就是在同一个劳动过程中同时雇佣大量的工人，构成资本主义生产的起点，它和资本本身的存在相结合。因此，一方面，资本主义的生产方式表现为劳动过程转化为社会过程的历史必然性；另一方面，劳动过程的这种社会形式表现为资本通过提高劳动过程的生产力来更有效地剥削劳动过程的一种方法。

简单协作是同规模较大的生产结合在一起的，但它并不是资本主义生产方式的一个特殊发展时代的固定的特殊形式，而是模糊地表现在仍然保持手工业性质的初期工场中，表现在那种和工场手工时期相适应的，仅仅由于同时使用众多工人和所聚集的生产资料的规模才与农民经济相区别的大农业中。

在那些大规模运用资本而分工合作的生产部门，在那些机器还没有起到重大作用的生产部门，简单协作始终是占统治地位的形式。

分工和工场手工业

为了在一定期限内造出大量的产品，必须对劳动进行分工，把制造一件产品的各种操作分割开来，并把每一种操作分配给一个手工业者，最后共同完成一种产品。

在工场手工业中，以分工为基础的协作劳动取得了快速的发展，形成了自己的典型形态。协作作为资本主义生产过程的特殊形式，在16世纪中叶到18世纪末，也就是真正的工场手工业时期，占据着统治地位。

工场手工业的二重起源

工场手工业的产生方式：一种是同一个资本家把那些不同种的、独立的手工业工人组织在一个工场里，实行分工协作，产品必须经过这些工人之手才能最后完成。例如，资本家把马车匠、马具匠、裁缝、钳工、铜匠、旋工、饰绦匠、玻璃匠、彩画匠、油漆匠、描金匠等手工业者组织在一起，组成马车工场手工业，整个马车就是通过这些工人联合劳动完成；另一种是资本家把许多从事同一类工作或同一行业的手工业者集中在一个工场里，开始是简单协作，后来为了在一定期限内完成大量的商品，就对劳动进行了分工，把制造一件产品的各种操作分割开来，并把每一种操作分配给一个手工业者，最后共同完成一种产品。例如，造纸、铸

□ **小规模工场手工业**

手工工场是资本雇佣劳动的生产形式，是资本主义生产发展的早期阶段。它的出现，标志着资本主义的萌芽。工场手工业一方面在生产过程中引进并发展了分工，另一方面又把过去分开的手工业结合起来，但它的最终形态是把人变成生产机构的一个组成部分。

□ 工场手工业的生产方式

手工工场里，资本家把制造一件产品的各个阶段分离，让每个工人负责其中一个阶段的操作，这样，一件产品就由多个工人共同完成。这种方式是工场手工业的典型生产方式。图中，手工工场里的工人按这种生产方式有条不紊地工作着。

字或制针等工场手工业就是通过这种方式产生的。

工场手工业产生的两种方式，使单个的手工业者在生产过程中只能从事局部操作，随着分工的细致化，这种局部操作逐渐成为特殊工人的专门职能。因此，工场手工业一方面在生产过程中引进并发展了分工，另一方面又把过去分开的手工业结合在一起。但是，不管出发点如何，它的最终形态都是一样的，即把人变成生产机构的一个组成部分。

要了解工场手工业分工，必须把握它的特点。首先，手工业在生产过程的分工与手工业活动分成各种不同的局部操作完全一致。工场手工业仍然属于手工业性质，因而它的生产完全取决于工人使用工具的技艺和手工操作的熟练程度，它的基础仍然是手工业。其次，在工场手工业的生产中，每个工人都只从事一种局部的手工劳动，他的劳动力也就转化为终身从事这种局部操作的组成。最后，工场手工业是一种特殊的协作，这种协作分工的许多优越性，仍然是通过简单协作体现的。

在工场手工业中，由于工人终身只从事同一种专门的简单操作，这就使他们把自己的整个身体逐渐转化成了适应这种专门操作的、自动的、片面的器官，从而使他花费在这一操作上的时间，比循序渐进地进行整个系列操作的手工业者要少。因此，与独立的手工业相比，工场手工业能在较短时间内生产出更多的产品，即劳动生产率有所提高。另外，当局部劳动独立化为一种专门职能后，一个人经常重复同一种有限的动作，并把注意力集中在这一动作上，就比较容易在实际工作中总结和积累经验，又因为许多时候都是几代工人在一个手工工场内共同劳动，从而又有利于经验的交流和推广。单个的手工业者在生产中必须依次完成各个局部工作过程，这样，他就会因变更位置、调换工具而打断他的劳动流程，从而使他的工作日出现某种空隙。而在工场手工业生产中，由于局部工人整天不断从事同一种操作，这就可以避免因为变更位置、调换工具而造成的时间浪费，工作日的空隙就会缩小甚至随着工人操作变化的减少而趋于消失。在这里，劳动生产率的提高，不但在一定时间内增加了劳动力的支出，还减少了劳动力的非生产耗费。另外，劳动生产率的提高，不仅取决于劳动者的技艺，而且还取决于劳动者工具的完善程度。劳动工具的分化和专门化，是工场手工业的重要特征。劳动工具的分化使每一种特殊工具获得了适合每种特殊用途的固定形式，劳动工具的专门化则使每种特殊工具只有在专门的局部工人手中才能发挥作用，同时，它还使劳动工具简化、改进和多样化，从而为机器产生创造了物质条件。

工场手工业的组织有两种基本形式——混成的工场手工业和有机的工场手工业。这两种形式虽然有时相互交错，但它们的本质是不同的。这两种基本形式来源于产品本身的性质。一种是由各个独立的局部产品纯粹机械地组合而成，如钟表、马车等；另一种则是依次经过一系列相互联系的操作过程完成，如制针、烧砖等。

有机的工场手工业是工场手工业的完成形式，这种工场手工业生产的制品要经过一系列相互联系的发展阶段，例如，在制针手工工场中，针条的制作要经过72个甚至92个专门的局部工人的手。有机的工场手工业把原本分散的手工业结合在一起，这样就缩短了制品的各个特殊生产阶段之间的空间距离和转移时间，从而用在这种转移上的劳动也会相应减少。这样，同手工业相比，工场手工业的劳动生产力便有了极大的提高，而这种提高是由工场手工业的一般协作性质产生的。

工场手工业的分工，使工人能够按特长进行分类，这样，一些局部工人便终身从事某一操作。由于操作也有简单和复杂之分，因此，这些局部工人需要的教育程度也极不相同，而不同的教育程度使他们的劳动力价值也完全不同。这样，工场手工业就出现了劳动力的等级制度以及与之相适应的工资等级制度。在等级制度的阶梯旁边，工人被简单地分为熟练工人和非熟练工人。对前者而言，由于操作简单，不需要专门的培训学习，因而完全不需要学习费用；而对后者来说，由于职能的简化，尽管需要培训学习，学习费用也比手工业者要低。这两种情况，都会使劳动力的价值降低。这种因为学习费用的减少或消失所引起的劳动力的相对贬值，实际上是资本的更大增殖，因为，凡是缩短劳动力再生产的必要时间，都会扩大剩余劳动的领域。

工场手工业的分工和社会内部的分工

以上，我们不但考察了工场手工业的起源及要素——局部工人和工具，还考察了它的总机构。现在我们简单分析一下工场手工业的分工和构成商品生产的一般基础的社会分工之间的关系。

单从劳动自身而言，社会生产可以分为农业、工业等，这种分工称为一般分工；如果把这些生产大类再分为种和亚种，就叫作特殊分工；工场手工业内部的分工，则叫作个别分工。

社会内部的分工以及个人被相应地限制在某种特殊职业范围内的现象，与工场手工业内部的分工一样，是由完全相反的两个起点发展而来的。起点一，首先在家庭内部，随后是氏族内部，由于性别和年龄的差别，也就是因纯生理的原因而产生的一种自然分工。随着氏族公社[1]的扩大，人口不断增长，各氏族之间冲突不断，当一个氏族征服另一个氏族后，这种分工的材料也随之扩大。另外，产品交换是在不同的家庭、氏族和公社的互相接触中产生的，因为在人类社会的初期，以独立资格互相接触的是家庭和氏族，而不是个人。不同的氏族公社生活在不同的自然环境中，他们发现以及使用的生产资料和生活资料是不同的，因而他们的生产方式、生活方式和产品也就各不相同。正是这种自然的差别，使他们在公社互相接触时产生了产品的互相交换，从而使这些产品逐渐变成商品。产品的相互交换并没有造成生产领域之间的差别，而是将不同的生产领域联系起来，并把他们变成社会总生产中的各个相互联系、相互依赖的部门。在这里，社会分工则是由各个互不依赖的氏族在产品交换的过程中产生的。起点二，以生理分工为基础，是指互相联系的整体的各个特殊器官的互相分开和分离。而推动这一分离过程的主要动力则是氏族公社之间相互交换商品，并且这一交换可以把不同的劳动联系起来。第一种情况使原本独立的东西丧失了独立，第二种情况则使原本非独立的东西获得了独立。由于所有以商品交换为媒介的社会分工，都是建立在城乡分离的基础上，因此，社会的全部经济史，都可以概括为这种对立的运动。

同时使用一定量的工人，是工场手工业内部分工的物质前提，而人口数量和

[1] 氏族公社：原始社会的基本单位，是以生产资料公有制为基础、以血缘纽带和血统世系相联结的社会组织形式。它曾普遍存在于世界各地的原始社会中，是人类社会发展的必经阶段。

人口密度则是社会内部分工的物质前提。在这里，工人在同一个工场内的密集程度被人口数量和人口密度代替，但人口密度具有相对性。人口较少而交通工具发达的国家，比人口较多但交通工具不发达的国家的人口更加密集，例如，美国北部各州的人口比印度的人口更加密集。

□ 工场手工业的分工

在工场手工业中，工人按其特长进行分类操作。但局部工人不能生产完整的产品，他们是以不同的劳动力出卖给同一个资本家，而资本家则把它们当作一个结合劳动力来使用。由于这些分类操作有简单和复杂之分，因此局部工人需要的教育程度也各不同，而不同的教育程度使他们的劳动力价值也完全不同。

因为商品生产和商品流通是资本主义生产方式存在的一般前提，所以工场手工业的分工要求社会内部的分工必须发展到一定的程度。同时，工场手工业的分工还具有反作用，它促进并增加社会分工。随着劳动工具的分化，生产这些工具的行业也日益分化。一旦工场手工业的生产发展到这样一种行业——以前作为主要行业或辅助行业与其他行业联系在一起，并由同一生产者经营——就会立即发生分离和互相独立的现象；一旦工场手工业的生产扩展到某种商品的特殊生产阶段，该商品的各个生产阶段就会变成各个相互独立的行业。前文已经表明，在成品是一个由局部产品机械地组合而成的整体工场，局部劳动又可以独立化为特殊的手工业。为了使工场手工业的内部有更合理的分工，同一个生产部门根据不同的生产原料和同一种原料不同的形式，可以分成不同的（有时是全新的）工场手工业。在工场手工业时期，世界市场的扩大和殖民制度的产生，为社会内部的分工提供了丰富的材料。

社会内部的分工和工场内部的分工，尽管两者有许多联系和相似之处，但却有着本质的区别。在通过内在联系把不同的生产部门联系起来的工场中，这种相似之处表现得更为明显。例如，牧人生产毛皮，皮匠把毛皮制成皮革，鞋匠再把皮革制成皮靴。在这里，每个人都只是完成一种中间制品，最后的成品形态则是他们特殊劳动的结合产品。那么，使牧人、皮匠和鞋匠的独立劳动发生联系的是什么呢？那就是他们各自生产的产品都是作为商品而存在，也就是说，他们生产

□ 制鞋工场

在工场手工业的分工协作中，每个工人都只完成一种中间制品，最后的成品则是他们特殊劳动的结合产品。局部工人不生产商品，变成商品的只是局部工人生产的共同产品。在图中的这家制鞋工场内，磨皮、制模、缝线、下料等工序分别由不同的工人完成，这就是分工协作。

的产品都是商品。工场手工业分工的特点是什么呢？那就是在工场手工业中，局部工人不生产商品，变成商品的只是局部工人生产的共同产品。社会内部的分工是以不同劳动部门的产品交换为媒介；工场手工业内部各局部劳动之间的联系，则是不同的劳动者将其劳动力出卖给同一资本家，而这个资本家把它们作为一个劳动力整体来使用。工场手工业分工是以生产资料积聚在一个资本家手中为前提，而社会分工则是以生产资料分散在许多互不依赖的商品生产者手中为前提。

在工场手工业中，资本家会遵循这个规律将一定数量的工人固定在某一环节上，而在商品生产者及其生产资料在社会不同部门中的分配上，偶然性和随意性发挥着自己的作用。当然，不同的生产领域也力求保持平衡，一方面，是因为每一位商品生产者都必须生产一种使用价值，即满足一种特殊的社会需要，而这种需要的范围在量上是有差别的，这些各不相同的需要量通过一种内在联系联结成一个自然的体系；另一方面，是因为商品的价值规律决定社会在它所支配的全部劳动时间内能够用多少时间去生产每一种特殊商品。不过，这种在不同生产领域中保持平衡的趋势，只是对这种平衡经常遭到破坏的一种反作用罢了。它们在工场内部的分工中预先地、有计划地、有目的地发挥着作用的规则；而在社会内部的分工中，则只是在事后作为一种内在的、无声的自然必然性发挥着作用。这种自然必然性通过市场价格晴雨表的变动表现出来，可以被人们觉察到，并限制着商品生产者无规则的任意行动。工场手工业分工是以资本家对人的绝对权威为前提，人只是资本家所占有的总机构的一个部分。社会分工则使独立的商品生产者互相对立，他们不承认任何权威，只承认竞争强加在他们身上的压力。

资产阶级意识一方面实行工场手工业分工，把工人固定在从事某种局部操作上，把绝对服从资本家统治的局部工人，歌颂成提高劳动生产力的劳动组织，同时又大声谴责对社会生产过程的一切有意识的社会监督和调节，认为它们侵犯了资本家个人的财产权、自由权。

在资本主义社会的生产方式中，社会分工的无政府状态与工场手工业分工的专制性互相制约。相反，在早期社会形态中，职业在自然发展分离并固定下来，最后由法律加以巩固。在这种环境中，社会劳动是有计划、有权威组织的，而且工场内部完全没有分工，或者说分工只是在狭小的范围内偶然地得到发展。

行会[1]的规章制度严格限制着一个行会师傅雇佣工人的人数，有计划地阻止行会师傅成为资本家，同样，行会师傅也只能在他自己就是师傅的行业中雇佣工人。行会极力抵制商人资本这种与自己对立的、唯一的自由资本形式的入侵。商人可以购买任何商品，但不能购买作为商品的劳动，即他只能充当手工业产品的定购人。不管是否以商品交换为媒介，整个社会的分工都是各种社会经济形态所共有的，而工场手工业分工却是资本主义生产方式所独创的。

由于分工提高了劳动生产力，一定的劳动量在一定的时间内消耗的原料量也按比例增加，所以单个资本家手中资本的最低额度也不断增加，或者说社会的生活资料和生产资料越来越多地转化成资本，这个规律是由工场手工业的技术性质产生的。

执行职能的劳动体是资本的存在形式，这在工场手工业和简单协作中是一样的。那些由许多劳动个体组成的社会生产机构属于资本家，因此由各种劳动的结合所产生的生产力也就表现为资本的生产力。真正的工场手工业不仅让以前独立的工人绝对服从资本的指挥，还造成了工人中的等级划分。工人因为没有生产商品的物质资料，只能将自身劳动力出卖给资本家，使之得到好的利用。工场手工业的工人按其自然的性质没有能力做一件独立的工作，他只能作为资本家的附属进行生产活动。就像上帝的选民在额头上都写着自己是上帝的财产一样，分工在工场手工业工人的身上也烙下了自己是资本的财产的鲜明烙印。

作为资本主义过程的特殊形式，工场手工业是生产相对剩余价值的一种特殊方法。工场手工业分工不仅为资本家发展了新的、社会的劳动生产力，还靠工人

---

[1] 行会：它是在封建社会，随着城市的兴起和手工业生产的繁荣，为了保护同行手工业者的利益不受外人的侵犯，为了阻止外来手工业者的竞争和限制本地同行业的手工业者之间的竞争，城市手工业者建立起的一种组织。行会发展到后来，其代表还可以通过选举进入市政会。

畸形化来发展社会劳动生产力，这种以牺牲工人的特殊方法提高了相对剩余价值生产，创造了资本统治劳动的新条件。因此，它既是社会经济发展过程中的历史进步因素，又是资本家加强剥削的进一步手段。

工场手工业的发展并非一帆风顺，在真正的工场手工业时期，即在资本主义生产方式中占据统治地位的时期，工场手工业的实现遇到许多障碍。工场手工业既不能掌握全部的社会生产，也无法从根本上改造它。工场手工业作为经济上的艺术品，高高耸立于城市手工业和农村家庭工业的广大基础之上。当工场手工业本身狭隘的技术基础发展到一定的程度，就会和它自身所创造的生产需要发生矛盾。

工场手工业最完善的产品之一，就是生产劳动工具本身，特别是那些复杂的机械装置。机器就是从这些工场手工业中生产出来的。机器使手工业的活动不再成为社会生产的支配原则，所以，一方面，工人终生固定从事某种局部职能的技术基础被消除了；另一方面，支配原则加于资本统治身上的限制也随之消失。

机器和大工业

资本家使用机器时，首先打着让妇女和儿童参加劳动的旗号。这样一来，大量的女工和童工进入生产领域，使资本与雇佣劳动的关系发生了极大变化，资本家也随之扩大了剥削范围。

资本家使用机器的目的，与使用其他一切发展劳动生产力的方法和目的一样，都是为了缩短工人为自己消耗的工作日时间，以便相对延长资本家无偿占有的剩余劳动时间。穆勒（约翰·穆勒，1806~1873，英国著名哲学家和经济学家）在他的《政治经济学原理》一书中说："值得怀疑的是，一切已有的机械发明，是否减轻了任何人每天的工作辛劳。"机器的本质是生产相对剩余价值的又一种手段。

机器的发展

生产方式的变革在工场手工业中以劳动分工为起点，在大工业中则是以劳动资料为起点，因此，首先应该研究劳动资料怎样从工具转化为机器，或者说，机器同手工工具有什么区别。

一些数学家和力学家说，工具就是简单机器，而机器就是复杂的工具。部分英国经济学家也重复着这种说法，他们没有发现两者之间的本质区别，因而从经济学的角度来看，没有丝毫意义。

□ **珍妮纺纱机**

18世纪中期，英国商品越来越多地销往海外，手工工场的生产已供应不足。为了提高产量，人们想方设法改进生产技术。18世纪60年代，织布工哈格里夫斯发明了一种名为"珍妮机"的手摇纺纱机。"珍妮机"一次可以纺出许多根棉线，极大地提高了生产率。图为一名女工正在使用珍妮机纺纱。

所有发达的机器都是由发动机、传动机、工具机或工作机这三个

□ 纺织厂内景

18~19世纪，经过工业革命后，机器在生产中广泛应用，为资本主义生产方式奠定了坚实的物质技术基础。资本主义经济凭借机器化大生产，最终战胜封建经济和小商品经济，确立了自己的统治地位。图为19世纪一家采用机器生产的纺织厂内景。

具有本质区别的部分组成。发动机为整个机器输送动力，并且可以自己产生动力，如蒸汽机、内燃机、电动机等，也可以接受某种现成的自然力的推动，如水车受落差水推动，风磨受风推动等；传动机调节或在必要时改变机器运动的方式，将动力传送到工具机上。这两个部分都是为了把动力传送到工具机上，使工具机抓住劳动对象，并按一定的目的进行改造。在今天，每当手工业或工场手工业向机器生产过渡时，仍然以工具机为起点。

工具机或真正的工作机大体还是以前手工业者和工场手工业工人所使用的那些器具和工具，虽然它们在形式上有了很大变化。但是，现在工具机已不再是人的工具，而是机械工具。工具机是这样一种机器，它通过适合的运动，用自己的工具来完成过去工人用类似的工具所完成的一系列操作。至于动力的来源，不管是来自于人还是其他机器，都不会改变问题的实质。人能够同时使用的工具数量会受到他自身器官数量的限制。例如，在德国曾经有人试图让一个纺纱工人脚踏两架纺车，但要一个人双手双脚同时劳动太困难了，因此未能成功。尽管后来有人发明了脚踏的双锭纺车，但能够同时纺两根纱的纺纱能手几乎没有。后来，当工具机问世后，同一工具机同时使用工具的数量从一开始就摆脱了人的器官限制。例如，有一种叫珍妮机的工具机，它在工作时可以使用12~18个纱锭，而织袜机可以同时使用几千枚织针。

作为单纯动力的人和作为真正操作工人的人之间的区别，在许多手工工具上表现得相当明显。如脚在纺车上只起动力的作用，而在纱锭上则从事着纺纱操作。

17世纪末工场手工业时期发明的蒸汽机，一直使用到18世纪80年代初，其间并未引发工业革命。而工具机的出现，使蒸汽机的革命成为必要。作为工业革命起点的机器，是用一个机器代替只能使用一种工具的工人，这个机器同时使用多种工具作业，由一个单纯的动力来推动，而这个动力的具体形式并不重要。

在工业革命的最初阶段，人的作用除了从事用眼看管机器或用手纠正机器的差错劳动外，还发挥着纯机械的动力作用。而那些原本只是被人当作简单动力的工具，如推磨、抽水、拉风箱、捣臼（舂米的器具）等，却最早采用了以牲畜、水、风作为动力。在工场手工业时期甚至更早，这些工具中的一部分就已经发展成为机器，但没有引起生产方式的革新。例如，19世纪初荷兰人用来抽干哈勒姆湖[1]水的水泵，就是按普通唧筒的原理设计的，不同的是，它的活塞是用巨大的蒸汽机来推动而不是用人手。在英国，现在还有人通过把铁匠用的那种普通风箱的把手与蒸汽机相连，使之变成机械风箱。一旦人不再用工具作用于劳动对象，而只是把工具作为动力并作用于工具机时，那种完全用人的肌肉充当动力的现象就十分罕见了，比如风、水、蒸汽等就可以代替人力。当然，这种变更往往会使原本单纯以人为动力的机械在设计上发生重大的技术变化。

作为工业革命起点的机器，代替一个个单独使用工具的工人，它使用许多同样或同种的工具一起工作，并由一个单一的动力来推动，不管这个动力具有何种形式。工作机规模的扩大和工具数量的增加，还需要较大的发动机。而这个机构要克服它自身的限制，就必须要有比人力更强大的动力，因为人力是产生一致运动与连续运动的不完善工具。假定人只是充当简单的动力，而工具机已经代替了工具，那么，现在自然力也可以作为动力代替人。在工场手工业时期遗留下来的所有动力中，马力是最糟的一种，一方面是因为它有自己的头脑，另一方面则是因为它价格十分昂贵，并且在工厂内使用的范围有限。但在机器大工业的初期，马经常被使用，直到今日，仍然有人用马力来代替机械力。而风作为动力，很不稳定，又难以控制。此外，在机器大工业的发源地英国，早在工场手工业时期，水力就已经得到普遍的应用。17世纪，有人试图用一架水车来推动两套磨，但当时，传动机规模的扩大与水力不足发生了冲突，这也是促使人们更精确地去研究摩擦规律的原因之一。同样，靠磨杆一推一拉来推动的磨，其动力的作用也是不均匀的，由此又引出了飞轮的理论和应用。飞轮在以后的机器大工业中，也起着非常重要的作用。机器大工业最初的科学要素和技术要素就是在工场手工业时期

[1] 哈勒姆湖：荷兰语作Haarlemmermeer。 荷兰北荷兰省一湖垦区。面积18 486公顷。1531年时为数个湖泊。因涨水，至1830年连成一片。该湖常洪水泛滥，威胁着哈勒姆和阿姆斯特丹。

□ 发明家和工业革命的先驱——瓦特

瓦特是英国著名的发明家，工业革命时期的重要人物。他于1776年制造出第一台有实用价值的蒸汽机，之后又经过一系列的重大改进，使之成为“万能的原动机”，在工业上得到广泛应用。他开辟了人类利用能源的新时代。

发展起来的。阿克莱的环锭精纺机最初便是以水为动力，但水力作为主要动力有许多局限。水不能随意增高，缺乏时也不能及时补充，有时甚至完全枯竭。更主要的是，水完全受地方限制。直到瓦特发明第二种蒸汽机即双向蒸汽机后，才找到了一种原动机，这种原动机消耗煤和水而自然产生动力。它的能力完全受人控制，既可以移动，又可以作为动力推动的一种手段，还可以在城市广泛使用，不像水车只能在农村使用。1784年4月，伟大的发明家瓦特在他所取得的专利说明书中，并没有把他的蒸汽机说成是一种用于特殊目的的发明，只说它是大工业普遍应用的发动机。他在说明书中指出的蒸汽机的用途例如蒸汽锤等，是过了半个多世纪才被采用的。当时，瓦特曾怀疑蒸汽机能否应用到航海上。1851年，瓦特的后继者博耳顿－瓦特公司在伦敦工业展览会上展出了专门用于远洋轮船的最大蒸汽机。

在工具由人的肌体变为机械装置即工具机以后，发动机才摆脱了人力的限制并取得了完全独立的形式，于是，我们所考察的单个工具机，就成为机器生产的一个简单要素。现在，一台发动机可以同时带动多台工作机，随着被同时带动的工作机数量的增加，发动机也在增大，而传动机也随之扩展成为一个庞大的装置。

用机器制造机器最重要的生产条件，是要有能提供充沛的动力并完全受人控制的发动机。而蒸汽机就是这样的机器。劳动资料要取得机器这种物质形式，必须以自然力来代替人力，以自觉运用科学技术来代替经验中得到的成规。在工场手工业中，社会劳动过程的组织纯粹是主观的，是部分工人的结合；在机器体系中，大工业具有完全客观的生产机体，它作为现成的物质生产条件出现在工人面前。不管是在简单协作中，还是在因分工而产生的专业协作中，社会化的工人排挤单个工人的现在，依然存在着偶然性，而机器只有通过社会化的或共同的劳动才会起作用。劳动过程的协作性质，现在已经成为由劳动资料本身的性质所决定的技术上的必要。

机器的价值向产品转移

我们知道，由协作和分工产生的生产力——社会劳动的自然力，是不须耗费资本的；用于生产过程的自然力，如蒸汽、水等，也不会耗费分文。但正如人呼吸需要肺一样，若要在生产上消费自然力，就需要一种“人手的创造”。比如说，要利用水的动力，就要有水车；要利用蒸汽的压力，就需要蒸汽机。利用自然力是这样，科学研究也是如此。

机器大工业时期，工具并没有被机器排挤掉，只是它由人的机体发展成为由人创造的机器。现在，资本家已经不需要工人用手工工具去做工，而是要他们用会自行操纵工具的机器做工。机器大工业把巨大的自然力和自然科学并入生产过程，从而极大地提高劳动生产率。但是，以这种方式提高生产力并不是通过增加劳动消耗换来的。作为不变资本的组成部分，机器本身并不创造价值，但当它把自身的价值转移到它所生产的产品上时，机器的价值便得以体现。机器不是使产品的价值变大，而是按照它自身的价值使产品增殖。显然，作为大工业时期特有的劳动资料的机器，其价值要比手工业生产和工场手工业生产时期的劳动资料大得多。

虽然机器总是全部进入劳动过程，但只有部分能进入产品的价值增殖过程。它附加于产品中的价值，决不会大于它因为磨损而平均丧失的价值。因此，机器的价值和机器定期转移到产品中的那一部分价值，有着很大差别。同一种机器在同一劳动中反复使用的时间越长，这种差别就越大。我们已然知晓，所有真正意义上的劳动资料或生产工具，虽然总是全部地进入劳动过程，但始终是根据它每天的平均损耗而部分地进入价值增殖过程。使用和磨损这两种差别，在机器上比在工具上大得多，因为机器是由比较坚固的材料制成的，寿命较长。同时，在使用机器时必须严格遵照科学规律，能够更多地节约它的各个组成部分和减少消费资料的消耗。另外，机器的生产范围比工具的生产范围更加广阔，如果我们不计算机器和工具每天的平均费用，即不计算它们每天的平均损耗和因机油、煤炭等辅助材料的消费而附加到产品上的那些价值，那么，机器和工具的使用是不需要花费代价的，这和使用未经人类加工就已然存在的自然力完全相同。机器的生产作用越是大于工具，它无偿服务的范围就越广。只是在机器大工业时期，人们才学会使自己已经过去的、物化的劳动产品大规模地、像自然力那样无偿地发生作用。

在考察协作和工场手工业时，我们发现，共同消费某些生产条件比单个工人分散消费的生产条件要节约，因而能使产品更便宜。在机器生产中，不仅一个工作机的许多工具可以共同消费一个工作机，而且许多工作机可以共同消费同一个发动机和一部分传动机。

如果机器的价值和机器转移给每日产品的价值之间的差额固定不变，那么，这个价值部分使产品变贵的程度，就取决于产品的数量。

如果工作机的作用范围固定不变，也就是说，工作机的工具数量已定或工具的规模已定，产品的数量便取决于工作机工作的速度。

如果机器转移给产品的价值比率已定，这个价值的大小就取决于机器本身价值的大小——机器本身包含的劳动越少，它转移到产品上的价值也就越小。它转移的价值越小，生产效率也就越高，其服务也就越接近自然力的服务。如果用机器生产机器，会使机器的价值相对其规模和作用而言有所降低。

比较一下手工业或工场手工业与机器大工业生产同一种商品的价格，普遍得出这样的结论：在机器大工业中，产品由劳动资料转移而来的价值组成部分的相对量增大了，但绝对量减少了。就是说，如果生产一台机器所费的劳动，与使用该机器所节省的劳动相等，那么，生产这个商品所需要的劳动总量并没有减少，或者说，劳动生产力并没有得到提高，这只是一种劳动形式的变换而已。但是，机器所耗费的劳动与它所节省的劳动之间的差额，或机器生产率的高低，并不是由机器本身的价值和它所代替的工具的价值之间的差额来决定的。只要机器所耗费的劳动即机器附加在产品上的价值部分，小

□ **机器制衣**

作为不变资本的组成部分，机器本身并不创造价值，但当它把自身的价值转移到它所生产的产品上时，其价值便得以体现。如果工人使用缝纫机生产衣服，那衣服的价值就包含了机器的价值和劳动力的价值。

于工人用自己的工具追加到劳动对象上的价值，那么，这种差额就会一直存在。从这个意义上讲，机器的生产率是由它代替人类劳动力的程度来衡量的。

例如，用蒸汽机推动的450个自动走锭精纺机纱锭及其附属设备，需要用两个半工人，一个自动走锭精纺机[1]纱锭在10小时的工作日里可纺出13盎司棉纱，那么，两个半工人用一周时间可以纺出大约366磅棉纱。就是说，366磅棉花在变为棉纱时，只需150个劳动小时，或15个10小时工作日。如果不用机器而是用手工纺车，那么，一个手工纺工用60小时只能纺13盎司棉纱，即366磅棉花在变为棉纱时，要用2 700个10小时工作日，或27 000个劳动小时。又比如，过去印制花布采用的是木板印花或手工印花，现在采用机器印花后，一个成年男工或少年工就可看管一台机器，机器印花在一小时印制的四色花布的数量，相当于过去用手工印花时200个成年工人印制的总和。1793年，在伊莱·惠特尼（1765~1825，美国人，轧棉机的发明者）发明轧棉机以前，轧除一磅棉花的棉籽平均要耗费一个工作日。但自轧棉机出现后，一位妇女只需一天时间就可以轧100磅棉花。随着轧棉机的不断改进，效率也在不断提高。虽然原来每磅50分钱的棉纤维现在只卖10分钱，但利润却提高了，由此可见，其中包含的无酬劳动更多了。在印度，纺织工人在让棉纤维与棉籽分离时，原来使用的是一种半机器式的工具——手工轧棉机，使用这种工具，一个男工和一个女工一天只能轧28磅棉花。但自福尔布斯博士发明了轧棉机后，一个成年男工和一个少年工一天就可以轧250磅棉花。在可以用牛、蒸汽或水作为动力的那些地方，只需几个少年男女充当添料工，16台这样的机器，用牛来拉，一天的工作量相当于以前750个人一天的工作量。我们曾提到过，装在蒸汽犁上的蒸汽机在一小时内花费1/4先令所完成的工作，等于66个人在一小时内花费15先令所完成的工作。但是，这15先令绝不是这66个人在一小时内增加劳动的表现。假定剩余劳动和必要劳动之比为100%，那么，这66个工人在一小时内就可以生产30先令的价值，虽然其中只有33小时表现为他们自己的等价物，即表现为15先令的工资。假如一台机器的价值等于它所取代的150个工人一年的工资，比如3 000镑，那么，这3 000镑绝不是这150个工人所提供的劳动在劳动对象上的货

[1] 自动走锭精纺机：1779年由塞缪尔·克隆普顿（童工出身）发明。它结合了“珍妮机”和水力纺纱机的优点，又称“骡机”。这种机器纺出的棉纱柔软、精细又结实，很快得到广泛应用。到1800年，英国已有六百家“骡机”纺纱厂。

币表现，而是他们的年劳动中表现为他们工资的那部分劳动的货币表现。相反，机器的货币价值3 000镑则是生产机器时所耗费的全部劳动的表现，无论这一劳动是按什么比例形成工人的工资和资本家的剩余价值。由此可以得出结论：即使机器的价值和它所代替的劳动力的价值相等，物化在机器中的劳动，也会比它所代替的活劳动要少。

如果仅仅把机器当作降低产品价格的手段，那么资本家使用机器的前提就是生产机器所耗费的劳动要少于使用机器所代替的劳动。对资本而言，由于它支付的不是所使用的劳动，而是劳动的价值，所以，只有在机器的价值和它所代替的劳动力价值之间存在着差额的情况下，才会使用机器。因为工作日中必要劳动和剩余劳动的比例在不同的国家是不同的，或者在同一时期的不同生产部门是不同的；又因为工人的实际工资有时在劳动力价值之下，有时又在其之上，所以，即使生产机器所必需的劳动量和机器所代替的劳动总量之间的差额保持不变，机器的价格和它所代替的劳动力的价格之间的差额也可能会有很大变动。

机器生产对工人的直接影响

机器生产使肌肉力成为多余，它成了一种雇佣没有肌肉力或身体发育不成熟但四肢灵活的工人的手段，因此，资本家使用机器生产的第一个口号则是让妇女和儿童参加劳动。这样一来，工人家庭不分男女老少都受到资本的直接统治，致使雇佣工人的数量也不断增加。而资本家进行的强制劳动，不仅剥夺了儿童的游戏时间，还剥夺了家庭本身所需要的、在家庭范围内从事的自由劳动时间。

劳动力的价值不仅取决于维持成年工人个人所必需的劳动时间，还取决于维持工人家庭所必需的劳动时间。在机器把工人家庭的全体成员都抛到劳动市场后，家庭中男性劳动力的价值也分摊到全家人身上，男性劳动力因为机器的使用而贬值。例如，现在购买一个家庭中的四个劳动力，也许比以前只购买这个家庭的一个家长劳动力要花费得更多，但现在四个工作日代替了原来的一个工作日，而现在的剩余劳动肯定超过原来的剩余劳动，因此劳动力的价格也随之下降。现在，要维持一家人的生活，四口人不仅要给资本家提供必要劳动，还要为他们提供剩余劳动。由此可见，机器在扩大资本剥削范围的同时，也提高了剥削程度。

机器还从根本上使资本关系的形式表现——工人和资本家之间的契约发生了革命。在商品交换的基础上，第一个前提是资本家和商人作为自由人和独立的商品所有者相对立：一方是货币和生产资料的所有者，一方是劳动力的所有者。在资本家购买未成年劳动力后，工人除了出卖自己的劳动力，还出卖妻子儿女的劳动力。

如果说机器是提高劳动生产率，即缩短生产商品的必要劳动时间的最有力手段，那么，在资本主义条件下，机器作为资本的承担者，在它直接占领的工业中，成为把工作日延长到超越一切自然界限的强有力的手段。一方面，机器创造了新的条件，让资本任意发展自己的一贯倾向——尽可能地延长剩余劳动时间成为可能；另一方面，机器增强了资本家的欲望，成为他们新的动机。

劳动资料在机器上的运动和活动是离开工人而独立的。劳动资料如果不是在自己的助手——人的身上遇到其自然界限的限制，它就会连续不断地进行生产，成为工业上的一种永动机。因此，劳动资料作为资本，具有这样一种欲望：试图把有反抗性但又有伸缩性的人的自然界限的反抗压到最低限度。而且，由于在机器上的劳动操作相对简单，妇女和儿童又比较温顺，这种反抗的可能无疑就更小了。

□ **棉纺女童工**

资本主义经济发展到机器大工业阶段之后，机器的大规模使用改变了生产结构和劳动力需求状况，为资本家使用童工提供了可能。为了减少成本，童工逐渐成了一个社会性问题。图为在美国一家棉纺工厂内，一个女童工正在工作的情景。

机器的生产率同机器转移到产品上的价值大小成反比。机器运行的期限越长，生产的产品——机器加进价值量的承担品越多，机器转移到单个商品上的价值也就越小。而机器的使用寿命，是由工作日的长度或每天劳动过程的长度乘以劳动过程反复进行的天数决定的。

机器的损耗包括有形损耗和无形损耗。有形损耗又分为两种，一种是由于使用而磨损，另一种是由于搁置不用而产生的磨损，如生锈。前者与机器的使用频率成正比，后者与机器的使用频率成反正。无形损耗是指，只要结构相同的机器能够再生产出来，而且价格更便宜，或是生产出更好的机器，那么原有机器的交换价值就会降低。在这两种情况下，即使原有的机器还有很长的使用期限，它的价值也不再由物化在其中的劳动时间来决定，而是由它本身的再生产时间或更好的机器再生产的必要劳动时间来决定，所以，它的贬值是必然的。当某个部分采用新机器生产以后，那些让机器更廉价地生产出来的新方法，或涉及机器整个结构改良的新工艺便会接连不断地出现。因此，在资本家采用新机器生产的前期，延长工作日的动机会显得格外强烈。

在工作日已定及其他条件不变的情况下，资本家要实现对工人的双倍剥削，就必须把投在机器和厂房上的不变资本与投在原料、辅助材料上的不变资本增加一倍。随着工作日的延长，生产规模不断扩大，而投在机器和厂房上的不变资本却保持不变，这样一来，不仅增加了剩余价值，还使榨取剩余价值所必需的支出相对减少。机器生产的发展使资本中越来越多的组成部分固定在一种形式上，在这种形式上：一方面可以不断地增殖，另一方面资本随着与活劳动接触的中断而丧失价值和使用价值。

机器之所以生产相对剩余价值，不仅因为它的使用直接造成劳动力贬值，让劳动力再生产所必需的生活资料价格下降，致使劳动力的价格也随之下降，还因为它在最初偶尔被采用时，会把工人的劳动变成高效率的劳动，把机器产品的社会价值提高到它的个别价值之上，使资本家用日产品中较小的价值部分就可以补偿劳动力的日价值。因此，当机器生产还处于垄断的过渡时期时，产品的利润特别高，为了彻底利用这段黄金时期，资本家总是想方设法地延长工作日，高额的利润激起了他们更大的贪欲。

当机器在同一生产部门得到普及应用时，机器产品的社会价值就会降到个别价值的水平，在这种情况下，剩余价值不是来源于资本家用机器代替的劳动力，而是来源于资本家所雇佣的使用机器的劳动力。剩余价值仅仅取决于资本的可变部分，而剩余价值量则取决于剩余价值率和同时使用的工人人数。在工作日已定的情况下，剩余价值率取决于工作日中必要劳动和剩余劳动之间的比例。同时，使用的工人人数则取决于资本的可变部分和不变部分之间的比例。显然，机器生产想要提高劳动生产力或靠减少必要劳动扩大剩余劳动，必须以减少一定资本所使用的工人人数为前提。机器生产使以前的可变资本中的一部分，也就是曾作为活劳动力资本的一部分，转化为机器，即转化为不生产剩余价值的不变资本。如，在2个工人身上无论怎样也榨不出与24个工人同样多的剩余价值，24个工人只

□ **向资本家抗议的工人**

机器的广泛应用，一方面使资本家获得更多的剩余价值（因为机器生产能把工人的劳动变成高效率的劳动）；一方面使大量的劳动力被机器排挤，失去了工作，而没有被淘汰的劳动力则对资本家制定的苛刻规定更加唯命是从，对延长工作日的要求更是不敢有任何反抗。图为机器大生产时代的工人，他们因失业而向资本家提出抗议。事实上，他们既是失去工作的不幸者，也是逃脱被资本家剥削的“幸运儿”。

要在一天12小时的工作日中，每人提供1小时的剩余劳动，就可以提供总数为24小时的剩余劳动，而2个工人一天的全部劳动也只有24小时。因此，利用机器生产剩余价值包含着一个内在矛盾：在一定量资本所提供的剩余价值的两个因素——剩余价值率和雇佣工人人数中，机器要提高剩余价值率，就必须减少雇佣工人人数。一旦机器生产的商品价值随着机器的普及而成为所有同类商品起调节作用的社会价值时，这个内在的矛盾就会暴露出来。资本家并没有意识到这个矛盾正拼命推动资本延长工作日，以达到相对剩余劳动和绝对剩余劳动的增加，并以此来弥补被剥削工人相对减少的损失。

机器在资本主义生产中的应用，一方面创造了无期限延长工作日的强烈动机，并且使劳动方式本身和社会劳动体的性质发生变革，以打破对延长工作日这种趋势的任何抵抗；另一方面使过去资本家无法控制的那些工人阶层受他们的支配，并由于机器的排挤而失业，从而造成了大量过剩劳动力，致使他们不得不对资本家强加的规律唯命是从，从而产生了近代工业史上一种值得关注的现象——机器消除了工作日的一切道德界限和自然界限。并且在经济上也产生了一种反常现象：缩短劳动时间的最有效手段，竟然成为资本家把工人及其家属的全部生活时间变为他们使资本价值增殖的最可靠手段。

资本家手中的机器所造成的工作日的无限度延长，使社会的生命根源受到威胁，随之引起社会的反应，从而产生了受法律限制的正常工作日。在正常工作日的基础上，劳动强化现象便具有了决定性的意义。

显然，随着机器的改良和操作机器的工人经验的不断积累，无论是劳动的速度还是劳动的强度都会有所提高。但是，如果一种劳动是有规律地、日复一日地进行，那么一定会出现这样一种情况：工作日的延长和劳动的强化相互抵触，以致要延长工作日就必须降低劳动强度，而要提高强度就必须缩短工作日。自从依靠延长工作日来生产更多剩余价值的做法开始变得困难后，资本家就全力以赴、想方设法地发展机器生产来生产相对剩余价值。通常，生产相对剩余价值的方法是：通过提高劳动生产力，让工人在相同的时间内以相同的劳动消耗生产出更多的产品。同样的劳动时间加在总产品上的价值，仍然和以前一样多，因此造成单个产品的价值下降。

强制缩短工作日，一方面有力地推动了生产力的发展和节约了生产条件，另一方面迫使工人在同样的时间内增加劳动消耗，提高劳动力的紧张程度，即劳动凝缩到只有在已缩短的工作日中才能达到的紧张程度。现在，计算劳动时间的指标，除了“外延量[1]”以外，还有“劳动密度[2]”。一个10小时工作日中较紧张的1小时，同一个12小时工作日中较放松的1.2小时相比，会包含相同或更多的劳动消耗。因此，较紧张的1小时生产的产品和较放松的1.2小时生产的产品，会具有相同或更多的价值。

劳动强化是如何产生的呢?

工作日缩短的第一个结果，是由劳动力和活动能力同它的活动时间成反比这一明显的规律所产生的。所以，在一定的限度内，如果在力的作用时间上受到损失，就可以通过提高力的作用程度来弥补。

缩短工作日，创造了使工人劳动凝缩的主观条件，也就是让工人在一定时间内付出更多的劳动，它一旦由法律来强制实行，资本家手中的机器就成为一种客观的、系统的、在同一时间榨取更多劳动的手段。而达到这个目的需要提高机器的运转速度和扩大同一个工人看管的机器的数量，也就是扩大工人的劳动范围。

毫无疑问，当法律强制不能延长工作日时，资本家就想方设法提高劳动强度来补偿由此带来的剩余价值损失，并且抓住每一次改进机器的机会，把它当成是加紧吮吸劳动力的手段。而这种趋势很快就会到达一个转折点，致使劳动时间不可避免地再一次缩短。

---

[1] 外延量：马克思把工作日的延长称为劳动的外延量。随着社会生产力的提高，以及科学技术的进步和劳动者的经验积累，劳动的外延量可以转化为劳动的内含量。

[2] 劳动密度：在正常的人体劳动能量消耗范围内，除去无效活动的成分，其中劳动成分占所有活动的比重称为劳动密度。

工人和机器之间的斗争

资本关系的产生，同时也激发了资本家和雇佣工人之间的斗争。在整个工场手工业时期，这场斗争如火如荼地进行着，但工人反对劳动资料本身——资本的物质存在形式，是在资本家使用机器之后。

17世纪，整个欧洲爆发了一场反对使用一种织带子和花边的机器的工人暴动。17世纪30年代，一个荷兰人在伦敦附近开办的风力锯木场被工人暴动摧毁。1758年，埃弗雷特制成了第一台水力剪毛机，但很快被10万名失业者烧毁。由此看来，工人要学会把机器和机器的资本主义应用区别开来，以学会把自己的攻击目标从物质生产资料本身转向其社会使用形式上来，还需要一定的时间和经验。

机器一作为劳动资料出现，便立刻成为了工人的竞争对象。资本通过机器来进行的自行增殖，与生存条件被机器破坏的工人数量成正比。工人将自己的劳动力以商品形式出售，是整个资本主义生产体系的基础。分工使这种劳动力片面化，使它只具有操纵局部工具的特定技能。一旦工具由机器操纵，那么劳动力的交换价值便会随同它的使用价值一起消失。而此时，工人的劳动力就会像已经停止流通的货币一样，无人问津。甚至一部分会成为过剩劳动力，不再为资本增殖所需要，他们中的一部分在与机器生产的斗争中被毁灭，一部分则涌向所有比较容易进去的生产部门。工人阶级充斥着劳动力市场，使劳动力的价格明显低于其价值。

随着机器的出现，劳动资料对工人进行了扼杀。工人对劳动资料也发生了首次的粗暴反抗。这种直接的对立，在新采用的机器化生产和传统的工场手工业生产发生竞争时表现得最为明显。

□ 失业工人的小孩

资本主义机器大生产的每一次新技术的变革，都使从事旧技术的工人面临着失业的悲惨命运。资本有机构成的提高，可变资本投入的相对减少，必然加剧工人的失业。图中，两名小孩举着牌子，其中一个牌子上面写着："why can't you give my dad a job(为什么你不能给我爸爸一份工作)？"

机器不仅是一个强大的竞争者，随时可以使雇佣工人因“过剩”而失业，它还被当作是一种敌对工人的力量被资本家公开地利用，从而成为镇压工人反抗资本专制的周期性暴动和罢工的最强有力的武器。

工人随机器生产的发展而被排斥和吸引

资本家使用机器，一方面创造了无限度地延长工作日的新动机，并且由于劳动方式的改变使工人成为机器的附属物而削弱了对这种趋势的反抗；另一方面，机器排挤工人，造成大量工人失业，从而迫使工人不得不听命于资本家强加于他们的法则。这样，机器就消灭了工作日的一切道德界限和自然界限。机器本是缩短劳动时间的最有力手段，但在此时，却成了延长工人劳动时间的最可靠手段。

在政治经济学上，凡是头脑正常的代表人物都承认，采用新的机器，将对那些首先成为机器竞争对象的旧有手工业和工场手工业中的工人带来灾难性的后果。他们也曾为工人沦为工厂奴隶地位而叹息，但他们最终却未采取任何措施，以致在对机器使用和发展的恐怖时期过去之后，劳动奴隶最终是增加而不是减少。是的，政治经济学正陶醉在一个令人厌恶的定理中，这是一个就连资产阶级“慈善家”都感到厌恶的定理：即使已经建立了大机器生产的工厂，在经过一段发展时期和或长或短的“过渡时期”后，工人进厂所受的苦也远远超过他当初被抛向街头的时候。英国精梳毛纺织厂和丝纺织厂的事例表明，到了一定的发展阶段，在工厂极度扩张的同时，工厂的人数不仅会相对地减少，还可能会绝对地减少。1860年，根据议会的命令，调查委员会对英国所有的工厂进行过一次专门调查，在郎卡郡、柴郡和约克郡地区，属于工厂视察员罗·贝克管辖的工厂区中，共有652家工厂，其中570家工厂一共拥有蒸汽织机85 622台、纱锭6 819 146个、蒸汽机27 439马力、水车1 390马力和雇佣工人94 119人。但在5年后，这些工厂却拥有织机95 163台、纱锭7 025 031个、蒸汽机28 925马力、水车1 445马力和雇佣工人88 913人。就是说，从1860年到1865年，这些工厂的蒸汽织机增加了11%、纱锭增加了3%、蒸汽马力增加了5%，雇佣工人却减少了5.5%。从1856年到1862年，英国的毛纺织业有了显著发展，然而工厂雇佣的工人人数却几乎没有变化。这表明，新采用的机器在相当大的程度上取代了以前各时期的劳动。

根据已经验证的事实，工厂工人就业人数的增加大多都是表面现象，就是说，这种增加并不是因为以大机器生产为基础的工厂扩大了，而是因为工厂的附属部门被逐渐合并。工厂扩大而工人并没有相应增加，是由于过去用人力推动的织毯机、织带机、织麻布机等，现在采用了以蒸汽机为动力。另外，除金属工厂外，许多工厂的工人都是18岁以下的少年、妇女和儿童。因此，这些工厂工人数量的增加反而表明了就业工人总数的减少。

□ **月光下的运煤船**

资本家使用机器，一方面创造了延长工作日的新动机，另一方面造成大量工人失业，致使工人不得不遵从资本家强加的法则。图中，运煤工人正披星戴月地工作。

我们知道，尽管机器生产排挤了大量的工人，但随着工厂数量的增多和现有工厂规模的扩大，工厂中就业工人的人数最终将比被机器排挤的工人人数多。假定在每周使用的500镑资本中，若采用旧的生产方式，不变部分将占2/5，可变部分占3/5，也就是说，500镑资本中，有200镑用于生产资料，300镑用于劳动力，即每镑雇1个工人。现在由于采用机器生产，总资本的构成就会发生变化。假定这500镑资本可分为4/5不变部分和1/5可变部分，那么，用于劳动力的只有100镑。如果这样，过去雇佣的工人中有2/3即200个工人将被解雇。如果工厂的生产规模扩大，在其他条件不变的情况下，总资本由500镑增加到1 500镑，那么，现在就需要雇佣工人300人。如果资本增加到2 000镑，就需要雇佣工人400人，这比采用旧的生产方式要多1/3。在人数上，工人绝对地增加了100人，但同预付总资本相比，却减少了800人，因为在旧的生产方式下，2 000镑资本可以雇佣1 200个工人，而不是400个工人。由此可见，就业工人人数的相对减少和绝对增加是并行不悖的。

以上假定，随着总资本的增加，资本的构成保持不变，因为生产条件没有发生变化。但我们知道，随着机器体系的不断进步，由机器、原料等构成的不变资本部分会不断增加，而用于劳动力的可变资本部分则不断减少，同时我们还知道，在任何生产方式下，改良都不可能经常进行，因而总资本的构成也不可能经常变化。即使有这种经常的变化，也常常会被间歇时期和在既定技术基础上的单纯量的扩大所中断，于是，就业工人的人数也就增加了。例如在1835年，英国的

□ 失去工作的矿工

马克思指出，失业是资本积累或财富发展的必然产物。随着资本积累的增长和资本有机构成的提高，资本对劳动力的需求虽然逐渐减少，但劳动力对资本的供给却在迅速增加，这就造成大批工人失业。图中，一群失业的矿工在矿厂周围等待工作机会。

棉、毛、精梳毛、亚麻、丝等纺织厂的工人总数只有354 684人，到了1861年，光是蒸汽织机占用的织工就有230 654人。当然，如果把1838年不列颠的手工织布工人和他们一起工作的80万家属考虑在内，这种增幅也就不算大了。而且，这里还没有把那些在亚洲和欧洲大陆上被排挤掉的手工织布工人计算在内。

另外，需要说明一下，我们在进行理论叙述的时候并未涉及那些纯粹事实方面的情况。在工业部门中，只需牺牲旧的手工业或工场手工业的方式来发展机器生产，就一定会取得成功，这就像用针发枪[1]装备的军队一定能战胜用弓箭装备的军队一样。机器生产的初创时期，因借助机器生产而获取的高额利润具有决定性的意义，这些利润不仅成为加速积累的源泉，还把很大部分新生的、正在寻找新的投资场所的社会追加资本吸引到有利的生产领域。初创时期的这种特殊利益，不断地在采用大机器生产的工厂重现。然而，一旦大机器生产制度趋于完善，特别是在机器本身也用机器来生产，煤、铁的采掘技术以及金属加工技术和交通运输业发生革命时，或者与机器大工业相适应的社会生产条件形成之后，这种生产方式就会获得一种弹力，获得一种突然的跳跃式的扩张能力，此时它只受原料和销售市场的限制。这是因为，一方面机器直接引起原料的增加，例如轧棉机使棉花产量增长；另一方面，机器产品的便宜和交通运输业的发达为夺取国外市场提供了有力武器。机器产品摧毁了国外市场的手工业产品，迫使那些市场变成了机器产品的原料产地。例如，东印度就被迫为英国生产棉花、羊毛、大麻、黄

[1] 针发枪：用击针击发子弹的步枪。扣动扳机后，枪机上的长杆形击针刺破子弹壳，撞击底火，引燃发射药，将弹丸射出。

麻、靛蓝等。

工业大国中工人的不断“过剩”，大大促进了国外移民，形成外国殖民地化，被殖民地化的国家许多都变成了宗主国的原料产地，例如澳大利亚就变成了羊毛产地。于是一种与大机器生产相适应的新的国际分工应运而生，它使地球的一部分地区成为主要从事农业生产的区域，以服务于另一部分主要从事工业生产的地区。

工厂制度跳跃式的巨大扩展能力和它对世界市场的依赖，必然造成热病似的生产，从而导致市场商品充斥，而当市场收缩时，生产又出现瘫痪状态。整个生产过程按照活跃、繁荣、生产过剩、危机、停滞的顺序不断转换。这种周期变换，使工人在就业和生活上遭遇的无保障和不稳定状态，成为一种常见现象。

除繁荣时期外，资本家之间总是进行着十分激烈的斗争，他们不断争夺各自在市场上的地位。这种地位同产品的廉价程度成正比。竞争造成他们竞相改良机器以代替劳动力，每当出现这样的局面：为了追求商品价格的便宜，资本家总是强制地将工资压低到劳动力价值以下。可见，工人人数的增加是以投入工厂的总资本在比例上迅速增加为条件的。但是，这个过程只在机器生产的高潮和低谷之间实现，即使如此，它还时常被技术进步所打断，这种进步时而潜在地代替工人，时而实际地排挤工人。机器生产中这种质的变化，不断地把工人逐出工厂，同时也将新生的劳动力拒之门外。然而，工厂量的扩大不仅把被驱逐的工人又吸收了回来，还将新生的劳动力也吸收了回来。随着工人不断地被排斥、吸收，他们在性别、年龄和熟练程度上也不断变化着。

只要粗略地看一下英国棉纺织业的命运，就可以非常清楚地了解工人的命运。

从1770年到1815年，英国棉纺织业有 5 年时间一直处于一种不振或停滞状态。在最初的45年中，英国工厂主几乎垄断了整个世界市场。1815年到1821年，英国棉纺织业处于不振状态；1822年到1823年，进入繁荣阶段；1824年废除《禁止结社法》[1]后，工厂普遍大扩展；1825年又处于危机状态；1826年，棉纺织

[1]《禁止结社法》：英国没有成文宪法，却存在自由结社的传统。在普通法体系下，社团的成立不需要经过登记程序。服务于慈善目的或文化和政治等其他目的的社团，在18世纪和19世纪开始普遍存在。但由于对工人运动的担忧，崇尚自由主义的英国，却在1799年和1800年颁布的《禁止结社法》中规定工会为非法团体，禁止工人参加工会，这一规定直到1824年才被废除。1906年，英国承认结社权是一项基本权利，公民有组织宗教、文化、劳工、政治等团体的权利。

业工人因极端贫困而发生暴动；1827年情况开始好转；1828年，蒸汽织机大量涌现，棉纺织产品的输出量大增；1829年，棉纺织产品的输出量特别是向印度的输出超过历年总和。但1830年，随着生产过剩而出现市场商品充斥，境况艰难；1831年到1833年，不振状态持续三年，东印度公司对印度和中国贸易的垄断权被取消；1834年，英国棉纺织业再次进入活跃、繁荣阶段，工厂和机器大增，工人严重不足。资产阶级颁布《新济贫法》[1]，促进农业工人向工厂区流动，农业各郡的儿童被劫掠一空；1835年，棉纺织业出现大繁荣，与此同时，手工织布工人却艰难度日；1836年，英国棉纺织业依然处于大繁荣，但在1837年和1838年，又处于危机和不振状态；1839年，英国棉纺织业开始复苏；1840年，又出现严重萧条，工人发生暴动，政府出动军队干涉；1841年和1842年，大量工人穷困潦倒；1842年，为迫使政府废除《谷物法》[2]，工厂主将大批的工人解雇，导致成千上万的工人涌向街头抗议，被政府军队镇压。

---

[1]《新济贫法》：1834年，英国政府出台了《济贫法修正案》，史称《新济贫法》。《新济贫法》克服了《旧济贫法》中的一些流弊，如滥施救济、管理不善等。它废除了“院外救济”，尤其是流行一时的斯皮纳姆兰制。贫民只有在进入“济贫院”后，方可获得食物救济。

[2]《谷物法》：英国1815年制定的限制谷物进口的法律。它规定，当国内市场小麦价格低于每夸特80先令时，禁止谷物进口。目的是维护土地贵族的利益。该法实施后，谷物价格骤贵，工人要求提高工资，国外市场也提高了英国工业品进口税，从而损害了工业资产阶级的利益和农民的利益。1846年，该法被废除。

第 4 章
绝对剩余价值和相对剩余价值的生产

CHAPTER 4

绝对剩余价值的生产和相对剩余价值的生产，并列为资本家提高剥削程度的两种基本方法。绝对剩余价值的生产构成资本主义体系的一般基础，同时也是相对剩余价值生产的起点，因为后者是以工作日延长到必要劳动时间以上为前提的。

在资本主义条件下，工人的工作日分为必要劳动时间和剩余劳动时间。在必要劳动时间不变的条件下，资本家只有把工作日延长到必要劳动时间以上，才能使工人为自己生产剩余价值。资本家对雇佣工人的剥削程度与工作日的延长成正比。工作日越长，剩余劳动时间就越长，剩余价值就越多，剥削程度也越高。

绝对剩余价值和相对剩余价值

绝对剩余价值，是指通过把工作日延长到超过必要劳动时间而产生的剩余价值；相对剩余价值，是指在工作日长度不变的条件下，由必要劳动时间缩短，剩余劳动时间延长而产生的剩余价值。

一定程度的劳动生产率是剩余价值生产的前提。劳动生产率是同自然条件相联系的，从最一般的意义上说，剩余价值有一个自然基础。自然条件的优劣，对于剩余劳动的数量有一定影响。但良好的自然条件始终只提供剩余劳动的可能性，从而只提供剩余价值或剩余产品的可能性，而决不能提供它的现实性。要想这种可能性转化为现实性，需要资本主义生产关系的强制。

资本主义生产的不仅是商品，其本质上生产了剩余价值。工人生产的目的不是为了自己，而是为了资本家，所以工人只完成一般意义上的生产是不够的，他必须生产剩余价值。只有为资本家生产剩余价值，或为资本自行增殖服务的人，才是生产工人。因此，生产工人的概念不仅包含活动和结果之间的关系，还包括工人和劳动产品之间的关系以及一种社会的、历史的特殊生产关系——它把工人变成生产剩余价值的直接手段。因此，在资本主义社会，成为生产工人不是一种荣耀，而是一种不幸。

绝对剩余价值的生产构成了整个资本主义生产体系的一般基础，并且是相对剩余价值生产的起点。因为绝对剩余价值的生产，是将工作日延长至超出工人只生产自己劳动力价值的等价物的那个点，并由资本家无偿占有工人的这部分剩余劳动。就相对剩余价值的生产而言，在一开始就把工作日分为必要劳动和剩余劳动两部分。

因此，相对剩余价值的生产以资本主义特殊的生产方式为前提，这种生产方式最初是在劳动由于形式上从属于资本的基础上自发产生和发展的。

生产绝对剩余价值，要求劳动在形式上隶属于资本，比如，要求以前为自己劳动或作为行会师傅帮工的劳动者变成直接受资本家雇佣的工人。生产相对剩余价值的方法对生产绝对剩余价值同样适用。

绝对剩余价值与相对剩余价值的关系是对立统一的，二者既有联系又有区别。绝对剩余价值是绝对的，因为它是以工作日绝对延长到超过工人的必要劳动时间为前提。相对剩余价值是相对的，它以劳动生产率的发展为条件，将必要劳动时间限制为工作日的一个部分为前提。但是，如果仔细观察剩余价值的运动，这种表面的同一性就会消失。在资本主义生产方式一旦确立并占统治地位的情况下，只要涉及剩余价值率的提高，就可以发现绝对剩余价值和相对剩余价值之间的区别。

□ 通宵工作的工人

资本家为了追逐剩余价值，采取各种手段来延长工人工作日，如上班后不准中间休息，限制吃饭时间，采取拨弄时针的手段强迫工人提早上班，推迟下班，以及寻找各种借口强迫工人加班等。图中这些排队领取早餐的工人，都是刚结束通宵工作。

如果一个工人生产维持自身和家庭所必需的生产资料需要他付出全部的时间，那就没有剩余时间来为第三者劳动。这种剩余时间的长短受劳动生产率的影响，没有发展到一定程度的劳动生产率，工人就没有这种可供自己支配的剩余时间，也就不可能有剩余劳动，更不可能有资本家、奴隶主和封建贵族。

良好的自然条件最多只是提供剩余劳动和生产剩余价值或剩余产品的可能，而绝非提供现实意义上的剩余价值或剩余产品。不同条件下的劳动使同一劳动量在不同的国家满足不同的需要，因而在其他条件相似的情况下，必要劳动时间也各不相同。这些自然条件只是作为自然限制对剩余劳动产生影响，它们只是确定工人为别人劳动的起点。

绝对剩余价值和相对剩余价值的对立统一关系[1]，说明资本家一方面用延长工作日来榨取剩余价值，另一方面又用缩短必要劳动时间来榨取剩余价值，因此，价值增殖是资本家追求的唯一目标。

[1] 从资本对雇佣劳动的关系来看，两者在本质上是一致的，不论是延长工作日还是提高劳动生产率，结果都延长了工人的剩余劳动时间，提高了剥削程度，增加了剩余价值的生产。

劳动力价格和剩余价值量的变化

随着劳动生产力的提高，劳动力的价值反而下降，劳动者所创造的剩余价值却提高了，这是资本主义劳动力价值与剩余价值量变化的规律之一。

劳动力价值是由工人必需生活资料的平均价值决定的。而剩余价值生产体现着雇佣劳动者和资本家的对立关系，这个关系的量的表现就是劳动力价格和剩余价值量的对比。我们假定：①商品按其价值出售；②劳动力的价格不低于它的价值。此种情况下，劳动力的价格和剩余价值的相对量变化，取决于三种情况：①工作日的长度即劳动的外延量；②正常的劳动强度即劳动的量或劳动的密度；③劳动生产力，即等量的劳动由于生产条件发展程度的不同而提供较多或较少的产品量。这三个因素可以有多种组合，以下分析几种最主要的组合及其变化规律。

工作日的长度和劳动强度不变，劳动生产力变化

在这个假定条件下，劳动力价值和剩余价值由三个规律决定：

一、不管劳动生产率如何变化，也不管产品数量和单个商品的价格如何变化，一定长度的工作日总表现为相同的价值产品，即一定长度的工作日所生产的产品价值总量与劳动生产率的变化无关。例如，一个12小时的工作日可生产10件商品，总价值为6先令。如果提高劳动生产率，12小时可生产20件商品，每件商品的价值有所下降，但总价值仍为6先令。

二、劳动生产力与劳动力价值成反比，与剩余价值成正比，即劳动生产力提高，劳动力价值下降，剩余价值提高。劳动生产力下降，劳动力价值提高，剩余价值下降。

三、在工作日长度已定和新创造的价值不变的情况下，劳动力价值的增加或减少决定剩余价值的减少或增加，即在劳动力价值和剩余价值的反向变化中，劳

动力价值起着决定性的作用。

以上规律表明，不管劳动生产力如何变化，工人在一定劳动时间内只能创造一定的价值量。劳动生产力的变化，必然引起劳动力价值的变化，并使剩余价值量相应发生变化，因此，劳动力价值的变化是剩余价值量变化的根本原因。

工作日和劳动生产力不变，劳动强度变化

提高劳动强度对劳动力价值和剩余价值量变化起着重要的影响。

提高劳动强度，会增大劳动消耗，在相同时间内，劳动强度较大的工作日比劳动强度较小的工作日会提供更多的产品。在工作日长度相同的条件下，提高劳动强度和劳动生产力都能增加产品数量，但是，提高劳动生产力就会减少在一定时间内生产商品所耗费的劳动时间，那么，随着产品数量的增加，产品的价格就会下降。而提高劳动强度，在一定的时间内生产产品要比过去耗费更多的劳动，因此，虽然产品的数量增加，但它的价格没有下降。就是说，在工作日长度不变的情况下，提高劳动强度，就能生产更多的产品，在货币价值不变的情况下，就能获取更多的货币。

商品的价值量是由生产产品所必需的社会必要劳动时间决定的，而平均的劳动强度，是决定社会必要劳动时间的一个重要因素。在工作日长度不变的情况下，生产的产品价值会随着工作日强度的变化而变化。因此，同一个工作日的产品价值，就由不变量变成了可变量。而这个产品价值的两个部分，即劳动力价值和剩余价值，则可以同时按照相同或不同的程度增加。然而，劳动力价格的提高并非必须超过它的价值。与此相反，当劳动力价格的提高不能补偿因劳动强度的提高而使劳动力加速消耗时，劳动

□ **机器的附庸**

资本主义社会工具的理性发展，以及技术和生产组织的改进使分工越来越细，工人成为一种局部的人、片面的人，成为机器的附属物。工人消耗了大量劳动，提高了劳动程度，为资本家提供了更多的产品，创造了更多的剩余价值，而他们自己，却变成了畸形物，许多生产志趣和生产才能也被压抑。如图中的女工，她们已沦为机器的附庸，根本不可能发展自己的一技之长。

力价格还可能降低到劳动力的价值以下。

劳动生产力和劳动强度不变，工作日变化

工作日可以向两个方向变化，它既可以延长，也可以缩短。

一、假定劳动生产力和劳动强度不变，缩短工作日不会使劳动力价值和必要劳动时间发生变化，但它会使剩余价值的绝对量和相对量降低。资本家为了避免损失，只有把劳动力价格压低到它的价值以下，因此，资本家会用各种借口反对缩短工作日。实际上，在资本主义社会，每当工作日缩短的前后，劳动生产力和劳动强度总会发生变化。

二、如果劳动力价格不变，延长工作日就会增加剩余价值的绝对量和相对量。虽然劳动力价值的绝对量没有变化，但劳动力价值的相对量却降低了。

随着工作日的延长，劳动力的价格尽管能保持不变甚至还稍有提高，但它还是可能降到劳动力的价值以下，因为劳动力的日价值是根据劳动者的平均寿命来计算的。劳动力的消耗不能超过一定的限度，在这个限度内，如果增加劳动力的消耗，可以用增加报酬来补偿；但如果超过限度，就无法用任何报酬来做补偿了，所以延长工作日将会加重对劳动者的剥削。

劳动的持续时间、劳动生产力和劳动强度三者同时变化

之前三种组合都是假定三个因素中两个不变，其中一个因素变化而产生的情况。这里，我们综合分析当三者同时变化时所出现的情况：

一、降低劳动生产力，延长工作日

劳动生产力的降低，是指产品决定劳动力价值的劳动部门，由于产品价格上涨而使劳动力的价值提高，从而引起劳动生产力的降低。假定一个工作日是12小时，它的产品价值为6先令，其中3先令是补偿劳动力的价值，另3先令为剩余价值，12小时工作日分为6小时必要劳动和6小时剩余劳动。假定由于产品的涨价，劳动力的价值由3先令提高到4先令，那么，必要劳动时间也应该由6小时增加到8小时。而剩余劳动就会从6小时减少到4小时，剩余价值也就相应地从3先令降低到2先令。如果把剩余劳动延长2小时，即把工作日从12小时延至14小时，那么，剩余劳动还是6小时，剩余价值仍是3先令，但剩余价值量同劳动力价值相比却有所下降。如果把工作日从12小时延至16小时，那么，无论是剩余价值和劳动力价值

的比例量，还是剩余劳动和必要劳动的比例量都不会改变，但是剩余价值却由3先令增加到4先令，剩余劳动也由6个劳动小时增加到8个。因此，在劳动生产力降低的同时延长工作日，即使剩余价值的比例量降低，它的绝对量仍可保持不变，同样的，即使它的绝对量增加，它的比例量仍可保持不变。并且，当工作日延长到一定程度时，剩余价值的比例量和绝对量都可能增加。

□ **康奈尔工厂**

提高劳动生产力和劳动强度，可以缩短产品的社会必要劳动时间，在工人的劳动力价值没有改变的情况下，降低生产成本。这样，商品就具有相对的价格优势。资本家大都以这种方式提高商品的竞争力。图为马萨诸塞州福尔河康奈尔工厂的纺纱间，工人们（包括许多童工）在高强度下劳动。

二、提高劳动生产力和劳动强度，缩短工作日

劳动强度的增加和劳动生产力的提高，都会使一定时间内生产的产品总额增加，它们都能缩短工人生产自己的生活资料所必需的工作日部分。工作日的绝对最低界限，总是由工作日的这个必要的但能缩减的部分形成。但是，如果把整个工作日缩小到这个必要部分，那么剩余劳动就会消失，资本主义也就不复存在了，所以，在资本主义制度下，这种情况是不会发生的。因此，只有消灭了资本主义生产方式，才可能把工作日限制在必要劳动上。但那时，必要劳动将会扩大自己的范围：一方面，是因为工人的物质文化生活日益丰富，从而他们的生活需求也日益增长；另一方面，随着社会的发展，剩余劳动中的一部分将会列入必要劳动，也就是说，这种必要劳动是为社会创造准备基金和积累基金。

在劳动强度和劳动生产力不变的条件下，劳动在一切有能力的社会成员中越是平均分配，一个社会阶层把劳动的自然必然性从自身解脱并转嫁到另一个阶层的可能性就越小，社会生产中必须用于物质生产的部分就越小，从而个人从事自由活动和社会活动的时间就越多。从这个意义上来说，缩短工作日的绝对界限就是劳动的普遍化。在资本主义社会，一个阶级享有完全自由的时间，是因为工人的全部生活时间都转化成了劳动时间。

计算剩余价值率的各种公式

在预付资本量已定的条件下，利润率的大小与剩余价值量成正比，剩余价值量越大，利润率越高。而剩余价值量又是由剩余价值率决定的，因此，利润率的大小，首先取决于剩余价值率的高低，即资本家对工人的剥削程度。

计算剩余价值率，可以用以下公式表示：

公式Ⅰ：

$$\frac{\text{剩余价值}}{\text{可变资本}}\left(\frac{m}{v}\right)=\frac{\text{剩余价值}}{\text{劳动力价值}}=\frac{\text{剩余劳动}}{\text{必要劳动}}$$

前两个公式是价值的比率，第三个公式则表示生产剩余价值所需要的时间比率。由于它们都表示剩余价值率，所以可以互相替代。然而，在概念上却有严格的区分。这些公式早在古典政治经济学[1]中就已经出现，只是当时并非有意识地、有目的地制定出来。在古典政治经济学中，我们看到的是下列派生的公式。

公式Ⅱ：

$$\frac{\text{剩余劳动}}{\text{工作日}}=\frac{\text{剩余价值}}{\text{产品价值}}=\frac{\text{剩余产品}}{\text{总产品}}$$

这里，同一比率交替地表现在劳动时间和劳动时间借以体现的价值以及这些价值借以存在的产品形式上。毫无疑问，这里所说的产品价值只能理解为工作日的价值产品，并不包括产品价值的不变部分。

在公式Ⅱ中，实际的劳动剥削程度或剩余价值率表现为一种虚假现象。我们假定工作日为12小时，根据之前所举例子的其他各项假设，实际的劳动剥削程度就可以表现为以下比率：

$$\frac{\text{6小时剩余劳动}}{\text{6小时必要劳动}}=\frac{\text{3先令剩余价值}}{\text{3先令可变资本}}=100\%$$

[1] 古典政治经济学：是西欧资本主义诞生时期的资产阶级政治经济学。产生于17世纪中叶，完成于19世纪初。其主要成果是奠定了劳动价值论的基础，并在不同程度上探讨了剩余价值的各种形式，如利润、利息和地租等问题。

但是，根据公式Ⅱ得出的比率却是：

这两个派生的公式，实际上表示工作日或其价值产品是按怎样的比例在资本家和工人之间进行分配。如果把这些公式看作是资本自行增殖的直接表现，就会得出一个虚假结论：剩余劳动或剩余价值绝不会达到100%。因为在一个工作日中，剩余劳动始终只能是其中一个部分，而剩余价值也始终只是价值产品的一个部分，所以剩余劳动始终小于工作日，剩余价值也始终小于价值产品。只有当两者相等时，才能达到100%。也就是说，剩余劳动要占据整个工作日（这里指一周劳动或一年劳动等的平均日），必要劳动就必须为0。但是，如果必要劳动消失了，剩余劳动也就不复存在，因为后者只是前者的函数。因此，在这个派生公式中，剩余价值率永远不可能达到100%的界限，更不会提高到$\frac{(100+x)}{100}$。然而，在资本主义社会，剩余价值率或实际的劳动剥削程度完全能够达到这种程度。

把价值产品分为剩余价值和劳动力价值两部分，是资本主义生产方式的一种表现。这种表现方式掩盖了资本关系的特殊性质，也就是说，它掩盖了可变资本与活劳动力的交换，以及与此相适应的工人与产品的分离。资产阶级用一种协同关系的假象，掩盖了资本关系的本质，仿佛工人和资本家在这种协同关系中的地位是平等的，都是按照产品的不同形成要素的比例来分配自己的产品。

事实上，公式Ⅱ在任何时候都能转化为公式Ⅰ。我们假定：6小时剩余劳动/12小时工作日，那么，必要劳动时间则等于12小时工作日减掉6小时剩余劳动，即：

$$\frac{6\text{小时剩余劳动}}{6\text{小时必要劳动}}=100\%$$

公式Ⅲ：

$$\frac{\text{剩余价值}}{\text{劳动力价值}}=\frac{\text{剩余劳动}}{\text{必要劳动}}=\frac{\text{无酬劳动}}{\text{有酬劳动}}$$

无酬劳动/有酬劳动这个公式容易引起误解，就如资本家是向劳动支付报酬而不是向劳动力支付报酬，不过，通过之前的分析，这种误解已经消除。无酬劳动/有酬劳动这个公式只是剩余劳动/必要劳动这一公式的通俗表述。资本家用支付劳动力价格的价值购买工人的劳动，从而在交换中取得对活劳动力本身的支配权。他把这种劳动力的利用分为必要劳动和剩余劳动两个时期。在必要劳动期间，工人只生产相当于他劳动力价值的等价物。资本家预付出购买劳动力的资本后，就得到一个价格相等的产品，这就好像是资本家在市场上购买现成的产品；而在剩余劳动期间，工人生产的产品全归资本家所有，而资本家却无须付出任何代价，就无偿地获得了对这种劳动力的利用。从这个意义上说，剩余劳动可以称为无酬劳动。

因此，资本不仅是对劳动的支配权，在本质上还是对无酬劳动的支配权。一切剩余价值，不论它后来是以利润、利息、地租等形式表现，还是以其他的特殊形式表现，实质上都是无酬劳动时间的化身。资本自行增殖的秘密，归结起来就是资本对他人一定数量的无酬劳动的支配权。

第 5 章
工 资

CHAPTER 5

马克思主义工资理论主要包括工资的本质、工资的形式和工资的市场定位三个部分。工资本质的理论阐明了资本主义工资本质上是劳动力的价值而不是劳动的价值，揭示了资本主义的剥削关系。工资形式的理论阐明了各种形式的工资不过是劳动力价值的表现形式，揭示了在工资形式上所形成的资产阶级经济学的颠倒的、虚幻的认识。工资市场定位则阐明了劳动力价值范畴的市场形成机制，揭示了在资本主义经济中，市场运行必然将工资定位在劳动力价值水平，从而保证资本主义生产关系的确立。

工资的本质

劳动力价值采取工资的形式，也就消灭了工作日分为必要劳动和剩余劳动、有酬劳动和无酬劳动的一切痕迹，工人的劳动全都表现为有酬劳动。

从表面上看，资本主义社会的工资表现为劳动力的价值或价格或对一定量劳动支付的一定量货币。

商品的价值是由凝结于商品中的社会劳动物化而成的，而它的价值量则是用生产商品所耗费的劳动量来计量。如果有人问：一个12小时的工作日价值是由什么决定的，得到的答案如果是：一个12小时的工作日价值是由12个劳动小时决定的，那就毫无意义了。

劳动作为商品要在市场上出售，必须在它出售之前就已经存在。但是，如果工人能够使他的劳动独立存在，那么，工人出卖的就是商品而不是劳动。

□ **艰苦工作　插图**

克拉克认为，在资本数量不变的条件下，不断增加工人人数，每个单位工人平均得到的工具设备就会逐渐减少，技术供应状况就会逐步变化，则每一个追加的单位工人的劳动力产生必然递减，这叫作劳动生产力递减规律。最后增加的单位工人就是边际工人，他的劳动就是边际劳动。边际劳动生产力，决定了所有工人的工资。这就是为什么图中工厂里的工人十分辛苦，却工资不高又容易被解雇的原因。

避开这些矛盾将货币同劳动直接进行交换，要么会消灭在资本主义生产基础上形成的价值规律，要么会消灭以雇佣劳动为基础的剩余价值生产。假定，一个12小时工作日的货币价值为6先令。如果实行等价交换，工人用12小时劳动就能够获得6先令货币，工人劳动的价格就等于他的产品价格。若是这样，工人就没有为购买他劳动的资本家创造剩余价值，这6先令货币就不能转化为资本，资本主义生产的基础也就不复存在。如果不实行等价交换，即劳动以低于它所创造的价值卖给资本家，则又违背了价值规律。

实际上，在商品市场中，同资本家直接对立的不是劳动，而是工人。工人出卖的也只是自身的劳动力而非劳动。当劳动在实际上已经开始时，劳动就不再属于工人，因而工人也不可能再出卖自己的劳动。所以，劳动是价值的实体和内在尺度，但劳动本身没有价值。

工资是劳动的价值或价格，这一提法虽然荒谬，但在资本主义的现实生活中，作为劳动力的价值，工资的确在形式上表现为劳动的价值或价格。这是因为，劳动力的日价值是根据工人的一定寿命来计算的，而与工人一定寿命相适应的则是工作日的一定长度。假定一个普通工作日是12小时，劳动力的日价值为3先令，这3先令是6个劳动小时价值的货币表现。如果工人获得3先令，也就获得了在12小时内执行职能的劳动力的价值。这时，如果将劳动力的日价值当作日劳动的价值来表现，就会得出这样一个结论：12小时的劳动等于3先令价值。即这3先令的劳动力价值，就变成了12小时劳动的报酬，如此一来，劳动力的日价值就表现为一日劳动的价值了。

既然劳动的价值只是劳动力价值的不合理用语，那么，劳动的价值必定小于其价值产品，因为资本家总是使劳动者工作的时间长于再生产劳动力本身的价值所需要的时间。上例中，一个劳动力12小时工作日的价值是3先令，为了再生产这一价值，劳动力需要工作6小时。可是，劳动力的价值产品是6先令，因为劳动者实际工作12小时，但是，劳动力的价值产品不是由它的价值来决定，而是由它工作时间的长短来决定。如果按照工资是劳动的价值或价格的说法，我们就会得到一个荒谬的结果：创造6先令价值的劳动等于3先令的价值。

其次，一个劳动力在12小时工作日中获得的3先令价值，既包括6小时的有酬劳动，还包括6小时的无酬劳动。就是说，劳动力价值采取工资的形式，也就消灭了工作日分为必要劳动和剩余劳动、有酬劳动和无酬劳动的一切痕迹，工人的

□ 美国妇女罢工抗议

工资名义上是劳动的价值或价格，但在资本主义世界里，工资只是形式上表现为劳动的价值或价格罢了。马克思认为，劳动力价值之所以以工资的形式表现出来，是为了消灭工作日分为必要劳动和剩余劳动、有酬劳动和无酬劳动的一切痕迹，而使工人的劳动全部表现为有酬劳动。它掩盖了资本对劳动的剥削关系，带有欺骗性。图为1903年3月8日，美国芝加哥市的女工为了反对资产阶级压迫、剥削、歧视以及低工资，争取自由平等，举行了大罢工和示威游行。

劳动全都表现为有酬劳动。劳动力价值以工资的形式表现，掩盖了资本对劳动的剥削关系。因此，资本主义社会的雇佣劳动比封建社会的徭役劳动更具欺骗性。在徭役劳动中，服徭役者为自己劳动和为地主劳动，在时间和空间上都有着十分明显的界限。在奴隶社会，奴隶的全部劳动都表现为无酬劳动，连他们用来生产自己生活资料的工作日部分，也表现为主人的劳动。而资本主义社会的雇佣劳动，工人的剩余劳动或无酬劳动全部表现为有酬劳动。奴隶社会的所有制关系掩盖了奴隶为自己的劳动，而雇佣劳动中的货币关系则掩盖了雇佣工人的无偿劳动。

由此可见，劳动力的价值或价格转化为工资，具有决定性的意义。这种表现形式掩盖了资本主义雇佣劳动的剥削关系。工人和资本家的一切法权观念和资本主义生产方式的所有神秘性以及庸俗经济学[1]的一切辩护遁词，都以这个表现形式为依据。

如果说世界历史需要很长时间才能揭开工资的秘密，那么，了解这种表现形式的必然性和存在的理由，却是极容易的。

首先，在人们的感觉上，资本和劳动的交换最初与其他一切商品的买卖相同。买者支付一定量的货币，卖者付出与货币等价的不同物品。其次，因为交换

[1] 庸俗经济学：资产阶级庸俗政治经济学的简称，是马克思所选定的表明后李嘉图经济学特征的用语。这个词自马克思提出以后，就由马克思主义著述者作了多种含义的表述，它既包括后李嘉图古典经济学，也包括新古典经济学。庸俗经济学特别指专注于分析表面现象（如需求和供给）的著作，指忽视结构上的价值关系，也指不愿意以公正的科学方法探究经济关系，尤其害怕对潜藏在商品交换行为下的阶级关系的研究。

价值和使用价值本身无法替换，因此使用“劳动的价值”“劳动的价格”这样的用语，似乎并不会比“棉花的价值”“棉花的价格”这种用语更不合理。况且，工人是在提供了自身的劳动之后才会获得报酬，而货币充当支付手段是在事后才实现劳动的价值或价格。最后，工人提供给资本家的“使用价值”，并不是他自身的劳动力，而是劳动力的职能，也就是一定的有用劳动，比如裁剪、纺纱和制鞋劳动等。

资本家们都希望以尽量少的货币换取尽量多的劳动，所以他们关心的只是劳动力的价格和劳动力执行职能时所创造的价值之间的差额。

资本家尽可能廉价地购买一切商品，并且总是把低于价值购买和高于价值出售这一纯粹的欺诈行为说成是它的利润来源。如果说劳动的价值真的存在，而且资本家确实支付了这一价值，那么资本就不会存在，资本家的货币也就不会转化成资本。

资本主义工资的两种基本形式

工资本身具有各种形式，这在那些过分注重材料而忽视一切形式区别的经济学教程中是无法了解的。但是，阐述工资的具体形式是属于雇佣劳动学说的专题研究内容，因而不是本书的任务。不过，这里要对占统治地位的两种基本工资形式作简要说明。

计时工资

劳动力通常以一定时间来出卖，这种以劳动时间长短来支付的工资就称为计时工资。出卖劳动力的时间可以是一月，也可以是一周或一日，相应地，就有月工资、周工资或日工资，而这些工资都是劳动力时间价值的转化形式。

工人通过一日劳动、一周劳动所得到的货币额形成按价值计算的工资额。但是，由于工作日的长短不同，即工人每天所提供的劳动量不同，因此，同样的日工资、周工资可以有不同的劳动价格，也就是说，可以对同量的劳动支付不同的货币额。所以，考察计时工资时，必须先把工资总额即日工资、周工资等的总额与劳动价格区别开。

我们称工人出卖劳动力所获得的劳动报酬为劳动价格。劳动价格是用劳动力的日价值除以平均工作日的小时数得出的。它也是计时工资的单位尺度。

要考察资本家如何利用计时工资来剥削工人，必须把工资总额、劳动价格和工作日长度结合起来。而三者的关系又分为以下几种情况：

（1）在劳动价格下降的情况下，日工资、周工资仍然保持不变。例如，一个普通工作日是10小时，劳动力的日价值是3先令，那么每小时的劳动价格就是$3\frac{3}{5}$便士。如果把工作日延长到12小时，每小时的劳动价格就降到3便士；如果延长到15小时，每小时的劳动价格就降到$2\frac{2}{5}$便士，但是，日工资、周工资却保持不变。甚至，在劳动价格不变或下降的情况下，日工资或周工资可以提高。例如，一个工作日是10小时，劳动力的日价值是3先令，那么每小时的劳动价格就是$3\frac{3}{5}$便士。如果将工作日延长到12小时，工人按原来的劳动价格劳动12小时，那么日工资就会增加到3先令$7\frac{1}{5}$便士，但劳动价格没有发生变化。因此，在提高日工资或周工资的同时，劳动价格可以保持不变或者下降。

（2）在日工资、周工资增加的情况下，如果延长工作日，劳动价格只能保持原本的水平。这说明，资本家延长工人的工作日，尽管提高了工人的日工资总额，但是劳动价格却并未发生变化，就是说，工人受剥削的程度依然没有减轻。

（3）在日工资、周工资增加的情况下，如果延长工作日，劳动价格还会降低到它的正常水平以下。这说明，资本家延长工人的工作日有一个界限，如果超过这个界限，即使提高工人的日工资，劳动价格也会不升反降。

计件工资

计件工资是计时工资的一种转化形式，就像计时工资是劳动力的价值或价格的转化形式一样。

在实行计件工资的情况下，容易造成这样一种假象：工人出卖的使用价值不是他的劳动力，而是已经物化在产品中的劳动，并且，这种物化劳动的价格也不像计时工资那样是由劳动价格来决定，而是由劳动者的工作效率来决定。这一假象掩盖了计件工资是计时工资的转化形式的真相。

实际上，计件工资和计时工资只是两种不同的工资形式而已，并没有本质的区别。计件工资和计时工资不但可以在同一行业中并存，还可以并存于同一种劳动中。计件工资和计时工资都是以劳动时间来计量的，只不过计时工资是用直接的劳动持续时间来计量，而计件工资则是间接地通过一定时间内生产的产品数量

□ 工资表

在资本主义体系下，工资包括计件工资、计时工资、津贴和奖金。其中计时工资是指按照劳动者的工作时间来计算工资的一种方式；计件工资是按照工人生产的合格品的数量（或作业量）和预先规定的计件单价来计算报酬的一种工资形式。从下列图表可看出二者的不同。

成本计算对象	计件工资		计时工资			工资性津贴			奖金	应分配工资合计
	工日	工资	工日	日平均工资	工资	工日	平均分配率	金额		
织布车间厂房	4 000	52 000	3 800	10	38 000	7 800	1.2	9 360	11 200	110 560
职工宿舍	2 000	26 000	2 200	10	22 000	4 200	1.2	5 040	6 400	59 440

来计量。也就是说，计件工资是用工人的日工资除以工作日内完成的产品件数而得出的，因此，计件工资是计时工资的转化形式。

计件工资有以下四个特点：

（1）实行计件工资，用来计量的产品必须具有平均的质量，也就是应该有一个统一的标准，如此，计件价格才能完全支付。在实行计件工资的地方，资本家常以工人生产的产品达不到质量要求而任意克扣工人工资。

（2）计件工资为资本家提供了一个十分确定的计算劳动强度的尺度。在生产过程中，资本家预先规定一个劳动时间作为社会必要劳动时间，并以这种劳动时间来计算报酬。如果工人没有平均的工作效率，也就不能提供一定的最低限度的日劳动，工人就会被解雇。

（3）既然劳动质量和强度是由工资形式本身来控制，那么，大部分对劳动的监督就显得多余。因此，计件工资既形成了现代家庭劳动的基础，也为资本家和雇佣工人之间的中间剥削者的形成奠定了基础。

（4）实行计件工资，将会使工人为了获得更多的报酬而拼命地工作，这使资本家很容易就能达到提高劳动强度和延长工作日的目的。这样一来，随着劳动强度的增加和工作日的延长，劳动者的劳动价格就会下降。

通过以上分析，得出这样一个结论：计件工资是最适合资本家剥削工人的工资形式。

工资的国民差异

由于资本主义发达国家劳动强度和劳动生产率较高，工人的日工资、周工资也就比不发达国家要高。但是，相对的劳动价格，即同剩余价值和产品价值相比较的劳动价格却比较低。

工资是劳动力的价值或价格的表现形式，工资的运动规律就是劳动力价值或价格的运动规律。在不同国家，或是同一国家的不同时期，决定劳动力价值的因素是不同的。因此，比较资本主义各国工资的差异，必须考虑决定劳动力价值变化的一切因素，即在社会历史发展过程中形成的各种自然因素，如：劳动者必需的生活资料的价格和范围，工人受教育的费用，劳动生产率的发展状况以及劳动的外延量和内涵量。所以，即便最肤浅的比较，也应先将不同国家同一行业的平均日工资转化为长度相等的工作日。此外，还必须把计时工资转化为计件工资[1]，因为只有计件工资才是计算劳动生产率和劳动力含量的尺度。

□ **都柏林的施粥站**

由于生产资料掌握在资产阶级手中，工人只得出卖劳动力，取得少量工资，以维持生计。这就使得他们的生活没有保障，长期处于困窘之中。一旦发生经济危机，灾难也就降临了。1846年11月，为了向饥民提供免费餐，都柏林的公益会教徒们在受灾地区组织起第一批施粥站。1847年1月，科克的公益会教徒们每天都要发放6 800升粥。

每一个国家都有一个中等的劳动强度，在强度以下的劳动，在生产某一商品时所耗费劳动时间要多

[1] 计件工资和计时工资是两种劳动报酬的分配方法。计件工资随着泰罗科学管理理论的产生而兴起，它以经济人理论出发，以生产某产品的社会平均工时为基础。故要将计时工资转化为计件工资，需以计时当天开始，以这段时间内所做物件的多少为准。

于社会必要劳动时间，所以不能作为正常质量的劳动。在一个国家内，只有超过社会中等劳动强度以上的劳动，才能改变单纯按劳动的持续时间来进行的价值计量。但世界市场则与此不同，每个国家都有一个中等的劳动强度，国家不同，劳动的中等强度也就不同。国际市场的商品价值是以世界中等劳动强度的平均数作为计算尺度的，因此，在同一时间内，强度较大的国民劳动将比较小的国民劳动生产出更多的价值，即能够获取更多的货币。

但是，价值规律[1]在国际上的应用，不仅受劳动强度的影响，还受到劳动生产率的影响。只要劳动生产率较高的国家没有因为竞争而把商品的出售价格降低到和商品价值相等的程度，那么，生产效率较高的国民劳动在世界市场上也应该是强度较大的劳动。

同一劳动时间生产的商品，在发达国家可以表现为较多的货币，不发达国家只能表现为较少的货币。由此可得出结论：资本主义发达国家的名义工资比不发达国家高，但绝不是说，实际工资也是如此。由于资本主义发达国家劳动强度和劳动生产率较高，工人的日工资、周工资也就比不发达国家要高。但是，相对的劳动价格，即同剩余价值和产品价值相比较的劳动价格却较低。资本主义发达国家工人的名义工资虽然看起来较高，但由于劳动强度和劳动生产率较高，资本家占有的剩余价值也就更多。

---

[1] 价值规律：商品生产和商品交换的基本经济规律。即商品的价值量取决于社会必要劳动时间，商品按照价值相等的原则互相交换。在私有制社会中，价值规律自发地调节生产，刺激生产技术的改进，加速商品生产者的分化。在社会主义社会中，由于社会主义经济是在公有制基础上的有计划的商品经济，因此，社会主义市场经济必须自觉依据和运用价值规律，以促进社会主义经济的发展。

第 6 章
资本的积累过程

CHAPTER 6

17世纪末，那些原始积累的不同因素被英国系统综合为殖民制度、国债制度、现代税收制度和保护关税制度，这些制度大多是以最残酷的暴力为基础。资产阶级利用国家权力组织的社会暴力，促进了从封建生产方式向资本主义生产方式的转变。因此，从资本来到世间，它从头到脚，甚至每个毛孔都滴着血和肮脏的东西。

资本积累的两个假定条件

资本积累即剩余价值的资本化，其实质是资本家将其无偿占有的剩余价值的一部分再转化为资本，用来购买追加的生产资料和劳动力，扩大生产规模，从而进一步无偿地占有更多的剩余价值。

一定量的货币要执行资本的职能，必须经历三个阶段：

第一，在流通领域内，一定的货币额转化为生产资料和劳动力，即货币资本转化为生产资本。

第二，把由一定的货币额转化而来的生产资料和劳动力投入生产过程，从而生产出包含原预付资本加上剩余价值的商品，在本阶段，生产资本转化为商品资本。

第三，将这些生产出来的商品再投入流通领域，通过商品的出售，把它们的价值实现在货币上，使这些货币再次转化为资本。这样周而复始地不断循环，便形成了资本流通。

资本积累的第一个条件，是资本家能将自己的商品卖掉，并把由商品转化而来的绝大部分货币再转化为资本。

资本积累的第二个条件，是假定直接从工人身上榨取无酬劳动的资本家是剩余价值的所有者。直接从工人身上榨取无酬劳动并把剩余价值固定在商品上的产业资本家，是剩余价值的首先占有者，但绝不是最后占有者。产业资本家还必须同执

□ **资本主义体系的金字塔**

资本在循环中，依次采取货币资本、生产资本和商品资本三种形式。货币资本的职能是为资本主义生产作准备；生产资本的职能是生产剩余价值；商品资本的职能是实现剩余价值。资本只有顺利地通过购买、生产、销售三个阶段，才能实现剩余价值。本图为一幅宣传画，它夸张地展示了资本主义体系的金字塔。

行其他职能的资本家，如商业资本家、借贷资本家、土地所有者等共同瓜分剩余价值。因此，剩余价值还要转化为利润、利息、商业利润、地租等各种不同的形式，并非归一人所有。

在这里，我们一方面假定生产商品的资本家是按照商品的价值出售商品。至于资本如何回到商品市场，资本在流通领域里采取了哪些新形式，这些新形式又包含了怎样的再生产条件等，我们不做具体研究。另一方面，我们把资本主义的商品生产者当作全部剩余价值的所有者，或者把他们当作所有参加分赃的代表。首先，我们抽象地考察积累，就是把积累看作直接生产过程的一个要素。因为只要积累在进行，资本家就是在出售所生产的商品，并把由商品转化而来的货币再转化为资本。其次，剩余价值分为各种不同的形式，但丝毫不会改变它的性质和资本积累的必要条件。不管资本家自己拥有的或分给别人的剩余价值的比例如何，他们总是剩余价值的最先占有者。

在做了这样的两个假定之后，我们就可以抽象地考察积累，从而揭示资本主义积累的本质。

简单再生产

再生产按其规模不同可分为规模不变的简单再生产和规模扩大的扩大再生产。其中简单再生产是扩大再生产的基础和出发点，是扩大再生产的重要组成部分。

不管生产过程具有怎样的社会形式，它必须周而复始地经过一些相同的阶段。社会若不能停止消费，就不能停止生产，因此，从经常的联系和它不断地更新来看，每一个社会生产过程同时也是再生产过程。

生产的条件同时也是再生产的条件。任何一个社会，如果没有把社会中的一部分产品转化为生产资料或新生产的要素，再生产就会中断。当其他条件不变时，社会在一年里所消费的生产资料，即劳动资料、原料和辅助材料，只有被实物形式的、数量相等的新物品所替代的情况下，社会才可以在原有的规模上进行再生产或保持自己的财富。这些新物品要从年产品的总量中分离出来，并重新进入下一年的生产过程，因此，一定量的属于生产的年产品，就其所采取的实物形式来说，多数不适合个人消费。

□ 酒窖

生产规模的扩大，表明社会的需求在刺激和促进着生产。比如，人类中一大批喜欢酒、热爱酒的酒鬼和酒仙对美酒的渴望，刺激了酿酒业的蓬勃发展。而周而复始的酿酒生产，就是一种再生产过程。图为法国葡萄酒的酿制大师道米克设计的具有赫雷斯“摩尔式”冷色调建筑风格的酒窖。

生产和再生产都具有资本主义的形式。资本主义生产方式下的劳动过程只是价值增殖的一种手段，同样，再生产也是把预付资本作为能够自行增殖的价值来再生产的一种手段。一个人之所以扮演成资本家，仅是由于他的货币不断地执行资本的职能，比如100镑的预付资本在今年转化成了资本，并创造出20镑的剩余价值，那么在明年及以后各年中它必须重复相同的活动。剩余价值作为资本运行的周期增加额，或处在过程中的资本的周期果实，具体表现为资本的收入形式。

如果资本家只是把这种收入作为他的消费基金，或者说，他周期性地获得并周期性地消费掉，那么，在其他条件不变的情况下，这就是简单再生产。虽然它只是在原来生产规模上的重复，但是，这种重复会赋予生产过程某些新的特征，或者说，它可以消除资本主义生产作为孤立过程所具有的虚假特征。

可变资本的再生产

资本主义是以购买一定时间的劳动力作为开端，每当劳动力的售卖时间到期后，为了维持生产，资本家就必须重新购买劳动力。但是，工人只有在劳动力发挥了作用，即把劳动力价值和剩余价值实现在商品上之后，才能获得工资。因此，工人既为资本家生产了剩余价值，也生产了作为他自己报酬的基金即可变资本。可变资本部分在工人取得工资以前就已经生产出来，工人只有不断地再生产剩余价值，才会被资本家雇佣。因此，是工人本身不断再生产着以工资形式付给自己的那一部分产品，尽管资本家用货币的形式支付了他们工资，但这些货币只是他们劳动产品的转化形式而已。在生产过程中，当工人把一部分生产资料转化为产品时，他以前生产的产品又重新转化为货币。就是说，工人今天所得的劳动报酬是用他以前的劳动来支付的。

因此，可变资本不过是工人为维持劳动力再生产所必需的劳动基金的一种特殊表现形式。不管在怎样的社会制度下，这种基金都必须由劳动者本人来生产和再生产。劳动基金之所以不断以工资支付的形式流动到工人手里，是因为工人自己生产的产品不断以资本的形式离开工人。但是，劳动基金的这种特殊表现形式并没有改变一个事实：资本家把工人自己的物化劳动预付给工人。就是说，资本家用来预付工人工资的可变资本，只是工人本身在之前所创造的新价值的一部分。

全部资本的再生产

只有把资本主义生产当作一个连续不断的再生产过程来考察，才能消除可变资本是资本家预付的假象。但是，资本主义的生产过程总要从某时某地开始。假定资本家最初的货币资本，不是依靠占有他人无酬劳动而获得，而是通过自己的原始积累而产生，当它们进入资本主义的生产过程，就会发生根本性的变化，这些变化不仅对可变资本有影响，还将影响整个资本。例如，1 000镑的资本，每年创造剩余价值200镑。如果这些剩余价值每年都被资本家全部消费掉，那么5年之后，资本家所消费的剩余价值总额就是1 000镑，这和他原有的资本价值总额相等。也就是说，资本家原有的资本实际上已经全部消费掉了，现在留下的1 000镑货币资本，是由他在生产过程中无偿占有的剩余价值转化而来的。因此，撇开一切积累不说，单纯的生产过程或者简单再生产，经过一段或长或短的时期后，必然会使任何资本都转化为资本化的剩余价值。即使资本在进入生产过程前是资本使用者本人挣得的财产，但它迟早都会变成无偿占有的剩余价值，成为他人无酬劳动的货币形式的化身。

总之，在资本主义的再生产过程中，工人不仅创造了剩余价值和可变资本，还创造了全部资本。

资本主义生产关系的再生产

资本主义简单再生产既是物质资料的再生产，也是生产关系的再生产。要使货币转化为资本，除了商品生产和商品流通外，还需要一个条件——买卖双方的互相对立，即一方是生产资料和生活资料的占有者，另一方则是劳动力的占有者。生产资料和劳动者的分离，是资本主义生产过程的起点和基础。在资本主义生产过程中，作为起点的东西又作为结果不断重新生产出来。一方面，生产过程不断地将物质财富转化为资本，转化为他们榨取剩余价值的手段；另一方面，工人进入生产过程时是一无所有的无产者，走出生产过程时仍然是一无所有的无产者。这是因为，工人在进入生产过程以前，他自己的劳动就已并入资本并归资本家所有了。在生产过程中，工人的劳动以物化劳动的形式转化在他生产的产品中。因为资本主义的生产过程同时也是劳动力的消费过程，所以工人生产的产品不但要转化为商品，还要转化为资本，转化为能够实现自身增殖的价值和劳动者必需的生活资料以及生产必需的生产资料。可见，工人是将客观财富当作资本，当作压迫他、统治他和剥削他的权利来生产，而资本家则是把劳动力当作同生产资料相分离的、存储在工人身体中的财富源泉。简而言之，就是把工人当作生产剩余价值的机器。

资本主义的再生产，同时也是劳动力的再生产。而工人的消费，是劳动力再生产的一个重要因素。工人的消费有两种：生产消费和个人消费。生产消费是指在生产过程中，工人通过自己的劳动来消费生产资料，并把生产资料的价值转化为高于预付资本价值的产品，同时，这也是资本家对他购买的劳动力的消费。个人消费是指工人用资本家支付的货币来购买个人所需的生活资料。孤立地看，工人的生产消费和个人消费是两种完全不同的消费形式。工人的生产消费是属于资本家的，在生产消费中，工人起着资本动力的作用，消费的结果是资本家的生存；个人消费则是属于工人自己，这种消费发生在生产过程之外，消费的结果是工人自己的生存。从表面上看，工人的个人消费似乎是与资本家毫无关系，但从资本主义再生产过程来看，情况就不同了。工人的个人消费，只是为了维持自己劳动力的运转，就如役畜吃饲料，机器加燃油一样，已成为再生产过程的一个要素。在这里，工人的个人消费实质上就是一种直接的生产消费。但是，这在表面上却表现为一种在本质上与资本主义生产过程无关的无谓消耗。

□ **工人与资本家的对抗**

这是一幅讽刺资本家恃强凌弱，残酷无情地镇压工人的漫画，同时，它也是工人阶级自身力量的真实写照。随着资本主义生产关系的发展，工人和资本家的矛盾也进一步加深，不可避免地发展到对抗阶段。

因此，从社会的观点来看，即使在直接劳动过程以外，工人阶级也同劳动工具一样，是资本的附属物。在一定范围内，甚至连工人生活所必需的个人消费也成为资本再生产过程的一个要素。工人的个人消费一方面保证他们不断提供自己的劳动力和延续后代；另一方面，通过工人对生活资料的耗费来保证他们不断重新出现在劳动市场上。就如罗马的奴隶，他们是被锁链锁住，而雇佣工人则是由一根看不见的线系在资本所有者手中。

因此，将资本主义生产过程联系起来，或者作为再生产过程来考察时，就会发现：资本主义的再生产就是资本主义生产关系的再生产，它不仅生产商品和剩余价值，而且还生产和再生产生产关系本身。资本主义再生产的实质，就是资本家和工人的不断相互对立。

剩余价值转化为资本

把剩余价值转化为资本，叫作资本积累，即资本家把从雇佣劳动那里剥削来的剩余价值的一部分用于个人消费，另一部分则转化为资本，用于购买扩大生产规模所需追加的生产资料和劳动力。

前文中，我们已经分析了剩余价值产生的原因，现在我们接着来考察剩余价值如何转化成资本，从而扩大再生产。

资本主义扩大再生产

首先，我们从单个资本家的角度来考察剩余价值转化成资本这一过程。例如，一个纱厂主预付了10 000镑的资本，其中4/5用来购买棉花、机器等，另外1/5用来支付工人的工资。假定这个纱厂主每年生产棉纱240 000磅，价值12 000镑。如果剩余价值率为100%，剩余价值就是2 000镑。此时，这2 000镑的价值就是单纯的2 000镑的价值额，这笔钱没有任何特征说明它是剩余价值。一个价值是剩余价值，只能表明它是怎样来到资本家手中，但是丝毫改变不了货币的本性。

如果纱厂主将这2 000镑剩余价值再转化为资本，那么，在其他条件不变的情况下，他就必须从中取出4/5来购买棉花、机器等，剩下的1/5用来购买新的劳动力。于是，这2 000镑的新资本在纱厂中通过执行资本的职能又能生产400镑的剩余价值。

最初，资本价值是以货币的形式预付的，而剩余价值则是作为总产品的部分价值而存在的。在总产品出售后，资本家取得货币，资本价值回到了最初的形式，但剩余价值却改变了最初的存在方式。从此时起，资本价值和剩余价值全都转化成了货币额，并且以相同的方式重新转化成资本。资本家利用两者来购买生产资料或劳动力，以便在更大的规模上重新制造产品。然而，要买到这些产品，资本家就必须能够在市场上找到这些产品。

纱厂主的商品能在市场上流通，是因为他与其他资本家一样，把自己的商品投入市场。这些商品在进入市场以前，就已经存在于由各个单个资本的总额或社会总资本在一年所转化成的各种物品的总额中，每个资本家只能占总额中的一个相应部分。市场中的交换过程，只是实现年生产各个组成部分的交换，使它们从一个资本家手中转到另一个资本家手中，但这种交换既不能增大年生产的总额，也无法改变产品的本性。可见，全部年产品的用途，不是取决于它的流通，而是它本身的构成。

□ 搬运工

专门从事商品的流通、销售业务的资本家被称为商人资本家。商人资本家所赚取利润的来源，就是产业资本家手下的工人所创造的剩余价值。另一方面，商业资本家自己也有雇佣工人，他们的劳动力是另一种商品，被商业资本家廉价购买。图为1939年的巴西桑托斯港，搬运工正在往一艘船上装载咖啡，准备运往市场。这些搬运工便是被商业资本家购买的劳动力。

一年生产所消耗的资本的物质组成部分，必须由年生产所提供的一切使用价值来弥补。将这部分扣除后，剩下的就是包含剩余价值的纯产品或剩余产品。如果这些剩余产品只是满足资本家阶级需要和欲望的物品，那么，它们很快就会被挥霍一空，资本家也无法进行扩大再生产。

要实现资本积累、扩大再生产，就必须把一部分剩余价值转化为资本。但是，如果不是奇迹出现，能够转化成资本的，只是在劳动过程中可以使用的物品——生产资料，和工人用来维持自身需要的物品——生活资料，所以一部分年剩余劳动必须用来制造生产资料和生活资料，它们的数量要超过补偿预付资本所需要的数量。剩余价值之所以能够转化成资本，只是因为剩余产品[1]已经包含了新资本的物质组成部分。此外，要使这些组成部分真正执行资本的职能，还需要

[1] 剩余产品：剩余产品在资本主义生产发展之前就已经存在了，并且在资产阶级社会制度消灭以后还会存在下去，但已不再是剥削关系。只是在一段历史时期内，剩余产品具有剩余价值的形式。在魁奈看来，农业中生产出来的产品，除了补偿生产过程中耗费的生产资料即种子、工人的生活资料和农业资本家的生产资料外，还有剩余产品，这些剩余产品被称为纯产品。

资本家追加劳动。如果不能增加对现有工人的剥削，就必须追加劳动力。在资本主义社会，工人被当作依靠工资过活的阶级被再造出来，也就是让他们的工资不仅能够维持自己和家庭所需，而且能够进行繁殖。资本家只要把年产品中追加的生产资料和工人阶级每年资本提供的各种年龄的追加劳动力结合起来，就能完成剩余价值自资本的转化这一过程。积累就是资本规模不断扩大的再生产。

我们再来看之前所举的例子。纱厂主用10 000镑原有资本获得了2 000镑的剩余价值，这2 000镑的剩余价值转化成资本。新的2 000镑资本又带来400镑的剩余价值，这400镑的剩余价值转化成第二个追加资本，又可以带来80镑的剩余价值，以此类推。

在新形成的资本旁边，原有资本仍在继续再生产自己，并生产剩余价值。

纱厂主的原有资本是预付的10 000镑货币。那么，资本家这笔资本又是从何而来呢？政治经济学的代表人物一致认为：是通过资本所有者本人和祖先的劳动得来的，这似乎是唯一符合商品生产规律的解释。事实上，最初的预付资本也是通过掠夺他人的劳动积累起来的，这里暂且不论。而追加的2 000镑剩余价值就完全不同了，它已经彻底资本化。从一开始它就没有一个价值原子，不是由他人的无酬劳动产生的。资本家为扩大再生产而追加的生产资料和生活资料，都来源于剩余产品，即资本家从工人阶级那里夺取的贡品中不可或缺的组成部分。如果资本家用这些贡品中的一部分来购买追加劳动力，就暴露出了剥削者的老把戏：用从被剥削者那里掠夺来的货币去购买被剥削者的商品。工人阶级用他们这一年的剩余劳动创造了下一年的追加资本，这就是所谓的“资本生资本”。第一个追加资本2 000镑的来源，是资本家所预付的、通过他“最初的劳动”所获得的10 000镑价值额。第二个追加资本400镑，是第一个追加资本2 000镑的预先积累，也就是2 000镑追加资本创造的剩余价值。对过去无酬劳动的占有，已成为扩大生产规模的唯一条件。资本家积累得越多，他就能越多地积累。

既然资本家的追加资本，是他在工人身上榨取的剩余价值，那么，以商品生产和商品流通为基础的私人占有规律，通过它自身的矛盾运动不可避免地要转变成自己的直接对立物。工人和资本家最初在劳动力买卖上表现出来的等价交换原则，已经变得徒具形式，这是因为：①用来购买劳动力的那部分追加资本，本身就是通过不等价交换而占有的工人劳动产品的一部分；②这部分资本不仅要让生产它的工人来补偿，还要加上新的剩余价值。如此一来，工人和资本家之间的交换关系，就成为一种流通过程的表面形式和一种与内容无关、只能让内容神秘化的形式。在资本的积累中，对资本家而言，所有权表现为占有他人无酬劳动和产品的权利；对工人而言，却表现为不能占有自己的产品。因此，所有权和劳动权的分离，是资本主义生产发展的必然结果。

我们已经看到，所有的预付资本，不管它的来源如何，都转化成积累资本或资本化的剩余价值，即使在简单再生产的情况下也是如此。但是，在生产的洪流中，所有预付资本与重新转化成资本的剩余价值或剩余产品相比，总是一个无限小的量。所以，政治经济学通常将资本说成是“积累的、用来重新生产剩余价值的财富”，将资本家说成“剩余产品或剩余价值的占有者”。

剩余价值分为资本和收入

事实上，剩余价值不仅是消费基金，还是积累基金。上一章中，我们将剩余价值或剩余产品看作是资本家的个人消费基金；本章中，我们则将它们看作是积累基金。剩余价值中的一部分由资本家当作个人收入而消费掉，另一部分则被当作资本积累起来。

在一定量的剩余价值中，消费基金所占的比例越大，积累基金所占的比例就越小，反之亦然。在其他条件不变的情况下，两者的比例决定着资本的积累量。这种分割是由剩余价值的所有者——资本家来进行，体现了资本家的个人意志。

资本家只有在作为人格化的资本时，才具有历史的价值，它本身的暂时必然性才包含在资本主义说生产方式的必然性中。既然如此，那么，资本家的动机也就不是为了使用价值和享受，而是为了交换价值和交换

□ 加工厂

马克思指出，资本家获得剩余价值后，除了拿一部分来消费，剩下的都被当作资本积累起来。他们狂热地追求剩余价值，并不仅仅为了使用价值和享受，而是为了进一步扩大自己的资本，而扩大资本的办法，就是依靠不断地积累。图片中，加工厂的工人正源源不断地为资本家生产剩余价值，这些剩余价值除了用来支付工人的工资外，大都被资本家积累起来。

价值的增殖部分。资本家狂热地追求价值增殖，肆无忌惮地迫使工人为生产而生产，从而去发展社会生产力和创造社会生产的物质条件——也只有这样的条件，才能为一个更高级的、以个人全面而自由发展为基本原则的社会形式奠定现实基础。

作为资本的人格化，资本家与货币储藏者一样，都具有强烈的致富欲望。不过，后者的欲望仅仅表现为个人的狂热，而资本家的致富欲望却表现为资本主义的共性，资本家就是资本主义社会的领跑者。另外，资本主义生产的发展，使投入工业企业的资本有不断增长的必要，而竞争使资本主义生产方式的经济规律以强行的方式支配着每一个资本家。竞争逼迫着他们不断扩大自己的资本，然而，扩大资本的办法只能靠不断地积累。

积累是对社会财富的不断征服，它在扩大被剥削工人人数的同时，也扩大了资本家对劳动者直接或间接的统治。

随着资本主义生产方式的发展和财富的积累，资本家不再只是资本的化身。他们开始放纵自己的欲望，嘲笑禁欲主义[1]，把它看成是旧式货币储藏者的偏见。古典资本家谴责个人消费违背了它的职能，是对积累的“节制”，而现在的资本家却把资本积累看作是“放弃”自己的享受欲望。

几乎每个资本家都经历过资本主义生产方式的历史初期，在这个时期，致富欲和贪欲占据着统治地位。随着资本主义生产的进步，资本创立了一个新的享乐世界；随着投机和信用事业的发展，资本还开辟了千百个突然致富的源泉。在一定阶段上，资本家习以为常地挥霍财富也已经成为炫耀财力并取得信贷的一种手段，甚至成为他们维持经营的一种必要手段。

此外，资本家财富的增长，不同于货币储藏者那样，与自己的个人消费和节约成比例，而是同他榨取的剩余劳动量和迫使工人放弃一切生活享受的程度成比例。因此，尽管资本家的挥霍不像放荡的封建主那样毫无节制，但在挥霍背后总是隐藏着资本家最肮脏的贪欲和最精心的算计。因为资本主义的挥霍仍然和积累同时增加，双方并不会产生矛盾，所以在资本家那“崇高”的心胸中，积累欲和享受欲并不会发生冲突。

---

[1] 禁欲主义：是指一种以戒除世俗欢愉为特点的生活（也称苦修）。那些实践禁欲主义方式的人，通常会感到他们的所作所为具备高尚的道德情操，他们不断追求这种生活，以求达到更高的精神层次。

艾金医生在1795年发表的一部著作中，对资本家的节约和挥霍作了如下描述：

□ 富人的狂欢

随着资本主义生产方式的发展和财富的积累，资本家不再一味地积累资本。在经过了勤俭节约的阶段之后，奢侈的生活逐渐在他们的世界里流行。尤其是当他们的工厂规模发展到一定阶段后，更是学会了开放地消费。他们开始放纵自己的欲望，嘲笑禁欲主义。他们之所以变得如此大肆挥霍、穷奢极欲，是因为生产规模的扩大为他们带来了源源不断的财富。图中正是这一时期的资本家奢侈生活的真实写照。

“曼彻斯特的工业可分为四个时期。

“在第一个时期，工厂主为了维持生活，必须辛勤劳动，但他们也靠盘剥学徒的父母而发财。那些学徒的父母付给工厂主高额的学费，而学徒们却忍饥挨饿。在当时，由于行业的平均利润很低，积累只能靠节俭，所以当时的工厂主都过着货币储藏者一样的生活，连资本的利息也不舍得消费。

“在第二个时期，工厂主赚到少量的财富，但他们仍然辛勤地参加劳动，因为对劳动的直接剥削是要花费劳动的。这个时期，他们的生活一如既往的俭朴。

“在第三个时期，奢侈的生活开始慢慢流行，原因是各企业通过派骑马的推销员到王国各商业城市去兜揽生意而扩大了经营，从而加速了财富的积累。在1690年以前，能在工业中赚到3 000～4 000镑资本的人极为罕见，甚至根本没有。但在此时或稍后的时期，随着货币积累的不断增加，资本家开始建造石头房子来代替过去居住的木棚或土房。但是在18世纪最初的几十年，如果曼彻斯特的一个工厂主用哪怕是一品脱外国葡萄酒来款待客人，都会遭到所有邻居的议论和谴责。在机器生产出现以前，工厂主们晚上在酒店聚会时的消费，一般都限于6便士一杯的果汁酒和1便士一包的香烟。直到1758年，资本家的生活才出现了根本性的变化，人们第一次看到一个商业经营者坐上了自己的马车。

“第四个时期，也就是18世纪最后的30多年，资本家开始大肆挥霍、穷奢极欲，经营的扩大为他们提供了滚滚而来的财富。”

如果善良的艾金医生此时仍然健在，他又会说些什么呢？

亚当·斯密（1723~1790，经济学主要创立者。代表作品《国富论》《道德情操论》）在他的《国富论》中说："勤劳生产的物资，靠节俭把它们积累起来。"所以，节俭就是把尽可能多的剩余价值或剩余产品再次转化为资本。为积累而积累，为生产而生产，这是古典经济学对资产阶级时期历史使命的阐释。在古典经济学家看来，无产者不过是生产剩余价值的机器，而资本家无非是把这些剩余价值转化为资本的机器。为了让资本家的内心摆脱享受欲和致富欲的冲突，马尔萨斯（托马斯·罗伯特·马尔萨斯，1766~1834，英国人口学家和经济学家）曾主张维护这样的分工：让实际从事生产的资本家完成财富积累的任务，而让另一些从事剩余价值分配的人，如土地贵族、领受国家俸禄和教会俸禄的人等承担挥霍的任务。马尔萨斯说，最重要的就是要 "把支出欲和积累欲分开"。听到这种言论，那些早已享乐成性和善于交际的资本家们不由得大声抗议。他们的一个属于李嘉图（1772~1823，英国资产阶级古典政治经济学的主要代表之一）派的代言人叫道：马尔萨斯先生鼓吹高额地租、高额税收等，难道就是为了让非生产消费者来不断地刺激工业家？这里所指的生产，是规模不断扩大的再生产。但是，这种观点与其说会促进生产，还不如说会阻碍生产。况且，靠一些过着游手好闲生活的人去鞭策另一些人，这本身就是不公正的。然而，尽管对于后者而言是一种强迫，他们仍然会把事情做得很好。

各种社会经济形态中都存在着简单再生产和扩大再生产，只是程度有所不同。由于积累和消费会不断增加，因此转化为生产资料的产品也会随之增加。但是，只要工人的生产资料和产品以及生活资料还没有以资本的形式与资本家对立，这个过程就没有资本积累，也没有资本家职能的体现。

决定剩余价值积累量的因素

如果剩余价值中资本和收入的比例已定，那么，资本的积累量就取决于剩余价值的绝对量。假定剩余价值中80%转化成资本，20%用于个人消费，那么，积累的资本是2 400镑还是1 200镑，就取决于剩余价值的总额是3 000镑还是1 500镑。由此得出，决定剩余价值量的因素，也影响着资本的积累量。

决定剩余价值率的首要因素是劳动力的剥削程度。政治经济学非常重视这种剥削程度所起的作用，以至于有时会把因提高劳动生产力引起的积累加速和对工人的剥削程度加重而形成的积累加速等同起来。在论述剩余价值的生产时，我们曾假定工资至少和劳动力的价值相等，但是，把工资强行压低到劳动力的价值以下，这在资本的运动中起着极为重要的作用，所以我们必须对此加以考察。在一定限度内，将工资强行压低到劳动力的价值以下，实际上是把工人的必要消费基金转化为资本的积累基金。

工资没有生产力，它只是生产力的价格，它不会同劳动本身一起对商品的生产做出贡献。如果劳动无须购买就可以得到并使用，那么工资就是多余的。但是，工人不能依靠空气来生活，所以不费分文雇佣工人是一个数学意义上的极限，在实际生产中永远无法达到。

在一切工业企业中，由劳动资料构成的不变资本，必须足够供一定数量的工人使用，不过，它可以不按它所使用的劳动量成比例增加。假定某工厂有100个工人，每个工人的工作日是 8 小时，那么，100个工人就是800个小时。如果资本家想把总劳动小时再增加一半，他可以再雇佣50个工人，但这样一来，他不仅要预付新的工资成本，还要预付新的劳动资料成本。但是，如果他将原来的工作日由8小时延长到12小时，现有的劳动资料就足够使用了，只是损耗得快一些。可见，由提高劳动力的紧张程度而获得的追加劳动，在不变资本并未增加的前提下，也可以增加剩余产品和剩余价值。

在采掘工业中，如采矿业，原料并不是预付资本的组成部分。工人的劳动对象不是过去劳动的产品，而是由大自然无偿赠予的，如金属矿石、矿物、煤炭、石头等。在这样的生产中，不变资本几乎都由劳动资料组成，因此，它们可以很容易地容纳增加了的劳动量，比如工人日夜换班。在其他条件相同的情况下，产品数量和价值的增加与它所使用的劳动成正比。在这里，形成产品的原始要素，也就是形成资本物质成分的要素——人和自然，同时起作用。由于劳动力具

□ 印度煤矿工人

资本积累不仅会相对地减少对劳动的需求，还会造成超出工人人口自然增长的劳动供给。这样就必然产生出相对的，即超出资本增殖平均需要的过剩人口。过剩人口增多，还使在业工人受到巨大压力，资本家借此压低工人的工资，而在业工人为了维持生活，不得不拼命干活。图为印度的煤矿工人，他们正是这一时期在业工人的缩影。

有伸缩性，因此，即使没有预先增加不变资本，积累的范围也会扩大。

在农业生产中，如果不事先预付种子和肥料，就无法扩大耕地。但是，一旦预付了这些资本，即使对土地只是纯粹机械性的耕作，也会对产量的提高产生奇迹般的作用。只要原有数量的工人付出更多的劳动量，即使不预付新的劳动资料，也可以提高土地肥力。这就是人对自然的直接作用，在这种作用下，即使没有新资本的介入，也会扩大资本积累的直接源泉。

在真正的工业中，任何追加的劳动消耗都要求相应地追加原料的消耗，但不一定要追加劳动资料的消耗。因为采掘工业和农业为加工工业提供了它本身需要的原料和劳动资料的原料，所以采掘工业和农业无须追加资本就能生产追加产品，这对于加工工业是非常有利的。

总而言之，资本一旦合并成形成财富的劳动力和土地后，便获得了扩张的能力，这种能力可以把资本积累的要素扩展到超出由资本本身确定的范围，即超出体现资本存在的、已经生产的生产资料的价值和数量所确定的范围。

资本积累的另一个重要因素是社会的劳动生产率水平。

随着劳动生产力的提高，体现一定量的价值进而体现剩余价值的产品量也会提高。在剩余价值率不变或者下降的情况下，只要下降的速度低于劳动生产力提高的速度，剩余产品量仍会增加。因此，在剩余产品分为收入和追加资本的比例保持不变的情况下，资本家可以提高个人的消费基金，但积累基金不会减少。积累基金的增加可以通过减少消费基金来实现。虽然消费基金减少，但是由于商品变得便宜，资本家享用的消费品并没有比过去减少，甚至还会有所增加。我们已经知道，工人劳动变得便宜后引起剩余价值率的提高，这与劳动生产率的提高有着密切的关系，即便在实际工资提高的情况下也是如此。实际工资从来不会和劳动生产率保持同样的增长比例。这样一来，同一可变资本价值就可以推动更多的劳动力，从而推动更多的劳动，同一不变资本价值也可以体现在更多的生产资料上，即体现在更多的劳动资料、劳动材料和辅助材料上，从而提供更多形成产品和价值的要素，或者说，为产品和价值的形成提供更多的劳动要素，所以在保持追加资本价值不变甚至降低的情况下，仍可加快资本积累的速度。这样一来，不仅再生产的规模在物质方面得以扩大，而且剩余价值的生产速度也比追加资本的价值增长速度更快。

劳动生产力的发展还会对原资本或已经投入生产的资本起反作用。一部分执行职能的不变资本是由如机器等劳动资料构成的，这些劳动资料只有经过一个较长的时期才会被完全消费掉，它们或被再生产出来，或被新的同种物品所替代。由于这些劳动资料每年都有一部分消亡，或是达到它们执行职能的终点，所以每年都有一部分劳动资料处于周期的再生产阶段，或者被新的同种物品所替换的阶段。随着生产劳动资料的部门不断提高劳动生产力，新的、效率更高的、价格更便宜的机器、工具和器具等被不断生产出来，以代替那些旧的机器、工具、器具等。撇开现有劳动资料在细节上的不断完善不谈，旧的资本也会以更高的形式被再生产出来。不变资本的另一部分，即原料和辅助材料，也会在一年中被不断再生产出来，其中由农业生产的大多是一年再生产一次。因此，每一次采用改良方法，都会对追加资本和正在执行职能的资本同时产生影响。化学研究所取得的每一个进步，不仅扩大了有用物质的数量和已知物质的用途，并随着资本的增加扩大了投资领域，还教会资本家如何将生产过程与消费过程中产生的废料，重新投回再生产过程的循环中，从而实现不需预先支出资本，就能创造出新的资本材料的目的。正如，只要提高劳动力的紧张程度就可以加强对自然财富的利用一样，科学技术使执行职能的资本具有一种不以其数量为限的扩张能力，而这种能力对原资本中已进入更新阶段的那部分资本也会产生反作用。资本以新的形式无代价地合并了其旧形式背后所实现的社会进步。但是，生产力的这种发展会使正在执行职能的资本部分贬值，当这种贬值通过竞争被资本家清楚地意识到，他们就会把主要负担转嫁到工人身上，以加强对工人剥削的方式来弥补自己的损失。

劳动一方面将自己所消费的生产资料的价值转移到产品中；另一方面，一定量的劳动所提高的生产资料的价值和数量，同劳动生产效率的提高成正比。因此，即使等量劳动只是给自己的产品增加同量的新价值，但随着劳动生产率的提高，由劳动转移到产品上的旧资本的价值仍然有所增加。

例如，一个英国纺纱工人与一个中国纺纱工人以同样的能力劳动同样的时间，他们在一周中创造出的价值是相等的。但是，尽管存在着这种等量关系，但英国纺纱工人用一架强有力的自动机劳动一周所产出的产品价值，与中国纺纱工人用一架手摇纺车劳动一周所产出的价值相比，必定有着惊人的差别。在同一时间，中国人只能纺一磅棉花，英国人却可以纺好几百磅棉花。一个几百倍大的旧价值总额使英国人的产品价值膨胀，这些旧价值以新的有用形式保存在产品中，又可以重新执行资本的职能。弗·恩格斯告诉我们："1782年的英国，由于缺少工人，三年前剪下的羊毛都没有加工，倘若不是新发明的机器将所有剪好的羊毛都纺完，这些羊毛还得无期限地搁置下去。”在机器生产中，物化的劳动虽然没有直接创造出一个工人，但它使为数不多的工人通过追加相对较少的活劳动，不仅可以把羊毛以生产的方式消费掉并加入新的价值，而且还以毛纱的形式保存羊毛的旧价值，同时，它还为羊毛的扩大再生产提供了必要的刺激和手段。在创造新价值的同时又保存旧价值，这属于活劳动的自然恩惠。随着劳动生产资料的效能、规模和价值的增长，进而随着劳动生产力的发展而形成的积累增长，劳动在不断更新的形式中将不断膨胀的资本价值保存下来并使其永久化。劳动的这种自然能力表现为资本固有的自我保存能力，正如劳动的社会生产力表现为资本的属性，和资本家对剩余劳动的不断占有表现为资本的不断自行增殖一样。劳动的一切力量都表现为资本的力量，正如商品价值的一切形式都表现为货币形式一样。

使用资本与消费资本之间的差额随着资本的增长而增长。换言之，劳动资料如建筑物、机器、排水管、役畜以及各种器具的价值量和数量都会增加，这些劳动资料在一个或长或短的时期里，在循环反复的生产过程中，用自己的整体执行职能，或者说，是为了达到某种效果服务。但是，这些劳动资料本身却在逐渐损耗，也就是正在慢慢地丧失自己的使用价值，并将这些价值慢慢地转移到产品中去。这些劳动资料越是作为产品形成要素发生作用而不把价值加到产品中去，即只是部分地被消费，那么，它们就越像我们之前所说的如水、蒸汽、空气、电力等那样为资本提供无偿的服务。这种无偿服务，会随着积累规模的扩大而被积累起来。

在对劳动力的剥削程度不变的情况下，剩余价值量取决于同时被剥削的工人人数，而工人人数和资本量是相适应的，即使它们随比例变动也无甚影响。资本由于连续的积累而不断增加，消费基金和积累基金的价值额也就不断增加，所以资本家既能使自己的生活过得更奢华，也能更加“节制”。最后，随着预付资本量的扩大，生产的规模也不断扩大，生产的全部“发条”也越拧越紧，资本的机器也开动得更有力。

资本主义积累的一般规律

资本积累的不断增进、资本有机构成的不断提高、相对过剩人口的不断增多，必然会导致资本主义社会资产阶级的财富积累和无产阶级的贫困积累，这就形成了资本主义积累的一般规律。这一规律深刻地反映了资本主义积累的增长造成社会贫富阶级两极分化的客观必然性。

本章主要研究资本的增长对工人阶级命运所产生的影响，我们研究的重点是资本的构成与它在积累过程中的变化。

当资本的构成不变，资本对劳动力的需要随积累的增长而增长

我们可以从两方面来理解资本的构成。从价值方面来看，资本的构成是由分成的不变资本和可变资本的比率，或者说是由分成的生产资料的价值和劳动力的价值——工资总额的比率决定的；从资本在生产中发挥作用的物质方面来看，资本的构成是由分成的生产资料的数量和为消耗这些生产资料而必需的劳动量之间的比率来决定的。前者称为资本的价值构成，后者称为资本的技术构成，两者之间关系密切[1]。为了更好地表达两者的关系，我们把由资本技术构成决定并且反映技术构成变化的资本价值构成，叫作资本的有机构成。在后文中，除了特别说明以外，所说的资本构成都是指资本的有机构成。

同一生产部门中的不同的单个资本，它们各自的构成不尽相同。将这些资本的有机构成加以平均化，就会得出这个生产部门总资本的构成；把所有生产部门

[1] 在资本主义的现实经济生产中，资本价值构成的变化并不总是与资本技术构成的变化相一致。其间大体上存在着三种情况：第一种情况，技术构成变化了，但价值构成并不按同比例变化。第二种情况，资本技术构成变化了，资本价值构成也可以保持不变。（劳动生产率的提高，使每个劳动力推动的生产资料数量发生了变化，但由于生产资料价值和劳动力价值变化情况不同，就会出现技术构成的上述两种组合情况。）第三种情况，价值构成变化了，而技术构成却没有变化。如果劳动生产率不变，但生产资料价格因供求关系的变化而发生变化，就会出现这种情况。

□ 资本的积累

资本的积累不仅取决于资本家的剥削程度，社会需求量的大小也是其决定性因素。在1910年的美国经济中，钢铁扮演着重要角色。先进的设备和新的技术，扩大了钢厂的规模并提高了效益。制造业的发达刺激了对钢材的需要，于是资本的积累成倍增长，造就了一批亿万富翁。图中，钢铁大王卡耐基的烦恼是不知如何花钱。

的平均构成再加以总平均，就会得到一个国家的社会资本的构成。

资本的可变部分，即转化成劳动力的部分，会随着资本的增长而增长。而转化为追加资本的剩余价值总有一部分要转化为可变资本或追加的劳动基金。假定资本的构成不变，想要推动一定量的生产资料或不变资本始终需要同量的劳动力，而其他情况也保持不变，此时，对劳动的需求和工人的生存基金，就会以比例的形式随着总资本的增加而增加，资本增长越快，这种需求就越快。资本在每年都会生产剩余价值，而其中的一部分每年都会进入原资本，因为资本的增殖额每年都随着执行职能的资本量的不断扩大而增长，在特殊的致富欲望的刺激下，只要改变剩余价值分为资本和收入的比例，积累的规模就能在一夜之间扩大。所以，资本的积累需求，必须超过劳动力或工人人数的增加；对工人的需求，则必须超过工人的供给。如此一来，工人的工资就会提高。

简单再生产不断地再生产出资本关系本身，即一方是资本家，另一方是雇佣工人。同样，规模扩大的再生产生产出的资本关系，一边是更多或更大的资本家，另一边则是更多的雇佣工人。劳动力必须不断地以价值增殖手段的身份并入资本，不得脱离资本而独立存在。虽然它的买家不断更换，但这丝毫不影响它对资本的从属，所以，劳动力的再生产事实上是资本再生产的一个因素。从这个意义上说，资本的积累就是无产阶级的增加。

资本家的剥削和统治的范围随着资本本身规模的扩大与它所统治的工人数量的增加而扩大。在工人自己生产的产品中，虽然大部分会作为追加资本投入生产，但会有较大的份额以支付手段回流到工人手中，使他们提高生活质量，同时还会有一笔积蓄。但是，即使吃的、穿的都有所好转，也无法消除雇佣工人的从属关系和资本家对他们的剥削。因资本积累而提高的劳动价值，只不过表明雇佣工人为自己铸造的金锁链越来越重，也越来越长，资本家只是稍稍松了一下手，让工人略微放松一点而已。

资本家购买劳动力的目的不是为了给自己服务，而是为了生产商品，使自己的资本增殖，使其中所含的劳动比他支付了报酬的劳动多，也就是说，资本家通过出售他购买的劳动力所生产的商品，就能够实现剩余价值或赚钱的目的。而这个目的则是资本主义生产方式的绝对规律。这个规律使劳动力只有在它源源不断地为资本提供无酬劳动的情况下，才能被卖出去，所以劳动力的出卖条件不管对工人怎样有利，总要不断地被再出卖，从而使财富作为资本不断地扩大再生产。我们已经知道，工资的本质是要求工人不断地提供一定数量的无酬劳动。即使撇开工资提高而劳动价格同时下降等情况不说，工资的提高不过是减少了工人必须提供的无酬劳动量而已，而这种减少永远无法达到威胁资本主义制度本身的目的。

由资本积累而引起的劳动价格的提高主要包括两种情况：一是劳动价格的提高并不会妨碍资本积累的进度，也就是说，无酬劳动的减少绝不会妨碍资本统治的扩大；一是积累由于劳动价格的提高而削弱。随着积累的减少，资本与可供剥削的劳动力之间的不平衡也逐渐消失。所以，资本主义的生产机构可以自行排除它暂时造成的障碍，劳动价格也就能够重新降到适合资本增殖需要的水平，而不管这个水平是低于、高于还是等于工资提高前的正常水平。由此可见，第一种情况，并不是劳动力或工人人口的绝对增加或相对增加的减缓所引起的资本过剩，相反，它是资本的增长引起可供剥削的劳动力的不足；第二种情况，并不是劳动力或工人人口的绝对增加或相对增加造成资本不足，相反，它是资本的减少造成了可供剥削的劳动力过剩，或者说使劳动力价格过高。这些资本积累的绝对运动，是可供剥削的劳动力数量的相对运动的反映，因此，从表面上看，它好像是由后者自身的运动引起的。用一句数学术语来说：积累量是自变量，工资量是因变量[1]。同样，在工业周期的危机阶段，商品价格的普遍降低表现为货币

[1] 自变量是数学名词。在数学中，$y=f(x)$。任何一个系统（或模型）都是由各种变量构成的，当我们分析这些系统（或模型）时，可以选择研究其中一些变量对另一些变量的影响，而我们选择的这些变量就称为自变量；在函数关系式中，某特定的数会随一个（或几个）变动的数的变动而变动，即因变量。因变量是因为自变量的变化而产生的现象变化或结果。

□ 商量对策

劳动力的买卖不仅是资本主义生产过程的要素和前提，而且也是它的经常结果。一方面，工人的产品不断地转化为商品；另一方面，工人不断地像进入生产过程时那样走出这个过程，没有任何生产资料，只有他唯一的商品——劳动力。一旦经济有了风吹草动，工人就只能在贫困线上挣扎。图中，处于经济萧条时期的资本家正在商量对策，他们的决定将影响一些工人的命运。

相对价值的提高，而在繁荣阶段，前者的提高则表现为后者的降低。

作为所谓“自然人口规律”基础的资本主义生产规律，可以作这样一个简单的归纳：资本、积累同工资率之间的关系，不过是转化为资本的无酬劳动和为推动追加资本而必需的追加劳动之间的关系。因此，资本量和工人人数，绝不是两个彼此独立的量。相反，这只是同一工人所提供的无酬劳动和有酬劳动之间的关系。如果这个由工人阶级提供而由资产阶级积累的无酬劳动量增长得十分迅速，以至于只有极力追加有酬劳动才能转化为资本，那么，工资就会提高，而在其他条件不变的情况下，无酬劳动就会相应减少。但是，一旦这种减少达到某一定点，致使滋养资本的剩余劳动不再有正常数量的供应时，反作用就会发生，即收入中作为资本的那部分就会减少，积累削弱，工资就会下降。可见，劳动价格的提高被限制在一定的界限内。

被神秘化的资本主义积累规律，实际上只是资本主义积累的本质绝不允许劳动剥削程度的降低或劳动价格的提高，危及到资本关系的不断再生产和规模不断扩大的再生产。在资本主义生产方式下，物质财富不是为工人的发展需要而存在，相反，是工人为现有价值的增殖需要而存在。正如人在宗教中受本身头脑中的产物支配一样，在资本主义生产方式中，他受到自己双手所创造的产物的支配。

在积累的进程中资本的可变部分相对减少

经济学家普遍认为，引起工资上涨的原因，既不是社会现有的财富量，也不是已经取得的资本量，而是资本积累的不断增长及其增长速度。

如果撇开土地肥力等自然条件与单个劳动者独立生产的技能水平，那么社会劳动生产率的高低就表现为一个工人在一定的时间内，以同样的劳动强度消耗的生产资料的相对量。工人劳动时所需要的生产资料的量，随着他们劳动生产率的提高而提高。这些生产资料的作用具有双重性：一些生产资料的增长是劳动生产率增长的结果，另一些生产资料的增长又是劳动生产率提高的条件。无论条件还是结果，只要生产资料的量比并入生产资料的劳动力的量大，就表示劳动生产率在提高。

生产资料的量比推动它的劳动力的量相对增长，是资本的技术构成的一个变化，而这一变化又体现在资本的价值构成上，即资本价值的不变部分靠减少资本的可变部分的量而增长。但是，资本的可变部分比不变部分相对减少，只是近似地表示出资本的物质组成部分构成上的变化。不变资本与可变资本之间差额的增大，与前者转化成的生产资料的量和后者转化成的劳动力的量之间的差额相比，要慢得多。随着后一个差额的增长，前一个差额也随之增长，只是增长的幅度要小得多。

然而，积累的增长虽然使资本的可变部分的相对量减小，但绝不排斥它绝对量的增加。例如，资本价值中最初的不变资本和可变资本相同，各占50%，后来变成80%的不变资本和20%的可变资本。如果原有资本在此期间由原来的6 000镑增加到18 000镑，那么，它的可变部分也要增加1/5，从原来的3 000镑增长到现在的3 600镑。

在商品生产中，生产资料归私人所有，所以劳动者要么分散地，要么独立地生产商品，或者是将自身的劳动力当作商品出卖。单个商品生产者手中所积累的一定程度的资本，是特殊的资本主义生产方式的前提，所以在从手工业向资本主义的过渡阶段，我们必须假定存在着这种积累。我们可以把这种积累

□ **利润和野心**

资本主义所确立的“金钱至上”和贪婪且不择手段地追逐金钱的意识形态和制度模式，打破了人们的信仰和道德基础，把人变成了金钱的奴隶。图中，船上坐着一群加拿大的皮毛商人，虽然河水湍急，危机四伏，但对利润的追求让他们无所畏惧。

称为原始积累，因为它不是特殊的资本主义生产历史的结果，而是这种生产历史的基础。在此基础上所产生的一切提高社会劳动生产力的方法，同时也是提高剩余价值或剩余产品的生产方法，因为剩余价值或剩余产品是资本积累的来源和基础，所以，这些方法也是加速资本积累的方法。剩余价值不断再转化成资本，引起进入生产过程的资本量不断增长，这种增长又引起生产规模的不断扩大，成为随后出现的提高劳动生产力和加速剩余价值生产方法的基础。由此可见，一定程度的资本积累表现为特殊的资本主义的生产方式和条件，而这种方式又加速了资本的积累，所以，特殊的资本主义的生产方式随着资本的积累而发展，资本的积累又随着这种特殊的方式而发展。由于这种相互推动的关系，引起了资本技术构成的变化，从而使资本的可变部分与不变部分相比越来越少。

相对过剩人口的形成

资本积累最初只是表现为量的增加，但随着积累的不断扩大，资本构成也不断变化。而这种变化，是通过减少可变资本来增加不变资本才得以实现。在资本主义生产方式下，随着劳动生产力的发展，资本有机构成也不断发生变化。一般说来，资本有机构成的提高要快于资本的积累和社会财富的增长，因为随着科学技术的进步，不变资本和可变资本的比例也会随之变化。而社会对劳动力的需求，便是由可变资本的大小来决定的。这样，可变资本就会随着总资本的增长而递减，从而社会对劳动力的需求也必然相对地减少。当然，随着总资本的扩大，劳动力的绝对量也会增加，但增加的比例将越来越小。然而，可变资本随着总资本的增长而相对减少，并且减少的速度快于总资本增长这一事实，在资本主义社会却表现为一种相反现象：似乎工人人口的增长总是快于工人就业手段的增长。事实上，资本积累按其能力和规模，总是不断地生产出相对过剩人口。

从社会总资本的角度考察，资本积累运动时而引起周期性变化，时而将各个因素分布在不同的生产部门。在某些生产部门，由于单纯的集中，尽管资本的构成发生变化，但绝对量并未增加；有些生产部门则是资本的绝对增长与劳动力的绝对减少同时并存；还有一些生产部门，资本时而在原本的构成上持续增长，并按其比例来追加劳动力，时而又改变它的构成，并以此来排斥工人。但是，不管怎样的生产部门，可变资本的增长以及就业人数的增长，总是与过剩人口的形成与变化结合在一起。随着资本积累的增长、生产规模的扩大和工人人数的增加以及资本主义社会劳动生产力的发展和社会财富的增长，资本对工人既吸引又排斥的规模也不断扩大，资本有机构成的提高与技术构成的变化速度也将加快，而那些或同时或交替地卷入这些变化的生产部门的数量也会不断增加。因此，工人在生产出资本积累的同时，还以日益扩大的规模生产出使自己成为相对过剩人口的手段。这就是相对过剩人口的规律。

相对过剩人口是资本积累或资本主义财富发展的必然产物。同时，这种人口反过来又是资本积累的杠杆，成为资本主义生产方式存在的一个条件，因为相对过剩人口形成了一支可供支配的后备军，它绝对地隶属于资本。产业不受人口实际增长的限制，并且将为不断变化的资本增殖需要创造出更多可供剥削的雇佣劳动者。另外，相对过剩人口的存在对资本主义生产方式也有着极为重要的影响。一方面，相对过剩人口的存在会对在业工人造成极大的压力，迫使他们不得不过度劳动并忍受资本家的摆布；另一方面，一部分工人从事过度的劳动会导致另一部分工人无事可做，相反，无事可做的工人又会导致另一部分工人过度劳动。所以，相对过剩人口的存在，在成了资本家们致富手段的同时，也在一定规模上加速了产业后备军的产生。

相对过剩人口的存在形式

相对过剩人口是形形色色的，半失业与全失业工人都属于相对过剩人口。除工业周期阶段的更替使相对过剩人口具有周期反复的形式外，通常情况下，相对过剩人口表现为三种形式：流动形式、潜在形式以及停滞形式。

流动形式的相对过剩人口，主要出现在现代工业中心。在这些工业中心，无论是大工厂还是工厂手工业，都只雇佣一定年龄段的工人，不符合条件的工人就只有流落街头。其次，资本家在经济繁荣时会雇佣工人，而萧条时便将工人解雇，由于工人时而被吸收，时而被排挤，虽然从总体上看，工人就业人数是增加的，但增加的比率同生产的规模相比却不断缩小，这就使过剩人口处于一种流动的形式。

潜在形式的相对过剩人口，是指那些因为农业发展而出现的过剩人口。农业一旦被资本主义的生产方式所占领，随着资本的积累和有机构成的提高，对农业工人人口的需求就会绝对地减少，大批农业工人被永久性排挤。被排挤出来的农业工人不会像工业工人那样还有被重新吸收的可能，他们只能等待和准备转入城

□ 精打细算的债主

资本主义的人生观、价值观的核心是私有观念。对金钱的追逐和贪婪成为资本主义社会的普遍信条，金钱拜物教是资本主义社会的最高信仰。由于金钱至上的社会效应的膨胀和蔓延，人们对金钱的追逐势必走向疯狂。图中，一位富商正在称量他的金币。

市。这种形式为资本家提供了一个长流不息的劳动力源泉，但他们只有在工业需要劳动力时才能流入城市。因此，这些农业工人的工资被压到最低限度，他们总是有一只脚陷在等待救济的泥潭里。

停滞形式的相对过剩人口，是现役劳动大军中的一部分，但就业极不规则。因此，他们为资本提供了一个储存劳动力的蓄水池。这种过剩人口的主要来源是：大工业和农业的失业者、破产的手工业者以及倒闭的工场手工业工人。他们的生活状况在工人阶级平均正常水平以下，其特点是劳动时间最长，工资最低。

最后，陷入最底层的相对过剩人口是需要救济的赤贫阶层。这个阶层又分为三类：第一类是有劳动能力但无固定职业的工人；第二类是候补劳动者，即孤儿和需要救济的贫民子女；第三类是丧失了劳动能力的无家可归者，主要有因分工而被淘汰的工人、老年人及残疾人。

总之，资本的积累，一方面使社会财富越来越集中于少数资本家手中，另一方面则使相对过剩人口大量存在，从而使创造社会财富的工人阶级陷入贫困之中，社会地位和生活状况也日趋恶化。所以，社会积累的资本越大，它的增长规模就越大，而无产阶级的绝对数量即产业后备军也越大。由于可供支配的劳动力和资本都是由同一原因发展起来的，所以产业后备军的数量是与财富的数额同时增长的。与现役劳动大军相比，产业后备军的数量越大，社会的相对过剩人口也就越多。工人的贫困与本身所受的劳动折磨成正比，工人阶级中贫苦阶层和产业后备军越大，需要社会救济的贫民也就越多。这就是资本主义积累的一般规律。

由于社会劳动生产率的提高，只需花费极少的人力就可以推动越来越多的劳动资料。这个规律在不是工人使用劳动资料，而是劳动资料使用工人的资本主义的基础上表现为：劳动生产率越高，工人对自己的就业手段越有压力，因而他们自身的生存条件就越没有保障。所以，生产资料和劳动生产率比生产人口更快增长这一事实，在资本主义社会却完全相反：工人人口总是比资本的增殖需要增长得快。

在资本主义体系内部，一切提高社会劳动生产力的方法都是靠牺牲工人来实现的，一切发展生产的手段也都变成了统治和剥削生产的手段，这些手段使工人成为畸形的人、局部的人。不管工人的报酬是高是低，他们的生存状况必然随着资本的积累而日趋恶化，最后，使相对过剩人口或产业后备军同积累的规模和能力始终保持平衡的规律，把工人死死地钉在资本上，比将普罗米修斯[1]钉在岩石上还要牢固。这一规律制约着与资本积累相适应的贫困积累。因此，一边是财富的积累和资本家穷奢极欲的生活，另一边却是工人阶级贫困、受折磨、受奴役、无知、野蛮和道德的堕落。

---

[1] 普罗米修斯：（古希腊语：Π ρ ο μ η θ ε ύς）希腊神话中泰坦神族的神明之一，名字意为"先见之明"(forethought)。他是地母盖亚与天父乌拉赫斯之子伊阿佩托斯与克吕墨涅的儿子。宙斯禁止人类用火，他却帮助人类从奥林匹斯偷取了火种，因此而触怒宙斯。宙斯将他锁在高加索山的悬崖上，每天派一只鹰去吃他的肝，又让他的肝每天重新长上。

资本的原始积累

资本积累以剩余价值为前提，而剩余价值又以资本积累为前提，这整个运动过程似乎是一个恶性循环。为了摆脱这个循环，我们只有假定在资本主义积累之前有一种“原始”积累，这种积累不是资本主义生产方式的结果，而是它的起点。

原始积累的秘密

这种原始积累在政治经济学中所起的作用，与原罪在神学中所起的作用几乎一样。人们在解释这种原始积累时，就像在谈一段过去的奇闻轶事：在很久很久以前，有两种人，一种勤劳、聪明、节俭，是社会的中坚力量，另一种则是好吃懒做、倾家荡产的无赖汉。随着时间的累积，前者积累了财富，后者却穷得除了自己的劳动力以外没有任何可以出卖的东西。然而，少数人的富有和大多数人的贫穷，正是从这种情况开始的。后一种人无论怎样劳动，他所拥有的除了自身的劳动力外仍空无一物；前一种虽然早已不直接劳动，但他的财富却不断增加。

货币与商品最初并不是资本，它们与生产资料和生活资料一样，都是需要转化的。而这种转化需要一定的条件：两种极不相同的商品的所有者互相对立并发生接触，一方是货币、生产资料和生活资料的所有者，他们需要购买他人的劳动力来增殖自身资本的价值；另一方是自由劳动者，即劳动力的出卖者。自由劳动者具有双重意义：他们既不像奴隶、农奴那样，被直接视为生产资料，也不像自耕农那样拥有一定的生产资料，相反，他们同生产资料完全分离，并因脱离生产资料而获得自由。商品市场的这种两极分化，为形成资本主义创造了基本条件。资本关系的产生以劳动者同生产资料的分离为前提。因此，资本主义生产关系建立的过程，就是劳动者和他的劳动条件的所有权分离的过程。这个过程一方面使资本家将生产资料和生活资料转化为资本，一方面使直接劳动者转化为雇佣工人。因此，原始积累的实质，就是劳动者和生产资料相分离的历史过程。由于这一过程发生在资本主义生产方式完全确立之前，所以称为资本的原始积累。

资本主义社会的经济结构是从封建社会的经济结构中产生的，封建社会的解

□ 掘地运动

资本的原始积累导致了英国的长期内战。1649年4月，一群自称掘地者的贫苦农民在伦敦附近的乔治山开垦荒地，过着一同劳动、吃饭的生活。不久，各地响应掘地者号召的人多达数千。掘地运动引起了资产阶级和新贵族的恐慌，他们要求政府将这些掘地者予以驱逐。图中，一群贫苦农民正在掘地，他们是资本原始积累的间接受害者。

体使资本主义社会得到解放。

只有当自身不再束缚于土地，不再隶属于他人之时，直接生产者、劳动者才能支配自己。而他们要成为劳动力的自由出卖者，就必须能将自己的商品带到任何一个市场中去。其次，他还必须摆脱行会的控制和学徒帮工制度以及对劳动的约束性规定。

生产者转化为雇佣工人的历史，一方面表现为生产者从隶属地位和行会束缚下解放出来；另一方面，被解放的生产者只有在旧封建制度给予他们的一切生存保障和生产资料被剥夺之后，才能成为他们自身的出卖者。而这种残酷的剥夺历史，早已被血与火的文字载入了人类编年史。

作为新权贵的工业资本家，不仅要排挤行会的手工业者，还要排挤占有财富源泉的封建主。从这一方面来说，他们的兴起是战胜了封建势力和封建特权的结果，也是战胜了行会对生产的自由发展和人对人的自由剥削所加的束缚的结果。但是，工业资本家之所以能够挤掉封建主，是因为他们利用了与自己毫不相干的事件。他们借以兴起的手段来实现自己的目的，这与古罗马被释放的奴隶最后翻身成为主人所使用的手段一样卑鄙。

劳动者处于奴役状态是产生雇佣工人的起点，也是资本家发展过程的起点。而这一发展过程是这种奴役状态的形式变换，即由封建剥削变为资本主义剥削。要了解资本家的发展过程，无须追溯太远。因为14和15世纪地中海沿岸的某些城市已经稀疏地出现了资本主义生产的最初萌芽，但进入资本主义时代却是从16世纪才开始的。当这个时代来到，农奴制早已废除，主权城市也早已衰落。

在原始积累的历史进程中，凡是对资产阶级的形成起过推动作用的一切变革，都是历史上划时代的事件，但首要的原因是：大量的人突然被强制与自身的生存资料相分离。这些被剥夺了生存资料的人，便被当作不受法律保护的无产者抛向劳动市场。而对农民土地的剥夺，是资本家全部发展过程的基础。这种剥夺的历史在不同的国家带有不同的色彩，并按照各自不同的顺序，在不同的历史时代经历不同的阶段。

对农村居民土地的剥夺

在英国，农奴制度[1]实际上在14世纪末期就不复存在了。到了15世纪，绝大多数人口已经是自由的自耕农，尽管他们的所有权还打着封建制度的烙印。在较大的封建领地上，那些农奴出身的管事，最终依然免不了被自由的租地农场主排挤掉。农业中的雇佣工人包括两种人：一种是农民，他们利用空闲时间为大土地所有者做工；一种是真正独立的雇佣工人，他们不管是从相对还是绝对的方面来说人数都不多，甚至还有一部分是自耕农，因为他们除了得到工资，还可以分得4英亩或更多一些的耕地和小屋。另外，他们还与真正的农民一起共同利用公有地，在公有地上放牧自己的牲畜，并取得木材、泥炭等燃料。在欧洲，所有国家封建生产的特点都是将土地分给尽可能多的臣属。同所有君主的权力一样，封建主的权力不是由地租的多少来决定，而是由自耕农的人数决定的。因此，虽然英国的土地在诺曼人入侵后分为广阔的男爵领地，而一个男爵领地往往就包括900个盎格鲁-撒克逊[2]旧领地，但英国的小农户仍然遍布全国，较大的封建领地只是

---

[1] 农奴制度：是一种封建社会中封建领主在其领地上建立起来的剥削奴役农奴的经济制度，故又名封建领主制。在这种制度下，少数封建领主或农奴主占有土地、山林、草原和河流等绝大部分生产资料，并部分地占有农奴；农奴从农奴主手中分得一块份地，作为代价，他们必须无偿耕种领主土地，服各种劳役，并上缴大部分劳动产品。农奴制的基本特征是农奴被束缚在土地上，不得不依附于农奴主。而农奴主则利用这种人身依附关系，对农奴实行超经济的强制剥削。农奴制的地租形式主要是劳役地租，辅以少量的实物地租和货币地租。

[2] 盎格鲁-撒克逊（Anglo-Saxon）：由盎格鲁（Angles）和撒克逊（Saxons）两个民族结合而成的民族，是一个集合用语，通常用来形容5世纪初到1066年诺曼征服之间，生活于大不列颠东部和南部地区，在语言、种族上相近的民族。

在国内的部分地方出现。

15世纪末16世纪初，资本主义生产方式的变革序幕被拉开。由于封建家臣的解散，无产者不受法律保护，他们被大量地抛向劳动市场。资产阶级为夺取王权，用暴力加速了封建家臣的解散，但王权绝不是无产者被抛向劳动市场的唯一原因。同资产阶级顽强对抗的大封建主，将农民从土地上赶走，并夺去他们的公有地，由此造成了不计其数的无产阶级。而在英国，特别是弗兰德毛纺织工场手工业的繁荣，以及由此而引起的羊毛价格上涨，对这件事起了直接的推动作用。大规模的封建战争消灭了旧的封建贵族，而新的封建贵族则是资产阶级时代的“儿子”。在这一时代，货币是一切权力的权力，因而把耕地变为牧羊场就成了资产阶级的口号。哈里逊在其著作《英国概述》中，描述了对小农的剥夺给国家造成的巨大破坏。他写道：“我们的大掠夺者什么也不在乎，农民的住房和工人的小屋被强行拆除，或者任其坍毁。”“我们将每一个骑士领地的旧财产清单拿来对照一下，就会发现无数的房屋和小农户消失了。现在，土地供养的人口越来越少了，虽有一些新的城市繁荣起来，但仍有许多城市衰落了……城市和乡村为了做牧羊场而被毁坏，只有领主的房屋被保留下来。”这些编年史家的抱怨虽有些夸大其词，但他们却准确地描绘了生产关系的革命给当时的人们造成的后果。

□ **羊吃人的运动**

资本原始积累的历史，是一部血泪史。15世纪末，英国毛纺织业迅速发展，使牧羊业有利可图。于是，贵族侵占大量公有土地和农民的耕地，并用壕沟马栅栏将其圈起来，雇少量工人放牧羊群。大量失去土地的农民沦为流浪者。因此，圈地运动又被称为“羊吃人的运动”。

资产阶级的立法使生产方式的变革有些突兀。因为资产阶级的立法还没有达到这样一种文明程度：即把“国民财富”，也就是资本的形成、资本对人民群众的残酷剥削以及人民群众的贫困化当作全部国策的极限。培根在他的《亨利七世执政史》中写道：“1489年，越来越多的人在抱怨，耕地变成了只需少数牧人就可以照管的牧场。定期租地、终身租地和年度租地几乎全变成了领地，而许多自耕农都是依靠年度租地生活，人民开始衰落，城市、教会也开始衰落，但是，国

□ 被围困的自耕农

英国自耕农的消失促进了英国资本主义的发展，为资本主义提供了劳动力和市场，为后来的工业革命准备了条件，但对农民来说，失去土地是一场灾难。图中，在一名自耕农的前方是日渐繁华的贸易港口，这表示资本主义商业对自耕农的蚕食在一步步紧逼。

王及当时的议会所采取的治理措施所表现出的智慧是值得赞叹的，他们采取了一些措施来制止对公有土地灭绝人性的掠夺以及随之而来的对牧场的扩张。”

1489年，英国亨利七世颁布的第19号法令规定：禁止拆毁附有20英亩土地以上的农民房屋。25年后，在亨利八世颁布的法令中，又重申了这条法律。其中写道：“由于许多租地与大的牲畜群，特别是大羊群，都集中在少数人手中，因此，地租飞涨、耕地荒芜、教堂和房屋被毁，无力养家糊口的人比比皆是。”因此，法律规定重建那些已经荒废的农场，并重新制定了耕地和牧场的比例。1533年的一项法令鉴于不少所有者拥有24 000只羊，便限定个人所拥有的羊不得超过2 000只。但是，自亨利七世以来的150年中，相继颁布的禁止剥夺农民的法律都毫无成效。而导致它们毫无成效的原因，培根已经透露给我们了。他在《文明与道德论文集》第29节中写道：“亨利七世的法令是经过深思熟虑并值得赞赏的，因为它为农场和农舍的建立制定了一定的标准，也就是说，它为农场和农舍保留了一定数量的土地，这样，它们就能为国家提供相当富裕的、不是处于奴隶地位的臣民，并能使耕犁掌握在有产者手中，而不是雇工手中。”

但是资本主义制度，却要求人民群众处于奴隶的地位。资产阶级野蛮地掠夺人民群众的土地，并将失去土地的人转化为雇工，从而使自身的劳动资料转化为资本。在这一过渡时期，英国政府也曾立法试图使农业雇佣工人的小屋保留 4 英亩土地，但禁止他们以自己的小屋招揽房客。1627年，查理一世时期，丰特米尔的罗吉尔·克罗克在丰特米尔的领地上修建一座小屋时，由于没有划拨出 4 英亩土地作为小屋的永久附属物而被判有罪。

1638年，查理一世还任命一个皇家委员会来监督旧法律的实施，特别是4英亩土地法律的实施。在克伦威尔时期，他还禁止在伦敦周围4英里的地区内修建未附有4英亩土地的房屋。18世纪上半叶，如果农业工人的小屋未附有1～2英亩土地，他还会到法院去控告。但是现在，如果小屋附有一个小园子，或者在远离小屋的地方能租到极少的土地，那就是很幸运的事了。

16世纪，随着宗教改革和对教会地产的大规模盗窃，暴力剥夺人民群众土地的事件不断发生。在宗教改革时期，作为封建所有者的天主教会，在英国占有相当多的土地。资产阶级不断对修道院进行迫害，将住在里面的人大批地抛进了无产者的人群中，再把大量的教会地产送给贪得无厌的国王宠臣，或者将它们极廉价地卖给投机的租地农场主和市民，这些教会地产的占有者将旧的世袭佃户大批地赶走，把他们耕种的土地集中在一起。而法律赋予贫苦农民对教会的什一税的所有权，也被暗中取消。

17世纪后期，自耕农即独立农民比租地农民阶级的人数还要多，他们曾经是克伦威尔时代的主要革命力量。这个时期，农业雇佣工人仍然是公有土地的共有者。大约在1750年，自耕农被消灭。18世纪后期，坚持到最后的农民公有地也被消灭了。这里我们不谈农业革命的纯经济原因，只研究资产阶级采用的暴力手段。

在斯图亚特王朝[1]复辟时期，土地所有者通过立法的形式来实行掠夺，而这种掠夺在欧洲大陆其他国家是不需要经过立法手续就可以直接完成的。资产阶级取消了封建土地制度，使土地脱离了对国家的贡赋，他们通过采取对农民和其他人民群众课税的方式来对国家进行“补偿”。由于他们对地产只有封建所有权，因此，他们要求对地产实行现代私有权，最后，他们强制实行定居法。这些掠夺者开辟了一个新时代，他们将以前对国有土地有节度的盗窃推向了一个空前的规模，土地被赠送、被极其廉价地卖出，或者直接被掠夺而合并到私人地产中去。但这一切都是在无视法律法规的情况下完成的。用这种欺骗方法攫取的国有土地和教会地产，历经共和革命，却没有再度易手，从而成为现今英国寡头政治贵族领地的构成基础。城市资本家鼓励这种做法，其目的是要把土地变为纯粹的

---

[1] 斯图亚特王朝：14世纪初，斯图亚特家族开始统治苏格兰，1603年，英国都铎王朝末代女王伊丽莎白一世死后，斯图亚特家族后裔詹姆士六世继承英国王位，成为英王詹姆士一世，从此，斯图亚特王朝开始统治英国。1649年英国资产阶级处死了詹姆士的继承者查理一世，推翻了斯图亚特王朝的统治。英国宣布成立资产阶级共和国，由克伦威尔统治。但由于克伦威尔实行独裁统治，其死后政局混乱。1660年，查理二世继位，斯图亚特王朝复辟。

商品，以扩大农业的生产规模和范围，增加来自农村的不受法律保护的无产者的供给。

对公有地的暴力掠夺大都伴随着变耕地为牧场的现象，它从15世纪末开始，一直延续到16世纪。但在当时，这一过程始终是以个人的暴力行为来进行的，法律曾同这种暴力行为斗争了150年却毫无效果。到了18世纪，社会有了很大的进步，但这种进步则表现为，法律本身成了掠夺人民土地的工具。大租地农场主利用议会形式制定的“公有地圈围法”，是以法律的形式把掠夺人民土地的行为合法化。换句话说，这是地主借以把人民的土地当作私有财产赠送给自己的法令，也是一个剥夺人民土地的法令。它对国有土地的肆意掠夺，特别是对公有土地的巧取豪夺，促使大租地农场在18世纪不断增长，农村居民被迫变成无产阶级，从土地上“游离”出来投向工业。

但是，对于资产阶级掠夺人民土地的各种手段和行为，18世纪的人不可能像19世纪的人那样清楚地意识到国民财富[1]与人民贫困是同一回事。因此，在当时的经济著作中，就有许多关于“公有地的圈围”的论战，这些论战十分激烈。下面材料中的几段话可以说明当时的情况。

在论战中，有一位作者愤慨地写道：

“在哈特福郡的许多教区，有24个平均占地50～150英亩的租地农场被强行合并为3个租地农场。在北安普顿郡和林肯郡，圈围公有土地的做法十分流行，因圈地而形成的新领地大部分都变成了牧场。现在的领地中，许多领地的耕地面积还不到50英亩，而过去这些领地曾有1 500英亩……过去的住宅、谷仓、马厩等变成的废墟是以往居民留下的唯一痕迹。

“在一些地方，100 所房屋和家庭已经减少到 8 所或 10 所，在 15 年或 20 年前才开始圈地的教区，土地所有者的数量比以前耕种开放地的农民人数要少得多。往往会出现这样的情况——四五个富有的畜牧业主就可以侵吞不久前圈围的大片领地，而这些土地以前是在二三十个租地农民和其他居民的手里。土地被圈围后，这些人及其家属，从他们自己的土地上被赶走，而同他们一起被赶走的，还有替

[1] 国民财富：国家（地区）一定时间内所拥有的全部物质资料，包括国民财产和自然资源两部分。国民财产是历年劳动产品的积累，在存在形态上又可分为固定资产、流动资产、金融资产三部分。自然资源是自然界的产物，如土地、森林、矿产、水等资源，它们不是人类劳动的产物。

他们做工以维持生活的许多农户人家。”

资产阶级掠夺教会地产，欺骗性地盗窃国有土地和公共用地，以残暴的手段将封建财产变为现代私有财产，这些都是资本主义原始积累的方法。这些方法为资本主义农业夺得了地盘，并将土地与资本合并，从而为城市工业提供了大量不受法律保护的无产阶级。

惩治被剥夺者的血腥立法

那些因封建家臣被解散和土地遭到暴力剥夺而被驱逐的人，他们是不受法律保护的无产阶级，不可能快速地被新兴的工场手工业所接纳。同时，这些人因突然被抛离原本的生活轨道，也无法马上就适应新的法规。因此，他们中的大部分变成了乞丐、强盗和流浪者，除了一部分是天性使然外，大多数人都是因环境所迫。在15世纪末以及整个16世纪，整个西欧都颁布了惩治流浪者的相关法律。现代工人阶级的祖先，在当时曾因被迫变为流浪者和贫民而遭到惩罚。法律的制定者们把他们看成是“自愿的”罪犯，因为只要他们愿意，就可以继续在已经不存在的旧的劳动条件下劳动。

英国惩治流浪者的法律是在亨利七世时开始制定的。

在亨利八世期间，法律允许年老和无劳动能力的人行乞，但禁止身强力壮者行乞，违者将遭到鞭打和监禁。在亨利八世二十七年，又一次重申了以前的法令，但加入了一些更严厉的惩罚条款。比如，一个流浪者第二次被捕，不仅要受更残酷的鞭打，还要被割去半只耳朵；如果第三次因行乞被捕，就会被当成重犯和社会公敌而处以死刑。

爱德华六世在即位的第一年便颁布了相关法令，规定若因拒绝劳动而被他人告发，就会被判为告发者的奴隶。任何人都有权将流浪者的孩子领去当学徒，男子要当到24岁，女子则当到20岁为止。

伊丽莎白执政时期，颁布了这样的法令：14岁以上没有获得行乞许可的乞丐，如果没人愿意使用他两年，就要遭到严酷的鞭打，并在左耳打下烙印；如果有人再次行乞且年龄超过18岁，还是无人愿意使用他两年，就会被处以死刑；如果还有第三次，就会立即以叛国罪处死。

詹姆斯一世时期，法律宣布游手好闲和行乞的人为流浪者，法庭的治安法官可以当众鞭打他们。对于不可救药的流浪者，不仅要在其左肩上烙上R字样的烙印，还要强制其从事劳动。如果再度在行乞时被捕，就会毫不留情地被处死。

这些被暴力剥夺了土地并被驱逐出来而变成流浪者的乡村居民，在法律的欺凌之下，在经过鞭打、烙印和各种酷刑之后，被迫接受了雇佣劳动制度下的法规。

租地农场主的产生

在考察了不受法律保护的无产者的产生过程和使他们转变成雇佣工人的血腥的法规，以及各国用警察等暴力手段加强对劳动的剥削程度来加速资本的积累之后，现在我们应思考：对农村土地居民的剥夺让大量的土地归一人所有，并没有产生资本家，那么资本家最初是怎样产生的呢？

在英国，最早的租地农场主是管事。他们本身也是农奴，地位和古罗马的斐力卡斯相似，但活动的范围相对较窄。在14世纪下半叶，管事被租地农民所替代。这种租地农民的地位与农民的区别并不大，但他开始剥削雇佣劳动。不久之后，这些农民就成为半租地农场主，农业资本的一部分由他们自己筹集，其余部分由地主提供，双方按合同分配劳动收成。不过，这种形式在英国只是昙花一现，取而代之的是真正意义上的租地农场主，他通过雇佣劳动力来增殖自己的资本，并把剩余产品按一定比例，以货币或实物的方式交给地方地主。

在15世纪，当纯粹的农民和那些既当雇工又独自耕作的雇农靠自己的劳动致富的时候，租地农场主的境况只能说是中等。在15世纪末期及整个16世纪所进行的农业革命，在使大量的农村居民破产的同时，也使租地农场主获得了大量的财富。对公有牧场的掠夺，让租地农场主不费吹灰之力就获得了大量的牲畜，这些牲畜又为土地的耕作提供了大量的肥料。

在16世纪，又一个具有决定意义的因素产生了。在当时，租约的期限往往长达99年。贵金属价值的下降引起货币价值也随之下降，这让租地农场主获得了大量的意外之财，而雇佣工人的工资却随之降低，其工资的一部分变成了租地农场主的利润。一切农产品，如谷物、羊毛、肉类的价格不停地上涨，这让租地农场主再一次毫不费力就增大了自己的货币资本，而他所支付的地租，却是按签订的契约上的货币价值支付。由此可见，租地农场主的致富渠道有两条，一是牺牲雇佣工人的利益，二是牺牲地主的利益。因此，对于英国在16世纪末出现的一个在当时非常富有的“资本主义租地农场主”阶级，是不足为奇的。

工业资本国内市场的形成

对农民断断续续、不断重复的剥夺和驱逐，造成了大批完全处于城市行会关系之外的无产者，这些无产者不断地输入到城市工业中。在农村，虽然种地的人数大为减少，但是土地的产出和过去相比无多大区别，甚至比过去更多，因为和土地所有权关系革命相伴而来的，是耕种方法的改进、协作生产的扩大、生产资料的集聚等等。农业雇佣工人在租地农场主的压迫下提高了劳动的强度，而为自身进行劳动的生产范围越来越小。随着一部分农村居民的游离，他们以前的生产资料也被剥离出来变成可变资本的物质要素。这些被驱逐的农村居民只好从自己的新主人，也就是工业资本家那里，以工资的形式挣得这些生活资料的价值。与生活资料的情况相同，国内农业生产的工业原料也成为了不变资本的一个要素。

一部分农村居民被剥夺和被驱逐，不仅为工业资本提供了工人劳动力、生产资料和劳动资料，同时还建立了国内市场。在以前，农民家庭生产和加工绝大多数供自己消费的生活资料和原料，而如今，这些东西都被当成商品被大租地农场主在手工工场出售。在以前，纱、麻布、粗毛制品都是农民家庭生产出来供自己消费的，如今它们却成了工场手工业的产品，被销往农村。以前由于大量小生产者独自经营而造成的分散各地的众多买主，现在集中为一个由工业资本供应的巨大的市场。随着以前自耕农的被剥夺以及他们与自己生活资料的分离，农村副业逐渐消失，工场手工业与农业正式分离。只有将农村家庭手工业全部消灭，才能为资本主义的发展提供广阔而又稳定的国内产品市场。

但是，真正的工场手工业时期并未引起根本性的变革。我们知道，工场手工业在整个国民生产中只占很小的一部分，它一直以城市

□ 被训斥的学徒

随着生产的发展，一些小行会师傅和众多的个体小手工业者成为了最初的小资本家。他们不断加强对雇佣劳动者的剥削，以积累更多的资本。为此，他们开始录用学徒工。学徒本是封建社会的一种剥削形式，在资本主义企业中被保存了下来。资本家招收童工，多少还要支付工资，而招收学徒工，除供给一些饭食和零用之外，根本不付工资。图中，一名学徒正被喝得醉醺醺的雇主训斥。

手工业和农村家庭副业为背景。在某种形式下，某些工业部门中以及某些地方，工场手工业消灭了城市手工业和农村家庭副业，但在其他地方它又让它们再次出现，因为它们可以为工场手工业提供已经加工到一定程度的劳动资料。因此，工场手工业产生了这样一个小农阶级：他们以种地为副业，以工业劳动为主业，将产品直接或间接地卖给手工工场主。

研究英国历史可以发现，从15世纪六七十年代起，资本主义经济在农村蓬勃发展，农民日益被消灭；另一方面，虽然农民的处境日益恶化、人数也在不断减少，但新的农民仍旧不断出现。因为在历史上英国的农业有时以种植谷物为主，有时又以放牧为主，因而农民的生产范围也跟着变化。只有机器化大工业才为资本主义农业提供了牢固的基础，彻底地剥夺了大多数的农村居民，使农业和农村家庭手工业彻底分离，铲除了农村家庭手工业的根本——纺纱和织布。到此时，它才为工业资本征服了整个国内市场。

工业资本家的产生

工业资本家的产生不像租地农场主的产生那样具有过程性，它是逐渐产生的。毋庸置疑，一些小行会师傅和众多的个体小手工业者，甚至是雇佣工人，成为了最初的小资本家。后来，由于不断扩大对雇佣劳动的剥削和相应的积累，这些小资本家逐渐成为了名符其实的大资本家。在中世纪城市的幼年时期，农奴从耕地上逃跑时间的先后多半决定了他们中哪些成为主人，哪些沦为仆人。这种情形在资本主义生产的幼年时期也经常出现。但是这种发展速度慢如蜗牛，无论如何也无法满足15世纪末地理大发现所开辟的新的世界市场的贸易需求。在中世纪，留下了两种不同形式的资本，它们是在极不相同的经济形态中成熟起来的，并在资本主义生产方式形成之前，就已经被当成了资本，它们就是高利贷资本和商人资本。

高利贷资本和商人资本在转化为货币资本时，曾受到农村封建制度和城市行会制度的极力阻碍。这种障碍随着封建家臣被解散、农村居民被剥夺和一部分被驱逐而消失。在通海港口和不受旧行会制度及旧城市制度控制的内陆地区，新的工场手工业开始大面积建立起来。

美洲金银矿的发现，土著居民遭到残酷迫害，对东印度进行的掠夺和征服以及非洲成为商业性的猎获黑人的场所——这一切都标志着资本主义生产时代的

□ **鸦片战争**

英国资本主义是超越其国界发展的。19世纪上半期，英国经济在工业革命的推动下和生产过剩危机的驱动下向全世界扩张。从欧洲、美洲到非洲、亚洲，从近东到远东，从印度到中国，这股扩张潮流漫过旧殖民体系向新世界涌进。鸦片战争便是这股潮流冲击中国社会掀起的狂澜。

到来。原始积累的不同因素，大体是按时间顺序在西班牙、荷兰、法国和英国进行分配。在英国，这些因素在17世纪末系统地表现为殖民制度、国债制度、现代税收制度和保护关税制度。这些制度一部分是以残酷的暴力为基础，例如殖民制度。但是所有这些制度都利用国家权力，也就是利用集中的、有组织的社会暴力，来大力促进社会生产方式从封建生产方式向资本主义生产方式的转变，并尽可能地缩短转变的时间。暴力是每一个孕育着新社会的旧社会的助产婆，而暴力本身也是一种经济力。

荷兰是17世纪标准的资本主义国家，它经营殖民地的历史为我们展现了一幅忘恩负义、贿赂、残杀的不堪图景。但是，殖民制度极大地促进了贸易和航运的发展，为迅速产生的工场手工业开辟了销售市场，保证了通过对市场的垄断来加速资本的积累。在欧洲以外的殖民地上靠杀戮、掠夺而来的财富，正源源不断地流回宗主国，然后在那里转化为资本。第一个在海外殖民的荷兰，于1648年达到了商业繁荣的顶点。

如今，工业霸权带来商业霸权，而在真正的手工业期间，却是商业霸权带来工业上的优势，所以殖民制度在当时起着决定性的作用，它向全人类宣布：赚钱

□ 荷兰贸易船队

17世纪，荷兰是世界上最强大的海上霸主，被称为“海上马车夫”。这个绰号形象地说明了17世纪的荷兰在商业、海洋和殖民掠夺方面所拥有的霸权。荷兰一度成为欧洲的储蓄和兑换中心，现代人称它为“17世纪的华尔街”。图为17世纪荷兰进行世界贸易的船队。

是人类最终的也是唯一的目的。

公共信用制度即国债制度，产生于中世纪的热那亚和威尼斯，到工场手工业时期开始流行于整个欧洲。殖民制度和它的海外贸易以及商业战争是公共信用制度产生的温室，这就是它最早在荷兰产生的原因。无论是专制国家、立宪国家还是共和国家，国债都会在资本主义的肌体上烙下自己的印痕。在所有国民财富中，唯一被现代人真正共有的部分，就是国债。因此，一个国家的国民负债越多就越富有这一现代理论似乎完全合乎逻辑。随着国债的产生，不可饶恕的罪恶不再表现为是亵渎神灵，而是破坏国债的信用。

作为原始积累最强有力的手段之一，公债就像挥动着一根魔棒，让不生产的货币具有了繁殖力，从而使货币转化为资本，而又不需承担如投资于工业，或投资于高利贷时所历经的劳苦和风险。国家债权人其实并未付出什么，因为他们所贷出的金额变成了容易转化的、可以在手中与同量现金起着相同作用的公债券。于是，那些在政府和国民之间充当中间人的包税者、商人和私营工厂主就成为一种有闲的食利者阶级，每次国债的大部分都成为从天而降的资本落入他们的腰包，使其大发横财。除了这些人，还有股份公司、各种有价证券的交易、证券投机。总之，国债使交易所投机和现代银行统治兴盛起来。

殖民制度、国债、重税、关税保护制度和商业战争等，在真正的工场手工业时期还是嫩芽，而在大工业的幼年时期则迅速成长起来。在大工业时期，工厂大规模掠夺儿童作为童工，就像皇家海军强征水兵一样，强行招收工人。

随着资本主义生产在工场手工业时期的发展，欧洲的社会舆论丢掉了最后一点良心和羞耻心。各个国家都恬不知耻地夸耀积累资本的一切卑鄙行为。

按奥日埃（1820~1889，19世纪法国诗人、剧作家，法国风俗喜剧代表人物）的说法，货币来到人间时其一边脸上带着天生的血斑，那么，对于资本而言，它们到人间，从头到脚，甚至每个毛孔都滴着血和肮脏的东西。

资本主义积累的历史趋势

资本的原始积累，即资本的历史起源，究竟是什么？它既然不是奴隶和农奴直接转化成雇佣工人，因而也就不是简单的形式变换。那么，它就意味着直接生产者被剥夺，也就是说，以自身劳动为基础的私有制被解体。

作为社会所有制、集体所有制的对立物，私有制只有在生产资料属于私人时才存在。但它的性质，却依这些私人是劳动者还是非劳动者而有所不同。

劳动者对生产资料的私有是小生产的基础，而小生产又是发展社会生产和劳动者自由个性的必要条件。当然，这种生产方式在奴隶社会和农奴制度中就已存在。但是，只有在劳动者、农民，以及手工业者成为自身领域的私有者时，它才能得到充分发展，力量才能充分显现，从而获得适当的典型形式。

小生产是以土地及其他生产资料的分散为前提。它既排斥生产资料的积聚，也排斥协作，还排斥内部分工和社会生产力的自由发展。它只与自然产生的社会和生产的界限相容。当它发展到一定程度后，就会产生消灭它自身的物质手段。随着社会生产力的发展，这种生产方式最终会被消灭。它的消失使个人的、分散的生产资料转化为社会的、积聚的生产资料，从而导致多数人的小财产转化为少数人的大财产，广大的农民被剥夺土地、生活资料和劳动工具，这些残酷的掠夺，形成了资本的前史。

资本主义生产方式一旦确立，劳动就将进一步社会化，土地和其他生产资料也将进一步转化为社会使用的公共生产资料，因此，对私有者的进一步剥夺，就会采取新的方式。也就是说，现在要剥夺的已不再是单独个体劳动者，而是多数工人的资本家。

这种剥夺首先是通过资本主义生产关系的内在规律，也就是通过资本集中来进行的。在激烈的竞争中，大资本家不断打垮和吞并中小资本家。随着这种集中和资本家之间的相互剥夺，规模不断扩大的劳动过程的协作形式日益发展，科学技术日益自觉地应用于生产，劳动资料日益转化为只能共同使用的劳动资料，资本主义制度日益国际化并形成世界市场。随着那些掠夺和垄断社会财富的资本巨头的不断减少，随着工人阶级的贫困和受剥削压迫程度的不断加深，日益壮大的工人阶级的反抗力量也不断增长。资本的垄断成了在这种垄断之下繁盛起来的生产方式的桎梏。生产资料的集中和劳动的社会化，已经达到了同它们的资本主义外壳不能相容的境地，于是，资本主义私有制即将衰亡，剥夺者即将被剥夺。

由资本主义生产方式发展而来的资本主义占有方式，即资本主义的私有制，是对以个人劳动为基础的私有制的第一个否定。而资本主义生产的必然性，又造成了对自身的否定。但这种否定不是要重新建立私有制，而是在资本主义现有成就的基础上，即在协作和对生产资料的共同占有的基础上重新建立个人所有制。

以个人劳动为基础的、分散的私有制转化为资本主义私有制，与事实上已经以社会生产为基础的资本主义所有制转化成为的社会公有制相比，后者自然是一个更加长久艰苦的过程。

资本主义积累的历史趋势，就是资本主义必然灭亡，这是社会发展不以人的意志为转移的客观规律。

DAS
KAPITAL

第二卷

本卷主要研究资本的流通过程，抽象地考察剩余价值的实现，以及剩余价值实现过程中各生产部门资本的相互联系。这里所说的“流通过程”并不限于资本处在流通领域的过程，它主要是指作为生产与流通的统一的整个资本运动过程，其重点是研究资本的运动过程，即研究资本在运动中所采取的各种形式，以及这些形式对资本运动的具体形态所起的决定作用。

设菲尔德区钢铁生产基地

第 1 章

资本形态变化及其循环

CHAPTER 1

在资本运动的总过程中，资本依次经历货币资本、生产资本和商品资本三种形态变化，与这三种形态变化相适应，资本的循环过程也依次分为购买阶段、生产阶段和售卖阶段。资本的循环过程其实是流通和生产的统一。其中，资本流通是一般商品流通的一部分，货币资本的循环则是产业资本物质刺激的最片面、最明显，也最经典的形式。

货币资本的循环

货币资本循环是从货币资本开始，依次经过购买、生产和销售三个阶段，在实现资本价值增殖之后，又回到货币资本的运动过程。这一循环明显地表明了价值增殖是资本运动的目的和动机。

资本增殖主要是通过资本循环来实现。资本循环过程则要经过三个阶段：

第一阶段：购买阶段。资本家以买者的身份出现在劳动力和商品市场，在这里，他手中的货币转化成商品，完成G—W这个流通行为。

第二阶段：生产阶段。资本家用购买的生产资料和劳动力从事生产，他的资本完成生产过程，生产出价值大于原生产要素价值的商品。

第三阶段：销售阶段。资本家作为卖者回到市场，通过出售商品，将商品转化为货币，完成W—G这个流通行为。

综上所述，货币资本的循环过程可以表示为：G—W…P…W'—G'。在这个公式中，虚线表示流通过程的中断，P代表生产过程，W'和G'分别代表包含剩余劳动的商品和包含剩余价值的货币。

为了更纯粹地理解货币资本的循环过程，首先要将一切同形式变换和形式形成本身无关的因素抛开，所以，在这里我们假定商品是按照它们的价值来出售，并且假定这种出售是在不变的情况下进行的。所以，这里也将循环过程中可能发生的价值变动抛开不谈。

第一阶段：G—W

G—W表示一定数量的货币转化为一定数量的商品。通过这一阶段，买方的货币转化为资本，而卖方的商品则转换为货币。因此，G—W既是一般的商品流通行为，又是资本循环的一个特殊阶段。使这个流通行为成为资本循环中的一个从职能上就能确定的阶段的，首先不是它的形式，而是它的物质内容，是那些同货币换位的商品的特殊使用性质。资本家用货币购买的商品，是生产资料和劳动力，即商品生产的物的因素与人的因素。而它们的特性要与所生产的产品种类相适应。如果用A表示劳动力，用P*m*表示生产资料，那么，所购买的商品额W就等于A+P*m*，因此，货币额G可以被分成两部分，一部分用来购买生产资料，另一部分则用来购买劳动力。而这两个购买序列分属完全不同的市场，一个是真正的商品市场，一个是劳动力市场。

在G—W（A+P*m*）中，货币额G除了表示所购买的商品具有本质的不同外，它还表示一种量的关系，即资本家购买劳动力所用的货币量和购买生产资料所用的货币量的关系。这种关系一开始就是由一定数量的工人所要耗费的超额劳动，即剩余劳动的量决定的。也就是说，生产资料的数量必须足以满足工人劳动消耗的需要。如果生产资料不足，劳动力就会因得不到充分使用而造成浪费，就会对资本家的剩余价值带来损失。如果生产资料过多，则会造成积压，导致资本家的这部分资本不能进入流通过程而造成浪费。

在G—W（A+P*m*）中，货币G购买生产资料和劳动力的流通过程一旦完成，资本家就不仅支配着生产某种产品所必需的生产资料和劳动力，还支配着一种比补偿劳动力价值更大的劳动力使用权，或者说，他支配着一种比劳动力自身价值

□ **繁忙的威尼斯码头**

在资本循环过程中，分为购买、生产、售卖三个阶段，并相应地采取货币资本、生产资本、商品资本三种职能形式。其中第一阶段货币资本的职能是购买生产资料和劳动力，为剩余价值生产作准备。贸易则是先用货币去购买一定数量的商品，再把商品换成货币。图为17世纪繁忙的威尼斯码头，在这里，货币资本正经历它循环过程的第一阶段，执行着购买职能。

更大的劳动量，同时，还支配着使这个劳动量转化为物化劳动的生产资料。简而言之，资本家所支配的这些因素，是一个包含剩余价值的商品量。因此，资本家以货币形式预付的资本，在这一阶段处于一种实物商品形式，在这种形式中，它可以作为会生产出剩余价值的价值来实现。也就是说，这种形式处在具有创造价值和剩余价值能力的生产资本形式中。我们将这种形式的资本称为P。P的价值=(A+P*m*)的价值=转化为A和P*m*的货币额G，P和G是处在不同的存在方式上的同一个资本价值，也就是说，G是货币状态或货币形式的资本价值，我们称之为货币资本。

因此，G—W这个一般商品流通的行为，从资本的独立循环过程来看，又是资本价值从货币资本向生产资本的转化。作为货币资本，它能够执行一般购买手段和一般支付手段的职能，而它之所以产生这种职能，不是因为货币资本是资本，而是因为货币资本是货币。

既然生产的物的因素是由人的因素和商品的因素组成，那么资本家就必须将货币资本转化成生产资本来完成这两个因素的结合。

第二阶段：生产资本的职能

在G—W阶段，通过从货币资本到生产资本的转化，资本价值取得了一种实物形式，而这种形式的资本价值是无法继续流通的，它必须进入消费，即进入生产消费。于是，第一阶段的结果是进入第二阶段，即资本的生产阶段。

货币资本的流通虽然中断，但生产资本的循环过程仍在继续，资本已从商品流通领域进入了生产领域。也就是说，在第一阶段，货币资本转化为生产资本，只是为第二阶段的生产过程作准备。

完成G—W阶段的前提是：完成从货币资本到生产资本转化过程的货币所有者必须同时是商品生产者。货币所有者不仅在某一使用形式上支配着价值，而且必须在货币形式上占有这些价值。但是，要完成这个转化过程需要付出货币，只有在他付出货币和确定这些货币又会回到他的手中时，他才能继续成为货币所有者。而货币只有在转化成商品售出后，才会变为货币重新回到他手中，所以要完成这个过程，他必须是商品生产者。

资本主义的生产过程，就是生产资料和劳动力的结合过程。

不论社会实行怎样的生产方式，劳动者和生产资料始终都是社会生产的重要因素。但是，在二者彼此分离的情况下，它们只能是可能的生产因素。如果要进入生产过程，它们就必须结合起来。而这种结合的特殊方式，便是区分各个不同社会经济时期的标志。

在生产过程中，生产资料和劳动力对价值的形成起着完全不同的作用，从而对剩余价值的生产也起着不同的作用。作为资本家的预付资本，它们分为不变资本和可变资本。作为生产资本的不同组成部分，它们的区别还表现在这些方面：生产资料在归资本家所有时，即使是在生产过程之外，也仍然是他的资本，而劳动力只有在生产过程之内，才能成为资本的一种存在形式。如果说，劳动力在它的卖者即雇佣工人手中时是商品，而在它的买者即资本家手中时则成为资本，那么，生产资料只有和劳动力相结合才能成为生产资本的实物形式或生产资本。正如人的劳动力并不是天然的资本一样，生产资料也并非天然的资本。只有在一定的历史条件下，生产资料才取得这种独特的社会性质。这正如贵金属只有在一定的历史条件下，才能成为获得货币和货币资本的独特的社会性质一样。

生产资本执行职能的过程，就是资本家对劳动力和生产资料的消耗过程，也就是资本主义的生产过程，它的结果就是生产出一个具有更高价值的产品量。在生产过程中，劳动力仅仅作为生产资本的一个要素而发生作用，它的剩余劳动不仅能生产超出劳动力价值的余额，而且还能为资本家生产出一个无须他花费任何等价物的价值。由于劳动力的剩余劳动为资本家带来剩余价值，因此，劳动力生产不仅是商品，而且是包含着剩余价值的商品，它的价值等于P+M，P代表生产这种商品所耗费的生产资料的价值，M代表生产资本产生的剩余价值。

综上所述，生产资本的职能，就是生产包含剩余价值的商品。

第三阶段：W'—G'

如果商品作为已经增殖的资本价值和直接由生产过程本身生产的形式存在，那么它就成为了商品资本。如果商品在它的整个社会范围内都按资本主义的方式来经营，那么，所有商品从一开始就会成为商品资本的要素，不论是生铁、布鲁塞尔[1]的花边，还是硫酸、雪茄烟。由于属性不同，商品中哪一类是商品资

[1] 布鲁塞尔：（法语：Bruxelles, 荷兰语： Brussel）是比利时最大的城市，也是欧洲联盟的主要行政机构所在地。位于布鲁塞尔首都区的布鲁塞尔市，是比利时的首都，也是佛兰德区的首府和比利时法语区的中心。

□ 自由交易

贸易的本质，是先用货币去购买一定数量的商品，再把商品换成货币。货币资本在这种循环中得以积累，其功能得到强化。图中，人们正在伦敦的史密斯肉市上忙碌地交易。

本，哪一类是普通商品，则很难区别。

转变为商品形式的资本，必须执行商品的职能。构成资本的物品，本就是为了市场而生产的，所以必须售出，以转化成货币，即必须完成W—G这一阶段。

假定资本家的商品是10 000磅棉纱，在纺纱过程中耗费的生产资料价值是372镑，创造的新价值为128镑，那么，这些棉纱就有500镑的价值。而这个价格是通过W—G过程来实现。在这里，通过W—G过程，商品转化为货币，既是一般的商品流通行为，同时又成为一种资本职能。因为这里的商品是已经增殖的商品，即包含着剩余价值的商品。这里，10 000磅棉纱是商品资本，即W'，因为它是生产资本P的转化形式。如果这10 000磅棉纱按照价值500镑出售，从商品流通的角度来看，它完成了W—G，即由商品形式转化为货币形式。但是，作为单个资本循环的特殊阶段，这10 000磅棉纱售出后为资本家带来了100镑的剩余价值。因此，它是W'—G'，是商品资本转化为货币资本。

商品资本能否完成W'—G'过程，对资本的循环有着极其重要的作用。因为在生产过程中，只有完成W'—G'，资本的循环过程才能继续。此时，W'的职能就是一切商品的职能，将商品卖掉转化为货币，从而完成W—G阶段。倘若已经增殖的资本仍以商品资本的形式停滞在市场上，那么，生产过程就会停止。另外，W'—G'的完成速度也将对资本的增殖产生影响。由于资本从商品形式转化为货币形式的速度不同，同一个资本价值在一定时期内发挥的作用也就不同，从而再生产的规模也会以极不相同的程度扩大或者缩小。也就是说，流通过程虽然不能增加新的价值，但它将影响资本的增殖程度。在W'—G'阶段，商品的出售数量也将影响资本的增殖程度。而作为已经增殖的资本即商品W'，必须全部完成W'—G'这一阶段。作为商品总量中不可或缺的一部分，单个的商品虽然也包含着剩余价值，但它实现的程度取决于商品出售的数量。所以，商品资本要实现自身的职能，必须从商品形式转化为货币形式。

综上所述，商品资本的职能就是实现剩余价值。

总循环公式

资本的总运动是G—W…P…W'—G'。在这个运动过程中，资本表现为一个价值，它将经过一系列相互联系的形态变化，这些形态变化使资本的运动过程分为三个阶段。第一阶段G—W，资本家通过购买劳动力和生产资料，将资本由货币转化成商品，由此进入第二阶段；在第二阶段，资本家对劳动力和生产资料进行消费，第一阶段的商品W被另一个包含剩余价值的商品W'所替代。随着商品W的增殖，生产过程结束，即进入第三阶段；在第三阶段，资本家将增殖后的商品W'售出，使资本由商品形式又转化为货币形式。在资本运动的总过程中，资本依次要经历货币资本、生产资本和商品资本三种形态变化，与这三种形态变化相适应，资本的运动也依次分为购买、生产和售卖三个阶段。其中，购买阶段和售卖阶段属于流通过程，生产阶段属于生产过程。在资本的运动过程中，不仅保存了预付资本的价值，还产生了剩余价值。在运动中，资本以货币形式开始，又以此结束，因此，资本的总过程是一个循环过程。

资本的循环，只有持续不断地运动，才能正常进行。如果资本在购买阶段停下来，货币资本就会凝结为贮藏货币；如果在生产阶段停下来，就会造成生产资料闲置和劳动力失业；如果在售卖阶段停下来，就会造成商品积压和流通中断。

在资本的循环过程要求资本持续不断运动的同时，循环本身又要求资本在各个循环阶段中的一定时间内固定在一定的形式上，即固定在货币资本、生产资本和商品资本的形式上。只有在完成一种和它当

□ **码头贸易**

资本循环的过程，也是实现剩余价值的过程，在这个过程中，生产原材料的占有与商品贸易市场的扩张十分重要，它甚至成了近现代史上大多数战争的导火线。

前形式相适应的职能之后，资本才能进入下一个新阶段。

最后，如果我们将G—W…P…W'—G'作为一种特殊的资本循环过程加以考察，就会得到以下四个特征。

第一，这种循环表现为货币资本的循环。这是因为产业资本的货币形式是它的循环出发点的归宿。由公式可以看出，由于预付的货币并没有被消费，因而它只是资本的货币形式，即货币资本。正是因为价值的货币形态是独立的、可以捉摸的形式，所以以实际货币为起点和归宿的G…G'，赤裸裸地向世人宣示：资本主义生产的最终目的是赚钱。至于生产过程，那只是赚钱过程中必不可少的一些中间环节。

第二，在这个总循环公式中，P的职能，也就是生产阶段，造成G—W…P…W'—G'流通的中断，而这个中断又是简单流通G—W—G'的媒介。从G—W…P…W'—G'可以看出，P只是预付资本的增殖手段，也就是说，它的最终目的是为了创造包含剩余价值的商品，从而让资本家发财致富。

第三，从G—W…P…W'—G'这一公式可以看出，一方面，资本价值是出发点，已经增殖的资本价值是归宿点；另一方面，由于公式的两极都是可以捉摸的独立的货币，所以货币资本表现为能够生出货币的货币。由此可见，价值产生剩余价值，是用货币来表现过程的开始和终结。

第四，因为G'（已经实现的货币资本）作为G—W运动的补充和W'—G'运动的结果，是处于和它开始第一个循环时绝对相同的形式，所以一旦它跳出这个循环，就能够作为已经增大的货币资本进入新一轮的循环。

资本的循环过程是流通和生产的统一。既然G—W和W'—G'这两个阶段都是流通行为，那么资本流通也是一般商品流通的一部分。货币资本的循环，是产业资本物质刺激的最片面、最明显，也是最经典的形式。

生产资本的循环

商品资本虽然完成了向货币资本的转化，但由于生产资料价格上涨，超过了循环开始时的水平，这时，这种货币积累基金就可以暂时充当准备金，用来代替货币资本而进入资本的循环过程，以保证生产的正常进行。

生产资本循环的总公式是：P…W'—G'—W…P，它表示着资本的生产过程是价值增殖的再生产过程；表示着资本主义的生产不仅是剩余价值的生产，而且是剩余价值的周期再生产；还表示处于生产过程中的资本不是执行一次价值增殖的职能就退出流通，而是周期反复地执行职能。W'一部分可以直接再作为生产资料，进入将它作为商品生产出来的同一劳动过程。如此一来，它的价值就不用转化为实际的货币，也不用进入流通。这样，有的价值不进入流通过程，但进入生产过程，而W'中被资本家作为剩余产品以实物形式消耗的那部分便是如此。

生产资本循环有两个显著的特点：

一、在第一种形式G…G'即货币资本循环中，生产过程P只是在G—W和W'—G'这两个阶段之间充当媒介。而在生产资本循环中，在产业资本的总流通过程中，生产过程P则成为再生产过程的媒介。

二、生产资本循环与货币资本循环具有完全不同的表现形式。后者的总流通过程是G—W—G，这是资本的流通形

□ **生产资本的循环**

资本循环指产业资本从一定的职能形式出发，顺次经过购买、生产、销售三个阶段，分别地采取货币资本、生产资本、商品资本三种职能形式，在实现了价值的增殖之后，回到原来出发点的全过程。下图为资本循环示意图。

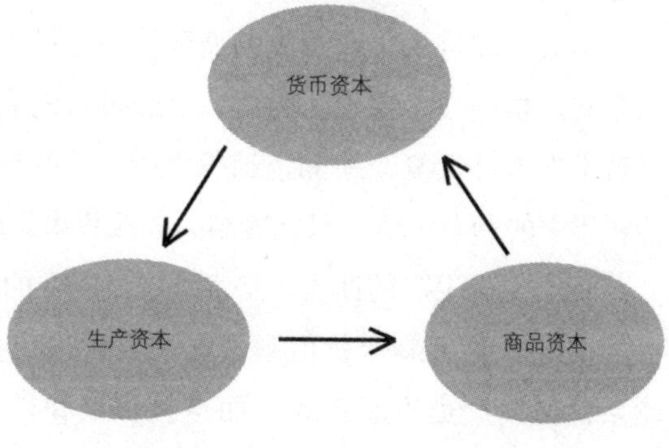

式。而前者的总流通过程则是W—G—W，属于简单商品的流通形式。

简单再生产

我们首先考察生产资本的简单再生产。假定一切条件不变，商品按价值买卖，而剩余价值又全部用于资本家的个人消费，那么，这种没有新增资本的再生产就称为简单再生产。

在简单再生产中，商品资本W一旦转化为货币，资本价值与剩余价值就会在不同领域流通。货币总额中的资本价值部分，也将在产业资本的循环中继续流通。已经转化为货币的剩余价值则退出资本循环，进入一般的商品流通过程。这个以货币流通为主的一般商品流通，主要用于资本家的个人消费。由于这种消费是在不同时期分散进行的，因此，这种货币一般采取贮藏货币的形式。

生产资本作为资本家的预付资本，在生产过程中转化为商品W'。如果资本主义简单再生产要继续进行，这部分生产资本就必须在资本的运动中继续循环，但这种循环只有在W'转化为货币，并可以购买劳动力和生产资料后才能进行。在售卖阶段，商品W'是由消费者购买还是由经销商购买，对于简单再生产而言，没有直接影响。在资本主义生产方式下，商品的生产数量，不是取决于社会的供需要求，而是取决于生产规模和不断扩大的生产规模的需要。就是说，只要产出的商品能够全部售出，简单再生产就能持续进行。

规模扩大的再生产

如果资本家要进行扩大再生产，就不能把剩余价值全部消费掉，必须将一部分剩余价值积累起来，作为追加资本投入生产。事实上，这些新投入的剩余价值，不会立即进入生产资本的循环，因为扩大生产过程的比例不是任意规定的，而是有严格的技术规定。因此，已经投入的剩余价值虽然要资本化，但还需要经过若干次循环反复，才能达到积累所必需的规模。在没有达到这个规模之前，这些积累中的剩余价值，只能凝结为贮藏货币，成为潜在的货币资本。

资本主义生产的性质，是实现预付资本的增殖。即首先是由生产剩余价值的目的决定，再由剩余价值到资本的转化决定。随着资本的积累和规模的扩大，剩余价值生产也不断扩大。而这种积累和扩大再生产，既是资本家生产的目的和发财的手段，也是资本主义生产的发展趋势。

我们考察简单再生产时，假定的是剩余价值全部被资本家消费掉。然而实际上，在正常情况下，资本家总要将一部分剩余价值积累起来作为资本。因此，在我们考察扩大再生产时，为了简化公式，也假定剩余价值被全部积累起来。如此一来，扩大再生产的生产资本循环公式可表示为：$P\cdots W'—G'—W'<\begin{matrix}A\\Pm\end{matrix}<\begin{matrix}A\\Pm\end{matrix}\cdots P'$。它代表一种生产资本按更大的规模和更大的价值被再生产出来，作为已经增大的生产资本，开始了它的第二次循环。在第二次循环中，P又成为起点，不过，与第一个P相比，这个P是更大的生产资本。从这个方面看，它与货币资本循环相同。在货币资本G…G'中，G'开始第二次循环时，它作为G，执行一定量的预付货币职能，与第一次循环相比，是一个更大的货币资本。

□ 1889年世博会期间的埃菲尔铁塔

资本的扩大再生产，一方面可以给资本家带来更多的利润，另一方面也带来社会总产品的极大丰富，促进社会的全面繁荣。图为1889年巴黎举办第三届世博会期间光芒四射的埃菲尔铁塔，它象征着法国在政治、经济、文化上的全面繁荣。

货币积累

我们把这个由剩余价值转化而来的货币称为g，这个g能否立即进入资本的循环过程，还要取决于它积累的数量。如果用g来创建一个独立的新企业，它必须达到这个企业所需要的最低限量。如果用它来扩大原有的企业，它也必须达到一定的数量。例如，一个纱厂资本家要扩大他的生产规模，必须同时购置相应数量的梳棉机和粗纺机，否则就无法增加纱锭的数目。另外，生产规模的扩大还要增加棉花和工资的支出，所以要扩大生产规模，剩余价值必须要达到相当的数额。在未达到这个最低限量时，生产资本必须多次循环反复。然而，生产资本只能以货币贮藏的形式来积累，但是贮藏货币并不是目的，它的目的是进行资本积累，从而扩大再生产。因此，货币积累和货币贮藏，都是为了积累产业资本，进而扩大生产规模。

准备金

作为剩余价值存在形式的贮藏货币，是用于资本积累而扩大再生产的，是为积累资本而暂时采取的一种货币形式。就这点而言，它是货币积累基金，也是实现资本积累的必要条件。不过，这种积累基金可以完成一些特殊的附带职能，即可以进入资本的循环过程。例如，当W'—G'过程超出了正常时间，使商品资本无法及时转化成货币资本时，或者商品资本虽然完成了向货币资本的转化，但由于生产资料价格上涨，超过了循环开始时的水平，这时，这种货币积累基金就可以暂时充当准备金，用来代替货币资本而进入资本的循环过程，以保证生产的正常进行。

货币积累基金作为准备金，与在P…P循环阶段中的购买手段或支付手段的基金是不同的。这种购买手段或支付手段，执行着货币资本的一部分职能，而准备金不是货币资本的组成部分。它能够进入资本循环，是因为原有的资本循环发生了停滞，而资本家则利用它来消除循环中出现的干扰。由此可见，准备金只是货币积累的一种附带职能，它既不能转化为生产资本，也不能扩大再生产的规模；它只是潜在的货币资本的存在，也是货币到货币资本的转化。

商品资本的循环

要全面掌握商品资本循环的特征，仅仅研究W'—G'和G—W这两个形态变化是不够的，还需要弄清单个资本之间的形态变化，以及某一单个资本形态变化同社会总产品中用于个人消费的那一部分产品的错综复杂的关系。

商品资本循环的总公式是：

W'—G'—W…P…W'

W'不仅是货币资本循环和生产资本循环的产物，也是它们的前提。因为只要生产资料本身有一部分是另一些处在循环中的单个资本的产品（商品），一个资本的G—W就已经包含了另一个资本的W'—G'。

如果再生产是在扩大的规模上进行，那么，终点的W'就大于起点的W'，即用W"来表示。

□ **工业化场景　资料图片**

借助牛顿的科学理论，近代工业革命得以产生。但是爱因斯坦揭示，牛顿的“知识”是不确定的。人们用关键性的实验来判断牛顿和爱因斯坦，结果促进了哲学、科技领域的巨大进步，并在技术上促成了一个全新的历史时代，即现代化的工业文明。图为现代工业化社会一角。

商品资本循环与货币资本循环以及生产资本循环的区别表现在如下两点：

第一，在货币资本循环G—W…P…W'—G'中，G—W是循环的开始阶段，W'—G'是循环的结束阶段。在生产资本循环P…W'—G'—W…P中，总流通过程包含两个互相对立的流通阶段，W'—G'—W只是再生产过程的媒介。在商品资本循环中，则以包含两个对立阶段的总流通过程，即以W'—G'—W作为循环起点。

第二，在货币资本循环和生产资本循环中，即使将已经追加了剩余价值的G'和P'作为公式的起点，这个循环起点也不是G'和P'，而是G和P。因为此时处在循环起点的资本，只是作为待增殖的预付资本执行职能，而不是作为已经增殖的资本价值存在。但在商品资本循环中，它不是以资本价值开始，而是以商品形式上已增大的资本价值开始，因而它一开始就不仅包含商品形式的资本价值的循环，还包含了剩余价值的循环。因此，如果以这种方式进行简单再生产，商品资本循环的终点和起点就会相同，即W'一样大。如果一部分剩余价值进入资本循环，那么，在终点出现的就是一个更大的W'，即W"。如果将这个已经增大的商品资本W"又作为下一次循环的起点，那么它会再次表现为W'。不过，与之前的W'相比，这是一个更大的、包含着剩余价值的W'。因此，在所有情况下，W'总是作为一个商品资本来开始循环的，就是说，商品资本的循环是从一开始就包含着剩余价值的循环。

商品资本循环的起点是商品形式的资本W'，只有在这些商品全部售出时，循环过程才能继续进行。因此，商品资本循环有着与货币资本循环和生产资本循环完全不同的特点。首先，在商品资本循环的运动过程中，原本的预付资本价值只是运动起点W'的一部分。W'既包括补偿预付的生产资本那部分产品的运动，还包括形成剩余价值那部分产品的运动。其次，除包括生产消费外，商品资本循环还包括个人的消费。因为作为循环起点的商品资本W'，是以具有使用价值的实物形式存在的，这些商品不管是用于生产消费还是个人消费，它作为商品资本，都要进入资本的循环过程。最后，商品资本W'可以在生产过程结束时保存自己的使用价值，就是说，可以成为个人消费的终端产品。从开始就已表明：以产品形式表现的W'的各个价值组成部分，看W'…W'是作为社会总资本的运动形式还是单个产业资本的独立运动，就必然具有不同的作用和意义。但商品资本循环的特征表明，这个循环已超出了单个产业资本的孤立循环范围，它实质上是社会总资本的运动。要全面掌握商品资本循环的特征，仅仅研究W'—G'和G—W这两个形态变化是不够的，还需要弄清单个资本之间的形态变化，以及某一单个资本形态变化同社会总产品中用于个人消费的那一部分产品错综复杂的关系。

产业资本的循环[1]是由货币资本、生产资本、商品资本三个循环形式构成。如果用Ck代表总流通过程，那么，这三种循环形式则可以用以下公式来表示：

（1）货币资本循环：G—W…P…W'—G'

（2）生产资本循环：P…Ck…P

（3）商品资本循环：Ck…P（W'）

□ 荷兰商船

在资本循环过程中，商品流通是一个重要阶段。所以，流通的工具和路线就举足轻重。在世界贸易市场建立之前的一大段时间里，船只的不断更新，与航线的开辟一直是不容变更的主题。图中是15世纪的荷兰货船，它的坚固和航速使荷兰人在欧洲大型货运贸易方面，形成了难以匹敌的优势。

如果对这三种循环形式进行总考察就会发现，循环过程的所有前提都表现为循环过程的结果，即表现为循环过程本身所产生的前提。例如，G是货币资本循环的前提，但同时也是它的结果，而G本身又是在生产过程中由商品资本转化而来。因此，作为货币资本循环前提的G，是由生产过程本身产生的，生产资本与商品资本的循环也是如此。在循环中，每一个循环因素，比如货币资本G、生产资本P、商品资本W'都既是出发点，又是经过点和复归点。另外，产业资本的循环总过程是生产过程和流通过程的统一，生产过程是流通过程的媒介，而流通过程也是生产过程的媒介。

在产业资本循环总过程中，三种循环都有一个共同点，它们的目的和动机都是为了实现价值增殖。在货币资本循环中，价值增殖在循环起点G和终点G'上清楚地表现出来。在生产资本循环中，生产资本的起点是P，价值增殖是从P即价值增殖过程本身开始的。而在商品资本循环中，起点W'本就是凝结着剩余价值的商品

[1] 产业资本的循环：产业资本运动依次经过购买阶段、生产阶段、销售阶段这三个阶段，分别采取货币资本、生产资本、商品资本等三种职能形式，最后又回到原来的出发点，最终实现价值增殖。

□ 泰晤士河上　惠斯勒　油画　1861

工厂手工业的分工提高了生产效率，促进了社会生产力的发展。但是工厂这个社会生产机构只属于资本家，它的生产力也表现为资本的生产力，为资本家生产出更多的剩余价值。工厂手工业是生产相对剩余价值的一种手段。图中，在繁忙的泰晤士河上，资本家们正悠闲地聊天，不远处，工人们正卖力地为他们生产剩余价值。

资本，即使循环过程以原来的规模反复进行，整个循环运动也是以已经增殖的价值开始的。

任何一个产业资本，都同时处在这三种循环形式中，即都是同时采取货币资本、生产资本和商品资本这三种职能形式，并同时进行着这三种形式的循环。例如，在产业资本循环总过程中，当执行职能的资本价值中的一部分，在由商品资本转化为货币资本时，另一部分离开了生产过程，这些离开生产过程的资本又作为新的商品资本进入流通过程，与此同时，还有一部分资本则作为生产资本进入生产过程，也就是说，在W'…W'循环形式不断运动的同时，其他两个循环形式也在运动。不管资本表现为何种形式，也不管资本进入哪一阶段，资本的再生产始终连续进行着，就如产业资本的形态变化要依次经过三个阶段一样。因此，产业资本总循环是货币资本、生产资本和商品资本循环的统一。

在之前的考察中，我们曾假定，资本的价值总量是全部作为一种形式出现的，或作为货币资本，或作为生产资本，或作为商品资本。例如，当资本以货币形式出现时，即在购买过程G—W完成以前，全部资本只是以货币资本的形式存在。这时，由于还没有进入生产过程，也就没有商品出售。当这些资本转化成生产资本进入生产过程时，它的流通过程又会中断。同样，当这些资本处于流通阶段时，不管是在货币资本阶段还是商品资本阶段，它的总生产过程也会中断。因此，按以前的假定，资本的循环必然会出现生产过程和流通过程的交替中断，从而使生产不能连续地进行。

如果孤立地考察单个产业资本的循环过程，那么，资本的循环过程就是不停地中断。因为它只有离开一个阶段，才能进入下一阶段；抛弃一种形式而存在于另一种形式；其中每一个阶段都以另一个阶段为前提，却又同时排斥另一个阶段。

资本主义生产的特征，是连续不断的再生产，它是由资本主义生产的技术基础决定的。事实上，在资本主义生产中，资本家总是将其资本分为三部分，分别以货币资本、生产资本和商品资本的形式，在不同的阶段上进行循环运动。资本作为整体在空间上同时并列处于不同的阶段，在时间上每一部分资本都不断地依次通过不同的循环阶段，并不断地改变资本的职能形式，完成自身的循环过程。这样，产业资本作为整体就能够同时进行这三种形式的循环，并同时存在于资本循环的各个不同阶段，而资本的每一部分都不断地进行着各自的循环。因此，产业资本连续不断的循环运动，既是流通过程和生产过程的统一，又是产业资本三个循环过程的统一。

流通时间和费用

资本是按照时间顺序通过生产领域和流通领域两阶段来完成运动的。它在生产领域所耗费的时间属于资本的生产时间，在流通领域耗费的时间则是流通时间。而生产时间与流通时间之和，就是资本完成循环过程的全部时间。

在资本主义生产过程中，流通时间是实现资本增殖[1]的重要条件。在流通领域内，资本有两个流通过程：由商品形式转化为货币形式；由货币形式转化为商品形式。在这两个流通过程中，资本不是执行生产资本的职能，而是执行商品资本和货币资本的职能，所以流通过程中的资本不能生产商品，更不能生产剩余

□ 帕布顿车站　资料图片

商品流通是资本循环过程中的一个重要环节。交通路线、交通工具等基础设施的建设状况，也是一个国家社会经济发展水平的重要指数。经济发达的国家，总是把改变交通状况放在重要位置。图为法国土木工程师桑巴德·金登·布鲁内尔设计修建的伦敦通往布里斯托尔的“大西方铁路”的一个中间站，为了缩短资本的流通时间，大批商人频繁地带着他们的商品辗转于此，使这个小小的中间站显现出一派繁荣景象。

[1] 资本增殖：资本增殖是指随着企业生产经营规模的不断扩大，将增殖的一部分作为积累再投入到扩大再生产中去，如此周而复始，良性循环，积累不断增加，促进企业的进一步发展壮大。

价值。

资本的流通时间与生产时间是互相排斥的。在同一时间内，同一资本不能既处于流通时间又处于生产时间。如果总资本在循环过程中每次都是立即由一个阶段进入到另一个阶段，那么，当资本停留在流通过程之时，资本的生产过程就会中断，它的自行增殖也会中断。另外，生产过程的更新是由资本流通时间的长短快慢决定的，资本的流通时间越长，生产过程的更新也就越慢。如果总资本的不同部分相继通过循环，资本的各组成部分在流通领域内停留的时间越长，领域内所占据的资本就越多，从而在生产领域内执行生产资本职能的资本就越少。因此，资本流通时间的长短，对于生产时间的长短，或者对于一定量资本作为生产资本执行职能的规模的大小，起着一种消极限制的作用。流通时间越短或近于零，资本的职能就越大，生产效率就越高，从而资本的自行增殖就越大。

资本在流通领域内所耗费的各种费用称为流通费用，它分为两类：一类是非生产性流通费用，又称纯粹流通费用；另一类是生产性流通费用。

□ 商场　广告海报

在流通过程中，货币并不因为它最终从一个商品的形态变化系列中退出来而消失，而是不断地沉淀在商品空出来的流通位置。图中，人们购物付出的货币是商品流通的媒介，货币在商品使用价值换位和转手后，流通过程并没有结束，而是不断循环，“永恒地存在着”。在此过程中，资本无疑会耗费一定的非生产性流通费用。

非生产性流通费用

非生产性流通费用是指由资本的价值形态变化所产生的费用，包括买卖时间、买卖行为和簿记。

买卖时间

资本由商品到货币和由货币到商品形式的转化，就是资本家的买卖行为。资本为完成这种形式转化而耗费的时间，就是买卖时间，这是资本家经营时间的一部分。

买卖行为

买者和卖者之间达成交易是需要时间的，买卖时间并不能创造价值，它只能将价值由一种形式转化为另一种形式。买卖商品需要耗费一定的时间或劳动，尽管这种劳动对资本主义生产过程而言，是必不可少的，但这种劳动既不创造价值和剩余价值，也无法增加商品的价值量。在商品交易中，如果实行等价交换，不管是在买者还是卖者手中，商品的价值量都不会发生变化，变化的只是它的存在形式。如果是不等价交换，已转化的商品价值总额仍旧不会改变，因为一方的增加就是另一方的减少。 如果商品生产者直接从事商品买卖，那么，他在买卖商品时的时间耗费，要么是生产间歇时间的耗费，要么是生产时间的损失。因此，用在商品交易上的买卖时间，不能创造任何价值，它只是一种非生产的流通费用。

簿记

劳动时间除了耗费在实际的买卖上外，还耗费在簿记上。簿记是指以货币为计量单位，通过记账和算账，从而对生产经营过程进行记录和核算的一种活动。它一方面要耗费物化劳动即劳动力，另一方面要耗费劳动资料，如钢笔、墨水、纸张、写字台、事务所等。

资本作为流通过程中的价值，首先是以计算货币的形态观念存在于商品生产者的头脑中。资本的循环运动，无论是在生产过程还是流通过程中，都是由簿记来确定和控制的。因此，生产的运动，特别是在价值增殖的运动过程中，商品就表现为一种观念上的货币。商品生产者在簿记时，要耗费一些劳动和劳动资料，由于这些耗费不能增加商品的价值，所以必须从生产时间和劳动资料中扣除，但这种消耗在生产过程中是完全必要的。耗费在簿记上和商品买卖上的费用都是非生产性消费，因而归入非生产性流通费用。无论是商品生产者自己行使簿记的职能，还是簿记独立成为一种专门的职业，它的职能性质都不会改变。

簿记费用和买卖商品的费用虽然都属于流通费用，但是簿记费用与单纯买卖商品的费用有着一定的区别。后者是在商品的生产过程中产生的，离开商品生产和商品买卖的地方，这种费用就不会发生。而簿记则不同，只要商品生产存在，社会就需要簿记。生产过程越是按社会化的规模发展，簿记就越是重要，因此，簿记对资本主义生产的重要性，远远大于手工业生产和农民的分散生产。同样，它对于社会公有化生产的重要性，也远大于资本主义生产。随着生产的社会化和簿记的专业化，簿记的费用将越来越少。

生产性流通费用

生产性流通费用是指生产过程在流通领域继续进行而产生的费用，它包括保管费用和运输费用。

保管费用

它产生于生产过程，是为保存商品的使用价值而产生的费用，有利于增加商品的价值。

在资本主义生产中，为保证生产过程的持续性，需要储备一定数量的生产资料和生活资料，要保管这些储备物品，就必须支付一定的费用。当产品作为商品资本停留在市场时，即当产品处于生产过程和消费过程之间的间隔时间时，产品就形成商品储备。商品资本作为储备形式的商品，在每一个循环中出现两次：一次是在售卖阶段，它是资本本身的商品；另一次是购买阶段，它被购买后将转化为生产资本。

如果没有商品储备，商品在被生产出来之前，就不能售卖，也就无法转化为生产资本，那么，生产过程就会发生中断。因此，生产过程和再生产过程的不断进行，也要求一定量的生产资料不断出现在市场上，即形成商品储备。商品资本要作为商品储备停留在市场上，必须要支付一定的费用。例如，商品储备需要有建筑物、栈房、储藏库、货栈，这些都需要一定的保管费用。同时，要完成商品储备还需要支付

□ 东印度公司的船队　佚名　油画　当代

17～18世纪，荷兰人逐渐在印度洋和印度尼西亚占据了霸主地位，也在中国海上获得了重要利益。它的势力中心是马六甲海峡，并由此通过马来西亚和印度尼西亚借助贸易战向中国和日本辐射。图中描绘的是17世纪早期，荷兰东印度公司的船队满载香料和其他贵重物品返回阿姆斯特丹港的情景。但在此运输过程中，他们要耗费一定量的生产性费用，即运输费。

仓库保管员、搬运工人劳动力报酬。另外，在储备期间，还会出现商品耗损。因此，资本以商品资本形式进行商品储备期间，会产生一定的费用。由于这些费用产生于流通领域，因此算作流通费用。但这些费用与纯粹流通费用有一定区别，它们在一定程度上增加了商品的价值，从而使商品价格上涨。

运输费用

运输是使产品发生场所的变换，即产品由一个地方移动到另一个地方的实际运动。在资本主义生产条件下，产品就是商品，社会劳动的物质变换，是在资本循环和商品形态变化中完成的。因此，商品运输和商品流通是互相联系的。但二者也并非不可分离，没有商品的物理运动即商品运输，商品也可以流通。同样，没有商品流通，甚至没有直接的商品交换，产品也可以运输。例如，在房屋买卖中，房屋是作为商品流通的，但是它并不经过运输。另一方面，在某些地方，虽然社会产品不进行商品流通，也没有直接的物物交换，但运输业依然在社会经济生活中起着十分重要的作用。

由于商品运输发生在流通领域，运输费用就表现为流通费用的形式，但它的生产性质并不会因它表现为流通费用而发生改变。商品运输的目的是为了使商品进入消费领域，从而实现商品的使用价值，所以运输业就成为一种追加的生产过程，耗费在运输业上的资本价值就会转移到所运输的商品中去。既然运输业具有生产性质，那么，商品生产的一般规律也同样适用于运输业。运输费用转移到所运输的商品中有一定的规律：在其他条件不变的情况下，由运输追加到商品中去的绝对价值量，与运输业的生产力成反比，与运输的距离成正比。

简而言之，商品在空间上的位置移动，就是商品运输。一方面，运输业成为一个独立的产业部门，从而形成产业资本的一个特殊投资领域；另一方面，运输业又成为生产过程在流通过程的延伸和继续，并且为了流通过程而继续发挥它的生产性质作用。

第 2 章 资本周转

CHAPTER 2

资本的周转时间，包含着总资本价值的一个循环周期的总过程，即从一个循环周期到下一个循环周期的间隔时间。资本每周转一次，同一资本价值就能实现一次，增殖过程或生产过程就能更新一次。资本必须以固定资本或流动资本的形式在周转运动中才能实现其价值增殖，这种运动不能孤立地循环一次便停下来，而必须持续不断地周期性地进行。

周转时间与形式

资本周转时间对预付资本量有很大影响，周转时间缩短，可以节省预付资本量。资本周转时间愈短，它重新进入下一次周转就愈快，而不必在周转时间结束的等候期内另投放预付资本。所以，缩短资本周转时间，是促进资本价值增殖的重要手段。

资本流通的时间就是资本的流通时间和生产时间之和，也就是资本从其出发点开始，经过一次循环再回到出发点所经历的时间，即资本通过购买阶段、生产阶段和售卖阶段所需要的时间。

预付价值的增殖就是资本主义生产的决定目的，不管这个预付价值是以货币形式还是商品形式预付，它的价值形式在预付商品的价格中都只具有抽象意义上的独立性。

无论是G…G'，还是P…P，这两个形式都包含：①预付价值已经作为资本价值执行职能，并且已经增殖；②预付价值在经过一轮循环后又回到最初的形式。预付价值G的增殖和与此同时回到货币形式的资本，在G…G'中就一目了然了。

生产具有资本主义的形式，那么再生产也同样具有资本主义的形式。在资本主义生产方式下，劳动过程只是实现价值增殖的手段，同样，再生产也只是把预付价值作为资本，也就是作为自行增殖的价值来再生产的一种手段。

资本周转时间

资本家投在任何一个生产部门的总资本价值，在完成它的运动循环后，重新回到它最初的位置上，然后重复这一过程。在G…G'中，G'是新的货币资本形式，它要重新开始通过包括资本再生产过程或价值增殖过程在内的形式转化；在P…P中，后者的P是生产处于生产要素上的资本形式，它是形成资本新循环的前提。资本的循环不是一次孤立的行为，而是周期性的循环运动过程，这种资本运动叫作资本的周转。这种周转的持续时间，由资本的生产时间和资本的流通时间之和决定，因此，资本的周转时间包含了总资本价值从一个循环周期到下一个循环周期的间隔时间，包含了同一资本价值的增殖过程或生产过程更新、重复的时间。

不同的部门、企业，资本的周转时间也各不相同。为了方便考察，必须统一计量单位，正如工作日是劳动力的自然计量单位一样，年也是资本周转的自然计量单位。之所以将年作为资本周转的自然计量单位，是因为在温带，农产品都是一年收获一次。

□ 乌干达铁路

商品运输周期的缩短需要便捷的交通作为支持，从而加快资本周转的频率，更快地实现资本价值。乌干达铁路的修建，便是为了加快从肯尼亚蒙巴萨向维多利亚湖运送商品的速度。图为热闹的乌干达铁路修建工地。

假定用U表示周转的自然计量单位——年，用u表示资本的周转时间，用n表示周转次数，那么，资本的周转公式便是$n=\frac{U}{u}$。例如，某资本周转时间$u=4$个月，那么，周转次数$n=\frac{12}{4}=3$，就是说资本在一年中周转了3次。如果周转时间$u=6$个月，那么，周转次数$n=\frac{12}{6}=2$，即资本在一年内只周转了2次。对资本家而言，资本的周转时间，就是他实现预付资本增殖的时间。

资本周转的时间越短，一年内周转的次数就越多，资本家预付资本增殖的次数也就越多。反之，周转时间越长，周转次数就越少，预付资本增殖的次数也就越少。

周转形式之一：固定资本

固定资本是指以厂房、机器等劳动资料形式存在的那部分不变资本。这部分资本是按照它在丧失使用价值时所丧失的交换价值的比例，把价值转移到产品中。

作为固定资本的劳动资料一旦进入生产领域就长期固定在生产过程中，它在执行职能即被损耗时，将一部分价值转移到产品中去，另一部分则依然固定起来。

固定在劳动资料上的这部分不变资本，同其他资本一样也要进行流通。因为全部资本价值都是处在一种不断流通的过程，因此从这个意义上说，一切资本都应该是流动资本。而这里的不变资本的流通是一种独特的流通。首先，这部分不变资本不是在它的使用形式上进行流通，而是在它的价值上进行流通。其次，这部分不变资本的价值流通是逐步地、一部分一部分进行的，流通的价值量与它转移到作为商品进行流通的产品中的价值量相一致。在执行职能的全部时间内，这部分不变资本的价值总有一部分固定在劳动资料中。正是由于这种特性，使它成为固定资本。

固定资本独特的流通形式，形成了它独特的周转方式。固定资本价值流通的独特性表现在：固定资本因损耗而在实物形式上丧失的那部分价值，是按照它的损耗程度，逐渐地、一部分一部分地转移到产品中去，这一部分价值是作为产品价值的一部分来流通的。通过流通，产品由商品形式转化为货币形式，固定资本转移到产品中的那部分价值也变为货币，但是固定资本中还未转移的那部分价值则仍然固定在它最初的实物形式上，由此一来，固定资本的价值就获得双重存在，而它在周转上的特征也随之显露出来。

固定资本的价值转化为货币，是与它的价值承担者——商品转化为货币同时进行的，但是，固定资本由货币形式再转化为实物形式，是与商品再转化为其他生产要素分别进行的，确切来说，是由它本身的再生产时间决定的。在此期间，劳动资料已被损耗掉，必须以同一种新物品来替代。另外，固定资本在进行更新之前，它的价值首先应以货币准备金的形式逐渐积累。我们假定一台价值10 000镑的机器使用期为10年，那么，它最初预付资本价值的周转时间也就是10年。在这10年内，机器的价值一部分一部分地转移到产品中去，并通过产品的出售最终转化为货币。10年后，这台机器的价值已全部转化为货币，并由货币再转化为一台新机器，这样，它就完成了周转。也就是说，固定资本只有在它的价值全部转化为货币，货币再转化为新的劳动资料时，它的周转才算完成。

资本周转形式之二：流动资本

流动资本是指投放在原料、燃料和辅助材料等方面的一部分不变资本，此外，资本家用于购买劳动力的可变资本部分也属于流动资本。

用来购买这些材料的不变资本，通过流通将自身的价值转移到产品中。在这一点上，它们和用来购买劳动资料的固定资本相同，只是它们的流通方式和周转方式不相同。

在生产过程中，首先，一些原料在劳动资料执行职能时被消费，这部分资本的价值将转入到新产品中。其次，一部分辅助材料，如照明用的煤气等在劳动过程中被消费掉，但不会在物质上加入产品；另一部分辅助材料的物体加入产品，并成为产品实体的材料。不过这一切差异对于流动资本的周转方式而言，只要在生产过程中，原料和辅助材料在形成产品时被全部消费掉，那么，它们的价值就可以全部转移到新产品中。

流动资本的流通和周转具有这样两个特点：①这部分资本在劳动过程中被全部消费掉，因此在新的劳动过程中，必须全部用同一种新的物品来替代。②在生产过程中，它们不能保持自己独立的使用形式，其价值也是一次性全部转移到产品中，从而通过流通来完成资本的周转。

购买劳动力价值的可变资本也属于流动资本。

劳动力是按一定时间购买的。资本家一旦购买了劳动力，就会将它投入生产过程，从而构成资本的一个组成部分，即可变资本部分。劳动力每天都在发生作用，并把它创造的超额价值即剩余价值追加到产品中。在这里，我们暂且撇开剩余价值不谈。在劳动力的使用中，由劳动力创造的，相当于劳动力价值的那部分价值，随着产品的出售转化为货币。如果要使生产过程连续不断地进行，这些货币必须作为可变资本，用来购买劳动力，从而完成它的一次周转。不管用来购买劳动力的可变资本与用来购买劳动资料的不变资本差别有多大，它们的价值周转方式都完全相同，即都是一次便完成了流通和周转，并将价值一次性全部转移到新的物质形式中。

固定资本和流动资本的区别

固定资本和流动资本的区别主要表现为以下四点：

一、二者的周转方式不同。作为生产资本的不同组成部分，固定资本是在一次生产过程中部分地损耗，它的价值也就根据物质损耗的程度逐步地转移到产品中；而流动资本是在一次生产过程中被全部损耗掉，其价值也是一次性全部转移到产品中。由于生产资本的物质形式存在着差别，所以才会被区分为固定资本和流动资本。

二、固定资本的周转时间比流动资本的周转时间长。在固定资本的一次周转时间内包含着流动资本的多次周转。

三、投在固定资本上的生产资本价值是全部一次预付，而逐步从流通中取回。在生产资本以实物形式执行职能期间，不需要用同一种新物品来替代，只有当这个生产资料完全不能使用时，才会进行实物更新。

四、要使生产过程持续进行，流动资本的各种要素如原料、辅助材料、劳动力等就要与固定资本的各要素相同，不断地固定在生产过程中。但这样固定的流动资本各要素，需要不断地在实物形式上进行更新。

固定资本的损耗和补偿

固定资本的各个组成要素有不同的寿命，因而周转时间也各不相同。例如，铁路上的铁轨、枕木、车站建筑、桥梁等，它们执行着不同的职能，有着不同的再生产时间，从而使其中的预付资本也有不同的周转时间。

固定资本的损耗首先是由使用引起的，如铁轨的磨损和列车行驶的次数成正比；其次，损耗与自然力的影响也紧密相关，例如，枕木不仅受到实际的损耗，而且还因腐朽而损坏；最后，和其他大工业部门一样，无形损耗也起着重要作用，如原来价值40 000镑的机车，10年后只需3 000镑就可以买到。

劳动资料大部分都是由于技术进步而不断革新，所以，它们不是以最初的形式而是以新的形式进行补偿。

损耗部分就是固定资本通过消耗而转移到产品中去的价值部分，这种转移是按照固定资本丧失使用价值的平均程度来进行的。

这种损耗有一部分是这样的：固定资本有一定的平均寿命；寿命时间内它将全部预付；一旦时间过去就要全部替换。例如马，作为活的劳动资料，它的再生产时间是由自然本身决定的，而平均寿命则是

□ 波斯沙漠的输油管道

1908年，由加拿大人、波兰人、波斯人组成的打井队，在波斯沙漠中打出了一口喷油15米高的油井。在运送石油的过程中，如果使用一般的交通工具，不仅需要投入大量的固定资本，而且回报率较低。为此，人们发明了管道运输石油，即在沙漠中铺设管道，虽然耗费巨大（投资管道的大量固定资本），但大大提高了劳动生产力。

由自然规律决定的。这段时间一过，损耗掉的匹数就必须用新的马来替换。因为一匹马不能一部分一部分地替换，只能用另一匹马来替换。

如果固定资本是由不同的物质部分组成，那么，由于它们的耐用时间不同，所以整个固定资本可以在不同的时间内被一部分一部分地更换。例如，车站的铁轨要比其他路段的铁轨磨损得更快，因而也替换得更勤些。车站的枕木也是如此。

固定资本需要各种不同的维护费用。固定资本的维护，在一定程度上依靠劳动本身。如果固定资本不在劳动中执行职能，它就会损坏。但是，固定资本的维持，还需要有直接的劳动支出，比如机器必须由工人经常擦洗，这是一种追加劳动，没有这种追加劳动，机器就会变得无法使用。

按照社会平均数来决定损耗和修理费用时，必然会产生较大的差别，甚至在同一个生产部门，对数量相同且其他条件相同的投资来说，也是如此。

预付资本的总周转

所谓预付资本的总周转，是指预付资本中固定资本和流动资本的平均周转。也就是说，由于生产资本中固定资本周转慢，流动资本周转快，那么在考察资本的总周转速度时，就既不能只看固定资本，也不能只看流动资本，而必须把固定资本和流动资本的周转速度平均起来计算。

生产资本中的固定资本部分和流动资本部分，分别按不同的方式，以不同的周期进行周转。同一企业的固定资本的不同组成部分，根据各自不同的使用寿命，有着不同的周转期间。

在这种情况下，预付资本的总周转用它的不同组成部分的周转平均数来计算。如果预付资本的各个部分只是周转的期间不同，那么，计算它们的平均数就极其简单了。但是预付资本的各个组成部分，不但有量的差别，还有质的差别——资本的组成部分不同，周转方式也各不相同。流动资本的周转，是将自身的全部价值转移到产品中，因此要使生产过程连续进行，它就必须不断进行实物更新。固定资本的周转，只是将它被损耗的那部分价值转移到产品中，一直到实物完全损耗，才用新的实物来更换，这种更换不会像流动资本那样频繁。因此，要计算预付资本的平均周转时间，必须将固定资本不同部分的特殊周转转化为周转的同种形式，即使它们只有周转时间上的差别。

如果用一种连续的生产过程即P…P的形式作为起点，这种质的同一性就不会发生，因为P的某些要素必须用实物来不断补偿，其余要素则不需要，但G…G'的形式毫无疑问会提供这种周转的同一性。例如，有一台使用寿命为10年，价值10 000镑的机器，那么其每年就有价值的1/10也就是1 000镑的价值转化为货币。在一年内，这1 000镑由货币资本转化为生产资本和商品资本，再由商品资本转回货币资本。就是说，在生产资本的循环过程中，它的起点和终点是各种生产要素的物质形式的资本，由于它们的性质不同，因此无法进行比较，但只要将这些生产要素全部转为货币形式，就可以计算出预付资本各个组成部分的平均周转，从而也就可以计算出预付资本的周转。

如果流动资本在一年内能够多次周转，那么，一年内周转的资本价值就可以大于预付资本的总价值。

假定某资本家预付100 000镑作为生产资本，其中，固定资本80 000镑，流动资本20 000镑，生产时间为10年。如果固定资本10年周转一次，每年就有8 000镑的价值转化为货币形式。如果流动资本每年周转5次，那么，周转的流动资本价值就是$5 \times 20\,000 = 100\,000$镑。这样，资本家在一年中的周转资本就是：固定资本8 000镑，流动资本100 000镑，一共是108 000镑，大于他的预付资本总额100 000镑。此例中，固定资本在资本家的预付生产资本中占有相当大的比例，流动资本虽然只有20 000镑，但它在一年中周转了5次，所以资本家在一年内周转的资本总额仍大于预付资本的总价值。

按以上假定，在资本家的生产资本中，固定资本先是作为生产要素执行职能，到最后被新的实物形式所代替。这表明在资本的循环运动中，预付资本价值必须经历一个包含多次周转的周期。所谓周转的周期，就是预付资本中固定资本部分完成一次周转的时间，这个周转的周期由固定资本的寿命来决定，即由固定资本的周转时间决定。如上例，预付资本中固定资本周转一次需要10年，那么，预付资本周转的周期就是10年。资本周转的周期，或者说固定资本的更新是产生资本主义周期性经济危机的物质基础，因为固定资本的更新决定着资本周转的周期。

资本主义的生产过程，一般要经历松弛（萧条）、中等活跃（复苏）、急剧上升（繁荣）和危机这几个阶段，虽然各个资本投资的时期各不相同，但危机总会成为大规模新投资的起点。当资本主义生产进入危机时期，资本家为摆脱危机，就千方百计地降低生产成本，采用新技术，并不断更新固定资本。而这种更新，将刺激资本主义生产的复苏。随着资本主义生产进入又一个繁荣时期，下一个生产萧条时期也会随之到来，因此，从整个社会来考察，危机或多或少地成为下一个周转周期的新的物质基础。

资本的不同部分在周转上具有实际差别和表面差别。对单个资本家而言，由支付期限和信用关系而在流动资本某些部分的流动中引起的差别，和那种由资本的性质引起的周转，不能混为一谈。就工资本身而言，也存在着极大差别，因为工资的支付期不同，或长或短，有一周、一个月、三个月、半年等等。一次预付的货币量，与支付的期限长短成正比。

其次，加入到每周所生产的产品中的，不仅有一周劳动的价值量，还有一周的劳动所消耗的生产资料的价值量，这些价值和产品一起流通。在产品出售之后，这些价值获得货币形式，然后转化成同一生产要素。要保持生产的连续性，就必须有储备的生产资料，这种储备在不同生产部分各不相同，即使在同一部门，就流动资本的不同组成部分而言，也是不同的。虽然这些生产资料必须不断由实物来补偿，但是不需要重新购买。至于劳动力，则不需要这样的储备。投在劳动上的资本和投在原材料上的资本，它们一起再次转化成货币，但是，货币转化成劳动力与它转化成生产资料，则是分开进行的，原因是这两个部分的购买期限和支付期限不同。

此外，信用制度也和商业资本一样，对单个资本家而言，会使资本的周转周期发生改变。就社会规模而言，信用制度只有在不仅加速生产，而且加速消费的情况下，才能使资本的周转发生改变。

重农学派和亚当·斯密的理论

亚当·斯密认为：固定资本保留在生产过程中而产生利润，流动资本离开生产过程并进入流通而产生利润，而且由于可变资本和不变资本流动部分在周转中具有同一形式，因此，它将价值增殖过程和剩余价值形成过程的本质区别掩盖了起来。

在魁奈（弗朗斯瓦·魁奈，资产阶级古典政治经济学奠基人之一，法国创始人和重要代表）看来，固定资本和流动资本的区别就是"原预付"和"年预付"[1]。他认为这种区别是进入直接生产过程的资本内部的区别，而这种说法无疑是正确的。在他看来，只有农业中租地农场主使用的资本才是唯一的实际的生产资本，因此这种区别也只有在租地农场主的资本中才存在。他认为，资本中的一部分是每年周转一次，另一部分则是多年（10年）周转一次，前者是"年预付"，后者是"原预付"。

□ **重农学派**

重农学派是18世纪50～70年代的法国资产阶级古典政治经济学学派。他们以自然秩序为最高信条，视农业为财富的唯一来源和社会一切收入的基础，认为保障财产权利和个人经济自由是社会繁荣的必要因素。图为重农学派成员正在讨论资本周转问题。

重农学派

魁奈是重农学派的创始人

[1] 原预付：几年预付一次的部分，如农具、耕畜、仓库等。它每年只有部分进入生产费用。年预付：每年要支付的投资，如种子、原料、工资等，它是农业年生产中被全部耗费掉的那部分产品，其价值全部转移到农产品的生产费用中，并且必须得到全部补偿，才能使下一个生产阶段得以进行。

和首领。在重农学派的发展过程中，虽然也偶尔将“原预付”和“年预付”的区别应用于一般产业资本和其他种类的资本，但大多数还是应用于农业资本，只是将“原预付”改为了“多年预付”。

事实上，这两种预付资本的区别，只有在预付货币转化为生产资本的要素时才产生，也就是说，这种区别只存在于生产资本中，这就是魁奈不把货币算在原预付和年预付内的原因。作为生产预付进入生产资本，这两种预付同货币和市场上出现的商品相对立。其次，魁奈将生产资本的这两种区别总结为它们加入成品的价值方式的不同，从而阐明了它们的价值随着产品的价值一起流通的方式不同，由此导致它们的补偿或再生产的方式也有所不同。因为“年预付”的价值是在一年时间内全部补偿的，而“多年预付”的价值是在较长时期内一部分一部分地以折旧方式来补偿的。

亚当·斯密的生产资本理论

亚当·斯密吸收了“年预付”和“多年预付”的理论，他的进步是将这两个范畴从租地农场主的资本扩展到涉及每一种形式的生产资本。这样，从农业中得出的年周转和多年周转的特殊区别就具有了一般意义：固定资本的一次周转，总是包含了流动资本的几次周转，而不管流动资本的周转周期是一年、一年以上，还是不到一年。如此一来，亚当·斯密便将“年预付”变为流动资本，“原预付”变为固定资本。

但是，斯密的进步仅局限在一般化的范畴。由于他的研究采用的是粗浅的经验主义方法论，因此，一开始便产生了糊涂观念。他在《国富论》中写道：

“一个资本可以有两种不同的使用方法，并且都会为它的所有者提供收入或利润。”

作为资本执行职能并给资本的所有者带来剩余价值而投入价值的方式，与资本投入的部门一样，是互不相同，且多种多样的，这就是资本为什么可以投入不同生产部门的原因。如果承认了这个问题，那就会进一步引申出另一个问题：价值如果不作为生产资本投入，它又该如何为它的所有者提供资本执行职能，例如，它可以作为生息资本、商人资本等等。但在这里，如果要我们回答非生产部门资本的执行职能已经太迟了，因为我们离开真正的分析对象已经太遥远了。因此在这里，我们将不同的投资部门撇开不提，生产资本被分为不同要素，而对这些要素的周转又具有怎样的影响？

亚当·斯密又说：

“第一，一个资本可以用于耕种、制造或购买货物，再将它们出售而取得利润。”

在这里，他只是告诉我们，资本可以用于农业、制造业和商业。他只是谈到不同的投资部门而没有谈及在这些部门中资本执行职能的区别。在这些非生产部门中，资本并未直接进入生产过程，因而不作为生产资本执行职能。我们看到，在这里他将阐明的生产资本的区别与它们对周转的影响所依据的基础抛弃了，他甚至立即以商人资本为例来阐明这个问题。虽然，这里的问题只是关于生产资本在产品形成过程和价值形成过程中的区别，但这种区别又表现为引起资本的周转和再生产中的区别。

亚当·斯密接着说：

“这样使用的资本，如果仍然保留在所有者手中或保持原状时，就不会为它的所有者带来收入或利润。”

亚当·斯密所说的“这样使用的资本”是指投入农业、工业的资本。他还告诉我们，“这样使用的资本”分为固定资本和流动资本，以这种方式投入的资本，既不会使资本变成固定资本，也不会使它变成流动资本。

或者，亚当·斯密想说的是：用来生产商品并将这种商品卖掉而取得利润的资本，在转为商品之后必须通过出售。这里包含了两方面内容：①必须由卖者所有转为买者所有。②必须由作为商品的实物形式转化为货币形式。如果商品仍保留在所有者手中，那么，对其所有者则毫无用处。如此一来，同一资本价值，从前以生产资本的形式存在，以属于生产过程的形式执行职能，现在却变成商品资本和货币

□ **亚当·斯密**

亚当·斯密，英国苏格兰哲学家和经济学家，他所著的《国富论》成为了第一本试图阐述欧洲产业和商业发展历史的著作。这本书发展出了现代的经济学学科，也提供了现代自由贸易、资本主义和自由意志主义的理论基础。

资本，以两个属于流通过程的形式来执行它们的职能。因此，它现在既不是固定资本，也不是流动资本。综上所述，不仅适用于原料和辅助材料，即流动资本加入的价值要素，而且也适用于劳动资料的消耗，即固定资本加入的价值要素。因此，我们在阐明固定资本和流动资本的区别这一方面并未前进一步。

亚当·斯密的流动资本理论

亚当·斯密接着又说：

"商人的货物在没有售出换得货币之前，是不会为他提供收入或利润的，同理，货币在未换得货物之前也是如此。他的资本不断地以一种状态离开他，又以另一种状态回到他那里，也只有通过这样的流通或连续交换，才能为他提供利润。因此，这种资本可以非常恰当地被称为流动资本。"

亚当·斯密在这里所谈的流动资本，就是我要称之为流通资本的资本。流通资本处在流通过程的形式，只能是商品资本和货币资本，这与属于生产过程的资本形式即生产资本的形式不同而且相对立。这并非产业资本家用来划分他资本的两种特殊种类，而是同一预付资本的价值在它的循环过程中不断重新依次采取和抛弃而变化出的不同形式。我们看到，亚当·斯密将这一点和这样一些形式区别混为一谈。与之前相比，这是一个极大的退步。这些形式的区别，是在资本的价值流通中，在资本价值依次经过各种形式的循环中，是当资本价值处于生产资本形式时产生的，并且是由于生产资本的不同要素，按不同的方式参加价值形成过程，按不同的方式把价值转移到产品上而产生的。预付在固定资本上的资本价值，和预付在流动资本上的资本价值实则相同，都是以产品为媒介流通，都是通过商品资本的流通转化为货币资本。

这样，我们便清楚地了解到：亚当·斯密在这里所说的流动资本就是流通资本，是处在属于流通过程的形式的商品资本和货币资本的价值。

亚当·斯密以一种根本不是执行生产资本职能的资本作为例子，显得非常荒谬，从他的话语中就可以看出：

"一个商人的资本完全是流动资本。"

流动资本和固定资本的区别，正如他之后所说，是一种由生产资本内部的本质区别而产生的区别。可见，在亚当·斯密的头脑中，一方面是所说的区别，另一方面是资本价值在循环过程中所产生的形式区别，他将二者混为一谈了。

亚当·斯密的固定资本理论

货币和商品的形式变换，价值从一个形式到另一个形式的单纯转化，如何能产生利润呢？这是无法想象的。由于亚当·斯密所用的仅是在流通领域内运动的商人资本为例，因此他也绝对不可能说明这一点。关于固定资本，我们先看看他是如何说的：

“资本可以用来改良土地，可以用来购买有用的机器和劳动工具，或者用来购买这一类东西，这些东西不必更换所有者或进一步流通，就可以提供收入或利润，所以这种资本被称为固定资本极为恰当。行业不同，所使用的固定资本和流动资本之间的比例也各不相同……每个手工业主或工厂主的资本的一定部分必须固定在他的劳动工具上。可是，这个部分在一些行业中所占的比例极小，而在另一些行业中所占的比例却很大……一切手工业主（如裁缝业主、制鞋业主、织布业主）的资本中的更大的部分，或者作为工人的工资，或者作为原料的价格来流通，由成品的价格偿付，并取得利润。”

我们姑且把他对利润的源泉所下的简单定义撇开不说，他理论的弱点和混乱从下面一点便暴露了出来：对一个机器制造厂的厂主来说，机器是产品，会作为商品资本来流通。用亚当·斯密的话来说就是“会卖掉，会更换所有者，会进一步流通”。

在这里，如果按照亚当·斯密的定义，机器就不是固定资本了，而是变成了流动资本。产生这种混乱的原因是他将以下两种区别混为一谈：一种是生产资本，由于不同要素和不同流通方法而产生了固定资本和流动资本的区别；另一种是同一个资本，由于它在生产过程内作为生产资本执行职能，而在流通领域内却作为流通资本执行职能而产生的形式区别。这种流通资本既可以是商品资本，也可以是货币资本。在亚当·斯密看来，同样的东西，按照它们在资本运动过程中所处的地位，既可以作为固定资本（劳动资料，生产资本的要素）执行职能，又可以作为流动资本和商品资本（即离开生产领域，转入流通领域的产品）执行职能。

亚当·斯密一下子改变了他区分资本的全部基础，这与他之前开始全部研究时所说的话完全矛盾，尤其是与以下的论点相矛盾：

“一个资本可以有两种不同的使用方法，以便给它的所有者提供收入或利润。”

□ 经济危机　资料图片

1929年10月24日，由于盲目的竞争、生产和消费之间的矛盾，以及主要消费品和固定资本生产过剩等原因，美国爆发了资本主义历史上最大的一次经济危机，随后，它向整个资本主义世界卷席而来。直到1933年，在持续了四年以后，这场经济危机才结束。经济危机造成的损失总计约2 500亿美元，欧美各主要工业国家经济瘫痪。图为在这场经济危机中等待救济的美国人。

“两种不同的使用方法”是说，一种是流动资本，一种是固定资本。按照这个说法，这应该是互相独立的不同资本的不同的使用方法。但是他又说：

“行业不同，所使用的固定资本和流动资本之间的比例也极不相同。”在这里，固定资本和流动资本不再是不同的独立投资，而是属于同一生产资本的不同部分。这些不同部分又在不同投资部门形成这个资本总价值的不同份额。由此说来，这种区别是由生产资本本身的适当分割而产生的，因而只适用于生产资本。但是，商业资本只是作为流动资本同固定资本相对立的说法，又和这一点相矛盾。亚当·斯密自己说：

“一个商人的资本完全是流动资本。”

事实上，这种资本仅仅是在流通领域内执行职能的资本，并且作为这样的资本总是同生产资本，即同进入生产过程的资本相对立。正因为如此，这样的资本不能作为生产资本的流动部分，而与生产资本的固定部分相对立。

在亚当·斯密所举的例子中，他将“劳动工具”规定为固定资本，把投在工资和原料，包括辅助材料上的部分资本规定为流动资本，由制成品的价格偿付，并取得利润。

就此不难看出他的出发点：将劳动过程分为两个不同的组成部分，一个是劳动力（劳动）和原料，另一个是劳动工具。但是，它们又是资本的组成部分，因为在它们身上已经耗费了一定的、作为资本执行职能的价值额。就这点而言，它们是生产资本在生产过程中执行职能的物质要素和存在方式。为什么只把一部分称作固定的呢？因为“资本的一定部分必须固定在劳动工具上。而机器和劳动工具这一类东西，不必更换所有者或进一步流通，就能提供收入或利润。因此，这种资本可以非常恰当地称为固定资本”。

以采矿业为例，它们完全不需要原料。其劳动对象，例如铜，只是一种自然产物，它首先是要通过劳动才能占有。一方面，这种首先要占有的铜，只是过程的产品，只有在过程结束后才能作为商品或者作为商品资本进入流通，所以它不是生产资本的要素。而且生产资本价值的任何部分都没有投在这种铜上。另一方面，生产过程的其他要素，例如劳动力和辅助材料（煤炭、水等），也同样没有加入产品。煤炭完全被消费掉，只有它的价值留在了产品中，如同机器的一部分价值留在产品中一样。工人也同机器一样，仍然独立于产品铜之外。只有工人通过他的劳动生产出的价值，成为铜价值的组成部分。此例中，生产资本的任何组成部分都没有转手（更换所有者），也没有进一步流通，因而它们都没有在物质上加入产品。那么在这里，还有什么流动资本呢？按照亚当·斯密的定义理解，在采铜业上使用的全部资本，将只由固定资本构成，而没有流动资本。

现在，我们以另一种产业为例。这种产业不仅使用原料，还使用辅助材料。原料和辅助材料会形成产品的实体，在物体上加入产品，而不像燃烧的煤炭那样只在价值上加入产品。构成产品原料，例如棉纱的原料——棉花，一般来说，它可与产品棉纱一起转手，从生产过程进入消费过程。但是，只要棉花作为生产资本的要素——原料执行职能，所有者就不会将它售出，而是会将它加工，形成棉纱。所有者绝不会无故将棉花脱手，或用亚当·斯密的话来说，“通过卖掉，通过更换所有者，或者通过流通”而获取任何利润。所有者不让他的材料流通，就像不让他的机器流通一样。如此一来，这些材料完全和纺纱机、厂房一样固定在生产过程中。诚然，生产资本的一部分，必须不断固定在煤炭、棉花等形式上，就像固定在劳动资料的形式上一样。它们的区别在于：棉纱生产一周所需要的棉花、煤炭等，会不断被消费掉，因此必须补充新的棉花、煤炭。这就是说，生产资本的这些要素虽然总是同一种类，但一个要素要不断地以同一种新的物品补充，而一台纺纱机、一座厂房，却会在许多周的生产上继续发挥作用，无须由同一种新物品来替换。生产资本的一切要素，无论是固定还是流动，只要作为生产资本，都与流通资本，即流通中的商品资本和货币资本相对立。

亚当·斯密的商品资本理论

劳动力也是如此。不论在什么地方，生产资本的一部分必须不断固定在劳动力上，并且一些劳动力与某些机器相同，在较长的时间内由同一个资本家拥有。它们与机器的区别，并不是在于机器和工人的购买方法；而是在于工人耗费的劳动全部加入到产品的价值之中，而机器的价值却只是部分逐渐地加到产品的价值之中。

亚当·斯密在说明与固定资本相对立的流动资本时，就将两个不同的规定混同起来：

“这样使用的资本，在仍然保留在它的所有者手中或保持原状时，不会为它的所有者提供收入或利润。”

亚当·斯密的错误在于：他把产品即商品资本在流通领域中运动、以商品的转手为媒介的纯粹形式上的商品形态变化，与生产资本的不同要素在生产过程中运动的物体上的形态变化相提并论；他将商品和货币之间的互相转换，即卖和买，与生产要素转化为产品混为一谈。他所举的流动资本的例子，是由商品转化为货币，再由货币转化为商品的商人资本，是属于商品流通的形式变换W—G—W。但流通中的这种形式变换，对执行职能的产业资本而言，具有这样的意义：货币再转化成的商品是生产要素，因此，这种形式变换赋予产业资本的职能以连续性，它使生产过程成为连续的生产过程，即再生产过程。而这种形式的整个变换在流通中进行；这种形式变换使商品实际上从一人手中转到另一人手中。相反，生产资本在生产过程中通过的形态变化，却是属于劳动过程中的形态变化，也是生产要素转化为生产的产品所必需的变化。

□ 法国重商主义时期的港口

与重农主义不同，重商主义强调积累金银货币和对外贸易的重要性，把金银看作是财富的唯一形式，认为国家的繁荣依赖于资本（贵金属）的供应，贵金属所代表的资本量可通过多出口少进口来增加，认为财富的真正源泉是对外贸易，主张国家支持对外贸易。图为法国重商主义时期繁忙的港口。

这样，我们清楚地看到亚当·斯密停留在这个事实上：一部分生产资料（真正的劳动资料）在劳动过程中发生作用（用他的错误说法："给它们的所有者提供利润"），并未改变它们的实物形态，只是逐渐损耗，而另一部分生产资料（材料）却发生变化，并且正是通过这种变化来完成它们作为生产资料的使命。但是，生产资本的各种要素在劳动过程中的不同作用，只是区别固定资本与非固定资本的起点，而不是这种区别本身。这一点可以从以下事实证明：这种不同作用可以存在于一切生产方式，无论是资本主义还是非资本主义的生产方式。但与这种不同物质作用相适应的，则是向产品的价值转移，而与价值转移相适应的，又是通过产品的出售进行的价值补偿。也只有这一点才形成真正的区别：资本成为固定资本，不是因为它固定在劳动资料中，而是因为它投在劳动资料中的一部分价值，而另一部分作为产品的价值组成部分，流通时仍然固定在劳动资料中。

亚当·斯密的经验主义

关于利润粗浅的经验主义观念是从普通资本家的看法中得出来的，这与亚当·斯密自己较为深刻的内在见解完全矛盾。在产品价格中，不仅材料和劳动力的价格得到了补偿，而且劳动工具的磨损也转移到产品的一部分价值中从而得到补偿。因此，这种补偿无论怎样都无法成为利润的源泉。生产产品而预付的价值无论是通过产品的出售全部一次补偿，还是部分地逐渐补偿，所改变的只能是补偿的方法和时间。无论如何，都不能将这两种补偿的共同点，即价值的补偿转化为剩余价值的创造。亚当·斯密的错误是源于一种普通的看法：因为剩余价值必须通过产品的出售、流通才能实现，所以它也只能通过这种形式才能产生。因此，这里所说的利润产生的不同方法，只是错误地表达了对生产资本的不同要素发生的不同作用，也就是错误地表达了对它们作为生产要素在劳动过程中发生的不同作用。最后，这个错误还在于，他所说的区别不是从劳动过程或价值增殖过程引出的，也并非从生产资本的本身职能中引出的，而是被认为仅对单个资本家具有主观上的意义。因为在单个资本家看来，资本的一部分在这种形式上有用，另一部分则在其他形式上有用。

可见，亚当·斯密已远远落后于魁奈。因为魁奈的这些区别是从再生产过程和它的必然性本身引出来的：为了使生产过程连续进行，年预付的价值必须每年从年产品的价值中得到全部补偿。相反，基本投资的价值只能是一部分一部分地

□ 工人的白日梦

在资本主义社会，资本家凭借占有大量生产资料而无情剥削只能依靠出卖劳动力为生的工人，这是资本主义产生和发展的条件。在这张剧照中，一位资本家正给一位工人擦皮鞋。事实上，在资本主义社会，这种场面是绝不会出现的，它只是工人做的白日梦而已。

补偿，所以需要许多年才能补偿完全。比如十年，才能完全补偿以至完全再生产出来。而这种补偿是完全由同一种新的物品来替换。

在亚当·斯密固定资本的定义中还有一点，就是固定资本是劳动资料。这种劳动资料虽与它制造的产品相对立，但不会在生产过程中改变它的形态，而是在生产中继续发挥作用，一直到无法使用为止。然而亚当·斯密忘了，生产资本的一切要素，不断以它们的实物形式——比如劳动资料、材料和劳动力与生产产品相对立，与作为商品流通的产品相对立。他也忘了，由材料和劳动力构成的部分与由劳动资料构成的部分的区别仅仅在于：就劳动力而言，它必须不断重新购买，而不像劳动资料是按照自身的全部使用时间来重新购买。就材料而言，在劳动过程中执行职能的，不是同一种东西，而总是另一种新的物品。亚当·斯密的定义同时还产生了一种假象：尽管他在之前已经说明，固定资本的损耗自然是产品价格的一部分，但似乎固定资本的价值永远不会流通。

亚当·斯密在谈到流动资本时，并没有着重指出它与固定资本相对立。而这种对立的存在，是因为流动资本必须全部由产品价值补偿。因此，流动资本必须全部参加产品的形态变化。而固定资本却恰恰相反，他将流动资本与资本从生产领域转到流通领域时所采取的形式——即商品资本和货币资本混为一谈。这两种形式，即商品资本和货币资本，既是生产资本固定组成部分的价值承担者，又是它流动组成部分的价值承担者。这二者是与生产资本相对立的流通资本，而不是与固定资本相对立的流动资本。

最后，亚当·斯密认为：固定资本保留在生产过程中而产生利润，流动资本离开生产过程并进入流通而产生利润。于是，由于可变资本和不变资本流动部分在周转中具有同一形式，它们在价值增殖过程和剩余价值形成过程的本质区别就被掩盖起来，致使资本主义生产的全部秘密更加隐蔽。在流动资本这个共同的名称下，这个本质区别被抹杀了。之后的经济学走得更偏远，它认定，作为本质和唯一的区别，不再是可变资本与不变资本的对立，而是固定资本与流动资本的对立。

然而，现代庸俗经济学中，由于流动资本的量比固定资本的量更频繁地随产量的多少而变化，于是有人就将这种流动资本称为可变资本，妄图偷换经济科学中的可变资本的概念。

亚当·斯密的生产资本组成结构理论

亚当·斯密在说明固定资本与流动资本是两种特殊的投资方式，而且各自都会产生利润之后，又说道：

“任何固定资本，若是缺少了流动资本的帮助，都不会产生收入。例如最有用的机器和劳动工具，如果没有流动资本为它们提供加工的材料，给使用它们的工人提供给养，就无法生产任何东西。”

由此可见，以上所说的“产生收入” “取得利润”等，想要表达的就是：资本的两个部分是产品的形成要素。

然后，亚当·斯密举了如下的例子：

“租地农场主投在农具上的资本是固定资本，投在雇工的工资和给养上的资本是流动资本。”

这里，他把固定资本和流动资本的区别仅归结为生产资本不同组成部分的不同的流通和周转。这是正确的。

“他从前一种资本中取得利润，是由于他将它保存在自己手中；他从后一种资本中取得利润，是由于他将它售出。役畜的价格或价值，与农具的价格相同，是固定资本。”

这一说法也是正确的。因为区别同价值有关，而与物质要素无关。

“它（役畜）的给养与雇工的给养相同，是流动资本。租地农场主取得利润的方法，是保留役畜，而售出它的给养。”

租地农场主保留喂牲畜的饲料，不将它售出，而用它来饲养牲畜，把牲畜作为劳动工具来使用。两者的区别仅仅在于：用来饲养役畜的饲料会全部消费掉，必须不断通过从农产品中或将它出售以换取新的牲畜饲料来补偿，而牲畜却只能

□ 役畜耕田

亚当·斯密在他的生产资本组成结构理论中指出，租地农场主保留喂牲畜的饲料，不将它售出，而用它来饲养牲畜，把牲畜作为劳动工具来使用。租地农场主给役畜的给养和给雇工的给养相同，属于流动资本。在生产过程中，役畜执行的是工具的职能，而其他育肥出售的牲畜执行的是原料的职能。图中为农民使用马拉犁耕田的情景，在这里，马作为役畜，执行着工具的职能。

是因为不能干活而一头头被替换。

“买来育肥的牲畜不是为了役使，而是为了出售，这样所耗费的价格与给养，便是流动资本。租地农场主则将它们出售而取得利润。”

出售他的产品，是任何商品生产者，包括资本主义商品生产者，出售他生产过程的结果。因此，这个被出售的产品既不是他生产资本的固定组成部分，也不是流动组成部分，而是他的产品正处于已经离开生产过程而必须执行商品资本职能的形式。这样，肥胖的牲畜在生产过程中执行着原料的职能，不像役畜那样是执行着工具的职能，所以它作为实体加入产品，而它的全部价值也和作为饲料辅助材料的价值一样，被加入到产品中。因此，它属于生产资本的流动部分。但是，它作为流动资本，是偶然的。同时，亚当·斯密本应从此例中看出，生产要素中包含的价值规定为固定资本和流动资本，不是在于生产要素的物质形式，而是在于生产过程中的职能。

“种子的全部价值也是固定资本。虽然种子往返于土地和谷仓之间，但它从未更换所有者，因此，它并没有进入流通。租地农场主取得利润，不是靠种子的出售，而是靠它的繁殖。”

在这里，亚当·斯密所作的区分之荒谬，暴露无遗。依他之见，如果种子不“更换所有者”，也就是说，如果种子直接从年产品中补偿，并从中扣除，它就是固定资本。相反，如果将全部产品售出，而用其中一部分价值来购买他人手中的谷种，它就是流动资本。在后一个场合，“更换所有者”；在前一个场合，没有“更换所有者”。亚当·斯密再次将流动资本和商品资本混为一谈。产品是商品资本的物质承担者，但是只有实际进入流通，而不直接再进入自己作为产品被生产出来的生产过程的那部分产品，此种说法才成立。

不论种子直接作为产品的一部分加以扣除，还是把全部产品售出后，用售出的一部分价值换成向别人购买的种子，这两种场合，其实都只是补偿。这种补偿，不会产生任何利润。在后一种场合，种子和产品的其余部分相同，是作为商品进入流通；在前一种场合，它只是在簿记上充当预付资本的价值组成部分。但是，这两种场合，总是属于生产资本的流动组成部分，被完全消费掉，以便完成产品的生产，并且它必须全部由产品补偿，以便使再生产成为可能。

“原料和辅助材料丧失了它们作为使用价值进入劳动过程时所具有的独立形态，而真正的劳动资料却并非如此。工具、机器、厂房、容器等，只有保持最初的形态，并且在第二天以与前一天相同的形式进入劳动过程，才能从中发挥作用。在它们被消耗殆尽前后的劳动过程中，都与产品保持着相对独立的形态。报废的机器、工具、厂房等，与在它们帮助下所形成的产品总是分开的。”

生产资料在产品的形成上具有不同的使用方法，一种是生产资料与产品相对保持独立的形态，另一种是生产资料改变或全部丧失独立的形态。这一区别属于劳动过程本身，因此，对没有任何交换、没有商品生产，只是为了满足自己需要的劳动过程而言，这也是存在的，例如，家庭自己的需要。然而，这个区别被亚当·斯密歪曲了，因为：①他塞进了和这里完全无关的关于利润的规定，说什么一些生产资料在保持原本的形态时，为所有者带来利润，另一些生产资料在丧失原本的形态时，为所有者带来利润。②他把一部分生产要素在劳动过程中的变化，和属于产品交换、商品流通，同时包含流通中的商品的所有权变换的那种形式变换（买和卖）混为一谈。

周转意味着以流通为媒介的再生产，也就是，以产品的出售，以产品与货币之间的互相转化的生产要素为媒介的再生产。如果资本主义生产者本身的一部分产品直接被他重新用作生产资料，那么，他似乎就是将这部分产品售给了作为卖者的自己，而在他的账簿上也是这样表现出来的。因此，再生产的这一部分不是以流通为媒介，而是直接进行的。然而，这样重新用作生产资料的那部分产品是补偿流动资本，而不是补偿固定资本，只需满足两个条件：

第一，它的价值全部加入产品；

第二，它本身在实物形式上全部由新产品中同一种新的物品来补偿。

亚当·斯密接着阐述，流动资本与固定资本的构成部分是怎样的。他列举了构成固定资本和流动资本的物品即物质要素，似乎这种规定性是这些物品在物质

□ 自动售货机

资本家通过售出商品，使预付资本以货币形式回到自己手中，同时使生产过程中所创造的剩余价值变为货币，但是亚当·斯密却错误地将货币理解成了流动资本。图为一名妇女在自动售货机前选购商品。当交易成功，资本家的预付资本便以货币的形式最终回到他的手里。

上天然具有的，而不是由这些物品在资本主义生产过程中的一定职能产生的。但是，他在同一章中指出，虽然某种物品，例如，一所保留下来供直接消费的住宅，“会为它的所有者提供收入，因此会对他执行资本的职能，但是决不会为公众提供收入，更不会对公众执行资本的职能。全体人民的收入也决不会因此增加丝毫”。

因此，在这里，亚当·斯密说得很清楚，资本属性并不是物品本身在一切情况下都固有的，而是一种职能，物品是否承担这种职能，要视情况而定。但对一般资本适用的，对它的部分也适用。

同样的物品，是构成流动资本的组成部分还是固定资本的组成部分，要看它在劳动过程中所执行的职能。例如牲畜，当它作为役畜（劳动资料），是租地农场主固定资本的物质存在方式，相反，当它作为育肥的牲畜（原料），却是流动资本的组成部分。另一方面，同一物品可以时而成为生产资本的组成部分，时而属于直接的消费基金。例如，一所房子，用作劳动场所时，是生产资本的固定组成部分，用作住宅时，就不再是资本的形式，而只是一所住宅。在许多场合，同一样劳动资料，可以时而充当生产资料，时而充当消费资料。

亚当·斯密的见解产生的错误之一，是将固定资本和流动资本的性质看作物品固有的性质。我们在劳动过程的分析中已经指出：对劳动资料、劳动材料或产品的规定，是随着同一物品在过程中所起的不同作用而改变的。而固定资本和非固定资本的规定，也是建立在这些要素在劳动过程中，从而在价值形成过程中所起的一定作用的基础上。

其次，亚当·斯密在列举构成固定资本和流动资本的物品时，清楚地表明了他把两种区别混为一谈，一种是仅仅对生产资本（生产形式的资本）才适用、才有意义的生产资本的固定组成部分和流动组成部分的区别，另一种是生产资本和资本在其流通过程中具有的形式即商品资本和货币资本的区别。在同一个地方，他说："流动资本包括……处在各个商人手中的各种食品、材料、成品，以及它们流通和分配所必要的货币。"

事实上，如果我们作进一步考察，就会发现，这里和以上所述相反，又将流动资本同商品资本和货币资本，也就是同两种根本不属于生产过程的资本形式等同起来。这两种形式的资本并不是和固定资本相对立的流动资本，而是与生产资本相对立的流通资本。因此，预付在材料，即原料或半成品上并且实际并入生产过程的生产资本的组成部分，只是与这两种形式的资本并列在一起发生作用。他说："社会总资本自然分成三个部分，第三部分是流动资本，它的特征是，只有通过流通或更换所有者才提供收入。流动资本也由四部分构成：第一，是货币……"

但货币从来不是生产资本即在生产过程中执行职能的资本的形式，它始终只是资本在流通过程中采取的形式之一。

"第二，是屠宰业主、畜牧业主、租地农场主……所拥有的食品储备，他们希望通过出售这种食品而得到利润……第三，是完全没有加工或加工少许的服装、家具和建筑物的材料，这些材料尚未加工成服装、家具和建筑物，还留在农场主、工厂主、绸布商、木材商、木匠以及砖瓦制造业主等人的手中；第四，即最后部分，是已经制成但还在商人或工厂主手中的产品。"

第二项与第四项包括的，不外乎是那些作为产品已经离开生产过程而且必须售出的东西。总之，它们现在作为商品从而作为商品资本执行职能，因此，按它们所具有的形式和在过程中所占有的位置，不管最后用途如何，它们都不属于形成生产资本的要素。

生产资本与商品资本的区别

这里，亚当·斯密又说到商人，这又一次暴露出他的混乱。只要生产者将其产品卖给商人，那么，这个产品就不再是生产者的资本的形式。当然，从社会的观点来看，尽管产品在别人手中，而不在它的生产者手中，它仍然是商品资本；但是，正因为它是商品资本，所以它就既不是固定资本，也不是流动资本。

此外，亚当·斯密在这里还自相矛盾。成品，不管它们的物质形态或使用价值如何，也不管它们的效用如何，都是商品资本，都是属于流通过程的形式的资本。处于这种形式的成品，并不是它的所有者可能的生产资本的组成部分；但这决不妨碍它们出售之后在买者手中重新成为生产资本的组成部分，或者是流动组成部分，或者是固定组成部分。这就表明：一度在市场上作为商品资本出现，而与生产资本相对立的同一物品，在离开市场后，就有可能执行或者不执行生产资本的流动组成部分或固定组成部分的职能。

产品棉纱，是棉纺业主的资本的商品形式，是他的商品资本。当它不再作为他生产资本的组成部分执行职能时，它就既不能作为劳动材料，也不能作为劳动资料执行职能。但是，在购买棉纱的织布业主手中，棉纱进入他的生产资本，就成为其中的流动组成部分之一。而对纺纱业主来说，撇开剩余价值不谈，棉纱是他的一部分固定资本和流动资本的价值承担者。机器也是如此，作为机器制造厂主的产品，它就是他资本的商品形式，是他的商品资本；只要它停留在这个形态上，它就既不是流动资本，也不是固定资本。但是，一旦将它卖给一个使用它的工厂主，它就成为生产资本的固定组成部分。即使有的产品按其使用形式，能够部分地重新作为生产资料，进入将它生产出来的过程，情形也是如此。例如煤炭用于煤炭的生产，但用于出售的那部分煤炭产品，恰好既不是流动资本，也并非固定资本，而是商品资本。

需要注意的是，有的产品，按其使用形式，根本无法成为生产资本的某种要素，既不能充当劳动材料，也不能充当劳动资料。例如，某些生活资料就是这样。尽管如此，这些产品对它们的生产者而言，依然是商品资本，是固定资本和流动资本的价值承担者。至于这些产品是哪一种资本的价值承担者，就要看它们在生产之时所使用的资本是必须全部一次性补偿还是部分地补偿，或是这种资本的价值是全部一次性转移到产品中去，还

□ 机械榨汁机

机器作为制造厂主的产品，是他的商品资本。当它停留在不使用的形态，便既不是流动资本，也不是固定资本。但它一旦被卖给别的工厂主使用，就成为后者生产资本的固定组成部分。图为一架高效的机械榨汁机，据说它只需两个人就能操作，而一般的榨汁机通常需要10个人操作。

是部分地转移过去。

在第三项中，亚当·斯密谈到包括原料、半成品、辅助材料在内的原材料，这些原材料一方面并不表现为已经并入生产资本的组成部分，另一方面，又确实是被当作并入生产资本的材料，从而被当作生产者手中的生产资本的要素。事实上前者只表现为社会产品由以构成的使用价值的特别种类，即只表现为和第二项所列举的其他各种物质组成部分、生活资料等并列的商品。这里的混乱在于：这些原材料一方面被理解为在生产者（农场主、工厂主等人）手中执行职能，另一方面又被理解为在商人（绸布商、木材商）手中执行职能，然而，在商人手中，它们只是商品资本，并非生产资本的组成部分。

亚当·斯密在此列举流动资本的要素时，实际上完全忘记了只对生产资本适用的固定资本和流动资本的区别。却将商品资本与货币资本这两种属于流通过程的资本形式同生产资本相对立。

最后，亚当·斯密在列举流动资本的组成部分时忘记了劳动力。这个错误是由两个原因造成的。

原因之一正如之前所见，撇开货币资本不谈，在亚当·斯密眼中，流动资本不过是商品资本的另一个名称。问题在于，只要劳动力在市场上流通，它就不是资本，也不是商品资本的形式。劳动力根本不是资本，也不存在所谓的人力资本。工人也不是资本家，尽管他把一种商品，即他自己带到市场上。也只有在劳动力已经出卖，进入生产过程之后，它才成为生产资本的组成部分：作为剩余价值的源泉，它是可变资本。就投在它身上的资本价值的周转而言，它是生产资本的流动组成部分。另一个原因是，由于亚当·斯密在这里将流动资本和商品资本混同了，所以他绝不会把劳动力列入他的流动资本的项目内。因此，在他看来，可变资本是以工人用自身的工资购买的商品即生活资料的形式出现。在这种形式上，投在工资上面的资本价值才被认为属于流动资本。但是，并入生产过程的，是劳动力和工人本身，而并非工人赖以维持的生活资料。诚然，我们说过，从社会的观点来看，工人本身通过他的个人消费进行的再生产，也属于社会资本的再生产过程。但是，这一点并不适用于我们此时所考察的单个的孤立的生产过程。亚当·斯密列入固定资本项目内的“获得的有用的才能”，却恰好是与固定资本相反的流动资本的组成部分，因为它是雇佣工人的“才能”，并且雇佣工人已经将他的劳动连同他的“才能”一起出卖。

亚当·斯密的社会财富构成理论

亚当·斯密的一个大错误，是将全部社会财富分成三部分：一是直接消费基金；二是固定资本；三是流动资本。这种分法，使财富分为了消费基金和资本。

虽然消费基金的某些部分能够不断执行资本的职能，但它并不构成执行职能的社会资本的部分。而按照这种分法，财富的一部分固然执行资本的职能，但另一部分则执行非资本或消费基金的职能。这时，一切资本是一种绝对的必然性，不是固定的，就是流动的；但是，我们已经知道，固定资本与流动资本的对立，只适用于生产资本的要素；而在这个要素之外，还有相当大量的资本——商品资本和货币资本，它们处在既不可能是固定资本，也不会是流动资本的形式。

因为在资本主义的基础上，除了单个资本主义生产者本人不经过买卖，直接以实物形式重新用作生产资料的那部分产品以外，社会生产的总量是作为商品资本在市场上流通的，所以，从商品资本中取出的，既有生产资本的固定要素和流动要素，又有消费基金的一切要素。这无非是说，在资本主义生产的基础上，生产资料和消费资料首先是作为商品资本出现的，即使它们的使命在以后只是充当消费资料或生产资料；同样，劳动力本身虽然不是商品资本，但也是作为商品出现在市场上的。

亚当·斯密对于这一点的不了解，使他又产生了新的混乱：

“在这四部分中（即“流动资本”的四个部分，实际上是处在两种属于流通过程的资本形式——商品资本和货币资本的四个部分。由于亚当·斯密把商品资本的组成部分又从物质上来区分，两部分就变成了四部分），其中三部分——食品、材料和成品——或者一年，或者在比一年更长或更短的时间内，照例从流动资本转为固定资本，或者是供直接消费的储备。流动资本不但是固定资本的源泉，不断为它提供补充，还是一切有用的机器和劳动工具的源泉。

除了不断由生产者本人重新作为生产资料直接消费的那部分产品外，适用于资本主义生产的论点还有：一切产品都是作为商品来到市场，因此，对资本家而言，这些产品都是作为资本的商品形式和商品资本来流通。尽管这些产品以其实物形式和作为生产过程的要素，作为生产资料，从而作为生产资本的固定要素或流动要素执行职能，也能充当个人消费而不是生产消费的资料。因为一切产品都作为商品投入市场，所以一切生产资料和消费资料以及一切生产消费和个人消费的要素，都必须通过它们作为商品的购买再从市场上取出。因此，它既适用于生产资本的固定要素，又适用于生产资本的流动要素；既适用于一切形式的劳动资料，又适用于一切形式的劳动材料。（亚当·斯密在这里又遗漏了生产资本的某些要素是天然存在的，而不是产品这一规律。）机器和棉花都是从市场购买的。但绝不能就此得出结论：任何固定资本最初都来源于流动资本。这一结论的出现，只是亚当·斯密将流通资本与流动资本即非固定资本混淆。此外，以亚当·斯密的说法，机器作为商品是流动资本，这与他之前所说的明显自相矛盾。因此，说它们来源于流动资本，只是意味着：它们在执行机器职能之前，执行过商品资本的职能，但从物质上说，它们是来源于自身的。就如棉花作为纺纱业主的资本流动要素，是源于市场上的棉花一样。但是，倘若亚当·斯密在进一步的叙述中，根据制造机器需要劳动和原料，就从流动资本得出固定资本，那么，第一，制造机器也需要劳动资料，即固定资本；第二，生产原料同样需要机器等固定资本，因为生产资本虽然总是包括劳动资料，但并不总包括劳动材料。

□ **卖花**

商品是用来交换、能够满足人们某种需要的劳动产品。它除了具有使用价值外，还必须具有交换价值。两种商品的使用价值交换的比例并非固定不变，它会随着时间和地点的改变而改变。如图中，卖花人的花不可能在任何时间、任何地点都以同一价格出售。

他接着说：

“土地、矿山和渔场，在对它们的经营中，既需要固定资本，又需要流动资本（就是说，他承认，生产原料不仅要有流动资本，而且要有固定资本），并且它们的产品不仅补偿这些资本并取得利润，而且补偿社会上一切其他的资本并取得利润。”

这明显是错误的。它们的产品为一切其他产业部门提供原料、辅助材料。但其产品的价值并不补偿其他社会资本的价值而只补偿它们自身的资本价值（或者加上剩余价值）。

产品的实物形式与所有权证书

从社会的观点来看，下面这一说法是正确的：由只能充当劳动资料的产品构成的那部分商品资本，如果不是生产出来毫无用处，无法售出的话，一定会执行劳动资料的职能。就是说，在资本主义生产的基础上，只要这些产品不再是商品，就必然会如最初预定的那样，成为社会生产资本固定部分的现实要素。

但在这里，出现了一个由产品的实物形式产生的区别：

例如，一台纺纱机，如果不是用来纺纱，那它就不执行生产要素的职能。这就是说，以资本主义的观点来看，不执行生产资本的固定组成部分的职能，就没有实际的使用价值。然而，纺纱机是可以移动的；它可以从出产国输出，在国外直接或间接地卖掉，换成原料或香槟酒等。但如此一来，它在出产国执行的只是商品资本的职能，却不是固定资本的职能，即使在它出卖之后也并非执行固定资本的职能。

相反，那些与土地连在一起，只能固定在某一地，即就地利用的产品，例如厂房、铁路、桥梁、隧道、船坞以及土地改良设施等，是无法将它们原封不动地输出的。因为它们是无法移动的，所以它们或者没有用处，或者在售出以后，都必须执行固定资本的职能。我们发现，资本主义生产者为了搞投机而建造的工厂或改良的土地，目的不是为了生产，而是为了将其出售。对他而言，这些物品是他商品资本的形式，或者按亚当·斯密的说法，是流动资本的形式。但是从社会的观点来说，这些物品要成为并非无用的东西，就要在本国，在一个固定在它们本身所在地的生产过程中，执行固定资本的职能。诚然，我们不能就此断定，无法移动的物品一概都是固定资本。因为，它们可以属于消费基金，所以根本不属于社会资本，即使它们是社会财富的要素。用亚当·斯密的话来说：这些物品的生产者通过将其出售而获得利润，因此，它们是流动资本！而这些物品的使用者，即它们最后的买主，只有将其用于生产过程，才能利用它们，因此，它们是固定资本！

再来看所有权证书，如铁路的所有权证书。这些证书每天都在易手，它们的所有者甚至可以在国外出售这种证书而获取利润。因此，铁路本身虽然不能输出，所有权证书却是可以输出的。但不管怎样，这些物品在其所在的国家内，要么闲置不用，要么必须执行生产资本的固定组成部分的职能。如，厂主A将工厂卖给厂主B而获取利润，并不会妨碍工厂执行固定资本的职能。

因此，那些固定在某一地、与土地无法分离的劳动资料，对其生产者而言，虽然能够执行商品资本的职能，不形成他的固定资本的要素，但必然预期要在本国执行固定资本的职能。这是因为，这些固定资本对他而言是用建造房屋、铁路等的劳动资料构成的。可是，绝不能由此就反推，固定资本必然由不能移动的物品构成。船舶和机车只有通过运动才能发挥作用，才能执行固定资本的职能。但是，这仅是对它们的使用者来说的。另一方面，一些东西确实固定在生产过程中，一经进入便永不离开，由生到死都固定其中。例如，用于生产过程中使机器运转的煤炭，厂房内照明的煤气等就是如此。它们属于流动资本，不是因为在物体上和产品一道离开生产过程，作为商品来流通，而是因为它们的价值全部进入了在其帮助下生产出的商品的价值之中，从而必须全部由商品的出售来补偿。

“工人的给养”与可变资本

在最后引用的亚当·斯密的那段话中，还应注意：

“制造它们（机器等）的工人所需的给养是由流动资本提供的。”

一方面，将预付在工资上的资本部分正确地列入与“原预付”相对立的“年预付”；但是另一方面，他们却将付给农业工人的生活资料表现为租地农场主使用的生产资本的组成部分。亚当·斯密把这种生活资料称为“工人的给养”。这一点与独特的理论有着密切的联系。在他们看来，由劳动进入到产品中去的那部分价值，正如原料、劳动工具等不变资本的物质组成部分加到产品中去的价值一样，只是等于付给工人的为了维持他们作为劳动力的职能所必须消费的生活资料的价值。亚当·斯密的理论本身使他们不可能发现不变资本和可变资本的真正区别：劳动除了再生产它本身的价格外还生产剩余价值，它在工业中也像在农业中一样，生产剩余价值。按照他们的体系，劳动只在一个农业生产部门中生产剩余价值，因此，他们认为，剩余价值不是由劳动产生，而是由自然在这个部门的特殊作用下产生。仅仅由于这一原因，他们就认定，农业劳动与其他种类的劳动不同，农业才是生产劳动。

亚当·斯密将工人的生活资料规定为与固定资本相对立的流动资本：

一、亚当·斯密把同固定资本相对立的流动资本，与那些属于流通领域的资本形式即流通资本混同起来，而他之后的经济学家又不加批判地将这种混同继

□ 发放工资

工人的劳动以工资的形式得到报酬，利润变得不像是由工人劳动创造的，而像是资本家全部预付资本的产物，于是剩余价值也就不再被认为是由劳动创造的。可见，利润这个剩余价值的转化形式源于资本主义生产关系本身，同时它又反过来掩盖了资本主义的剥削关系。图中，资本家正在给工人发放工资。

承了下来。不言而喻，在社会产品采取商品形式的地方，工人的生活资料与非工人的生活资料相同，材料与劳动资料本身也相同，都必须由商品资本提供。

二、亚当·斯密的分析中混入了重农学派的见解。显然，这种见解，与他阐述的内在部分即真正的科学部分相矛盾。

一般说来，预付资本会转化为生产资本。就是说，会采取生产要素的形式，而生产要素本身是过去劳动的产物。只有在这一形式上，预付资本才能在生产过程中执行职能。现在，倘若我们以工人的生活资料代替资本的可变部分转化成的劳动力本身，很明显，就价值形成而言，这种生活资料本身，同生产资本的其他要素、原料和役畜的生活资料是没有区别的。亚当·斯密正是以此为根据，效法重农学派，在之前引用的一段话中，将它们相提并论。实则，生活资料本身并不能增殖自己的价值，或者说，不能把剩余价值加到生活资料的价值上。生活资料的价值，与生产资本其他要素的价值相同，只能在产品的价值中再现。而它加到产品中的价值，不会多于它原有的价值。生活资料和原料、半成品等一样，同由劳动资料构成的固定资本的区别仅仅在于：生活资料全部消耗在它参与制造的产品中，从而它的价值必须全部一次补偿，而固定资本只是逐渐地、一部分一部分地补偿。因此，预付在劳动力（或工人的生活资料）上的生产资本，现在只是在物质方面同生产资本其他的物质要素相区别，而不是在劳动过程和价值增殖过程方面有所区别。这部分生产资本只是由于它和产品的客观形成要素的一部分一起归到流动资本的范畴，而同产品的客观形成要素的另一个归到固定资本范畴的部分相区别。亚当·斯密却将它们统称为“材料”。

投入到工资上的那部分资本，属于生产资本的流动部分，它与生产资本的固定部分相反，但与产品物质形成要素的一部分（原料等）一样具有流动性。这种情况同资本的可变部分，在价值增殖过程中所起的与不变部分相反的作用绝对无关。问题仅仅在于：这部分预付资本价值必须用怎样的方式，以流通为媒介，由产品的价值得到补偿、更新，从而再生产出来。

劳动力的购买和再购买，属于流通过程。但是只有在生产过程中，投在劳动力上的价值，才会由一个已定的不变量，转化为一个可变量；这个增加的量不是为工人，而是为资本家；并且始终只是由于这一点，预付的价值才转化为资本价值和资本以及自行增殖的价值。但是，如果像亚当·斯密那样，把投在工人的生活资料上的价值，规定为生产资本的流动组成部分，那么，就不可能理解可变资本和不变资本的区别，因而也就无法理解资本主义生产过程本身。这部分资本是与投在产品物质形成要素上的不变资本相对立的可变资本这一定义，被掩埋在这样一个定义之下：就周转而言，投在劳动力上的资本属于生产资本的流动部分。这种掩埋由于只是把工人的生活资料列为生产资本的要素而最终完成。至于劳动力的价值是用货币预付还是直接用生活资料预付，是无关的。

这样，亚当·斯密所下的流动资本的定义，被确定为对于投在劳动力上的资本价值具有决定意义的定义，就使他的后继者无法理解投在劳动力上的资本是可变资本部分。他本人在别处作过的更深刻和正确的阐述并未取胜，而这个谬误却占了上风。致使以后的作者走得更偏。他们不仅认为，投在劳动力上的资本具有决定意义的定义在于，它是与固定资本相对立的流动资本，而且还认为，流动资本的本质定义在于，它是投在工人的生活资料上的资本。由此自然就得出了劳动基金的学说，即由必要生活资料构成的劳动基金，是一个已定的量，这个量一方面从物质上限制了工人在社会产品中占有的份额，另一方面又必定全部花费在购买劳动力上。

李嘉图的理论

李嘉图以功利主义为出发点，建立起了以劳动价值论为基础，以分配论为中心的理论体系。他指出，决定价值的劳动是社会必要劳动，决定商品价值的不仅有活劳动，还有投在生产资料中的劳动。

劳动力与固定资本是“比例”关系

李嘉图谈到固定资本和流动资本的区别，只是为了说明价值规律的例外，即工资率影响价格的各种情况。

他的糊涂观念从一开始就轻率地显现出来：

“固定资本耐久程度的这种差别，和这两种资本可能结合的比例的这种多样性。”

试问，这两种资本又是什么呢？回答是：

“维持劳动的资本和投在工具、机器和建筑物上的资本可能结合的比例也是多种多样的。”

正是这种多样性，使得柯布（美国数学家）与道格拉斯（保罗·道格拉斯，美国经济学家）能够将这两种资本进行产出的回归分析，得出现代庸俗经济学中著名的柯布—道格拉斯生产函数[1]。倘若这种结合的比例只有一种可能，那么柯布和道格拉斯的回归分析就会因完全共线性而失误。值得关注的是，李嘉图肯定地认为劳动力与固定资本之间是“比例”关系，而不是现代庸俗经济学所谓的“替代”关系。

因此，固定资本=劳动资料，流动资本=投在劳动上的资本。然而，李嘉图说

[1] 柯布—道格拉斯生产函数：最初由柯布（C.W.Cobb）和保罗·道格拉斯（Paul H.Douglas）共同探讨投入和产出的关系时创造的生产函数，并以二人名字命名。它在生产函数的一般形式上作出了改进，引入了技术资源这一因素，是用来预测国家和地区的工业系统或大企业的生产和分析发展生产的途径的一种经济数学模型，简称生产函数。同时，它也是经济学中使用最广泛的一种生产函数形式，在数理经济学与经济计量学的研究与应用中都具有重要的地位。

的“维持劳动的资本”是从亚当·斯密那里抄袭来的陈词滥调。亚当·斯密一方面将流动资本与可变资本投在劳动上的那部分生产资本混为一谈；另一方面，由于对立是从流通过程产生的，于是就出现了双重错误。价值增殖过程不是从不变资本和可变资本中产生，这是亚当·斯密一贯的混乱。

资本构成理论

第一，李嘉图将固定资本耐久程度的差别与不变资本和可变资本所组成的资本构成的差别等量齐观。但是，前一种差别在考察价值增殖过程时，只涉及生产资料的一定价值转移到产品中去的方式；在考察流通过程时，只涉及所投资本的更新时期，或者从另一角度考察，只涉及资本预付的时期。而后一种差别则相反，决定着剩余价值生产上的差别。如果我们仅从已有现象出发来考察，那么，这两种差别事实上就合二为一了。当社会剩余价值在投入不同生产部门的资本中间进行分配时，资本的不同预付期间的差别与资本的不同的有机构成，对于一般利润率的平均化和价值到生产价格的转化，都发生同等重要的作用。不同预付期间的差别体现在固定资本上，表现为不同寿命；资本不同的有机构成表现为不变资本和可变资本的不同流通。

□ **李嘉图**

英国资产阶级古典政治经济学的主要代表之一，也是英国资产阶级古典政治经济学的完成者。李嘉图最初是交易所的证券经纪人，后受亚当·斯密《国富论》一书的影响，对经济学研究产生了兴趣，其研究的领域主要包括货币和价格，并对税收问题也有一定的研究。

第二，从流通过程来看，一方面是劳动资料，即固定资本；另一方面是劳动材料和工资，即流动资本。但从劳动过程与价值增殖过程来看，一方面是生产资料（劳动资料和劳动材料），即不变资本；另一方面是劳动力，即可变资本。然而，在同一价值量的不变资本中，劳动资料与劳动材料的多或少，对资本的有机构成而言，是毫无影响的。因为，一切都取决于投在生产资料上的资本与投在劳动力上的资本的比例。反之，从流通过程来看，也就是从固定资本与流动资本的区别来看，一定价值量的流动资本是按怎样的比例分为劳动材料和工资，也同样毫无影响。从这样一个观点看，劳动材料和劳动资料归在同一范畴，是与投在劳动力上的资本价值相对立的；从另一个观点看，投在劳动力上的资本和投在劳动材料上的资本归在一起，则与投在劳动资料上的资本相对立。

这样，在李嘉图那里，投在劳动材料（包括原料和辅助材料）上的资本价值并未出现在任何一方。这就是说，它完全消失了。究其原因：一方面，它不适于放在固定资本中，因为在流通方式上，它与投在劳动力上的资本完全相同；另一方面，它也不适于放在流动资本中，因为如此一来，从亚当·斯密那里继承下来并被毫无声息地保留着的那种将固定资本和流动资本的对立与不变资本和可变资本的对立等同起来的做法，就讲不通了。李嘉图具有丰富的逻辑本能，不会看不到这一点。因此，在他那里，这部分资本就消失得无影无踪了。

劳动与资本“预付”

这里必须指出，资本家投在工资上的资本，以政治经济学的语言表达就是一种预付，其期限是依资本家支付一次工资的时间而定。例如每周、每月，或是每三个月。然而，实际情况却相反。预付是工人按一周、一个月或三个月，将自身的劳动预付给资本家，并且还要看他是否是每周、每月，还是每三个月得到一次工资而定。如果资本家是购买劳动力，而不是事后支付劳动力的报酬，也就是说，如果他是按每日、每周、每月或每三个月给工人预支工资，那才谈得上按这个期限进行了预付。既然他是在劳动已经持续数日、数周、数月之后才支付，就不是购买劳动，不是按劳动要持续的时间支付。工人以劳动形式对资本家的预付，竟然变为资本家以货币形式对工人的预付，所以这一切只不过是一种资本主义的颠倒。至于资本家根据制造产品与产品流通所需时间的长短，需要经过一个或长或短的时期才能够从流通中实现产品本身的价值或收回它的价值（加上其中包含的剩余价值），那丝毫不会改变事情的本质。然而，事实却相反，我们通常所见的是：资本家已经得到了商品的预付款，也就是说，他们已预先实现了产品本身的价值，其中自然包含着他赚到的剩余价值，但他依然要等工人完成产品一段时间之后才支付相应的工资；甚至，有时已将产品卖出，并收到货币，还要拖延很久才支付工人的工资。商品的买者想怎样处置商品，这与卖者毫无关系。我们看到，资本家在购买机器时，不会因为一次性全部预付它的价值，而且这个价值逐渐从流通中流回，就能使资本家廉价地得到机器。同样，资本家购买棉花时，也不会因为它的价值会全部加入由它制成的产品的价值，从而由一次产品的出售全部得到补偿，就对棉花支付较高的价钱。

可变资本的特征

可变资本的特征是：一个一定的、既定的资本部分，一个既定的价值额与一个会自行增殖、会创造价值的力即劳动力相交换。前者是工资，其本身是不变的，所以是既定的；后者是劳动力的价值。劳动力不仅再生产自身的由资本家支付的价值，而且同时生产剩余价值，即原本不存在的、并非以等价物买来的价值。投在工资上的资本的这个具有特征的属性，使这部分资本作为可变资本而和不变资本完全不同。这样，如果只是从流通过程来考察，投在工资上的那部分资本就作为流动资本而与投在劳动资料上的固定资本相对立，那么，这一属性就会消失。

这一点可以从下面的事实中看出：投在工资上的资本，这时就会在流动资本项目内与不变资本的一个组成部分（投在劳动材料上的部分）合在一起，而与不变资本的另一个组成部分（投在劳动资料上的部分）相对立。在这里，剩余价值，也就是那个使所投价值额转化为资本的条件，就会完全被忽视。同样，下列事实也被忽视了：由投在工资上的资本加进产品的那部分价值是新生产的，也是实际再生产的；而由原料加进产品的那部分价值却不是新生产的，不是实际再生产的，只是维持、保存在产品价值中，因而只是作为产品的价值组成部分再现出来。

□ “酒桶”雕刻

生产资料和消费资料两大部类各自使用的全部资本，合起来形成社会总资本，它们都是由可变资本和不变资本组成。图中的这个保存于柯尼希施泰因的18世纪的巨大“酒桶”雕刻，既是消费资本，又是不变资本。

流动资本与固定资本的真正区别

现在，从流动资本与固定资本相对立的观点看，区别就在于：一方面，生产商品所使用的劳动资料价值只是部分地加入商品价值，从而也只是部分地由商品的出售得到补偿；另一方面，生产商品所使用的劳动力和劳动对象（原料等）的价值却全部加入商品价值，从而也全部由商品的出售得到补偿。就这点而言，从流通过程看，资本的一部分表现为固定资本，另一部分则表现为流动资本。在这两种情况下，问题都是一定量预付价值向产品的转移以及这个价值由产品的出售得到的再补偿。那么，现在的区别只是在于：价值转移，从而价值补偿，是部分地、逐渐地进行呢，还是一次性进行？如此一来，可变资本与不变资本之间决定性的区别就被抹杀了，剩余价值形成和资本主义生产的全部秘密，即一定的价值与体现这些价值的物品借以转化为资本的条件也同样被抹杀了。资本的一切组成部分，就只余下流通方式的区别，而商品流通当然只与已有的、既定的价值相关；而投在工资上的资本与投在原料、半成品、辅助材料上的资本则共有一种特别的流通方式。

这样，我们就可以理解：为什么资产阶级政治经济学本能地坚持亚当·斯密的做法，将“不变资本和可变资本”与“固定资本和流动资本”的范畴相混同，并且不加批判地在一个世纪中一代代沿用下去。流动资产除了投在原料、半成品、辅助材料上的那部分资本外，还包含非生产资本的流通资本，如货币与已经生产出来还未售出的产品及一些债权等，但并不包括投在工资上的资本。在资产阶级政治经济学那里，投在工资上的资本，与投在原料上的资本是毫无区别的，我们仅在形式上看它是部分地、还是全部一次性地通过产品而流通。因此，当我们理解了资本主义生产的现实运动的基础，也就进一步理解了资本主义剥削的现实运动的基础。

李嘉图所阐述的价值和剩余价值

对李嘉图而言，不加批判地接受亚当·斯密的这种混同，不仅给以后的辩论者带来困扰，对亚当·斯密造成很大的困扰，也给他自己带来了更大的困扰，因为他与亚当·斯密相比，更合乎逻辑地、鲜明地阐述了价值与剩余价值。事实上，他只是维护了亚当·斯密的内在部分，而反对他的外在部分。

重农学派是没有这种混同的。“年预付”和“原预付”的区别，只是关系到资本不同组成部分的不同再生产时期；而且资本又是专指农业资本。至于关于剩余价值生产所持的见解，则是他们理论中一个与这种区分无关的部分，并且是他们作为自己理论的要点提出的。他们并非从资本本身来说明剩余价值的形成，而是认为只有在资本的一定生产领域，即农业中才形成剩余价值。

可变资本与剩余价值的创造

在可变资本的定义中，本质的东西是：资本家用一个一定的、既定的、在这个意义上是不变的价值量与创造价值的生产力相交换；用一个价值量与价值的生产、自行增殖相交换，从而将定义扩大到对任何一个价值额转化为资本的范围。资本家无论是用货币还是生活资料支付工人工资，都不会影响这个本质的规定。因为，这样只是改变资本家所预付价值的存在方式：在某一场合，这个价值以货币形式存在，工人用这些货币到市场上购买生活资料；在另一场合，它以生活资料的形式存在，供工人直接消费。事实上，发达的资本主义生产是以货币支付工人报酬为前提，就如它总是以用流通过程作为媒介的生产过程为前提，从而以货币经济为前提一样。但是，剩余价值的创造，致使预付价值额的资本化，既不是产生于工资的或投在购买劳动力上的资本的货币形式，也并非产生于它的实物形式。而是产生于价值与创造价值的力的交换和一个不变量到一个可变量的转化。

□ 作坊工人

资本家购买劳动力的可变资本也属于流动资本。它由劳动力创造，相当于劳动力价值的那一部分价值，并随着产品的出售转化为货币。如果要使生产过程连续不断地进行，这些货币就必须作为可变资本用来继续购买劳动力，从而完成它的一次周转。图为16世纪西西里一家用甘蔗制糖的小作坊，工人们正在辛勤地工作着，他们为资本家创造了再次购买劳动力的可变资本。

李嘉图认为，劳动资料固定程度的大小，取决于它的耐用程度，也就是取决于一种物理属性。在其他条件不变的情况下，劳动资料损耗的快慢，作为固定资本执行职能的时间的长短，要根据劳动资料的耐用程度而定。然而，作为固定资本执行职能，绝不仅仅由这种耐用

按在剩余价值生产中的作用区分	资本的各个部分	按价值周转方式区分
不变资本	厂房、机器、设备、工具等	固定资本
不变资本	原材料、燃料、辅助材料等	流动资本
可变资本	劳动力	流动资本

□ **固定资本与流动资本的划分**

固定资本是指以厂房、机器设备等劳动资料存在的那部分生产资本；流动资本是指以原材料、燃料等劳动对象形式存在的和以形式劳动力存在的那部分生产资本。前者是为了考察资本运动速度对剩余价值生产的影响，后者是揭露剩余价值的来源。二者的划分如上表所示。

的物理属性决定。如，金属工厂中的原料和用来进行生产的机器一样耐用，甚至比这种机器上的某些由皮革、木头等构成的部分更为耐用。但是，用作原料的金属仍然是流动资本的一部分，而用同一金属制成的执行职能的劳动资料可能正是固定资本的一部分。因此，同一种金属在一个场合归入固定资本项目内，在另一场合归入流动资本项目内，并不是因为物质的物理性质或金属损坏的快慢程度不同，而是由金属在生产过程中所起的不同作用决定的：在一个场合它是劳动对象，在另一个场合则是劳动资料。

在生产过程中，劳动资料的职能，平均地说，总是要求劳动资料在或长或短的时间内，在不断创新和不断反复的劳动过程中发挥作用。因此，物质的耐用程度是由它的职能所规定的。但是，由它制成的物质的耐用性本身，却无法使它成为固定资本。同一种物质，若是原料，就只能成为流动资本；而在那些将商品资本和生产资本的区别与流动资本和固定资本的区别混同起来的经济学家眼中，同一种物质、同一台机器，作为产品是流动资本，作为劳动资料则是固定资本。

虽然使劳动资料成为固定资本的因素，不是用耐用的物质制成的，但它作为劳动资料所起的作用，则要求它应该由比较耐用的材料制成。这样，材料的耐用性是它执行劳动资料职能的一个条件，从而也是使它成为固定资本的流通方式的物质基础。在其他条件相同的情况下，作为劳动资料的物质，其损坏的快慢程度不同，使它具有的固定性的大小程度也不同。因此，劳动资料与它作为固定资本的性质就这样非常密切地联系到了一起。

既然投在劳动力上的那部分资本，仅仅是从流动资本的观点来加以考察，也就是与固定资本对立起来加以考察的，继而又将不变资本和可变资本的区别与固定资本和流动资本的区别混同起来。那么，自然就像劳动资料的物质现实性是它的固定资本性质的重要基础一样，投在劳动力上的资本的物质现实性得出它与固定资本相对立的流动资本的性质，然后再由可变资本的物质现实性规定为流动资本。

现在，很清楚，投在工资上的资本的现实物质是劳动本身，是发挥作用的、创造价值的劳动力，是活的劳动。资本家用死的、物化的劳动即工资来与它交换，将其并入资本。只有这样，他手中的价值才会转化为一个自行增殖的价值。但是，资本家并不出卖这种自行增殖的力。对资本家而言，这种力与他的劳动资料一样，始终只是生产资本的组成部分，而绝非他所出售的成品那样，是商品资本的组成部分。如此一来，在生产过程中，劳动资料就被当做生产资本的组成部分，而不是作为固定资本与劳动力相对立。

同样，劳动材料和辅助材料也不是作为流动资本与劳动力相一致。从劳动过程的观点看，二者都是作为物的因素与作为人的因素的劳动力相对立；从价值增殖过程的观点看，二者则是作为不变资本与可变资本相对立的。或者，如果在这里指的是那种影响流通过程的物质差别，那么，这种差别只在于：从价值的性质和从发挥作用的劳动力的性质中得出，劳动力在它执行职能期间不断创造价值和剩余价值；在劳动力方面，它表现为运动，表现为创造价值的东西；在劳动力的产品方面和静止的形式上，它又表现为已经创造的价值。当劳动力发生作用之后，资本就不再是一方面由劳动力、另一方面由生产资料构成了。投在劳动力上的资本价值，此时已经加到了产品中的价值。为了使过程反复进行，产品必须出售，由此得到的货币又要不断地重新购买劳动力，并将它并入生产资本中。于是，这就使投在劳动力上的资本与投在劳动材料等上的资本一样，取得了与仍然固定在劳动资料上的资本相对立的流动资本的性质。

流动资本与固定资本的耐用程度区别论

相反，如果将流动资本的这个次要的、为投在劳动力上的资本与一部分不变资本（原料和辅助材料）所共有的规定，错误地看作是投在劳动力上的资本的本质规定，或是不变资本的本质规定，看作是投在劳动力上的价值全部转移到由于消费了劳动力而生产出来的产品中去，而并非如固定资本那样部分地逐渐转移到产品中去，因而必须全部以产品的出售才能获得补偿，那么，投在工资上的资本，在物质上也就必然不会由发挥作用的劳动力构成，而是由工人用工资购买的各种物质要素构成，也就是由进入工人消费的社会商品资本构成，即由生活资料构成。若是这样，就必然得出一个荒谬的结论：固定资本是由损坏得较慢，因而可

□ 前往工厂的资本家

固定资本有着不同的寿命。马作为活的劳动工具，它的损耗是以丧失使用价值的平均程度进行的，它有一定的平均寿命，它为这段时间实行全部预付，一旦丧失劳动力，它的主人就会用一匹新马来替换它。图中，衣着华丽的资本家正乘坐私人马车前往工厂。

以补偿得较慢的劳动资料构成，而投在劳动力上的资本，则是由必须补偿得较快的生活资料构成。

然而，损坏快慢之间并没有清楚的界限。

"工人消费的食物和衣服，他在其中从事劳动的建筑物，以及劳动时使用的工具，都是会损坏的。但，这些不同资本的耐用时间却有极大差别，如，蒸汽机比船耐久，船比工人的衣服耐久，工人的衣服又比他所消费的食物耐久。"

在这里，李嘉图遗漏了工人居住的房屋、家具以及消费工具如刀叉器皿等等，这些都具有与劳动资料同样的耐久性。但是，同一类物品，在这里表现为消费资料，在那里却表现为劳动资料。

李嘉图在谈到区别时说：

"有的资本损耗得快，必须经常再生产，有的资本消费得慢，根据这种情况，就有流动资本和固定资本之分。"

他还加了一个注解：

"这种区分不是本质的区分，不能划出明确的界限。"

如此一来，我们又幸运地回到了重农学派那里。在他们看来，"年预付"和"原预付"的区别就是消费时间上的区别，因而，也就是所使用资本的再生产时间上的区别。不同的是：在他们那里成为社会生产上的重要现象，并且在《经济表》[1]中与流通过程相联系的事情，在李嘉图这里却成了一种主观上的区别，如

[1]《经济表》：作于1758年末，由法国人弗朗斯瓦·魁奈著述，至今只发现其手稿。次年，该表又修订了两次，刊印量很少。《经济表》实际上是资本主义社会财富的生产、流通、分配有规律的运行过程的简明图示说明，这对经济理论的研究是一个很大的贡献。

他自己所言，成了一种多余的区别。

既然投在劳动力上的资本与投在劳动资料上的资本的区别，只在于它的再生产时间和流通时间，既然前一部分由生活资料构成，后一部分由劳动资料构成，那么，前者区别于后者的就只是损坏得快，而且前者本身在损坏的快慢上也是不同的，所以，投在劳动力上的资本与投在生产资料上的资本之间的任何独特的区别，就自然而然地被抹杀了。

李嘉图理论研究的三个基础

李嘉图流动资本与固定资本的耐用程度区别论，与他自身的价值学说完全矛盾，也同他的实际上是剩余价值理论的利润理论完全矛盾。这是因为：他考察固定资本和流动资本的区别，一般只是限于说明：同量资本投在不同生产部门时将会分为固定资本与流动资本，而这两种资本的不同比例对价值规律会产生怎样的影响，进而由这种情况引起的工资涨落，又会对价格发生多大变化。我们看到，即使在这种有限的研究中，由于他将固定资本与流动资本混同于不变资本与可变资本，也犯下了极大的错误。实际上，他的研究是从完全错误的基础上出发：

第一，既然他将投在劳动力上的资本价值列入流动资本项目内，那么对流动资本本身的规定，就作了错误的阐述。特别是对投在劳动力上的资本。这就是他将其列入这个项目内作为条件的原因。

第二，他将投在劳动力上的资本是可变资本这一规定，同它是与固定资本相对立的流动资本的那一规定混同了。

事情本来很清楚，投在劳动力上的资本是流动资本这一规定，但在这个规定中，投在劳动力上的资本在生产过程中的独特区别被抹杀了。因为根据这个规定，一方面，

□ **人性的异化**

下图为著名演员卓别林在电影《摩登时代》中的剧照。资本家的贪婪、工人意识的不自觉使得那个时代的管理环境没有关怀、没有休养生息，也没有对人的尊重，有的只是资本家对利润无休止的追逐，导致工人长期劳累与精神紧张。卓别林塑造的这个因无间歇的劳作而疯狂的舞台形象正是这一时代的写照。

投在劳动力上的资本与投在原料等上的资本具有同等意义；它使一部分不变资本和可变资本合二为一的这个项目，完全忽视了那种与不变资本相对立的可变资本的独特的区别。另一方面，投在劳动力上和投在劳动资料上的这两部分资本虽然已经互相对立起来，但这里所指的，并不是它们以完全不同的方式参加价值的生产，而是它们仅仅在不同的时间内将它们既定的价值转移到产品中去。

所有这样的场合中，问题都是：投入商品生产过程的既定的价值，不管它是工资、原料的价格，还是劳动资料的价格，关键是它们是怎样转移到产品中去，并通过产品而流通的，又是怎样通过产品的出售回到它的起点，即得到补偿的。问题的实质就在于这个“怎样”才是它们唯一的区别说，在于李嘉图未曾发现的这个价值转移、从而流通的特殊方式。

劳动力价格的货币支付与生活资料支付

在这里，我们还发现：预先由契约规定的劳动力价格，无论是用货币支付，还是生活资料支付，在任何一种场合，它都是一个既定的价格，性质也不会改变。只是，当工资用货币支付时，货币本身不会以生产资料的方式进入生产过程。也就是，不会如生产资料那样，使价值与物质都进入生产过程。但是，倘若将工人用工资购买的生活资料直接作为流动资本的物质形式和原料等一起列入项目内，并与劳动资料相对立。那么，事情就会出现另一种情形：一些物品即生产资料的价值在劳动过程中转移到产品中，另一些物品即生活资料的价值则在将其消费掉的劳动力中再现，并通过劳动力的作用同样转移到产品中去。然而，无论哪种场合，都是生产中预付的价值在产品中的单纯再现。我们看到，重农学派正是信守这一点，才否认工业劳动会创造剩余价值。而现代庸俗经济学则以为，长期利润为零。例如，威兰德在我们曾经引用过的《政治经济学原理》中的一段话中说道：

“资本以怎样的形式再现是无关紧要的……人们生存和安乐所必需的各种食物、衣服和住房同样会发生变化。它们时时被消费掉，而它们的价值……被再现出来。”

于是，以生产资料和生活资料的形式预付到生产中去的资本价值，在这里都同样再现于产品的价值中。如此一来，资本主义的生产过程就变成一个难以解释的东西，而产品中包含的剩余价值的起源，也完全被掩盖了起来。

拜物教的形成

到这里，资产阶级经济学特有的拜物教也就完成了。这种拜物教把物在社会生产过程中获得的社会经济性质，变为一种自然的、由这些物的物质本性产生出来的性质。例如，劳动资料是固定资本这一定义，是一个引起矛盾与混乱的经院式定义。我们在第一卷论述劳动过程时已经指出，各种物质组成部分究竟是充当劳动资料、劳动材料还是产品，完全取决于它们在一定劳动过程中所起的作用和职能。

同样，劳动资料也只有在这种条件下才能成为固定资本：第一，生产过程一般来说是资本主义生产过程，因而生产资料即是资本；劳动资料才具有资本的经济规定性即社会性。第二，劳动资料以一种特殊方式将其价值转移到产品中去；否则，它们仍是劳动资料，而非固定资本。同样，肥料之类的辅助材料虽然不是劳动资料，但是如果它按照与大部分劳动资料相同的特殊方式来转移价值，也会成为固定资本。可见，这里的问题并不在于将各种物品加以归类的定义，而是在于表现为一定范畴的一定职能。

□ 伦敦贵族的生活

英属北美殖民地刺激了整个世界的经济发展。殖民扩张必须与运输业、造船业联系起来。贩奴、走私或正常合法的进出口交易，都依赖于航海交通。造船技术的发展在很大程度上又缩短了劳动期间。所以，殖民地的各种产品，如咖啡、茶和巧克力等，会在很短的时间内成为人们时尚的饮食日用品。图为18世纪的伦敦贵族安然享受咖啡的情景。

在一切情况下，如果认为生活资料本身都具有成为投在工资上的资本的属性，那么，“维持劳动”也就成为了这种“流动”资本的性质。于是，就会认为如果生活资料不是“资本”，就无法维持劳动力。其实，生活资料的资本性质，恰好使生活资料具有这样一种属性，即通过他人的劳动来维持资本。

如果生活资料本身是流动资本，就会进一步得到结论：在流动资本转化为工资后，工资的多少取决于工人的人数和一定量的流动资本的比例。而这正是经济学家常用的论点。事实上：工人从市场上获取的生活资料量与资本家占有的供自身消费的生活资料量，取决于剩余价值和劳动价格的比例。

李嘉图的理论中总是将可变资本与不变资本的关系，混同于流动资本与固定资本的关系。之后我们就会发现，这种混同使他对利润率的研究走上了怎样的歧途。

不仅如此，李嘉图还将在周转中由其他原因产生的区别与固定资本和流动资本的区别相等同：

"还必须指出，流动资本流通或流回到它的使用者手中的时间可以极不相等。租地农场主买来做种子的小麦，与面包业主买来做面包的小麦相比，是固定资本。前者将小麦播在地里，要等一年后才能收回；后者将小麦磨成面粉，制成面包卖给顾客，一周之内就能自由地用他的资本重新开始同一事业或开始其他事业。"

在这里，小麦具有的特征是：虽然它作为谷种充当的是原料而不是生活资料，但是：①由于它本身是生活资料，因此属于流动资本；②由于它流回的时间要经过一年，因此，又属于固定资本。可见，使一种生产资料成为固定资本的，不只是流回的快慢，还有价值转移到产品中的一定方式。

亚当·斯密后继者的固定资本与流动资本理论

由亚当·斯密造成的混乱，引起了如下结果：

第一，固定资本和流动资本的区别，被混同于生产资本和商品资本的区别。例如，同一台机器，作为商品出现在市场时，是流动资本，一旦进入生产过程，就成为固定资本。在这里，你根本无法理解一种资本为什么会比另一种资本更为固定或更为流动。

第二，一切流动资本，都与投在工资上的或将要投在工资上的资本等同起来。约翰·斯·穆勒等人就是如此。

第三，可变资本与不变资本的区别已经同流动资本与固定资本的区别相混同，致使最后完全归结为流动资本与固定资本的区别。而这些，在巴顿、李嘉图等人那里早已混同，后来到拉姆赛那里就更是如此。在拉姆赛看来，一切生产资料、原料等都与劳动资料相同，属于固定资本，只有投在工资上的资本才是流动资本。然而，正是因为这样的归结，致使我们再也无法分辨不变资本与可变资本的真正区别了。

第四，最近一些英国经济学家，特别是苏格兰的经济学家，他们用银行伙计难以形容的偏见来看待一切事物，将固定资本与流动资本的区别变成了“随时可以提取的存款”和“预先通知才可以提取的存款”的区别。麦克劳德、帕特森等人就是如此。

劳动期间

劳动期间的长短，虽然与产品的性质密切相关，但也并非一成不变。随着科学技术的发展，生产同一种产品的劳动期间会逐渐缩短，这种变化不仅在工业生产中十分明显，即使对劳动对象受自然生长制约的种植业和养殖业，也是如此。

周转时间是生产时间和流通时间的总和。生产时间与流通时间的长短及变化，直接影响着资本周转的速度。而劳动期间则是构成生产时间最关键的因素。所谓劳动期间，是指一定生产部门为完成某件产品所必需的互相联系的工作日的时间。工人的劳动期间是以工作日来计量的，在单个工作日长度相同的条件下，生产部门不同，工人生产某种产品所耗费的劳动期间也不相同。以棉纺业和机车制造业为例，棉纺业一天内就可以提供一定量的棉纱，而机车制造业的工人则需要连续工作三个月，才能制成一台机车。劳动期间的差别，不仅表现在不同的生产部门之间，还表现在同一生产部门的不同企业中。例如，同是建筑业，但修建一所普通住宅需要的劳动期间会比修建一个大工厂需要的劳动期间少许多。

劳动期间的这种差别，在生产资本投入同样多的情况下，必然会引起资本周转速度的差别，从而引起资本预付时间的差别。假定机器纺纱厂和机车制造厂投入的生产资本总额相同，不变资本和可变资本的比例相同，固定资本部分和流动资本部分的比例也相同，最后，工作日长度一样，工作日中必要劳动和剩余劳动的比例也一样。这里，把流通过程撇开不谈，如果机器纺纱厂的劳动期间为一周，那么，纺纱厂主的资本在一周时间内就可以完成周转。而机车制造厂制造一台机车需要3个月的时间，即劳动期间为3个月，那么，机车制造厂主的资本只有在3个月后才能完成一次周转。这样，由于劳动期间的差别，纺纱厂主资本的预付时间为一周，机车制造厂主资本的预付时间则为3个月。另外，劳动期间的这种差别对流动资本的预付量也有着直接影响。假定机器纺纱厂和机车制造厂每周预付的流动资本相同，纺纱厂主只要预付一周的流动资本就可以使生产连续进行。而机车制造厂主必须预付3个月即12周的流动资本，才能保证生产过程不中断。就是说，在其他一切条件都相同的情况下，机车制造厂主使用的流动资本必须是纺纱厂主的12倍。

劳动期间的差别对资本主义再生产也将产生一定的影响。资本主义社会的周期性经济危机，会造成生产过程的突然中断，并且所有行业都会受到影响。只是，企业的性质不同，产生的影响也极不相同。一般来说，劳动期间短的部门，如纺织业、煤炭业等因资本周转时间短、速度快，所受影响就相对较小。而资本周转期间较长的，如船舶、建筑物、铁路等部门，由于生产过程的中断，与生产相联系的各种生产行为也会中断，如果生产无法继续进行，那么，已经用在生产上的生产资料和劳动力就会浪费。即使恢复了生产，那些未完成的间歇过的产品也已遭到了损坏。

□ **斯柯达兵工厂的生产车间**

商品生产时间和流通时间的长短，直接影响资本周转的速度。因此，缩短商品的生产时间和流通时间，也就成了资本家必须考虑的问题。子弹、枪支、炮弹等作为一种特殊商品，它们的周转速度直接与军火商的收入相关。因此，军火商们极力缩短这些商品的生产时间和流通时间。图为斯柯达兵工厂的生产车间，工人正争分夺秒地制造子弹。

劳动期间的差别对固定资本与流动资本有着不同的影响。固定资本的预付时间较长，其价值是通过产品逐渐转移的，而且需要相当长的更新时间，所以，劳动期间的长短不会对固定资本的预付产生影响。例如，纺织业和机车制造业都使用蒸汽机，蒸汽机是每天转移一部分价值到棉纱中，还是3个月转移一部分价值到机车中，这对购买蒸汽机所必需的预付资本没有任何影响。但劳动期间的长短对流动资本就有影响了。例如，资本家用来购买劳动力的预付资本，在一周的时间内被耗费掉并产生产品，它只有在周末转化为货币后，才能重新用来购买劳动力。就是说，资本家投在劳动力上的流动资本，在3个月内必须每周循环一次，如果一周内流动资本不能转为货币，为了生产不中断，资本家就必须追加流动资本。因此，劳动期间的长短，对流动资本非常重要，劳动期间越长，流动资本的预付时间也越长，预付的流动资本就越多，资本家投入的生产资本也就越多。

在资本主义生产不算发达的初期阶段，那些劳动期间长、需要大量投资的企业，特别是生产规模较大的企业，例如筑路、开凿运河等，单个资本家基本是不能经营的，只能由国家或公共团体出资兴办，并对劳动力采取强制劳动。直到资本主义进入发达时期，大量资本集中于资本家手中，经营这类企业才成为资本主义生产的事情。因为，随着股份公司和信用制度的发展，资本家可以用他人的资本来预付和冒险。

劳动期间的差别直接影响着资本家预付的流动资本，缩短劳动期间，就会减少流动资本的投入。而缩短期间的最好方法，就是提高劳动生产力。若是在生产过程中实行分工协作，并使用机器，不但可以增加一个工作日的产品，而且还可以在互相联系的生产行为中缩短劳动期间。例如，在建筑业中使用机器，可以缩短房屋、桥梁的建筑时间；收割机、脱粒机的使用，可以缩短已经成熟的谷物转化为商品所必需的时间；改革造船技术，可以提高船速，从而缩短航运业投资的周转时间。然而，在那些自然条件起决定作用的生产部门，例如农业，是不能用上述方法来缩短劳动期间的。另外，劳动期间的缩短通常与固定资本的增加相联系，如此一来，又会延长资本的周转时间。因此，只有在缩短劳动期间的同时又不增加固定资本的支出，才能加速资本周转。

随着劳动时间的持续增加，也就是制成可流通的商品所必需的时间的增加，从固定资本中转移到产品中去的价值部分就会渐渐堆积起来。虽然这个价值部分的回流会有所延滞，但这并不会引起固定资本的新支出。对机器而言，不管它所损耗的货币补偿流回得是快是慢，它都继续在生产过程中发挥作用。然而，流动资本却不同，它不仅必须按照劳动期间的持续时间被束缚起来，而且新的资本必须不断预付在工资、原料和辅助材料上。因此，延滞的回流对于固定资本与流动资本的影响也是不同的：对前者而言，不管资本回流的速度是快是慢，固定资本都持续地发挥着作用；至于后者，如果它束缚在未出售或还不能出售的产品形式上，同时又没有新的现成资本使它在实物形式上实行更新，那么，它就会失去执行职能的能力。

缩短劳动时间的方法，虽然能按不同程度适用于不同的产业部门，但是它们之间持续时间的差别不会因此而相互抵消。由于采用新机器，制成一台机车所必需的劳动时间可以绝对缩短，但是，倘若由于纺纱过程的改良，每天或每周提供的产品迅速增加，那么，制造机器的劳动期间，与纺纱的劳动期间相比，还是相对延长了。

生产时间与流通时间

生产资料的储备时间也是生产时间的一部分。生产资料储备时间的长短，对资本周转的速度会产生直接影响。生产资料储备量大，储备期长，占用的资本必然就多，从而资本周转的速度就会变得缓慢。

生产时间

生产时间即资本停留在生产领域的时间。我们可以说劳动时间是生产时间，但不能说生产时间就是劳动时间。因为，生产时间大于劳动时间，就是说，资本停留在生产过程中的全部时间，除劳动时间外还包括非劳动时间。

所谓非劳动时间，即产品受自然力约束而使劳动过程中断的时间。这种中断，与其长短无关，是一种受到产品性质和产品制造方式制约的中断。在劳动过程的中断期间，根据受自然过程支配时间长短不一的情况，劳动对象依次要经历物理、化学、生理的变化，在此期间，劳动过程将全部中断或局部中断。例如，制造葡萄酒，首先将葡萄进行发酵，然后再存放一段时期，这样，酒味才醇。一般农作物成熟期为九个月，从播种到收获，整个劳动过程多次中断。在造林方面，播种期间会耗费一些必要的预备劳动，但自此之后，可能要经历100年，才能变为成品。相对来说，在这100年时间内，是不需耗费太多劳动的。

□ 酒窖

葡萄酒在酒窖内发酵的过程，是一个非劳动过程，在这期间，生产过程完全中断，葡萄酒处于一个封闭的自然发酵状态。这个过程应当计算在生产时间里，并被算入商品的绝对价值量。

从上述例子可以发现，预付资

本的生产时间由两个期间构成：①资本处于劳动过程中；②资本受自然过程的支配，处于非劳动过程中。在这里，劳动期间与生产期间是不一致的，因为后者比前者要长。由于产品只有在生产期间结束之后，才能从生产资本的形式转化为商品资本的形式。因此，资本的周转期间，也要根据生产时间中的那段非劳动时间的长度来延长。倘若生产时间超过劳动时间过多，只要劳动对象并非如谷物、橡树那样，是由自然规律决定的产品，那么，人为地缩短生产时间，就能或多或少地缩短资本的周转期间。例如，在制革业，将鞣酸[1]浸入皮内，如果使用旧方法需要6个月到18个月的时间，但，若是使用抽气机，只需一个半月到2个月的时间。

生产时间与劳动时间的差别，在农业上表现得尤为显著。因为，在相当大的程度上，农业都要受自然条件的约束。越是气候寒冷的地方，谷物生长时间就越长，生产时间和劳动时间的差别就越大，从而资本与劳动的支出就越是集中在一个较短时期内。农业生产的这一特点，是农村副业产生的条件。在寒冷地区，气候越是不利，农民在田间劳动的时间就越短，而从事副业的时间就越长。因此，生产期间与劳动期间的不一致，是农业和农村副业相结合的自然基础。

产品受自然过程支配时间的长短，将对生产资本特别是固定资本和流动资本的周转产生不同的影响。在许多工业部门，如采矿业、运输业等，生产是均衡进行的，劳动时间每年都相同。这些部门流动资本的回流或更新是均衡地分配在一年的各个时期。但是，对于劳动时间只是生产时间一部分的生产部门，在一年的各个不同时期，流动资本的支出是极不均衡的，而资本的回流只是随着自然规律的循环而完成，农业部门便是如此。因此，倘若生产规模相同，即预付的流动资本总量相同。与那些有连续劳动期间的生产部门相比，这些生产部门的资本预付时间就会更长，预付资本量也就更大。其次，投在它们中的固定资本，即使在生产过程中断时，也仍然要支出一定的费用。例如在农业方面，如果固定资本是由役畜构成，那么，不使用役畜时仍然要喂养饲料，而机器等劳动资料，即使不使

[1] 鞣酸：从植物五倍子中得到的一种鞣质。为黄色或淡棕色轻质无晶性粉末或鳞片；有特异微臭，味极涩。溶于水及乙醇，易溶于甘油，几不溶于乙醚、氯仿或苯。其水溶液与铁盐溶液相遇变蓝黑色，加亚硫酸钠可延缓变色。在工业上，鞣酸被大量应用于鞣革与制造蓝墨水。鞣酸能使蛋白质凝固。人们把生猪皮、生牛皮用鞣酸进行化学处理，能使生皮中的可溶性蛋白质凝固。这种制革工序，叫作皮革鞣制。

用也会造成无形损耗。而这些损耗都要进入产品的价值，如此一来，产品价格就会上涨，因为转移到产品中去的价值，不是按固定资本的使用时间，而是按它丧失价值的时间来计算的。

□ **鲜花交易**

我们知道，所谓非劳动时间，是指产品受自然力制约而使劳动过程中断的时间。比如培育鲜花，除了播种期间会耗费大量的必要劳动之外，在鲜花的生长过程中是不会耗费多少劳动的，但是鲜花的价格同样受培育时间的影响。图中，一位花商正在兜售自己的鲜花，他的鲜花培育时间越长，价格就越高。

非劳动时间还包括生产资料的储备时间。任何生产部门，为了使生产不中断，都会将一定量的生产资料处于或大或小的储备状态，以便逐渐进入生产过程。而处于储备状态的生产资料，虽然还未在生产过程中直接发挥作用，但它已进入了生产领域，因此，生产资料的储备时间也是生产时间的一部分。生产资料储备时间的长短，对资本周转的速度会产生直接影响。生产资料储备量大，储备期长，所占用的资本就必然多，从而资本周转的速度就会变得缓慢。若要加快资本的周转速度，就必须将生产资料的储备量限制在最低限度内。

流通时间

在生产过程中，资本周转时间的差别，必然引起资本预付时间的差别。而影响资本预付时间和资本周转时间的，除固定资本与流动资本、生产时间与劳动时间以及非劳动时间的差别外，还包括流通时间的差别。因为，资本的周转时间等于资本生产时间与资本流通时间之和。所以，流通时间的差别必然造成资本周转时间的差别。

流通时间包括商品出售时间和商品购买时间。

商品出售时间是由资本处于商品资本状态的时间构成的，也是商品资本转化为货币资本必然经过的阶段。因此，商品出售时间在流通时间中具有决定意义。商品出售时间的延长或缩短，直接决定着流通时间以及整个周转时间的延长或缩短。出售商品所需要的时间，对同一生产部门的各个资本家而言，可能是极不相

□ 19世纪的千吨巨轮

商品流通时间的长短与商品整个周转期间的长短密切相关。为了缩短商品的流通时间，新航线的开辟和造船业的发展都是必然的结果，它在帮助资本家缩短劳动时间的同时，强化了资本职能，使之获取更多利润。图为19世纪中叶可以运载一千多吨货物的巨轮，它的大容量有效缩短了商品的流通时间。

同的，因为资本家投入生产部门的资本量是极不相同的。在其他条件相同的情况下，同一单个资本的商品出售时间，会随着市场情况的变动而变动。关于这一点，这里不作更多分析。我们只是说明一个简单的事实：那些投在不同生产部门的所有资本在周转期间产生的差别，即使它们单个地发生作用（例如，一个资本家有机会比他的竞争对手卖得更快，或者比另一个资本家采用更多的方法来缩短劳动时间），同样会使处在同一生产部门的不同的单个资本的周转产生差别。

商品的销售市场与生产地点的距离，是导致商品出售时间产生差别的一个经常性原因。在商品运往市场的全部时间内，资本处于商品资本的状态，如果是订货生产，商品就要停留到交货时间。如果不是订货生产，商品的出售时间还要加上商品在市场上等候出售的时间。但是，交通运输工具的改善，可以缩短商品的出售时间。例如，帆船和轮船经过改进，可以缩短商品的运输时间，从而也就可以缩短商品到达港口的时间，虽然相对的差别仍然存在，但这种差别缩小了。不过，交通运输工具的发展，可以使产地和销地发生一种与自然距离不相适应的变化。例如，铁路的修建可以极大地缩短运输时间，原本自然距离较远的地点，由于铁路的运行，运输时间大大缩短。原本自然距离较近的地点，由于不通铁路，运输时间反而更长。其次，交通运输工具的改善，还可以减少商品的储备量，缩短商品的储备时间，从而缩短商品的出售时间。运输工具的发展，不仅加快了空间运动的速度，而且缩短了空间距离，原本需要十天半月才能到达市场，现在只需几天甚至一天就能到达。这样，商品储备量就大量减少。随着商品储备的减少，资本也加快了回流的速度。于是，资本的总流通时间就缩短了，因而周转时间也随之缩短。

资本主义生产的进步与交通运输工具的发展，可缩短商品的流通时间。但是，这种进步以及交通运输工具的发展，为资本主义开拓世界市场提供了可能性和必要性。大量的商品运往远方市场，处在流通中的商品资本就会绝对地和相对地增加，同时，投在交通运输工具以及整个交通运输行业上的资本也将大量增加。这样，社会总资本的周转速度就会减慢。

流通时间的第二段时间是商品的购买时间，即资本家购买生产资料与劳动力所必需的时间，或者说，资本由货币形式再转化为生产资本要素的时间。在此时间内，资本必须以或短或长的时间停留在货币资本的状态，为了保证再生产过程不中断，资本家必须不断购买生产资料与劳动力，因而，他全部预付资本中的一定部分，始终以货币资本的形式停留在流通领域中。

商品的购买时间对资本的周转也有直接影响。首先，原料供应地距离的远近直接影响货币资本的回流。倘若原料供应地距离较远、交通不便，那么，资本以商品资本形式停留在流通领域的时间就相对较长，就会造成货币回流的延迟，从而也就会延迟资本由货币资本到生产资本的转化。其次，供应地距离较远势必会增加生产资料的储备量，随着生产储备的增加，在资本家预付的总资本中，用来购买原料的货币资本就会相应减少。这样，在生产规模不变的情况下，资本家一次预付的资本量就会增加，资本的预付时间也会相应延长。

周转时间与可变资本

资本的周转时间包括生产时间和流通时间，并且它们都要占用一定量的资本。因此，资本在整个周转时间内所需要的预付资本量，等于生产资本和流通资本之和。资本周转时间的长短，标志着资本周转速度的快慢。资本周转速度的快慢又取决于可变资本周转速度的快慢。

假定某商品资本是一个9周劳动期间的产品，撇开固定资本转移的价值与凝结在产品中的剩余价值不谈，这个产品的价值就等于生产它本身预付的流动资本的价值。如果这个价值为900镑，那么，每周支出的流动资本就是100镑。假定这个产品的生产时间与劳动期间一致，也是9周，而流通时间为3周，那么，这个商品资本的周转时间就等于生产时间加上流通时间，即9周+3周=12周。在9周的生产时间结束后，预付的生产资本就转化为商品资本了。但由于它还要在流通期间停留3周，因此，新的生产期间要等到第12周才能结束，也就是900镑的资本流回后，从第13周才能重新开始。资本在流通期间要停留3周，生产就要停顿3周，或者说，要停顿整个周转期间的四分之一。生产停顿的时间就是资本的流通时间，就是说，每3个月中，生产就要停顿3周，一年中就要停顿12周，即一年中有3个月要中断生产。

□ **内陆河上的汽船**

运河运输的成本相当于公路运输的四分之一到二分之一。在这种情况下，投资运河的人获得了可观的利润，也为资本节省了流通时间。图为内陆河上，人们乘坐汽船的情景。汽船是运河上的主要交通工具。

如果要使生产过程连续不断地按相同的规模重复进行，可使用两种方法：

第一，缩小生产规模。如果将900镑分配在12周，每周支付75镑，这样，在9周劳动期间结束后，预付的资本就是75镑 × 9 = 675镑，就由生产资本转化为商品资本而进入流通领域，而其余的75镑 × 3 = 225镑就可立即进入生产过程。这样，第二个劳动期间即第二个周转期间，就可以从第10周开始了。然而，这种方法虽然能使生产过程不至于中断，但却缩小了生产规模。原本分配在9周的资本现在分配在12周，生产资本的流动部分由100减至75，即减少1/4，生产规模便缩小了1/4。由此得出：在无法增加资本的前提下，若要使生产持续进行，就必须缩小生产规模，减少生产资本的流动部分。

第二，追加流动资本。如果企业的性质排除了缩小生产规模的可能性，即排除每周减少预付的流动资本的可能性，那么，要使生产不中断，就必须追加流动资本。上例中，每周预付的流动资本是100镑，流通时间为3周。资本家想要使生产不中断，就必须追加300镑的流动资本。就是说，在12周的周转期间内，要预付1 200镑，而300镑是其中的1/4，这与流通期间占用的资本量相等。这样，在9周的劳动期间结束后，900镑的资本就由生产资本形式转化为商品资本形式而进入流通过程，而追加的300镑流动资本就可以进入生产过程，即从第10周开始又可以进入第二个生产期间。

因此，资本的周转时间特别是流通时间的差别，对处于生产期间的预付资本有着极大的影响。资本的周转时间越长，维持再生产所需的预付资本量就越大。而在周转时间内，资本流通的时间越长，处在流通阶段的资本就越多。

年剩余价值率

所谓年剩余价值率，即一年内生产的剩余价值总额和预付的可变资本的比率。在资本的周转过程中，只有可变资本才能创造剩余价值，可变资本的每一次周转都会带来一定的剩余价值量。因此，可变资本周转的次数越多，创造的剩余价值就越多。

假定一个周转期间预付的可变资本是500镑，生产的剩余价值也是500镑，那么这个周转期间的剩余价值率就是$500m/500v=100\%$。如果这个100%剩余价值率乘以一年周转的次数10，即这个预付的可变资本，一年周转10次，年剩余价值率就是$5\,000m/500v=1\,000\%$。所以，年剩余价值率又等于预付可变资本在一个周转期间生产的剩余价值率乘以可变资本的周转次数。

在资本的周转过程中，可变资本周转速度的差别直接影响着年剩余价值率的差别。假定一个可变资本A，每周需要预付100镑可变资本，如果剩余价值率是100%，劳动时间等于周转时间，那么，资本A每5周周转一次，就需要预付500镑的可变资本。由于剩余价值率是100%，资本A在5周劳动期间生产的剩余价值就是500镑。如果一年（50周）周转10次，所生产的剩余价值就是5 000镑，年剩余价值率就是1 000%。再假定另一个可变资本B，每周预付的可变资本也是100镑，剩余价值率同样是100%，劳动期间与周转期间也相等，但是，由于资本B一年只周转一次，因此，必须预付5 000镑的可变资本。如此一来，资本B虽然在一年内生产的剩余价值也是5 000镑，但年剩余价值率只是100%。

上例中，资本A与资本B每周支出的可变资本相同，都是100镑，价值增殖程度或剩余价值率都是100%，可变资本量和生产的剩余价值总额也相同，被剥削的劳动力的数量、工作日的长度、剥削量以及剥削程度也完全相同，一年中使用的可变资本额都是5 000镑，但是，资本A的年剩余价值率是1 000%，资本B却只有100%，两者的差额高达900%。这种差别的生产，正是由于可变资本周转的速度不同。

可变资本周转速度的差别引起年剩余价值率的差别。产生这种差别的原因，是由于可变资本的周转中，实际使用的可变资本和预付的可变资本是两个不同的量。资本A与资本B每周使用的可变资本量相等，都是100镑，因而在全年实际使用的可变资本也都是5 000镑。但是，资本A和资本B的周转期间不同，它们的预付可变资本也就不等。资本A每5周周转一次，预付可变资本500镑，由于这500镑的预付可变资本在一年中周转10 次，资本A实际使用的可变资本就是5 000镑。因此，资本A实际使用的可变资本与预付可变资本的比率为10∶1；资本B则一年周转一次，一年中，资本B需要预付的可变资本是5 000镑，而实际使用的可变资本也是5 000镑，二者的比率是1∶1。这样，资本A与资本B在实际使用的可变资本和预付可变资本之间就存在着900%的差别，这种差别也就是年剩余价值率之间的差别。

可变资本的周转对社会再生产的影响

如果从社会的角度来考察，可以发现，可变资本的周转对社会再生产具有极其重要的影响。

我们仍以资本A和资本B为例。这两个周转期间不同的可变资本，对社会再生产的影响，既有相同之处又有不同之处。

资本A和资本B每周预付的可变资本量相同，一年中实际使用的可变资本量相等，生产的剩余价值也相同。因此，它们对社会再生产的影响有着相同之处。

□ 拉运芦苇

对于工人来说，并不是劳动强度越大，报酬就越高，在资本家眼里，劳动力总是廉价的。由于越是技术含量低的生产，所创造的价值越低，因而他们付给工人的工资也就很低。图中的农民正在拉运芦苇，虽然他的劳动很艰辛，但因为技术含量低而只能获得少得可怜的报酬。

第一，资本A和资本B占有的劳动力，不能再由社会用在其他目的上。假定一个工人每周生活费为1镑，一个工作日为10小时。一年中，资本A和资本B各自雇佣100个工人，每个工人一周劳动60小时，200个工人每周劳动12 000小时，一年共劳动62万多小时。这些已经由资本A和资本B一手占有的劳动力，社会不能再用于其他方面。

第二，资本A和资本B各自雇佣的100个工人，每人每年都得到工资5 000镑，200个工人共100万镑，并且从社会取走相当于这笔金额的生活资料。

第三，资本A和资本B的工人在两个场合都是每周得到报酬，并且每周从社会取走生活资料，为此，他们在两个场合也都是每周将货币投入流通。

但是，资本A和资本B的周转期间不同，所以，对社会再生产的影响也有着很大区别。

第一，支付工资的来源不同。由于资本A的周转期间是5周，因此，从第6周即企业开办后的第二个周转期间起，工人投入流通的货币就不只是他的劳动力价值的货币形式，而且是工人在第一个周转期间生产的价值产品的货币形式，工人在第二个周转期间的工资也用这个价值产品来支付。而资本B却不同，虽然它的工人付出的劳动与资本A的同样多，工人获得的货币是他已经完成的劳动的支付手段，但是，由于资本B的周转期间是一年，工人得到的工资不是用这个劳动本身所生产的价值的货币形式来支付。因为在一年时间内，工人生产的价值产品还未转化成货币形式，只有到第二年，工人的工资才能用他们在前一年生产的已经转化为货币的产品价值来支付，所以资本家必须首先预付一定的可变资本作为工人的工资。因此，由于资本的周转期间不同，在劳动剥削程度相等时，为了保证生产过程不中断，必须预付的货币资本量也极不相同。

第二，提供产品的情况不同。资本B的工人和资本A的工人一样，都要用他们的货币工资来支付他们所购买的生活资料的费用。例如，工人不仅从市场上买走小麦，而且也用一个货币形式的等价物来补偿小麦。但与资本A不同的是，资本B的工人用来支付生活资料的货币，不是他在这一年内生产的价值产品的货币形式。因为他生产的产品要在第二年才能转化为货币形式，因此他虽然为购买生活资料支付了货币，但却没有为社会提供任何可以用货币购买的商品。而资本A的工人在购买生活资料后，为社会提供了商品。资本A的工人生产的产品，在5周时间内就能转化为货币形式。因此在资本A的场合，工人在购买必需的生活资料的同时，也把自己生产的产品作为对货币等价物的补偿投入了市场。

第三，产品的供给情况不同。劳动时间短、资本周转快的企业，例如煤炭生产、服装业等，由于资本在一年中周转次数较多，因此它本身所使用的流动资本要素，可以由它生产的产品来供给。而那些劳动时间长、资本周转慢的企业，特别是一年内无法完成资本周转的企业，由于它们在一年之内不能为社会提供任何产品，因而也就无法用自己的产品来满足自身的需要。

第3章
社会总资本的再生产和流通

CHAPTER 3

在资本的再生产过程中，生产过程只是资本循环运动中的环节之一。当资本以货币资本的形式循环时，生产过程就是流通过程的媒介；当资本以生产资本的形式循环时，流通过程就是生产过程的媒介。资本的不断更新，以及资本作为生产资本的不断再现，都以资本在流通过程中的形态变化为条件。同时，它的不断更新，又是资本在流通领域不断重新完成各种形态变化的条件，也就是资本交替地转化为货币资本和商品资本的条件。

导 言

要进行大规模的生产，只有通过资本的集中来实现。无论是从社会总资本的角度考察，还是从单个资本的角度考察，货币资本始终都是资本主义再生产的第一推动力和持续的动力。

研究的对象

资本的直接生产过程，即资本的劳动过程和价值增殖过程，其结果是商品，它的决定性动机是生产剩余价值。

资本的再生产过程，不仅包括直接的生产过程，还包括流通过程的两个阶段，即购买阶段和售卖阶段，也就是说，包括资本的全部循环。这一循环作为一种周期性的运动，形成资本的周转。

社会总资本的运动，是社会不同的单个资本运动的总和。一方面，作为社会总资本的一个组成部分，每一单个资本都独立地进行着各自的周转运动；另一方面，不同的单个资本之间的周转相互联系、相互依存，从而构成社会的总资本运动。

这个总过程，既包含生产消费和作为其媒介的形式转化（物质交换），又包含个人消费和作为其媒介的形式转化或交换。所谓生产消费和物质交换，是指资本家将预付资本转化为劳动力和生产资料，从而进入生产过程进行生产消费。而个人消费和交换，一方面指工人用工资购买生活资料，进行生活消费的过程；另一方面还包括资本家用剩余价值购买生活资料，进行个人消费的过程。

因此，社会总资本的循环，不仅包括资本的流通，还包括了一般商品的流通。在资本主义社会，一般的商品流通只能由两部分构成：资本的循环和用于个人消费的商品的循环，也就是工人用工资、资本家用剩余价值购买生活消费品的过程。当然，资本的循环也包括剩余价值的流通，因为剩余价值是商品资本的一部分。此外，资本的循环还包括可变资本向劳动力的转化，即工资的支付。但是，耗费在商品上的剩余价值和工资并不构成资本流通的环节。虽然工资的耗费是资本流通的必要环节，但它并不能改变工人的个人消费是一般商品流通性质这一属性。

货币资本的作用

如果将货币资本作为社会总资本的一个组成部分来考察，在考察单个资本的周转时，货币资本的作用如下：

（1）每个单个资本都是以货币资本的形式来开始它的资本周转过程，因此，它是资本周转过程的第一推动力。

（2）由于资本周转期间的长短不同以及周转期间中劳动期间和流通期间的比例不同，必须不断以货币形式预付和更新的那部分预付资本价值与它所推动的生产规模之间的比例也就不同。但是，不管这一比例如何，能够不断执行职能的那部分生产资本，都会受到与它同时存在的货币资本的限制。因此，要使资本再生产持续不断地进行，资本家必须储备一定量的货币资本，否则，资本的周转就会停滞，再生产过程也会中断。

商品生产必须以商品流通为前提，而商品流通又以货币流通为前提。商品生产分为商品和货币，是产品转化为商品的一般规律。无论是从社会总资本的角度考察，还是从单个资本的角度考察，货币资本始终是资本主义再生产的第一推动力和持续的动力。因为资本家每开办一个新的企业，都需要用货币资本购买生产所必需的劳动力、劳动资料和生产材料。单个资本如此，社会总资本同样如此。

在资本主义再生产过程中，尽管生产资本总是受到与它同时存在的货币资本的限制，但是不能就此推断：资本主义生产规模的绝对界限，取决于执行职能的货币资本量的大小。也就是说，货币资本对生产规模的限制不是绝对的，在一定条件下，即使不增加货币资本，或货币资本不按照生产规模扩大的比例而增加，生产规模仍然可以扩大。

例如，在劳动力报酬相同的条件下，可以从劳动的外延或内涵方面来加强对劳动力的剥削。也就是说，可以通过提高劳动强度或延长劳动时间来扩大生产规模。如果资本家因此提高工人的工资，即增加了货币资本，而货币资本并没有按工人受剥削的程度而成比例增加。其次，生产上利用的自然物质，如土地、海洋、矿山、森林等，虽然不是资本，但却是生产中的物质要素。只要加强对这些自然物质的利用，就可以在不增加预付货币资本的情况下扩大生产规模。若是因

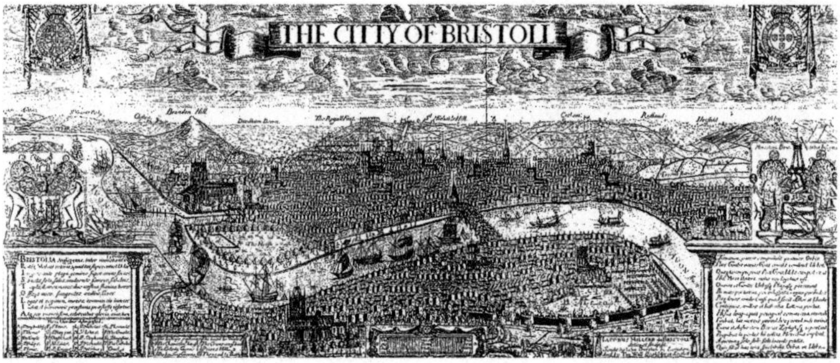

□ 港口城市布里斯托尔[1]

货币资本是资本主义再生产的第一推动力。在资本主义生产时期如此，在商品流通的过程中也是如此。商品流通需要一些固定资本，如车、船等工具，以及公路、码头、港口等基础设施都需要大量的货币资本作为后盾，而这些设施的先进程度，直接体现一个国家和地区的经济发展水平。图为17世纪英国城市布里斯托尔，它从13世纪以来一直都是重要的港口城市。

为辅助材料的增加而必须追加货币资本，那么，追加的那部分货币资本也不是按生产资本效能的扩大而成比例地增加。

对固定资本的使用，可以采用提高使用强度的办法，也可以延长每天使用的时间。由于固定资本如机器、厂房等被更有效地加以利用，使得生产规模相应扩大而无须为此追加货币支出。此时，固定资本的周转加快了，它的再生产的各个要素也更迅速地提供出来。而那些不费分文的自然力，如风力、水力等，也可以作为要素进入生产过程。随着科学技术的不断发展，这些自然力以或大或小的效能进入生产过程并使生产规模扩大，而资本家却无须追加分文花费。

在不追加货币资本的前提下，可以通过提高劳动生产力的方法来增加产品的数量，产品数量的增加意味着有更多的不变资本价值被保存下来。但是，劳动生产力的提高同时形成了新的资本材料，为扩大资本积累奠定了基础。随着劳动生产力的提高，社会的生产规模也在不断扩大。分散的单个资本已无法适应大规模

[1] 布里斯托尔：（英语：Bristol）英国英格兰西南区域的名誉郡、单一管理区、城市，建市于1542年。布里斯托尔西临爱尔兰海，是英国西南部的最大城市，自中世纪起就是一个重要的商业港口，地位一度仅次于伦敦，直到1780年才被利物浦、曼彻斯特、伯明翰超过。现今的布里斯托尔乃英国重要的航天、高科技及金融贸易中心，拥有一个国际机场。它是一座充满朝气的具有多元文化的城市，也是英国西南部的商业、教育、文化中心。

生产的需要，因此要进行大规模的生产，只有通过资本的集中来实现。尽管资本的集中无法使社会资本的总额增加，但它能使社会再生产的规模不断扩大。

通过以上分析，我们可以得出：在一定界限内，生产规模的扩大并不完全取决于预付资本的数量。预付资本只是一个既定的价值额，它一旦转化为生产资本之后就包含着生产的潜力，而这些潜力的界限不受这个预付资本的价值界限的限定。它们能够在一定的活动范围内，在外延方面或内涵方面发挥不同程度的作用。

简单再生产

再生产按其规模不同可分为规模不变的简单再生产和规模扩大的复杂生产，其中规模不变的再生产就称为简单再生产。资本主义简单再生产是指资本家将剩余价值全部用于个人消费，投入生产过程的资本数量不变，再生产只在原有的规模上重复进行。

如果我们考察社会在一年间提供的总产品，就会清楚地发现社会总资本的再生产过程是如何进行的，以及它和单个资本的再生产过程的联系与区别。社会总产品既包括补偿再生产过程中消耗掉的生产资料产品，也包括由工人和资本家消费的产品。简而言之，社会总产品既包括生产消费，也包括个人消费；既包括资本家阶级和工人阶级的再生产，又包括资本主义生产关系的再生产。

显然，我们在考察社会总资本的再生产时，首先应分

$$W' - \begin{cases} G - W \cdots P \cdots W' \\ g - w \end{cases}$$

公式中，起点是W'=W+w，即商品资本，它既包含着不变资本价值和可变资本价值，又包含着剩余价值，所以商品资本的运动既包括生产消费，也包括个人消费。这与货币资本G—W…P…W′—G′的循环和生产资本P…W′—G'—W…P的循环是有区别的，因为不管是货币资本的循环，还是生产资本的循环，它们的起点都不会同时包括生产消费和个人消费。商品必须出售，但它出售后的情况（由谁购买，如何消费），与单个的资本运动无关。相反，在商品资本W′—G（g）—W（w）…P…W'的循环中，正是要通过说明总产品W′的每一价值部分是由谁购买，又用于哪种消费，才能认识社会再生产的实现条件。因此，只有从社会年总产品出发，才能揭示社会总资本的再生产规律。

考察社会总资本再生产，必须将价值补偿和物质补偿作为主要内容。在分析单个资本的价值补偿时，我们假设，单个资本家通过出售商品，将其资本和剩余价值转化为货币，再用货币购买各种生产要素并把它们转化为生产资本。假设中，资本家的商品售出后，又从什么地方买回生产要素即物质补偿问题，并未经

过分析。而考察社会总资本再生产，则必须将价值补偿和物质补偿同时作为考察的内容，因为它们已经不能再满足于这个假设了。从生产消费方面分析，要使再生产正常进行，社会各部门消耗掉的生产资料必须从社会总产品中得到补偿，而这种补偿的实现，则取决于社会总产品中的生产资料部分是否满足社会各部门补偿的需要；从生活消费方面分析，再生产的正常进行，要求工资和剩余价值能够在社会总产品中买到生活消费品，而这一过程又同各个单个资本的运动相交。因此，用单个资本再生产所作的假设，是无法对社会总资本再生产过程进行解释的。在这一过程中，社会总产品中的一部分再转化为资本，另一部分则进入资本家和工人阶级的个人消费领域。这两方面在社会总资本生产的产品价值内形成一个交换运动。这一运动既是价值补偿，也是物质补偿，因而既要受社会产品的价值组成部分相互之间比例的制约，又要受社会产品的使用价值即物质形式的制约。资本主义社会中，简单再生产是扩大再生产的基础，所以考察社会总资本的再生产，必须以简单再生产作为起点。

社会生产的两个部类

社会总产品即社会的总生产，分为两大部类：

一、生产资料，具有能够进入或必须进入生产消费形式的商品。

二、消费资料，具有进入资产阶级与工人阶级的个人消费形式的商品。

所有不同的生产部门，可以分成生产资料和生活资料两大部类。它们各自使用的全部资本，形成了社会资本的一个特殊的大部类。每一部类的资本都分成两个组成部分：可变资本，从价值方面看，这一资本等于该部类使用的社会劳动力的价值，即等于为购买劳动力而支付的工资总额。从物质方面看，这个资本是由发挥作用的劳动力本身构成的，即由这个资本价值所推动的活劳动构成。不变资本，即该部类在生产上使用的全部生产资料的价值。这些生产资料本身又分为固定资本（机器、工具、建筑物、役畜等）和流动不变资本（生产材料，如原料、辅助材料、半成品等）。

两个部类中，每一部类借助于这些资本而生产的全部年产品的价值，又可以分为三类：

一、生产过程中消费掉的，按其价值来说只是转移到产品中去的不变资本c的价值部分。

□ 梅尼耶工厂的涡轮机房

在社会总产品中，建筑物既是生产资料，也是消费资料，并且都属于这两种资料的固定资本。作为生产资料的固定资本，它的“固定”是相对的，它不会在生产中全部消费掉，但会一部分一部分地转移到产品中去。图为法国19世纪马恩河畔的梅尼耶工厂的涡轮机房，它是生产资料与消费资料的统一体。

二、全部年劳动创造的新价值中用于补偿预付可变资本v的部分。

三、全部年劳动创造的新价值中超过可变资本而形成剩余价值m的部分。

以上每一部类的全部年产品的价值，与单个商品的价值相同，都可以分为$c+v+m$。但是，代表生产上消耗掉的不变资本的那部分价值c，和生产上使用的不变资本的价值是不一致的。因为在不变资本中，作为流动资本的生产材料会全部消耗掉，从而它的价值也全部转移到产品中去。但是，固定资本的价值只是一部分会被消耗掉，因而只有这部分价值转移到产品中去。由于我们假设社会总产品是在当年同时实现价值补偿和实物补偿，因此，在考察社会总产品及其价值时，我们将固定资本在当年因损耗而转移到年产品中去的那部分价值暂时撇开，因为这部分价值在当年不会得到实物补偿。

研究简单再生产，应以下列公式为基础。全年总商品产品：

第Ⅰ部类，$4\,000c+1000v+1000m=6\,000$（生产资料）；

第Ⅱ部类，$2\,000c+500v+500m=3\,000$（消费资料）。

以上公式中，c=不变资本，v=可变资本，m=剩余价值，假定价值增殖率$\frac{m}{v}=100\%$。两个部类产品的总价值为9 000，按照之前的假定，继续以实物形式执行职能的固定资本不包括在内。

社会总资本的再生产是通过产品的交换过程实现的，根据这个公式，假定剩余价值全用作生活消费，没有积累，作为交换媒介的货币流通也暂且撇开。那么，就得出实现简单再生产的三大要点：

一、第Ⅱ部类中，工人的工资$500v$和资本家的剩余价值$500m$，必须用于生活消费，消费的实物形态就是消费资料，这种消费资料掌握在第Ⅱ部类的资本家手里。因此，第Ⅱ部类的工资和剩余价值，可以通过第Ⅱ部类内部的产品交换来实现。

二、第Ⅰ部类的1 000v+1 000m同样必须用于消费资料，即用于第Ⅱ部类的产品。由于第Ⅱ部类的2 000c是消费资料，而它需要的则是生产资料。因此，Ⅰ部类的1 000v+1 000m和Ⅱ部类的2 000c，只有通过它们之间的相互交换才能实现。

三、通过以上两大交换过程后，第Ⅰ部类还剩下4 000c生产资料，这些生产资料只能用于它本身，以便补偿该部类消费掉的不变资本。因此，这4 000c只有通过Ⅰ部类各个资本家之间的互相交换才能实现。

两个部类之间的交换

在第Ⅰ部类生产资料$v+m$和第Ⅱ部类消费资料c的交换中，Ⅱ部类的资本家将自己的不变资本2 000c，从消费资料形式再转化为消费资料的生产资料形式，使消耗的不变资本得到了补偿，并能重新执行资本的职能。同时，Ⅰ部类劳动力的等价物1 000v和资本家的剩余价值1 000m，则由生产资料的实物形式转化为生活资料的实物形式而进入个人消费。

第Ⅰ部类生产资料$v+m$和第Ⅱ部类消费资料c的交换，是以货币流通作为交换媒介的，这一交换过程分为两部分：

第一，Ⅰ部类资本家预付可变资本1 000，用来购买劳动力。工人用这1 000货币的工资向Ⅱ部类的资本家购买同等价值的消费资料，这就使Ⅱ部类的不变资本的一半转化为货币。Ⅱ部类的资本家再用这1000货币，向Ⅰ部类的资本家购买价值1000v的生产资料，用来补偿已经消耗的不变资本2 000c的一半。这样，就实现了Ⅰ部类可变资本1000v和Ⅱ部类不变资本2 000c的一半之间的交换，Ⅰ部类资本家预付的1 000可变资本也以货币形式重新流回手中。

第二，在Ⅰ部类的剩余价值1 000m与Ⅱ部类不变资本2 000c的另一半之间的交换中，双方可以用两种方式预付货币。①Ⅱ部类资本家先预付货币资本500，用来向Ⅰ部类购买与1 000m的一半同等价值的生产资料，而Ⅰ部类资本家用这500货币，向Ⅱ部类购买1 000c的一半的消费资料；②Ⅰ部类资本家增加500的预付可变资本，用来购买Ⅱ部类1000c另外一半的消费资料，而Ⅱ部类资本家用这500货币，向Ⅰ部类购买1 000m另一半的生产资料。这样，两个部类的资本家各预付500货币，实现了Ⅰ部类1 000m与Ⅱ部类2 000c的另一半之间的交换，预付的货币资本同时也回到了他们手中。

第Ⅱ部类内部的交换

年商品生产的第Ⅱ部类是由种类繁多的产业部门构成的，第Ⅱ部类生产的产品即消费资料，可以分成两大分部类：

分部类*a*：必要生活资料。这部分产品直接进入工人阶级的消费，同时也构成资产阶级消费的一部分。

分部类b：奢侈消费资料。它们只进入资产阶级的消费，所以只能与剩余价值进行交换。

第Ⅱ部类生产的这两类消费资料，在预付可变资本的回流过程中是有区别的。分部类*a*生产的产品，是工人在生产过程中必需的消费资料。而生产这些必要生活资料的资本家，在支付工资后，又将这些必要生活资料卖给他们自己的工人，这样，他们的预付资本，就通过工人用工资购买这些必要生活资料而直接再次流回到他们手中。而分部类*b*生产的产品，是专门用于资本家的奢侈消费资料，普通工人根本无法购买，只能由资本家用剩余价值来购买。因此，整个资本回流过程是：分部类*b*的资本家将工资支付给工人，工人用这些货币工资购买分部类*a*的必要生活资料，分部类*a*的资本家又用这些货币购买分部类b的奢侈消费资料。显然，这些货币便回到了分部类*b*的资本家手中。

在第Ⅱ部类内部的交换过程中，两个分部类要保持一定的比例。假定在第Ⅱ部类中，有$500v+500m$是通过内部交换来完成的，如果分部类*a*的资本家和分部类*b*的资本家，将他们的收入按相同的比例，分别用于必要生活资料和奢侈消费资料。也就是说，其中的3/5用于必要生活

□ 变成日常用品的“奢侈品”

在商品的生产部类中，消费资料是第Ⅱ部类生产的产品。其中，除了直接进入工人阶级的消费的必要生活资料，还有一部分是奢侈消费资料，这一部分资料直接进入资产阶级的消费。但是这些都不是绝对的，在社会经济不发达的时候，一些商品是资产阶级的奢侈品；当经济发达以后，原先那些奢侈品就成了老百姓的日常用品。图中，漂亮的泳装模特儿正在展示纺织新式泳装所用的有弹力的橡皮筋，这些泳装对她们来说，曾是可望而不可即的。

资料，2/5用于奢侈消费资料，即分部类a的资本家的剩余价值$400m$的3/5（240），用于必要的生活资料，2/5（160）用于奢侈消费资料。分部类b的资本家也按同样的比例，来分配他们的剩余价值$100m$，即3/5（60）用于必要生活资料，2/5（40）用于奢侈消费资料。那么，可变资本和与之相应的剩余价值的分配如下：

分部类a：

必要生活资料，$400v+（240+160）m$

分部类b：

奢侈消费资料，$100v+（60+40）m$

于是，得出结论：在第Ⅱ部类内部的交换中，两个分部类要保持一定的比例。其中，分部类a中的v只能同分部类b中m的一部分相交换，剩下的部分则要满足两个分部类资本家的必要生活资料的需要。在分部类a中，$400v$是资本家支付给工人的工资，该价值可以通过资本家和工人的交换来实现。由此，分部类b工人才能购买到必要生活资料，所支付的工资才能完全回流到资本家手中，第Ⅱ部类内部的交换过程才能实现，社会资本的简单再生产才能正常进行。

总之，简单再生产的基本条件是第Ⅰ部类商品资本中相当于$v+m$的价值额，必须等于第Ⅱ部类商品资本中相当于c的价值额，其公式就是：Ⅰ（$v+m$）=Ⅱc。

积累和扩大再生产

资本主义积累的实质就是在扩大生产过程中，资本家不断利用无偿占有的剩余价值来扩大资本的规模，加强对工人的剥削，以继续榨取更多的剩余价值。

第一卷中，我们已经分析了单个资本家的资本积累过程：资本家把凝结着剩余价值的商品通过出售转化为货币，用于扩大再生产。这一部分由剩余价值转化而来的货币作为追加的生产资本，再转化为追加的生产要素。这个增大的生产资本，将会为下一个生产过程提供更多产品。这个过程，就是资本的积累过程，即剩余价值资本化的过程。单个资本的积累如此，社会总资本的积累同样如此。这正如我们在考察简单再生产时所看到的，单个资本中的固定资本以折旧形式相继沉淀为贮藏货币，同样会在社会总资本再生产中表现出来。所谓资本积累，就是将剩余价值转化为资本。在资本主义再生产过程中，并不是所有由剩余价值转化而来的货币都可以转变成资本。剩余价值转变成资本，必须具备两个条件：一是作为资本积累的货币额必须达到一定数量。在一定技术条件下，积累的货币数量应足以增加正在执行职能的不变资本，或者足以开办一个新的工业企业。但是，资本家每次只能把有限的剩余价值用于积累，因此，在进行实际积累和扩大再生产以前，剩余价值转化为货币以及货币的贮藏都需要较长的时间。二是要有扩大再生产所必需的生产资本要素。当积累的货币数量达到足以进行扩大再生产时，货币必须转化为生产资本的要素，并且这些要素必须可以在市场上买到商品。至于这些要素是作为成品来买，还是按订货制造，在这里并无多大差别。但是，要继续扩大再生产，就必须在没有货币的情况下进行，因为货币本身不是扩大再生产的要素。

货币之所以从流通中脱离出来，并作为贮藏货币积累，是因为资本家在出售商品以后并没有接着购买其他商品。如果所有资本家都只是储藏货币而不购买商品，那么，工厂生产的商品又卖给谁？货币又从何而来呢？这个问题，必须从分析第Ⅰ部类的积累开始。

第Ⅰ部类的积累

货币储藏

第Ⅰ部类的许多产业部门，由于它们的年龄不同即创业的时间不同，其剩余价值转化为货币资本的过程也不相同。一部分资本家不断地将自己积累起来的货币资本转化为生产资本，也就是用剩余价值转化而来的储藏货币购买生产资料，即追加不变资本。另一部分资本家则继续进行货币资本的储藏。这两类资本家是作为买者和卖者互相对立的，并且每一方在这两种作用中都只起一种作用。

例如，A和B进行商品交换，A把价值600镑的商品（生产资料）卖给B后，获得600镑的货币，其中100镑是剩余价值。A把这100镑从流通中取出，并以货币形式储藏起来。在这个交换过程中，A是用生产资料和货币交换，B是用货币和生产资料交换。也就是说，在资本的积累过程中，需要积累的货币可以由这个过程本身来解决。在这里，积累的货币是由进行实际积累的资本家来提供。但货币储藏不是生产，早在资本主义商品生产以前的简单商品流通中就已经产生了货币储藏。因此，社会拥有的货币量，总是大于实际流通中的货币量。货币储藏是作为货币资本的积累过程来进行的，它是资本主义生产过程中的一个内在因素。

实现资本积累的前提，是货币积累和实际积累要保持平衡。在交换过程中，一方单纯的卖，必须靠另一方单纯的买来平衡。也就是说，作为积累货币的资本家，他生产和卖出的生产资料，必须符合自己用于扩大再生产而进行的实际积累的需要。因此，资本的积累过程中，价值平衡的保持，取决于买卖双方用于互相交换的商品是否具有同等的价值额。

追加的不变资本

资本的积累分为两种：不变资本的积累和可变资本的积累。剩余产品是剩余价值的物质承担者，生产资料是不变资本的物质要素。对于第Ⅰ部类的资本家而言，占有这些剩余产品就是在追加不变资本。因为这些剩余产品从一开始就是由制造生产资料的生产资料构成的。这些剩余产品，只有在第Ⅰ部类的B类资本家即商品售卖者手中，才能执行追加的不变资本的职能。但是，这些剩余产品在出售以前，即在货币储藏者A类资本家手中时，已经是潜在的追加不变资本了。

如果只考察第Ⅰ部类再生产的价值量，那么，A资本家手中的潜在追加不变资本就仍处于简单再生产的范围内，因为这些剩余产品不是在追加资本的基础上耗费更多的剩余劳动而创造的，而是原产品中剩余价值的一部分。简单再生产和不变资本积累的区别在于，创造剩余产品的剩余劳动形式发生了变化。在简单再生产的情况下，第Ⅰ部类的剩余价值全部被资本家花掉，即全部用来与第Ⅱ部类的生活消费商品相交换，所以它只是以自身的实物形式来补偿第Ⅱ部类生产的生活资料的生产资料。而在第Ⅰ部类不变资本的积累中，追加的不变资本是用来再生产的生产资料。因此，为了完成从简单再生产到扩大再生产的过渡，第Ⅰ部类的生产就要尽量少为第Ⅱ部类制造不变资本的要素，而应该多为自身制造不变资本的要素。虽然这一过渡的完成有一定的难度，但由于第Ⅰ部类的许多生产资料可以在两个部类起作用，因此就显得容易多了。

由此推断：如果只考察价值量，那么，扩大再生产的物质基础就产生于简单再生产之中。简而言之，这种物质基础就是第Ⅰ部类工人的剩余劳动创造的、用于生产的生产资料，即第Ⅰ部类潜在的追加不变资本的物质来源。

不变资本的积累量由社会的生产力发展状况而定。在一个国家执行职能的生产资本越多，生产资料的生产规模就越大，劳动生产力就越发达，剩余产品的量也就越大，不变资本积累的量也越来越多。

追加的可变资本

资本主义再生产过程中，由于社会存在着大量的相对过剩人口，使得劳动力总是准备好的。在必要时，只要通过延长劳动时间或提高劳动强度，即使不增加劳动力的数量，也可以推动更多的劳动。因此，对劳动力的追加没有必要作进一步论述，新形成的货币资本中可以转为可变资本的部分，在转化时总会找到劳动力。第一卷曾提过：一定量的资本，虽然没有积累，但仍然能够在一定范围内扩大它的生产规模。但是，这里讲的是特定意义上的资本积累，因此，生产规模的扩大，以剩余价值转化成追加资本为条件，即扩大作为生产基础的资本为条件。

由于某些生产部门的产品是货币材料，因此，生产者可以将剩余产品的一部分作为潜在的货币资本来积累。他不需要先出售自己的剩余产品，只要作为潜在货币积累的剩余产品达到必要的数量，就可以直接将它转化为新的可变资本。当然，他也可以直接把它转化为不变资本的要素——生产资料。

生产资料可以通过购买存货而追加，也可以通过购买订货而追加，这两种方式都是以增加剩余产品和扩大生产规模为前提。

第Ⅱ部类的积累

在分析第Ⅰ部类的积累时，我们假设它的积累是通过A资本家将他们的剩余产品卖给同属第Ⅰ部类的B资本家而实现的。现在，我们假定第Ⅰ部类A资本家把他们的剩余产品卖给第Ⅱ部类B类资本家之后，并没有接着购买第Ⅱ部类的消费资料。那么，第Ⅰ部类A资本家只是一种单方面的卖。在Ⅰ部类的积累中，Ⅱ部类的不变资本c之所以能够由商品形式转化为生产资料的实物形式，是因为Ⅰ部类的可变资本v和一部分剩余价值m，同Ⅱ部类的消费资料c进行了相互交换。此时，第Ⅰ部类A资本家把他的剩余产品m转化为货币后，不是接着购买Ⅱ部类的消费资料c，而是把货币贮藏起来。这样，第Ⅰ部类的A资本家虽然实现了货币积累，但Ⅱ部类具有同等价值的消费资料c，由于没有售出而出现生产过剩，于是，这种生产过剩造成了简单再生产的中断。

这种情况的出现，是因为我们在分析资本积累和扩大再生产时，仅仅考察了简单再生产的条件。在以上分析中，第Ⅰ部类A资本家追加的潜在货币资本，虽然是剩余产品的货币转化形式，但是，就剩余产品本身而言，它在这里属于简单再生产，而不是规模扩大的再生产。Ⅰ部类的可变资本v和一部分剩余价值m，必须同Ⅱ部类的消费资料c进行交换。只有这样，Ⅱ部类的再生产才能够按原有的规模进行。第Ⅰ部类A资本家将自己的剩余产品卖给第Ⅱ部类B资本家时，虽然以实物形式向第Ⅱ部类B资本家提供了不变资本的相应价值部分，并同时从流通中取出了货币，但并没有以接着购买来补充他的卖出，这就使第Ⅱ部类B资本家具有同等价值的商品无法售出。倘若从整个社会再生产的角度来考察，就会发现，第Ⅰ部类A资本家将剩余产品转化为潜在货币资本后，第Ⅱ部类B资本家具有同等

□ **繁忙的矿山**

资本家占有了生产资料，用微薄的工资购买了工人的劳动力。由于社会存在着大量的相对过剩劳动力，因此尽管廉价，劳动力依然竞争激烈。图为一金矿里工人劳动的场景。工人在露天的恶劣环境中像牛一样劳动，生产出的却是天文数字般的巨额利润。

价值量的商品资本就无法再转化为生产资本。也就是说，这不是潜在规模扩大的再生产，而是表示简单再生产受到阻碍。Ⅰ部类形成潜在的追加货币资本，就是Ⅱ部类的有效需求不足。Ⅱ部类的商品储备闲置，无法再转化为生产资本，就是生产的相对过剩。因此，Ⅰ部类的货币资本过剩，就会造成Ⅱ部类的再生产不足。

通过以上分析，可以得出：发生在Ⅱ部类方面的困难，商品资本怎样转化为不变资本的实物形式，与简单再生产有关。

根据我们先前采用的公式，Ⅰ部类1 000*v*+1 000*m*和Ⅱ部类2 000*c*相交换。

假如将Ⅰ部类的剩余产品的一半，即500*m*，作为它追加的不变资本*c*，那么，留在Ⅰ部类的这部分剩余产品，就不能同Ⅱ部类的消费资料相交换。这样，两大部类之间的交换就变成第Ⅰ部类1 000*v*+500*m*和第Ⅱ部类2 000*c*之间的交换。这一交换中，和Ⅱ部类2 000*c*相交换的，已不再是Ⅰ部类的1 000*v*+1 000*m*，而是1 000*v*+500*m*。如此，Ⅱ部类中的500*c*就不能从它的消费资料形式再转化为不变资本的实物形式。于是，Ⅱ部类就会出现生产过剩的情况，而过剩的程度500*c*恰好与Ⅰ部类资本积累的程度500*m*相适应。

Ⅱ部类的生产过剩将会如连锁反应一般制约着Ⅰ部类的再生产。由于Ⅱ部类生产过剩而使社会购买力变小，以致Ⅰ部类的工人用1 000镑货币购买Ⅱ部类的消费资料后，Ⅱ部类的资本家也只能用其中的一部分购买Ⅰ部类的生产资料，因此，Ⅰ部类预付的1 000镑货币也只能部分地流回。于是，它的简单再生产也不能正常进行。

总之，扩大再生产的必需条件是：第Ⅰ部类必须用它的剩余产品为第Ⅱ部类提供追加不变资本，而第Ⅱ部类也要同样为第Ⅰ部类提供追加的可变资本。

DAS
KAPITAL

第 三 卷

本卷研究的是资本生产的总过程，主要揭示和说明资本运动过程作为整体考察时所产生的各种具体形式。资本在自己的现实运动中是与这些具体形式互相对立的，对这些具体形式来说，资本在直接生产过程中采取的形态和在流通过程中采取的形态，只是表现为特殊的要素。因此，我们在本卷中将要阐明的资本的各种形式，与资本在社会形态上、在各种资本的互相作用中、在竞争中，以及在生产当事人自己的通常意识中所表现出来的形式，在一步一步地接近。

19世纪末的蒙马特大街

第 1 章

剩余价值和剩余价值率

CHAPTER 1

资本家生产剩余价值不仅要耗费不变资本和可变资本，而且要将全部预付资本加入生产过程。这样，剩余价值就表现为全部预付资本的产物。剩余价值和利润属于同一物质，剩余价值是利润的本质，利润是剩余价值的表现形式，二者是内容与形式的关系。

剩余价值率是工人受资本家剥削程度的准确表现。剩余价值率是剩余价值与可变资本的比率，利润率是剩余价值与全部预付资本的比率，它们是同一个剩余价值量的两种不同计算方法得出的不同比率。利润率是剩余价值率的转化形式。两者的变化趋势不同。随着资本主义的发展，资本家不断采用新的方法，加强对工人的剥削，因此剩余价值率有不断上升的趋势，但利润率会逐步趋于下降，这是部门间资本家竞争的必然结果。

成本价格和利润

成本价格是指商品生产中实际耗费的预付不变资本和可变资本所构成的价格，是生产中所耗费的资本的补偿价值，即生产商品所费的不变资本与可变资本之和。亦称生产成本或生产费用。其公式可表示为成本价格k=不变资本c+可变资本v。

所费资本转化为成本价格

□ 劳动中的工人

生产商品本身的耗费，是生产中全部物化劳动和活劳动的耗费，即所生产商品的成本价格。生产中不变资本和可变资本的耗费，则叫作生产商品的资本主义耗费。生产商品的本身耗费和资本主义耗费之间的差额，就是剩余价值，也就是资本家所追求的利润。图中，工人们正在工厂里创造剩余价值。

本节所研究的，只涉及一个部门的利润率。资本主义企业生产的商品价值即W是由不变资本、可变资本和剩余价值三部分构成，即$W=c+v+m$。若我们将剩余价值m从产品中去除，那么，在商品中就只剩下一个在生产要求上耗费的资本价值$c+v$的等价物或补偿价值。

举例来说，生产某种产品需耗费500镑资本，其中，生产材料花费380镑，劳动力花费100镑，生产资料损耗20镑，如果剩余价值率为100%，那么，这种产品的价值就等于380+100+20+100=600镑。减去剩余价值100后，剩下的500镑商品价值，只是补偿已经耗费的500镑资本。商品价值中用于补偿所耗费的生产资料价格与所使用的劳动力价值部分，只是补偿资本家为生产这个产品而耗费的资本，对资本家而言，这就是商品的成本价格。

商品使资本家耗费的资本与商品生产

本身所耗费的资本，无疑是两个完全不同的量。商品中代表剩余价值的部分，并未耗费资本家什么资本，因为它耗费的是工人的无酬劳动。然而，工人在进入资本主义生产后，全都成为执行职能的并属于资本家的生产资料的组成部分，对资本家而言，商品的成本价格必须表现为商品本身的实际费用。我们将成本价格用k表示，商品价值公式W=$c+v+m$就转变成W=$k+m$。

没有生产成本的耗费，资本家就无法进行生产，并获取剩余价值，所以生产成本是资本家为获取剩余价值垫支的资本。剩余价值是资本价值的增殖部分，也表现为成本的增加额。当人们把剩余价值在观念上看作是预付资本的产物或增加额时，它就转化为利润形态，称为利润p。那么，W=$c+v+m$或W=$k+m$就变成W=$k+p$，即商品价值=成本价格+利润。

这里所表现的最初利润在表现形式上与剩余价值相比更具神秘性。由于成本价格的形成具有一种假象，掩盖了不变资本和可变资本之间的区别，因此，它在生产过程中的价值变化，必须变成是由总资本引起的，而不是由可变资本部分引起的。

投资者以其耗费的资本作为生产成本

所费资本转化为成本价格，是由资本主义生产方式的性质决定的。生产商品的实际耗费是指生产中耗费的全部物化劳动和活劳动，而生产商品的资本主义耗费则是指生产中消耗的不变资本和可变资本的价值。上述两种耗费在量上并不相等，前者大于后者，而两者之间的差额便是剩余价值。

资本家的生产成本是以自身所耗费的资本来计算的。这是资本主义生产的特殊性质所决定的。资本家将生产资料和劳动力作为资本投入生产过程进行商品生产，只需花费自己的资本，而不需花费劳动。工人在进入生产过程后，只是被当作资本的一个要素发挥作用，他们的劳动耗费中有一部分，即形成m的部分，是无酬劳动，无须资本家花费一文。因此，资本家就只按他耗费的资本，即$c+v$，来计算商品生产上的耗费。对他们而言，商品的生产成本就是商品生产的实际耗费。所以，生产成本范畴是资本主义生产关系的反映，它表现了资本主义生产的特殊性质。在资本主义生产条件下，商品生产的成本只能用资本的耗费来计算，而不能用劳动的实际耗费来计算。资本主义私有制决定了资本家是生产的主人，劳动者只是构成生产资本的一个要素，因此，成本价格只能反映资本的耗费，而非劳动的耗费，剩余价值就表现为成本价格的产物。

所费资本转化为成本价格掩盖了不变资本和可变资本的区别，支出在劳动力上的可变资本和支出在生产资料上的不变资本是预付总资本的产物。因为生产成本这个范畴只是代表商品价值中消耗的部分，这部分价值的存在，是由于它作为预付资本早已存在。至于商品价值的形成过程以及资本的不同部分在剩余价值生产过程中的不同作用，就完全被掩盖了。在生产成本形式上，可变资本的特殊作用——作为剩余价值的唯一源泉被模糊了。而生产成本的形式上，只有固定资本与流动资本的区别明显地表现出来。而在流动资本中，转化为原材料的不变资本和转化为劳动力的可变资本被等同起来。可变资本在价值增殖过程中的特殊作用被抹杀，似乎利润是由全部预付资本产生的，由此掩盖了不变资本与可变资本的区别，从而进一步掩盖了剩余价值产生的源泉。

成本价格对企业经营的影响

资本主义生产成本是生产单位商品所耗费的不变资本与可变资本之和，它对资本主义生产有着重大影响：

一、成本价格不断得到补偿，是再生产进行的一个必要条件。由于生产成本代表了商品中所包含的资本耗费，因此，需要出售商品来收回这部分价值，再重新购买生产资料，以便继续进行生产。成本价格必须不断在市场上买回商品生产中耗费的各种生产要素，才能使再生产进行下去。

成本价格是资本家盈亏的平衡点，利润则是整个资本主义经济活动的出发点和轴心。资本家投资的目的不是为了生产商品本身，而是为了商品价值中包含的利润，追逐利润便是他们从事商品生产唯一

□ 体力透支的矿工

为了最大化地追逐剩余价值，资本家不断地降低劳动成本。在资本家眼里，矿工只是会说话的牲畜，是生产剩余价值的机器，所以他们敲骨吸髓地榨取矿工的血汗，支付他们很低的工资，以节约劳动成本。矿工们一到矿山，就如跳进虎口，失去了人身自由，成为资本家的奴隶。图中，一名体力透支的矿工一走出矿井就昏沉沉地睡去。

的目的。商品的成本价格与商品的价值之间存在差额——利润。若资本家以商品价值将商品出售，就可以获得全部剩余价值；如果他们以低于或高于成本价格的价值将商品出售，虽然无法得到全部剩余价值，但仍能获得部分利润。商品出售的最低价格由商品的成本价格决定，因此，生产成本是资本家出售商品的价格底线。如果以低于成本的价格出售商品，资本家就会亏本；如果以高于成本的价格出售商品，他们就会赢利。

二、成本价格的高低是企业在竞争中胜败的关键。生产成本既然是商品价值的一部分，那么在商品价值与它的生产成本之间便有一个差额。一般说来，商品的成本价格是资本家出售商品的最低价，而价值则是其最高价，在两者之间可以有无数种销售价格。这就为资本家之间的竞争提供了可能。不同企业生产同种商品的生产成本各不相同，为了获取更多利润，他们不但通过市场提高商品的售价，还通过改进技术来降低成本价格。而一些成本较低的企业可以以高于生产成本而低于价值的价格来出售商品，但这样对那些生产成本高的企业就造成了威胁。因此，每个资本家都会想方设法降低自己的生产成本。于是，低廉的生产成本便成为了市场竞争的基础。

利润率

在经济学和金融学领域，利润率是资本主义经济作为一个整体的投资项目的相对效益。“应当从剩余价值率到利润率的转化引出剩余价值到利润的转化，而不是相反。实际上，利润率从历史角度来说也是出发点。”

剩余价值转化为利润，是由一定的客观经济条件决定的。利润是资本主义经济中剩余价值的现象形态，这是由本质到现象的“转化”。

□ 帽子店

剩余价值从形成，再由货币到资本的转化，不能由卖者在商品价值以上售卖，也不能由买者在商品价值以下购买来说明，它不能从商品流通过程中产生，因为在商品流通过程中，商品买卖是按等价交换原则来进行的。如图，在帽子的交易中，并没有产生剩余价值。

剩余价值率转化为利润率

剩余价值表现为所耗费资本的增加额。随着不变资本价值和可变资本价值的转化，剩余价值就表现为成本价格的增加额。商品的价值原本是由c、v、m构成的，而m由v产生，但是当c和v结合独立为生产成本后，m就表现为商品价值中在生产成本以外的一个增加额，即资本家所耗费资本的产物。由于资本生产的唯一目的和决定性动机就是为求最大利润。因此，每一个资本所有者都十分关心利润率的高低，都希望获得较高的利润率。他们所关心的利润率实际上就是剩余价值，即他出售自己的商品时所获取的价值余额和生产商品时所预付的总资本的比率。可见，投资者的生产目的是将本求利，从而认为剩余价值是在销售商品后所获得的超过其预付资本的余额。

此外，剩余价值还进一步表现为全部预付资本的增加额。因为资本家投入的资本虽然不是全部进入生产成本，但是它们作为物质要素都参与了剩余价值的生产过程。这样，剩余价值也就表现为全部预付资本的产物，资本家生产剩余价值不仅要耗费不变资本和可变资本，而且全部预付资本都要加入生产过程。于是剩余价值作为全部预付资本这一观念上的产物，就取得了利润这个转化形式。商品价值公式$W=k+m$便转化为$W=k+p$。

剩余价值是主体，利润是剩余价值的转化形式或现象形态。两者具有一致性，就实体和数量而言，它们属于同一种物质，却有着明显的区别：剩余价值是对可变资本而言的，它与可变资本（雇佣的劳动力）相联系，直接表现了自身的本质；利润与全部预付资本相联系，就表现为利润。

剩余价值转化为利润

由于劳动力的价值采取了工资形式，似乎工人的全部劳动都得到了报酬，于是利润就像是由资本生产的产物，而不是由工人劳动创造的。这样，剩余价值也不再被认为是由劳动创造的，而是被看作由资本创造，是全部预付资本的产物，从而使得剩余价值的真正来源变得模糊不清。可见，利润这一剩余价值的转化形式源于资本主义生产关系本身，同时它又掩盖了资本主义的剥削关系。

剩余价值率与利润率

剩余价值率是剩余价值的可变资本的比率，或剩余劳动时间和必要劳动时间的比率。在资本主义条件下，也是工人受资本家剥削程度的表现。而资本家衡量获利的大小并非取决于剩余价值率，而是利润率。这样，剩余价值率必然转化为利润率。

利润率与剩余价值率的关系

剩余价值率通过利润率这一现象形态表现出来，因此，这种形态应当是从剩余价值率到利润率的转化引起剩余价值到利润的转化，而不是相反。剩余价值率之所以转化为利润率，是因为资本家的生产目的是将本求利。他们衡量获利的大小不是以利润和可变资本的比率为尺度，而是用利润和总资本的比率来衡量，即并非取决于剩余价值率，而是利润率。这样，剩余价值率必然转化为利润率。因此，当我们使用利润这个范畴时，实际上已经是剩余价值与预付总资本比较的结果，即剩余价值率已经转化为利润率了。同时，在计算利润量的大小时，又总是以一个既定的利润率为基础。所以，剩余价值率转化为利润率是剩余价值转化为利润的前提和基础。剩余价值的转化意味着它与可变资本不再有联系，而是被看作全部预付资本的产物。这样，利润与全部预付资本之间便有一个比率——利润率。利润率是剩余价值额与全部预付资本额的比率。如果用p'表示利润率，C表

□ 工人的奢望

为了最大限度地占有工人的劳动时间，获得更多的剩余价值，在资本主义生产方式下，资本家总是千方百计地压缩工人的休息时间。因此，“过劳死”现象非常普遍。像图中这样在劳动后休息的场面，对资本主义机器大生产时代而言，只是一种奢望。

示预付总资本，利润率的计算公式就可以表示为$p'=m/C$。

剩余价值和利润属于同一种物质，利润率与剩余价值率是同一剩余价值量用不同计算方法所计算的比率。所不同的是，前者是对可变资本而言，后者是对全部预付资本而言。两者的区别仅表现在，当剩余价值被看作是可变资本的成果时，比率就是剩余价值率；当它被看作是预付总资本的产物时，就成了利润。而剩余价值与预付总资本比值的百分率就是利润率。

利润率与剩余价值率的内涵不同。首先是量上的差别。剩余价值率是剩余价值与可变资本的比率；利润率则是剩余价值与全部预付资本的比率。由于预付资本在量上大于可变资本，致使利润率总是小于剩余价值率，从而掩盖了资本主义剥削的程度。其次是两者所表现的经济关系不同。剩余价值率反映资本家对工人的剥削程度，表明了剩余价值的真正来源是可变资本；利润率则说明资本自身的关系，反映预付总资本的增殖程度，掩盖了剩余价值的真正来源。

总之，剩余价值和利润是内容与形式的关系，前者是后者的本质，后者是前者的转化形式。同样，利润率也是剩余价值率的转化形式，后者是前者的本质，前者是后者的表现形式。

利润率影响资本家的获利程度

在预付总资本不变的情况下，资本家获利的多少取决于利润率的高低。为此，资本家总是追逐较高的利润率，但利润率的高低并非由资本家的主观意愿所决定，而是受剩余价值和资本的有机构成[1]两个因素的影响。

利润率会受到资本周转速度的影响。虽然预付总资本数量相同，但利润率会随着资本周转与资本家获得剩余价值量的不同而改变，并且它的高低与资本周转的快慢成正比。在其他条件不变的情况下，资本周转速度越快，同量资本在一年中所生产的剩余价值就越多，年剩余价值率就越高，年利润率也相应越高；反之，年利润率就越低。

资本的有机构成所发挥的影响不容忽视，因为在剩余价值率不变的情况下，

[1] 资本的有机构成：资本的技术构成和资本的价值构成之间存在密切关系。资本的技术构成决定资本的价值构成，并通过价值构成表现出来。为了表现它们之间的关系，马克思把这种由资本技术构成决定并能反映技术构成变化的资本价值构成，叫作资本的有机构成，其公式表示为$c:v$。

□ 海上石油钻探船

利润是剩余价值的转化形式，利润率是直接影响资本家获利的重要标志。一个企业的资本有机构成与利润率有很大关系，而改进技术装备，降低商品的个别价值，也是提高利润的方式。在这方面，美国做得比较成功。图为地质研究和石油工业运用的钻探系统。正是因为美国在基础和运用科学方面投入巨资，所以美国才成为了技术革命的先锋。

利润率的高低与资本有机构成的高低成反比。就某个生产部门而言，资本有机构成越低，同量资本中的可变资本就越多，从而创造的剩余价值就越多，利润率就越高；反之，资本的有机构成越高，同量资本中的可变资本就越少，创造的剩余价值就越少，利润率也就越低。但是，如果个别企业提高了资本的有机构成，并改进了技术和装备，它生产的商品的个别价值就会低于社会平均价值，该企业的利润非但没有降低，反而有所提高。例如有A、B两个部门，资本总量为100镑，剩余价值率为100%，资本有机构成在A部门为$90c:10v$，在B部门为$60c:40v$，A部门资本家获得的剩余价值是10镑，利润率为10%；B部门的资本家获得的剩余价值是40镑，利润率为40%。由此可见，资本有机构成低的B部门，利润率高于有机构成高的A部门。

不变资本和价格变动

在其他条件不变的情况下，原材料价格上涨，生产成本提高，预付总资本增加，利润率就下降；原材料价格下跌，生产成本降低，预付总资本减少，利润率就提高。

不变资本的节约程度影响利润率

在其他条件不变的情况下，不变资本的量也是影响利润率的一个重要因素。如果剩余价值率与资本周转时间不变，那么，不变资本所节约的量与利润率就成正比，即节约的不变资本量越大，利润率就越高；反之，则越低。节省不变资本，一方面可以使利润率公式中的分母缩小，使生产同样数量的剩余价值所需要的预付资本减少；另一方面可以使资本有机构成降低，使同量资本能够推动更多的劳动力，生产出更多的剩余价值。因此，虽然不变资本的节约不会增加利润量，但会减少同量利润所需的生产成本，因而可以提高利润率。随着科学技术的发展，人们力图通过分工协作、增加使用时间、减少原材料的耗费等方式，把所使用的不变资本减少到最低限度。

□ **码头**

利润率受不变资本节约程度和商品价格的影响。而不变资本的节约程度又会影响总预付资本的数量，总预付资本的增加则将导致利润率的减少。因此，性能优良的运输设施和发达的交通网络，会缩短商品流通时间，提高利润率。如图所示，码头的出现，在很大程度上缩短了商品流通时间，提高了利润率。

利润率受商品价格的影响

商品价格的变动会直接影响预付总资本的数量，进而影响利润率。在企业经营中，商品价格的变动从三方面影响预付总资本的数量：

一、生产要素价格会影响固定资本的价值。如果生产要素价格提高，固定资本的价值就会增加；如果生产要素价格下降或采用更有效率的机器设备，就会使固定资本的价值贬值。

二、原材料价格会影响流动资本的数量。一个企业需要多少流动资本购买原材料，是由该企业的技术条件所决定。如果原材料价格降低，用于购买原材料的流动资本数量就会减少，反之，则会增加。总之，在其他条件不变时，利润率与原材料价格的变动成正比。

三、劳动力的价格变动也会影响流动资本的数量。由于流动资本的一部分被用于支付雇佣工人的工资，如果工人工资提高，用于支付工人工资的流动资本就要增加，反之，则会减少。

利润率受剩余价值率的影响

在预付资本已定的情况下，且资本的有机构成不变时，利润率的高低直接取决于剩余价值率的高低，利润率与剩余价值率成正比。剩余价值率越高，利润率就越高；反之，则越低。因此，能够提高剩余价值率的方法，同时也可以提高利润率。

第 2 章
利润转化为平均利润

CHAPTER 2

古典经济学家没有将剩余价值和利润、利润和平均利润、价值和生产价格加以区分，所以无法解决价值规律和平均利润率以及生产价格规律之间的矛盾。利润率较高的生产部门由于资本增量与存量的投入使生产大大增加，直至出现供过于求，该部门商品的价格大幅度下降，从而引起利润率的下降；而利润率较低的生产部门，由于资本增量很少光顾，资本存量大量转移，生产大量缩减，最终出现供不应求，从而引起价格上涨，利润率提高。

不同生产部门利润率的差别

等量资本获得了不同的利润与资本家要求等量资本获得等量利润形成尖锐矛盾。这就必然导致不同部门之间的竞争，即资本在不同部门间的转移。

在研究剩余价值转化为利润时，没有涉及部门间资本的竞争。但是，在研究利润是怎样转化为平均利润时，就必须涉及不同部门的资本之间的竞争。考察不同生产部门因资本有机构成不同和资本周转不同而带来利润率的差别，从这种考察中揭示出资本主义按价值出售所必然产生的实践和理论的矛盾，最终由于资本在不同生产部门间的自由流动，使利润率趋于平均化。由于周转时间不同和资本有机构成的差别，各部门资本的利润率也有所不同，这是一个值得研究的问题。不同部门存在的不同的资本有机构成和不同的资本周转速度，是由各部门的劳动对象、生产技术水平及企业间竞争造成的一种客观存在。在剩余价值率相同时，不同部门的利润率水平存在着差别。

□ **伦敦贝克尔餐馆**

在不同的生产部门，资本的有机构成不同，它们所推动的活劳动量也就不同，相应的，它们所造成的剩余价值量也不同。而等量资本所投的生产部门不同，利润率也会不同。在众多生产部门中，食品工业的利润率相对较高。图为伦敦的贝克尔餐馆，它以烹调鸡肉闻名。

资本在有机构成上的差别

接下来，我们考察不同部门由资本有机构成高低引起的利润率差别，以及由此引发的部门之间的竞争。投在工资上的可变资本的价值只是它所推动的活劳动的指数，而它所推动的活劳动量总是大于它所包含的劳动量。各部门资本有机构成不同，利润率也不同。因为在不同的生产部门，由于资本有机构成的不同，可变资本部分也不相同，因而所推动的活劳动量也不同，以及它们所占有的剩余价值量，即剩余价值和利润的量也不同。它所占有的剩余劳动量取决于它的可变组成部分的大小。当然，这必须建立在商品是按它的价值出售的前提上。假定社会上有三类不同的生产部门：机械工业、纺织工业和食品工业，它们的资本有机构成分别为高（$c:v$=9：1）、中（$c:v$=8：2）、低（$c:v$=7：3），剩余价值率均为100%，这三个部门均投入等额资本100，产出商品按价值出售。

□ 生产

食品工业是从手工作坊开始起家的。由于操作技术决定产品的质量和数量，因此手工操作的生产效率极其低下。机器出现后，手工操作变得简单。但工人的工资却不随着产品数量的增加而提高，除去不变资本的消耗与工资等可变资本，资本家的利润率高出很多。图中，那不勒斯的两位工人正在操作空心面机。

下页表中，等量资本投在资本有机构成不同的生产部门，利润率水平截然不同。其中，资本有机构成较高的生产部门，利润率水平比较低；有机构成较低的生产部门，利润率则比较高；中位资本有机构成的生产部门，利润率则属于平均水平。等量资本获得不同的利润，这与资本家要求等量资本获得等量利润形成尖锐的矛盾。这必然导致不同部门之间的竞争，即资本在不同部门间的转移。这种转移包括资本增量投向利润率高的部门与资本存量由利润率低的部门抽出投向高的部门两部分。在上例中，投资于机械工业的资本家是不会满足于10%的利润率，他们将资本存量的相当部分从机械工业中抽出，再投向食品或纺织部门。就形成了新的投资（资本增量），从而获取更高的利润率。资本在不同部门之间转移，造成了利润率较高的生产部门由于资本增量与存量的投入使生产大幅增加，直至出现供过于求，此时，该部门商品的价格大幅度下降，导致利润率的下降；而利润率较低的生产部门，由于资本增量极少，存量被大量转移，产量大幅缩减，直至出现供不应求，从而引起价格上涨，利润率随之提高。这种状况会一直持续，直到利润率大体上平均为止。

部门		资本			m'	m	商品价值	p'
		c	v	$c+v$				
低位构成	食品	70	30	100	100%	30	130	30%
中位构成	纺织	80	20	100	100%	20	120	20%
高位构成	机械	90	10	100	100%	10	110	10%
总计		240	60	300	—	60	360	—

使上述部门能够按照平均利润率实现等量资本获得等量利润。各部门间资本转移后的情况如下表所示：

部门		资本			m'	m	商品价值	p	p'	平均利润率	平均利润
		c	v	$c+v$							
低位构成	食品	70	30	100	100%	30	130	20	30%	20%	20
中位构成	纺织	80	20	100	100%	20	120	20	20%	20%	20
高位构成	机械	90	10	100	100%	10	110	20	10%	20%	20
总计		240	60	300	—	60	360	60	—		60

资本有机构成低或周转速度快的生产部门，利润率较高；反之，利润率则低，从而使各部门的利润率存在差别。上述假定的社会中有机械、纺织和食品三个生产部门，它们除了资本有机构成不同外，其他条件都相同，其资本构成分别为：$90c:10v$、$80c:20v$、$70c:30v$。每个部门都投入资本100，剩余价值率都为100%，并假定全部不变资本在一个生产过程中都转移到商品价值中去。由于资本有机构成不同，三个部门生产的商品价值也不同：机械部门是110，纺织部门是120，食品部门是130。如果商品按价值出售，它们的利润率则分别为10%、20%和30%。由此推断：在不同生产部门投入等量的资本，得到的利润并不是等量的。

资本周转时间的差别

资本构成相同，其他条件也相同的情况下，利润率和周转时间成反比，并且同一可变资本的周转时间不同，它生产的年剩余价值量也就不等。因此，周转时间的差别，是等量资本在不同生产部门的相等时间内生产出的不等量利润的另一原因，也是不同生产部门利润率不等的另一原因。

从生产方面来说，它取决于劳动时间的长短和受自然力作用时间的有无，如造船业比纺织业的生产时间长，造林业要受自然力作用的限制，生产时间也比较长。此外，生产时间的长短，还取决于技术设备、经营管理和劳动生产率水平的高低。从流通方面来说，它取决于原料燃料产地、销售市场的远近，距离越近，便越节省周转时间；同时又取决于交通运输、通讯设备以及信息网络系统的先进程度，这些条件愈先进，便愈节省周转时间。

然而，周转时间的差别本身，只有当它影响同一资本在一定时间内所能占有和实现的剩余劳动量时才具有意义。

一般利润率的形成与平均化

不同生产部门中占统治地位的利润率，本是极不相同的。这些不同的利润率，通过竞争而平均化为一般利润率，而一般利润率就是所有这些不同利润率的平均数。

本节的分析是为了表明各生产部门由于资本的有机构成和周转时间不同，所获得的利润率也不同。由于各部门之间存在竞争，使得资本从低利润率的部门转移到高利润率部门。资本的这种自由转移，引起了全社会形成平均利润率或一般利润率。平均利润率实则就是将整个社会资本看作一个整体，它是社会的剩余价值总额与总资本的比率。平均利润率是由各部门的特殊的利润率转化而成的。

利润率平均化是资本本质的要求

资本的本质要求等量资本无论投放在哪个部门，都要获得等量利润。利润既然表现为预付总资本的产物，它在数量上也就要同全部资本相联系。等量资本要求获得等量报酬，这是资本的必然要求。如果资本有机构成高、周转速度慢的企业只能获得较低的利润率，那么，资本所有者就不会经营这类企业。相反，如果资本有机构成低、周转速度快的企业可以获得较高的利润率，那么，资本所有者就会把资本投入这些企业，此举造成激烈的竞争，结果必然导致利润率的平均化。

利润率通过竞争实现平均化

企业生产的目的具有唯一性——为了获取更多利润，追求利润是资本的本能，这一本能决不允许资本投在利润率较低的部门，必然要将它们转投到利润率高的部门。为了获取高额利润，资本所有者自然将资本投入利润率高的部门，因此，各部门的资本所有者为取得更有利的投资场所，必然展开激烈的竞争。这种竞争是通过资本在不同部门之间的转移来进行的。例如，机械工业部门利润率较低，为了获取更高利润率，它们的资本所有者会将资本从本部门转移到利润率最高的食品工业部门。投入食品工业部门的资本增加了，产量就会相应增加。在需求不变的情况下，食品工业部门由于供给增加，就会导致供过于求，价格下跌，利润率下降。机械工业部门则由于原有资本被部分转移，产量下降，产品供不应求，价格随之上升，利润率便会提高。当机械部门的利润率上升到高于食品部门时，资本又会从食品部门向机械部门转移。这种循环就使利润率趋于平均化。

平均利润率是资本为争夺有利投资场所而展开竞争的结果，我们将这一过程表示为：资本转移→资本在各部门分配比例发生变化→各部门生产比例发生变化→商品供求关系发生变化→商品价格变化→利润率变化。直到各部门的利润率趋于平均化，部门竞争才趋于停止。

影响平均利润率的因素

平均利润率就是将社会资本看作一个整体时所得到的利润率，即剩余价值总额和社会总资本的比率。各个部门的不同利润率转化为平均利润率，也并非利润率的绝对平均化，它仅是经济活动中存在的一种趋势。平均利润率取决于两个因素：一是不同生产部门资本有机构成不同，从而使各个部门具有不同的利润率。它们的利润水平越高，平均利润率就越高。二是社会总资本在这些部门中的不同分配。社会资本分配到资本有机构成低的部门的比重越大，平均利润率就越高，反之，就越低。这表明，平均利润率不是各部门不同利润率的简单平均值，它跟社会总资本在不同部门中所占的比重有着密切关系。

□ **早期的汽车俱乐部**

影响利润率的因素很多，资本有机构成的比例、资本周转速度等，都可以导致利润率的变化。在等量资本获得了不同利润时，就会导致资本在不同部门之间的转移。资本家会把资本存量投向利润率高的部门，结果是，利润率高的部门由于生产大大增加，供过于求，导致价格下降，而其他部门则与此相反。但早期的汽车行业是个特例。由于汽车生产成本高，其产量一般不会出现供过于求的局面，因此价格也一直居高不下。图为早期的汽车俱乐部。

生产价格规律并没有否定价值规律

一般利润率尽管受以上两个因素的影响，但就整个社会而言，高于资本平均构成的部门的价值低于生产价格的总额，与低于平均资本构成的价值高于生产价格的总额总是相等的。当生产价格总额高于价值总额时，这种相差就会消失。这并不意味着是对价值规律的否定，只是价值规律作用的形式发生了变化。

从全社会角度来看，商品生产价格总额和价值总额相等。虽然在个别部门，一些商品的生产价格和它的价值可能不一致，但从全社会看，所有商品的生产价格总额和价值总额却是相等的。生产价格是价值的转化形式，只有在劳动价值论的基础上才能阐明生产价格的界限及运动过程。个别部门产品的生产价格可以高于或低于价值，其差额也就是平均利润同剩余价值的差额。然而，一些部门平均利润多于剩余价值的部分，正是另一些部门少的部分。因此平均利润总额与剩余价值总额是相等的。

生产价格由生产成本加平均利润构成。其中，生产成本原本就是商品价值的一部分，而平均利润不过是剩余价值在各个部门之间重新分配的结果，最终只能归结为剩余价值。因为各个生产部门所获得的平均利润实质上是社会生产部门分配剩余价值的平均数，所以某个部门资本家分配的平均利润与实际生产的剩余价值并不一致。因此，从各个不同的生产部门来看，资本家得到的平均利润可能高于或低于本部门工人所创造的剩余价值，资本所有者得到的平均利润与创造的剩余价值可能不一致，但从全社会来看，整个资本所有者得到的平均利润总额与全体劳动者创造的剩余价值总额相等，所以一旦离开剩余价值理论，平均利润率的规律就无从谈起。

生产价格在价值的基础上形成

价值是生产价格的基础，生产价格的变动受价值变动的制约。它的变动取决于商品价值即生产商品的社会必要劳动时间的变动，因为无论是成本价格还是平均利润的变化，最终都是商品价值的变化，都是商品中耗费的活劳动和物化劳动的变化。价值的变化会反映到生产价格的变化上，价值量的增减也影响着生产价格的提高或降低。

一般而言，平均利润率的变动是极慢的，因为生产价格的变动主要来自成本价格和生产要素价值的变化。这种变化或者由生产要素部门缩短社会必要劳动时间引起，或者由本部门技术结构变化引起。

就整个社会而言，在量上，利润量等于剩余价值量，生产价格等于价值。市场价格围绕生产价格波动，与围绕价值波动在质上并没有差别。在较短时期内，生产价格的变化总是要由商品的实际价值和生产商品的社会必要劳动时间总和的变动来说明。商品以生产价格出售，其实就是以价值出售，而交换仍是以价值为基础的等价交换。

□ **汽车啤酒站**

商品的价格以价值为基础，生产价格的变动，取决于商品的价值，即生产商品的社会必要劳动时间的变化。同一件商品，在不同的地方价格会有所不同，因为到商品交换时为止，它们所花费的社会必要劳动时间和加入商品的社会价值不同。例如图中，汽车啤酒站的女郎们所推销的啤酒与便利店的啤酒价格是不同的。

随着不同部门的利润率转化为平均利润率，利润也就转化为平均利润，一定量的预付资本按照平均利润率取得的利润就是平均利润。各部门的资本家，根据平均利润率获得与其资本量相应的利润，其计算公式是：平均利润 = 预付资本 × 平均利润率。

商品价值转化为生产价格

资本有机构成低的部门，其产品的生产价格低于价值；只有资本有机构成相当于社会平均资本有机构成的部门，其产品的生产价格才与价值大体相等。

生产价格的形成以平均利润率的形成为前提，平均利润率的形成过程即生产价格的形成过程。商品的价值又等于成本价格加利润。随着利润转化为平均利润，商品的价值也转化为生产价格，即生产价格=生产成本+平均利润。在资本有机构成低的生产部门，生产价格小于商品价值；在资本有机构成高的生产部门，生产价格则大于商品价值；在中等资本有机构成的部门，生产价格等于或基本等于商品的价值。

那么，商品价值是如何在利润率平均化的基础上转化为生产价格的呢？

□ 劳动中的工人

商品的价格包括生产成本和平均利润。平均利润是一个常数，而商品的生产价格则是企业发展与否的关键。因此，资本家总会在生产成本上花费心思。生产成本又与工人的素质、劳动时间和强度、设备的先进与否有很大关系。图中，这些工人的素质越高，劳动时间越长，劳动强度越大，车间的设备越先进，资本家的生产成本就越低，利润也就越高。

生产价格的形成以利润转化为平均利润为前提

因为只有不同部门的资本产生竞争，才能形成平均利润率，也只有在平均利润率的基础上，商品价值才能转化为生产价格。随着平均利润率的形成，利润转化为平均利润，许多生产部门所得到的利润与本部门生产出来的剩余价值在数量上产生了差别，一些部门获得的利润高于剩余价值，一些部门则低于剩余价值。如此一来，这些部门的商品价格便与其价值不等。现在，商品是以生产成本加平均利润所构成的价格出售，这种价格就是生产价格。因此，随着利润转化为平均利润，价值便转化为生产价格。由此可见，生产价格是利润率平均化的结果，也是资本要求等量资本获得等量利润的结果。

生产价格是价值的转化形式

生产价格与价值有着明显的不同。在商品价值中，成本价格和利润都具有部门特殊性：成本价格受生产部门的技术水平等因素影响，利润则取决于本部门创造的剩余价值的多少。在商品流通中，价值是体现物质和劳动的砝码，属于一种无形的抽象概念，而价格是在一般等价物和货币产生后用来体现这一抽象概念的概念。因此，生产价格是价值的转化形式。

生产价格和价值的区别

从质上看，生产价格只同资本相联系，同活劳动无关；而价值同工人的活劳动直接联系。从量上看，生产价格经常和商品价值不一致，因为平均利润率形成后，不同部门得到的平均利润不一定与本部门生产的剩余价值恰好相等。

价值规律让位于生产价格规律。价值转化为生产价格后，价值规律作用的形式发生了变化，价值规律也就转化为生产价格规律。这种变化体现在两个方面：一是商品的交换不再以价值而是以生产价格为基础进行，生产价格成为商品交换的基础和调节商品价格的轴心；二是由于供求关系发生变化，市场价格不再围绕价值而是围绕生产价格上下波动。

平均利润形成与市场

平均利润是通过部门之间的竞争形成的，是不同部门的资本家根据资本的大小，按照平均利润率获得的利润。当平均利润形成后，各部门的资本家为保证让自己获得平均利润，就会按照生产价格来出售自己的商品。这时，市场价格就会以生产价格为中心上下波动。

剩余价值转化为利润，只是形式的差别，并没有量的差别，但利润转化为平均利润后，量的差异就出现了，正是这种差别，将价值规定的基础本身掩盖了起来。

在平均利润率形成之后，虽然平均利润与剩余价值在总量上仍然相等，但就某一部门而言，它实际获得的平均利润与它所创造的剩余价值在量上已经有了差别，即平均利润不等于剩余价值，利润量也不一定和直接生产的剩余价值量相等。机械工业超出的利润，正是食品工业失去的利润。从整个社会来看，平均利润的形成实际上是全社会的剩余价值在各部门资本家之间重新分配的结果。

剩余价值转化为利润，掩盖了其真正来源

剩余价值转化为利润是一种质的转化，利润在量上仍等于剩余价值。当利润转化为平均利润后，等量资本获得等量利润，平均利润和剩余价值之间，不仅发生了量变，还发生了质变。平均利润无论从质上还是量上都表现为全部预付资本的产物。由此，剩余价值的真正来源就完全被掩盖了，资本主义的剥削关系也随之被掩盖。

价值转化为生产价格，是商品经济高度发展的产物

首先，价值先于生产价格，它是价格的基础，二者体现了商品交换的不同性质——商品作为劳动产品来交换和商品作为资本产品来交换。

其次，二者交换的经济条件不同。按生产价格交换，需要资本主义发展到一定的高度；按价值交换，只需要商品交换过程中供求大体一致，不存在垄断即可。所以，生产价格的形成需要一定的条件，即资本和劳动的自由流动，而这些条件只有在资本主义发展到一定阶段后才具备。市场体系的建立，如资本市场、劳动力市场等，为资本和劳动力在不同部门之间的流动创造了便利条件。

部门内部的竞争造成市场价值规律决定价格变化

市场价值的这一定义所包含的两方面内容是一致的，这与第一卷第1章所分析的关于价值的决定相同。应特别注意的是，价值是以供求平衡为前提。价值规律决定着生产价格的变化，其具体表现在：各部门内部生产所需的劳动时间的增减，会使生产价格降低或提高。而决定生产价格的平均利润，总是与一定资本作为社会总资本的一个相应部分所分到的剩余价值量相等。部门内部的竞争形成市场价值和市场价格。

商品按市场价值出售的必备条件

条件一：商品生产者通过竞争，将社会需要的商品供应到市场上。

条件二：通过购买者之间的竞争，使社会需求量与供应量均衡。

在供给与需求平衡时，商品才能以规定的价值出售。如果供给大于或小于需求，价格就会偏离市场价值。这三种情况的变化关系是：生产量本身发生变化，变得过少或过多；供给不变，需求发生变化；供给和需求都发生变化，但变化的程度不同。

下面阐述供求同市场价值的关系。

供给与市场的关系

供给不仅表现为一定的使用价

□ **自由商品交易的集市**

商场与集市是商品流通的载体，商品的交换在这里完成，资本家所追求的利润在这里实现。人们购买商品，参考的是与价值大体一致的市场价格。这样，购买者买到了自己需要的商品，资本家和商人得到了他们想要的利润。图为一个热闹的集市，人们在自由地进行商品交易。

□ 香槟动乱

在商品的市场需求量与供应量大致持平时，商品的市场价格与市场的统一价值一致；当商品的价格与价值大致一致时，售购双方才能达成交易。在没有特殊情况发生时，若卖出的商品的市场价格远远高于其价值，矛盾就产生了。图为1911年的“香槟动乱”。由于商人用葡萄酒充当“香槟”，愤怒的葡萄栽培工砸坏了一些大商人的酒窖。此时，葡萄酒的市场价格便高于它自身的价值。

值量，而且表现为一定的市场价值，但是商品的使用价值量与市场价值之间没有必然的联系（同一价值额可以表现为不同的价值量）。供给和市场价值之间存在着这样一种联系：在一定生产条件下，每个部门生产一定量的商品，需要一定量的社会必要劳动时间，占用一定量的社会劳动。为了满足人们对某种产品的需要，就需要投入相应比例的劳动量，否则就会使商品的价格偏离价值。供求不平衡引起价格波动，但价格的波动又会使供求平衡。因此，商品按照自身的价值来交换或出售是遵循了商品平衡的自然规律。

需求及伸缩性

需求包括生产需求和生活需求。需求量具有伸缩性：生活资料价格下降，需求量会扩大；生产资料价格下降，需求量会增长。需求是有支付能力的需求。

供求关系与市场价格的关系

市场价格不是由供求决定的，而是由市场价值决定。因为供求一致，它们就对市场价值不发生任何作用，所以必须用另外的作用而不是由这两种力量的作用来解释。事实上，供求从长期看是一致的。供求一方面只是说明市场价格同市场价值的偏离；另一方面又可以在极不相同的形式上平衡商品价格波动所产生的影响。市场价值是通过竞争和市场价格的波动来实现的。

供求双方的竞争对市场价格和市场价值的影响

在商品的供求关系上，再现了下列关系：使用价值和交换价值的关系；商品和货币的关系；买者和卖者的关系；生产者和消费者的关系。简而言之，就是体现了供给（生产者、卖者）与需求（消费者、买者）的关系。供给和需求这两股力量在市场上发生作用，相互竞争，在竞争中可能出现：供不应求，市场价格就会超过市场价值；供过于求，市场价格就会低于市场价值。在资本主义社会，情况复杂得多，因为这里的产品是资本的产品，它的价格不是围绕价值上下波动，而是围绕生产价格波动，市场供求关系的形成也是以不同阶级的分配收入为前提的。

部门之间的竞争形成生产价格

等量资本获得等量利润是资本的一种社会权力。部门之间的竞争往往表现为价格的竞争。生产价格是资本发展到一定阶段的产物。利润的平均化进一步加深了无产阶级和资产阶级的对立。平均利润与生产价格的学说，阐明了等量资本所获得的等量利润，只是剩余价值在不同部门资本家之间的重新分配。为了提高利润率，资本家加重对工人的剥削；为了获得超额利润，资本家使工人过度劳动。平均利润形成后，各部门资本家所获取的利润量，不仅取决于对本企业、本部门的工人的剥削程度，还取决于对整个工人阶级的剥削程度。同理，工人不仅受直接雇佣他们的个别资本家的剥削，还受到整个资产阶级的剥削。因此，工人与本企业资本家的对立，逐步演变成社会两大阶级之间的对立和斗争。

超额利润

当某一厂商或因为领先采用新技术，或因为拥有某种市场权力，或因为其他原因而使其成本低于其他厂商或其商品价格高于其他厂商时，它便可能获得高于正常水平的利润，即获得超额利润。

竞争下的超额利润

通过对市场价值的分析，我们已经知道每个特殊生产部门的生产者在最优生产条件下可以获得超额利润，此外，超额利润还能在以下情况下被生产出来：某些生产部门可以不将商品价值转化为生产价格，而是把利润转化为平均利润。那么，平均利润形成后为何还存在超额利润呢？事实上，超额利润是企业个别生产价格低于社会生产价格的差额。一个部门内部的各企业资本家之间，为了获得超额利润不断进行内部竞争。由此形成了部门内部的竞争。他们通过不断改进技术，提高劳动生产率，从而加快资本周转，提高利润率，努力使自己商品的个别价值低于它的社会价值。于是又产生了这样一种说法：由于商品的社会价值是通过部门内部的市场竞争形成的，所以又叫市场价值。“所谓市场价值，一方面应看作是一个部门所生产的商品的平均价值，另一方面，又应看作是在该部门平均条件下生产的、构成该部门的产品的绝大部分的那种商品的个别价值。”这样，市场价值似乎出现两个不同的定义，事实上，平均价值和个别价值是相同

□ 危险的航行

马克思说：“一有轻微利润，资本家就开始胆壮；只要有10％的利润，它就会到处被人使用；若有100％的利润，它就会使人无视一切法律；若有300％的利润，它就会使人不怕犯罪，甚至不怕被绞首。”追逐利润是资本家最大的原动力。图中，资本家们为追逐利润不惜冒险在风浪中前行。

的。因为商品的平均价值在平均生产条件下，占该部门产品很大数量的商品的个别价值。一般情况下，市场价值由占大量的、中等生产条件下生产的产品的个别价值来决定。优等条件下生产商品的个别价值就会低于市场价值，从而拥有优等条件的资本家就会获得超额利润。而劣等生产条件的资本家，则由于商品个别价值高于市场价值，其一部分剩余价值无法实现。

供求关系下的超额利润

一般来说，竞争主要来自买卖双方之间的竞争，这种竞争可以平衡市场的供求关系，而供求关系是否平衡又会影响市场价值的形成。

供求平衡是一种偶然现象，不平衡则是经常现象。无论是供不应求，还是供过于求，都会对市场产生影响。然而，在自由竞争市场中供需会自动调节，当出现超额利润时，其他竞争者便会迅速加入，供需平衡就会很快恢复正常，超额利润则会迅速消失。

利润率平均化与超额利润

利润率平均化是一种动态趋势，并不意味着不同部门的利润率的绝对平均。平均利润率形成以后，企业之间仍然存在着技术装备水平的差别，以及为追逐超额利润而展开的竞争，利润率差别也同样客观存在。所以，利润率平均化反映的是一种动态的平均，而不是静态的绝对平均。利润率平均化规律在本质上与等量资本获得等量利润原则有关，但形式上已成为资源配置的重要规律。

□ 人才市场

供求平衡是一种虚拟的状态，它在实际的商品生产与交换过程中是不存在的。影响商品供求关系的因素很多，经济条件、政治环境的改变，新的商品的出现，人口的增减等，都能在商品供求关系上体现出来。图为大量求职者在人才市场前的拥挤场面。它显示出供求关系中存在的供过于求的尴尬情况。

生产价格形成后，各部门之间的利润率趋于平均化，但是这并不排除各部门中各个企

业之间利润率的差别。我们在分析利润向平均利润转化时，是将各部门作为一个整体来考察，以每个部门资本平均有机构成和资本平均周转速度为既定前提。由于各企业生产条件的不同，它们所生产的产品的个别生产价值也不同。然而，商品是按由部门平均生产条件决定的社会生产价格出售的。这样，生产力水平高于部门平均水平的先进企业，就可以获得超过平均利润的超额利润。其原因在于，个别企业生产条件优越，劳动生产率高，生产了超额剩余价值。部门之间的竞争只是使不同部门的利润平均化，但是超额剩余价值不会由于部门竞争而平均化。这样，超额剩余价值便转化为超额利润，因此超额利润反映的是同一部门内部不同企业之间的关系，平均利润反映的则是不同部门之间的关系。由此可见，平均利润和生产价格形成后，并不排除部门内部的先进企业仍然可获得超额利润。

第 3 章
利润率趋向下降的规律

CHAPTER 3

资本有机构成的提高，必然使平均利润率呈日益下降的趋势。平均利润率的下降，并不意味着工人受剥削程度的减轻，以及资本家利润量的减少，它实质上是资本主义积累一般规律的一种特殊表现。资本家企图用各种办法来阻止利润率的下降，却导致资本主义基本矛盾日益尖锐化。

平均利润率趋向下降的规律本身

虽然资本有机构成的提高，导致利润率下降，但总资本推动的劳动总量增加，剩余价值或利润也在增加。要保持利润总量的增加，就必须使总资本增加的速度快于利润率下降的速度。

平均利润率下降的原因

平均利润率下降的原因是社会资本有机构成的提高。一般利润率并非固定不变，其水平取决于整个社会剩余价值总量与资本总量之比。社会总资本中只有可变资本部分产生剩余价值，不变资本则不产生剩余价值。随着资本主义生产的发展，技术的不断进步，劳动生产率的提高，势必引起不变资本部分的显著增大，以及可变资本部分的相对缩小。资本有机构成日益提高，因此利润率便逐渐下降，这就是利润率下降的规律。总之，利润率的高低主要取决于剩余价值率和资本有机构成的高低。随着资本积累的增加和资本有机构成的提高，利润率明显有下降趋势，或者说存在利润率趋向下降的客观必然性，即利润率趋向下降的规律。利润率下降趋势是在资本主义生产方式下社会生产力日益发展的特有表现。

利润率同资本的有机构成成反向运动

平均利润率下降并不排斥资本家获得的利润总量的增加。虽然资本有机构成的提高，导致利润率下降，但总资本推动的劳动总量增加，剩余价值或利润也在增加。要保持利润总量的增加，就必须使总资本增加的速度快于利润率下降的速度，否则，利润总量就会下降。此外，利润率下降规律还表现在单位商品价格下降的同时，商品总价格中包含的利润量相对增加。随着技术的进步，劳动生产率大幅提高，在单位劳动时间内，生产的产品数量也大大增加，因而消耗在每件产品上的活劳动就会减少，商品的价值与价格就会下降。然而，单个商品中所包含的利润量会因为剩余价值率提高的速度快于新价值下降的速度而增加。

阻碍利润率下降的五大因素

与以往一切时期相比，最近三十年的社会劳动生产力有了巨大发展。除了真正的机器，还有大量的固定资本加入社会生产过程的总体，那么，一向使经济学家烦恼的问题——利润率，为什么没有持续降低的趋势呢？其中，必然有某些阻止利润率下降的因素：

一、提高劳动剥削程度。劳动剥削程度的提高既可增加剩余价值，又可节约可变资本，并使剩余价值率有所提高。然而使剩余价值率提高的一些原因，具有使一定量资本所使用的劳动力减少的趋势，因此，同一些原因也具有使利润率降低的趋势，同时也使这种降低的运动延缓下来。

二、工资被压到劳动力价值以下。工人工资的下降，既可增加剩余价值，又可节约可变资本，这里与第一点相同，同样导致剩余价值率的提高。

三、不变资本各要素变得廉价。随着技术的进步，单位生产资料的价值降低，现有资本随着工业发展而发生贬值，这在一定程度上阻碍了利润率的下降。

四、相对过剩人口。一个国家的资本主义生产方式发展越好，国家的相对过剩人口就表现得越明显。一方面，相对过剩人口催生了大量价格低廉的可供支配的或失业的雇佣工人；另一方面，一些新的生产部门特别是奢侈品生产部门，把其他生产部门中常常由于不变资本占优势而失业的相对过剩人口作为基础。由于一般利润率是由各特殊生产部门利润率的平均化得来的，因此造成利润率下降的某些相同原因就会产生一种与这种趋势相反的对抗力量，它或多或少地抵销利润率下降的趋势。

五、对外贸易的影响。因为利润的数量取决于资本所推动的劳动力的多少，而外贸则会输入更廉价的生产资料、劳动力。只要可变资

□ 待售的铝

导致利润率下降的原因很多，包括原材料价格上升、物价上涨、工人劳动时间减少、由于激烈竞争导致的销售价格下降、生产过剩导致的产品积压等。日常生活中，竞争激烈导致销售价格下降是利润率下降的主要原因。图为一些正在降价待售的铝制品。

本与劳动力的绝对数量没有减少，利润量就不会减少。

综上所述，在资本主义经济中，各种反作用的因素必然阻碍利润率的下降。但这些原因不会消灭这一规律，因此，这一规律只是作为一种趋势发生作用。

利润率下降，加深了资本主义的矛盾

生产扩大和价值增殖的矛盾加深了剩余价值的生产与实现的矛盾。由于剩余价值的生产和实现的条件在时间和空间上的分离，必然会产生尖锐的矛盾，因此在生产领域中，资本家为追求更多剩余价值，在利润率下降的过程中，必然努力积累资本，扩大生产规模，提高资本有机构成，获取超额利润。然而，在利润分配中，由于资本积累的增长和有机构成的提高，工人阶级在社会新创造的价值中，即在国民总收入中所占比例越来越小，导致社会有支付能力的需求减少，剩余价值的实现面临困难。因此，资本主义生产无限扩大的趋向与社会有支付能力的需求相对减少的矛盾必然会逐步激化。

剩余价值生产和剩余价值实现的矛盾，加深了生产扩大和价值增殖之间的矛盾。资本主义生产是为了剩余价值，而获取剩余价值的手段是扩大生产规模，但扩大生产与价值增殖是相互矛盾的。因为利用资本积累、扩大生产、提高资本有机构成的方式，在追求更多剩余价值的同时，却导致利润率下降，以及资本增殖速度减慢。同时，随着资本积累的进行，劳动生产率也有了大幅度提高，生产商品的社会必要劳动时间得以缩减，从而降低商品的价值，导致资本价值的贬值。

人口过剩与资本过剩的矛盾加剧了资本主义国家内部资产阶级与无产阶级之间、资本主义国家之间、宗主国与殖民地之间的矛盾。

综上所述，资本主义生产社会化规模的扩大和社会有支付能力的需求日益缩小之间矛盾的尖锐化，必然引发周期性的经济危机[1]。虽然这种危机可暂时缓解资本主义内在矛盾，但它本身孕育的危机更大。资本主义生产总是竭力克服这些固有的限制，但它用来克服这些限制的手段只会使限制以更大的规模重新出现。

[1] 资本主义无法消除产生经济危机的根源，因而经济危机周期性地爆发。经济危机的这种周期性使资本主义再生产也表现出周期性，其周期包括四个阶段 ：危机、萧条、复苏和高涨。

第4章
商品资本和货币资本转化为商品经营资本和货币经营资本

CHAPTER 4

商业资本是一种独立行使商品资本职能的资本。产业资本家的资本中，本来必须有一部分执行商品资本的职能。无论是单个资本还是社会资本，在它们的运动中，总有一部分资本不断地在商品资本形式上作为流通资本处在市场上以及商品资本到货币资本形态变化的过程中。

商品经营资本

专门经营商品买卖的资本，是货币资本和商品资本的独立化形式，也是商品经营资本和货币资本的主要组成部分。其运动表现为G—W—G′，是以预付货币资本开始，通过媒介商品价值的实现，以增殖货币资本告终。

商业资本是从产业资本循环的商品资本中独立出来的，它与商品资本有着极其密切的关系。商业利润从商品的流通中即商业资本家从经营商品的买卖中获得，但商业利润的创造仍来源于生产领域，它是剩余价值的一部分。商业资本作为独立发挥作用的资本，它有着自己独特的周转形式。

商业资本又称商人资本，是历史上出现最早的资本形式之一。商业资本是指在流通领域中发挥作用的职能资本。商业资本属于流通资本，包括商品经营资本和货币经营资本两种具体形式。但通常所说的商业资本是专门从事商品买卖而获取商业利润的商品经营资本。在资本主义生产方式中，商业资本是产业资本的一种形式，即商品资本的转化形式。

商业资本的形成与产业资本的周转密切相关

商业资本是产业资本运行中从商品资本转化而来的，在流通过程中出售商品实现价值和剩余价值的职能固定下来，专门从事商品买卖业务，成为社会总资本中的一种独立资本。

商品经营资本的规定性：商品资本的独立化形态。商业资本家首先是货币资本的所有者。在资本主义发展初期，产业资本家本身既从事商品生产活动，又从事商品销售活动。随着资本主义生产的发展，市场范围不断扩大，产业资本家为了集中资金从事生产活动并节约流通资本的数量，便要求由专门从事商品销售业务的商业资本家为其推销商品服务。如此一来，产业资本循环过程中的商品资本的职能就逐渐从产业资本中分离，成为由商业资本专门执行的职能。

商业资本是一种独立执行商品资本职能的资本。它能够成为一种独立的资本形式，其原因在于产业资本的循环中，商品资本职能具有相对独立性，表现在：

产业资本运动包括购买、生产、销售三个连续的阶段，产业资本在其循环过程中，依次采取货币资本、生产资本和商品资本三种职能形式，执行着三种不同的资本增殖与价值实现的职能。货币资本负责购买生产资料和劳动力，为生产剩余价值准备条件；生产资本实现生产资料与劳动力的结合，生产出剩余价值；商品资本专门出售商品，使资本的价值和剩余价值得以实现。由于三种形态的资本独立执行不同的职能，各自形成了产业资本循环的一个阶段，这就使不同资本家有了不同的分工，从而分别承担着不同的资本职能。由于商品资本的职能与生产资本和货币资本的职能原本就不相同，这就为商业资本的产生创造了条件。因此，产业资本家的资本中，必须有一部分执行商品资本的职能。无论是单个资本还是社会资本，在它们的运动中，总有一部分资本不断地在商品资本形式上作为流通资本处在市场上以及商品资本到货币资本形态变化的过程中。正是产业资本运动中商品资本形式存在的这种客观必然性，才使处于商品流通领域的商品资本，有可能从产业资本中分离出来，独立发挥作用，成为商业资本。

□ 富商与王子

拥有货币资本的资本家在最初的时候，既从事生产活动，也从事商品销售。随着资本主义生产的发展与市场的扩大，专门从事商品销售业务的商业资本家便产生了。图中，希腊的业界巨头亚里斯多德·欧内西斯正与希腊王子谈笑风生。

社会分工的发展与市场规模的扩大，又为商品资本的独立化提供了条件。产业资本派生出商业资本不仅有可能，而且有必要。在资本主义发展初期，由于生产规模和市场范围较小，产业资本通常是一身二任，自产自销。随着市场范围和生产规模的扩大，产业资本滞留在流通领域的时间过长，占用的资本量增大，严重地限制了剩余价值生产的扩大，这就在客观上要求商品资本的职能从产业资本中独立出来。随着资本主义生产的发展，商品数量和品种的增加，流通业务的专门化和复杂化，要产业资本自行完成销售活动这一职能是不经济也是不可能的，这需要一定的专门人才来从事。如果产业资本家仍坚持自产自销，就无疑会增大商业开支，减少生产领域中的资本投入，降低利润率。在这种情况下，由于商业资本专门从事商品买卖，具有产业资本家所不具备的商品流通方面的特有优势，产业资本家就将商品流通的业务专门交给商人去完成，使商品资本职能从产业资本中独立出来，成为商业资本。并且，一部分资本家积累了一定量的资本，愿意经营商业活动，通过商品的买卖来获利。可见，商业资本就是从产业资本中分离出来，独立发挥作用的商品资本，是商品资本独立化的形态。

商品资本转化为商品经营资本的条件

一、商业资本家与产业资本家之间形成了一种特殊的社会分工。商业资本的职能要有一个和产业资本所有者不同的专业流通当事人来承担。

二、商品经济和社会分工的发展。在产业资本家和专门从事商品流通的商人之间形成了特殊的分工，商品的买卖由过去产业资本的自产自销，变成从产业资本运动中分离出来，由商人独立完成商品资本的职能。如果产业资本自己雇佣代理人来推销商品，商品资本就不能转化为独立的商业资本。

三、商业资本家必须预付一定量的货币。专业流通当事人必须有自己的独立投资，这种投资必须有自己的特殊循环并使之增殖。商人必须预付一定的货币资本，专门进行商品的买卖，并通过经营商品买卖而实现资本增殖，获得商业利润。如果只有流通当事人而没有他们的独立投资及其增殖，则活动在流通领域的始终是产业资本的职能形态，而不是独立的商业资本。

商品经营资本对产业资本和社会总资本发挥着重要作用

一、商品经营资本缩短了产业资本循环的流通过程。生产者可以较早地将商品直接批发给商家，转化为货币，从而节约产业资本的流通时间。由于商人专门从事商品买卖，对市场行情熟知，控制着流通渠道，缩短了商品的流通时间，因此，商品经营资本比产业资本更快地完成商品的形态转化，有利于增加用于生产过程的资本。

二、节约流通领域的资本。从整个社会来看，商业资本是集中进行的与商品买卖有关的包装、运输、保管的活动。这比各企业的产业资本分散进行，更节约流通资本的数量。产业资本家节省了流通费用，便能将更多的资本投入生产领域，扩大生产规模。可见，商人能够集中地进行商品的买卖、运输和储藏，用于买卖的资本，必然小于产业资本家亲自从事全部商业活动时所必需的资本总量。这有利于产业资本家集中力量从事生产活动，从而提高经济效益，增加利润总量。

三、促进整个社会资本的周转。商业资本可以同时为许多产业资本推销商品。就所有商人资本同产业资本的关系来看，商人资本的一次周转，不仅可以代表一个生产部门许多资本的周转，还可以代表不同生产部门若干资本的周转。并且，它对商品的购销业务、销售网点和促销手段也极为熟悉，这样可以加速许多产业资本周转。所以，商人既能同时为一个产业部门中的多个资本服务，也可以同时为不同产业的资本服务。因此，商业资本的周转可以不受某一产业资本周转的限制，可以在产业资本周转一次的时间内，完成多次周转，从而推动社会资本的周转。

四、促进剩余价值的生产。虽然商业资本不能创造价值和剩余价值，但由于它缩短了流通时间，就间接地增加了生产价值的时间，提高了利润率；由于它促进了整个社会资本的周转，减少了流通领域的资本量，生产领域的资本量也随之扩大。

商业利润的来源及实现方式

商业利润并非产生于流通中，而是在流通中实现，它是产业工人创造的一部分剩余价值的转移，是商业资本参加利润平均化的必然结果。因此，从本质上而言，商业利润是剩余价值的一种转化形式。

商业资本在流通中专门从事商品买卖活动。撇开各种与买卖活动相关的商品，如保管、运输、分类、包装等在流通领域中续存的生产环节不谈，仅就其真正为卖而买的职能而言，商业资本既不创造价值，也不创造剩余价值，它仅对商品价值与剩余价值的实现起中介作用。在流通领域内作为单纯商品买卖活动的商业资本也和产业资本相同，都是为了取得剩余价值。

商业资本获得平均利润的必要性

商业资本虽不创造价值与剩余价值，但它是再生产过程的一个阶段，因此它也必须获得利润，否则资本就会转移。商业利润的高低，受平均利润率规律的支配。商业资本家根据其资本数量，获得相应的平均利润。

对商业资本家而言，其参加对剩余价值的分配，不仅要获得商业利润，还要

□ 密西西比河上的蒸汽船

商业资本是流通领域的资本，它不创造价值和剩余价值，因此商业利润不会在流通领域产生，而是在流通中实现，即产业工人创造的一部分剩余价值在流通领域中的实现。运输业所争夺的，就是每一种商品的流通资本的份额。图为密西西比河上的蒸汽船，它是运输业中的主要工具。

与产业资本一样获得平均利润。因为产业资本循环过程中，其商品销售阶段与生产阶段都至关重要。生产过程创造的、凝结于商品中的价值和剩余价值，必须通过售卖阶段，使商品转化为货币，才能实现价值和剩余价值。所以，在流通过程中独立执行职能的商业资本必须与在不同生产部门中执行职能的产业资本一样，能够获得平均利润。如商业利润率低于生产部门的利润率，前者的资本就会向后者转移；反之，后者资本则会向前者转移。通过商业资本家与产业资本家之间的竞争，资本在生产部门和商业部门之间自由转移，最终使二者的利润率平均化，分获平均利润。

商业资本只是在流通领域从事商业活动的职能资本，是社会再生产所必需的部分职能资本，它与产业资本相同，投资商业的目的不仅要取得利润，而且要取得平均利润。也就是说，商业资本的利润率必须与产业资本的利润率相等。若是后者利润率高于前者，商业企业就会将资本从商业领域转移到产业部门，使产业部门的竞争者增加，此时，利润率就会下降。同样，若前者高于后者，生产企业也会将资本转移到商业领域，一样会导致商业利润率降低。只有当二者相等的时候，产业资本与商业资本之间，才能各自安心于自己的领域。

商业利润的来源

商业利润的来源只是总生产资本所生产的剩余价值的一部分。商业利润是产业资本家将其所剥削获得的剩余价值的一部分，转让给商业资本家。因此，商业利润的来源也可以说是产业部门的工人所创造的剩余价值。

商业资本的运动形式是：G—W—G′（G′=G+ΔG）。ΔG表示由一般利润率决定的商品价格增加额，即商业利润。商业利润就是商业资本从产业资本中分割到的一部分剩余价值。由于商业资本是投资流通领域的资本，不创造价值和剩余价值，因此，从现象形态看它似乎是商品售卖价格与购买价格之间的差额，产生于流通中。但这只是表象，只能表现商业资本家是从商品售卖价格高于购买价格的差额中来实现其利润的，并未表明商业利润的真正来源。商业利润不产生于流通，而在流通中实现，它是产业工人创造的一部分剩余价值的转移，是商业资本参加利润平均化的必然结果。因此，从本质上而言，商业利润是剩余价值的一种转化形式。它的真正来源是产业工人在生产过程中所创造的剩余价值的一部分，是产业资本家转让给商业资本家的一部分利润，它体现了二者共同剥削工人的关系。而产业资本家之所以要向商业资本家转让利润，使其参与对剩余价值的分配，是因为商业资本作为产业资本运动中商品资本的独立化部分，分担了产业资本一部分职能，即商品销售活动，有利于提高产业资本的利润率。

商业利润的实现方式

从表象看，商业利润是通过商业加价而获得的，事实上，它是通过参与利润平均化而获得的。产业资本家以低于生产价格的价格将产品卖给商人，商人再以生产价格出售。

商业利润的实现方式是商品的销售价格高于商品的购买价格。而两者之间的差额，就是商业利润。

商业资本是怎样从产业资本中分割到剩余价值的呢？大致需要两个环节：首先， 商业企业预付一笔资本向生产企业购买商品，生产企业以低于生产价格的价格将商品卖给商业企业；其次，商业企业按商品生产价格再将商品卖给消费者，得到比预付资本更多的货币。因此，商业资本增殖的关键在于，以低于生产价格的价格从生产企业购买商品，再以生产价格决定的价格在市场上销售产品。然而，商业资本又是怎样实现这种转让的呢？我们先举例说明商业资本参与利润平均化的过程及商业利润的获得方式。假定一个社会的产业资本总额为900（720c+180v），剩余价值率为100%，则社会总产品价值为720c+180v+180m=1 080。产业部门中的平均利润率为180m ÷（720c + 180v）= 20%。再假设商业企业预付的商业资本总额为100，商业资本经过一次或数次周转将价值1 080的社会总产品全部销售出

□ **商业资本家**

商业资本家在从事商品销售时，首先向产业资本家购买商品，产业资本家按照低于生产价格的价格把商品卖给商业资本家，商业资本家再按照生产价格卖给消费者。这就是货币和商品在商业资本家手里运动的过程。而商业资本家的利润来源，正是工人在劳动过程中创造的剩余价值，它是剩余价值的一种转化形式。图为资本主义初期一位获得高额利润的商业资本家。

去。这样，社会总资本 = 产业资本（900）+ 商业资本（100）=1000，剩余价值为180，社会资本的平均利润率为180 ÷（900 + 100）= 18%。可见，商业利润是通过商品的购销差价获得的。它显然不是商业资本家在生产价格以上售卖了商品，而是用商业折扣的办法以低于生产价格的价格向产业资本家购买商品，再以生产价格向消费（生产消费与生活消费）者销售产品，从购销价格的差额中实现商业利润。而这整个实现过程也并未违背价值规律。等价交换是对商品的最终实现而言的，换言之，等价交换原则上是就生产者与消费者的交换关系而言的，因为商业是生产领域和消费领域的中介。商业部门以低于价值的价格购买商品后，再加上合理的利润额，按价值售予消费者，这正是体现了等价交换的规律。

商业资本家参与利润平均化对生产价格的影响

商业资本参加利润率平均化，使商品生产价格公式的规定更加严密。最初，商品的生产价格等于成本价格加上平均利润；现在，产业资本的平均利润须分解为产业利润和商业利润。当然，商业资本和产业资本获得同等的利润率，也如不同产业部门的资本会获得同等的利润率一样，是对一种基本趋势而言的。因此，商品生产价格=成本价格+产业利润+商业利润。平均利润率的公式也应改为：平均利润率=剩余价值总额 ÷（产业资本 + 商业资本）。

从现象看，商业资本参与剩余价值的分配，降低了产业部门的平均利润率，似乎对产业资本不利，其实不然。如果没有独立的商业资本，生产企业就必须在流通领域中另外垫支一笔资本，其数量将比商业资本更大，也会导致更多利润下降。现在，由于有商业企业专门从事商业活动，减少了流通中的资本总量，因而提高了平均利润率，对生产企业也是有利的。因为商业资本虽然不创造价值和剩余价值，但它对商品交换起中介作用，能够加快商品价值和剩余价值的实现。如果没有商业资本专门负责商品的买卖，产业资本就无法顺畅、快速地实现自己的商品销售，甚至还要耗费更多的资本和流通费用来推销商品，最后导致利润大幅降低。

最后，商业资本家参与利润平均化对产业利润具有一定影响：同产业资本相比，商业资本越大，产业利润就越小；直接从事剥削的资本家的平均利润率便小于实际的利润率。

纯粹流通费用的补偿及其所得的利润

产业资本之所以愿意转让部分剩余价值，是因为只要纯粹流通费用在社会需要的范围内，商业资本经营商品，可以大大减少流通中的资本，节约的数量远远超过耗费的纯粹流通费用，并且有助于产业资本的节约和利润率的提高。

商业资本包括用来购买商品的资本和支付商品流通手段的资本。支付商品流通手段的资本是由固定资本要素和流动资本要素构成的。这样一个要素，即使它与纯粹的商业流通费用一样，不会形成商品价值的实际追加，也会形成一个名义上的价值。但是，这整个追加资本不管是流动的还是固定的，都会参与一般利润率的形成。

流通费用是商业资本家在商品流通过程中所耗费的各种费用。这些费用是预付商业资本的组成部分，要通过商品的销售加以回收和得到补偿，同时要获得相应的平均利润。按其性质可分为两类，一类是生产性流通费用，另一类是纯粹流通费用。

纯粹流通费用

纯粹流通费用是由商品的价值运动所产生的费用，即在商品的单纯买卖过程中所支出的有关费用和由价值形态变化而花费的费用，即价值由商品形态转化为货币形态和由货币形态转化为商品形态而花费的费用。这种费用属于非生产性开支，不能增加商品的价值。

纯粹流通费用包括两部分：一是商店的建筑、设备、簿记、广告、开拓市场、通讯等方面的开支；二是可变资本，主要指用于雇佣商业工人的工资等方面的费用。

从商品到货币、再由货币到商品的转化过程，既不创造价值，也不创造剩余价值，但它却是产业资本的必要职能的必要流动，所以纯粹流通费用必须获得利润。流通时间和流通中占用的资本对生产时间和生产资本是一种限制。但是，商业资本的加入会加速资本周转，从而降低平均利润率减少的速度。因为如果没有商业资本，产业资本家就要拿出更多的资本来从事商品流通。

□ 商业资本家的账单

在商品流通过程中，要产生两种费用：纯粹流通费用和生产性流通费用。纯粹流通费用是指在商品的单纯买卖过程中所支出的有关费用、价值形态变化引起的费用，包括计算费、簿记费、广告费、通讯费等。生产性流通费用指由商品的使用价值运动所引起的费用，如商品的保管费、运输费、包装费等。对于商业资本家来说，他们对这两种费用都是十分敏感和仔细的，因为这关系到他们利润的多寡。图中，一个商业资本家正在核对他那长长的账单。

纯粹流通费用作为商业资本家的预付资本，需要得到补偿。而这种补偿可以通过以下渠道获取：从实物上补偿，即从社会总产品中每年都要拿出一部分物质资料供商业部门使用；从价值上补偿，即从每年的剩余价值总额中扣除相应的部分。由于纯粹流通费用不增加商品的价值和剩余价值，所以它的补偿和获利只能从产业资本占有的剩余价值中扣除。因此，纯粹流通费用的补偿和获利都是对社会剩余价值的扣除，都在商品价值内得到实现。纯粹流通费用的补偿和获利，从表面上看，似乎增加了社会负担，减少了产业资本的利润。但实际上，产业资本之所以愿意转让这部分剩余价值，是因为只要纯粹流通费用在社会需要的范围内，商业资本经营商品，比产业资本分散经营流通业务更经济，可以大大减少流通中的资本，节约的数量远远超过耗费的纯粹流通费用，并且有助于产业资本的节约和利润率的提高。由此可见，在社会再生产需要的范围内，合理发展商业，有利于降低社会总资本的运行成本，提高社会经济效益。

生产性流通费用

生产性流通费用是由商品的使用价值运动所产生的费用，如商品的保管费、运输费、包装费等，这种费用是与生产过程在流通领域内的继续相关的费用，是一种具有生产性质的费用。

生产性流通费用主要包括买卖时间引起的费用，如广告费、营业员的工资及所有交易场所的开支等；簿记引起的费用，包括簿记人员的劳动和有关的物质消耗；货币引起的费用，包括作为货币的金和银的磨损以及为发行和保管货币支出的费用。保管费用是由储备商品使用价值引起的各项费用，包括保管储备品所消耗的活劳动和物化劳动，以及储备品本身数量和质量的损失部分。这种费用虽然是在流通领域内发生的，但它却把商品的使用价值妥善地保存下来，从而为商品进入消费领域提供了条件。储备一般有三种形式：生产资本（生产资料的储备）、个人消费基金（生活资料的储备）和商品资本（商品储备）的形式。保管劳动只是保存使用价值，不会直接增加社会的物质财富。保管费用作为具有一定生产性的流通费用，只有在正常范围和必要的限度内才能加入商品价值。运输费用即商品运输上的各项费用支出。运输不同于其他流通活动，它一方面形成一个独立的生产部门，进而形成生产资本的一个特殊的投资领域，一方面又具有如下特征：表现为生产过程在流通过程中的继续，并且为了流通过程而继续。商品只有通过运输，变更使用价值的存在地点，才能使它的使用价值进入消费。运输虽不增加商品的使用价值，但它却是完成使用价值从生产领域到消费领域所必需的，因此，商品的运输过程应看作是一种追加的生产过程，是社会物质资料再生产的内在活动。运输费用加入商品的数量变化规律是在其他条件不变的情况下，由运输追加到商品中去的绝对价值量，与运输业的生产力成反比，与运输的距离成正比。而由运输费用追加到商品价格中去的相对价值部分，与商品的体积和重量成正比。

生产性流通费用可以使商品的价值增加，通过商品出售即商品价值的实现而得到价值补偿，可以从自己支出这部分流通费用所形成的价值和剩余价值中得到补偿。

商业资本的剥削和获利

商业资本家通过剥削店员的剩余劳动来获得产业资本家转让给商业资本家的那部分剩余价值，商业店员的剩余劳动是商业利润的直接源泉。

商业劳动的特点

商业工人，一方面与其他工人一样，是雇佣工人；另一方面，他与产业工人也存在着差别——他们既不生产价值，也不生产剩余价值。尽管商业工人的劳动不创造价值和剩余价值，他们的劳动仍然分为必要劳动和剩余劳动。剩余劳动虽然无法创造剩余价值，但会创造占有剩余价值的条件。因此，这种劳动对资本来说是利润的源泉。由于商业工人与产业工人一样，都是雇佣工人，商业资本家购买他们的目的同样是为了获取剩余价值，商业工人出卖自己的劳动力是为了获得劳动力的价值。但他们的劳动与产业工人的劳动又有着本质的区别：产业工人在生产过程中从事的劳动，可以创造价值和剩余价值，是生产性的劳动；而商业工人的劳动，除了一部分生产性劳动外，如保管、包装、运输等，并不创造商品的价值和剩余价值，属于非生产性劳动。但商业劳动是实现商品的价值与剩余价值所必需的劳动，即社会必要劳动。商业工人自然有权从社会总剩余价值中分得合理的劳动收入。

商业工人所受到的剥削

在资本主义生产方式中，商业工人的劳动又属于雇佣劳动，商业资本家则依靠这种劳动来完成商品资本职能，从而获取商业利润。因此，商业店员也是劳动力的出卖者，他们的劳动也分为必要劳动和剩余劳动，即分为商业工人的劳动力价值和商业利润，或者说有酬劳动与无酬劳动。商业工人的无酬劳动，虽然不创造剩余价值，但能使商业资本家占有剩余价值。因此，这种劳动对商业资本而言是获取利润的有效渠道。否则，商业就无法按资本主义方式大规模地经营了。可

□ 缝纫女工

产业工人的劳动与商业工人的劳动有着本质的区别：产业工人在生产过程中从事的劳动，可以创造价值和剩余价值；商业工人的劳动，大部分是从事商品买卖活动，并不创造商品的价值和剩余价值。图中的缝纫工人是在从事产业劳动，因此她们直接创造剩余价值。

见，商业劳动对商业资本而言，与创造剩余价值的劳动相同，都是商业利润的源泉，一种直接的生产劳动。商业资本家通过剥削店员的剩余劳动来获得产业资本家让渡给商业资本家的那部分剩余价值，商业店员的剩余劳动是商业利润的直接源泉。商业利润是产业工人在生产领域中创造的，是通过商业工人的无酬劳动在流通领域中实现的、被商业资本家占有的一部分剩余价值。商业利润不仅体现了商业资本家对商业工人的直接剥削，也体现了商业资本家对产业工人的间接剥削。

商业资本的获利

由于商业资本本身不生产剩余价值，所以很明显以平均利润的形式归商业资本所有的剩余价值，是总生产资本所生产的剩余价值的一部分。

很显然，商人的利润只能从自身的商品价格中获得。就产业资本家而言，他的商品的出售价格与购买价格之间的差额就等于商品的生产价格和它的成本价格之间的差额。他所购买的各种商品，在重新作为可以出售的商品再投入市场以前，必须经历生产过程。商品价格中后来作为利润实现的组成部分，只是在生产过程中才生产出来的。商品经营者却并非如此，只有在商品处于其流通过程中时，它才在商品经营者手中。他只是将商品的价格继续进行，因此，不会使商品经历任何能够重新吸收剩余价值的中间过程。产业资本家则在流通中来实现之前已生产出的剩余价值或利润，相反，商人不仅要在流通中并通过流通来实现他的利润，而且要在流通中并通过流通来获取利润。然而，这一点必须通过以下方式来实现：商人将产业资本家按商品价值卖给他的商品，高于它的生产价格出售，即对商品价格实行名义上的加价。使商品的名义价值超过它的实际价值而获取利润。

商业资本的周转

商业资本活动的独立性，使它完全有可能超过社会购买力而盲目购进商品，给产业资本发出虚假的需求信号，促使产业资本扩大生产，导致生产过剩，从而引发经济危机。

商业资本与产业资本周转的不同

产业资本的周转是其生产时间与流通时间的统一，所以包含了整个生产过程。相反，商业资本的周转，由于只是商品资本的独立化运动，因此只是将商品形态变化的第一阶段W—G，表示为一种特殊资本的自我回流运动；从商人角度观察的G—W、W—G，表示为商业资本的周转。商人先是购买，将自己的货币转化为商品，然后再卖，将之前购买的商品转化为货币，并如此反复地进行着。在流通过程中，产业资本的形态变化总表示为W_1—G—W_2；将生产的商品W_1出售，获取货币，再用此货币购买新的生产资料W_2；这实际上是W_1与W_2相交换，因此，同一货币两次转手。货币的运动对W_1与W_2的交换起媒介作用。相反，在商人那里，G—W—G' 中两次转手的却是同一商品，它只对货币流通到商人手中起媒介作用。

商业资本的运动，同货币充当流通手段的运动不同。商业资本运动的直接目的是追求利润。由于商业资本的运动是从垫支一定量货币开始，以增殖的货币结束，商品买卖只表现为商业资本获利的媒介或手段，因而，商业资本追求利润的目的可以一目了然。

商业资本周转与社会再生产过程的关系

商业资本的独立化，一方面可以促进经济的发展（只有当它的数量不超过社会必要的限度时，才能对产业资本起到有利作用），但也有不利于资本主义经济发展的消极方面。商业资本的周转对社会再生产的依赖性和独立性受到生产和消费的限制，同时，它的周转也促进了经济危机的爆发。由于商人资本的独立化，它的运

□ 欧洲小镇繁忙的商业活动

中世纪末期，欧洲商业逐步发展，拥有大量资本的商人也随之成为当时的显贵。城镇成为重要的商业中心，新兴的手工匠阶级诞生。手工匠为了掌握货物的价格和品质，成立了各种行会。图为中世纪末期欧洲小镇的街头风光，人们在从事各种商业活动。

动在一定界限内不受再生产过程的限制。当商品无法售出而堆积时，危机就会爆发。如果商业资本的数量超过社会必要的比例，不仅造成浪费，而且会延缓资本的周转速度，还会降低平均利润率。商业资本活动的独立性，使它完全有可能超过社会购买力而盲目购进商品，给产业资本发出虚假的需求信号，使产业资本扩大生产，导致生产过剩，从而引发经济危机。商业资本家购进商品后，商品并未最终进入消费，一些商人还将商品囤积居奇或转手倒卖，形成虚假的市场需求，促使产业资本家盲目扩大生产，导致生产和消费脱节，加深资本主义再生产的矛盾。当这一矛盾进一步尖锐后，便会促使经济危机爆发。

商业资本周转速度对商品价格的影响

商品的价格不是随意决定的，商人出售商品的价格有两个标准：商品的生产价格和平均利润率；商业资本周转对生产价格和利润的影响与产业资本周转不同。产业资本的周转速度越快，就可以直接增加年剩余价值量和提高年剩余价值率。然而，由于商业资本不直接创造价值和剩余价值，它周转的速度，就不直接影响利润率的高低。因为对商人而言，平均利润率是一个已定的量。

商业资本的周转速度，会影响利润率的高低，但不影响它所有的利润总量；对单个资本而言，如果资本周转速度比平均周转速度快，便能获得超额利润。

第 5 章
利润分为利息和企业主收入、生息资本

CHAPTER 5

利息和企业主收入的分割取决于市场借贷资金的供求，这种分割逐渐硬化和独立化，即变为质的分割后，掩盖了利息和企业主收入来源于剩余价值的实质。由于利润是剩余价值的转化形式，因此利息也是剩余价值的特殊形式。利息的本质是职能资本家使用生息资本而让给生息资本家的一部分剩余价值。

生息资本

生息资本在生息资本家手中是所有权资本，不是职能资本；货币在生息资本家手中还只是一种可能的资本，要使它成为实际的资本，生息资本家必须将货币借给职能资本家使用才可以成为职能资本。

以平均利润的形成为分析的起点，但这一平均利润是包括商业资本参与利润平均化后产生的。生产和实现剩余价值的资本叫作职能资本，它又包括了产业资本和商业资本。在社会资本中，除职能资本外，还有生息资本。生息资本是资本所有者通过货币借贷关系来获取利息的一种资本形态，是为了获取利息而暂时贷给职能资本家使用的货币资本。生息资本不是职能资本，也并非产业资本运动中货币资本职能的独立化形式，而是从产业资本和商业资本等职能资本运动中游离出来的闲置货币资本转化而来。

□ 阿姆斯特丹银行

当资本的借贷关系出现后，银行应运而生，大量闲置货币资本因此而转化为生息资本。图为17世纪荷兰出现的当时世界上体系最完善的银行——阿姆斯特丹银行，它不仅可以接受存款、转账、开发汇票等业务，还可以兑换货币、交易金银和外国铸币等。当时，阿姆斯特丹银行的贷款利率为3%，最低时曾降到2%，而英格兰各大银行的贷款利率则普遍高达6%。

生息资本的形成与资本主义再生产过程有着密切的联系

职能资本在循环过程中，经常会因各种原因，出现部分暂时闲置的货币资本。企业在生产经营过程中由于逐步折旧、持币待购和逐步进行资本积累等原因，游离出大量暂时闲置的货币资本。这些货币资本无法为其所有者带来剩余价值，导致与资本本性相矛盾。只要建立货币资本市场，运用借贷关系或手段，拥有大量闲置货币资本的企业，就会将手中的货币资本贷出去，供急需货币的企业使用。与此同时，一些生产企业由于扩大生产经营的规模、范围和其他临时性需要，急需补充货币资本，于是便产生了资本的借贷关系，使从产业资本和商业资本在运动中分离出来的这部分货币资本转化为生息资本。这样，那些从职能资本运动中游离出来、暂时闲置的货币资本就被其所有者以偿还和付息为条件，贷给急需货币资本的人，从而转化为生息资本。

生息资本的特点

生息资本是生息资本家为取得利息而暂时贷给职能资本家使用的货币资本。生息资本与一般职能资本相比，具有不同的特点：

生息资本是一种资本商品

货币在资本主义社会中，具有一种特殊的使用价值，即自行增殖能力。它起着资本的作用，是一种资本商品。贷出者的一定量的货币能够转化为资本，从而为资本家带来利润，这时的货币就作为可能的资本。就生产利润手段的属性而言，它成为了商品，却是一种特殊的商品。换言之，资本作为资本，已变成了商品。生息资本家将货币资本贷给职能资本家时，前者实际上已经转让了货币作为资本能够带来剩余价值这一特殊的使用价值，在一定时期后收回并取得利息，作为转让货币资本使用权一段时期后的报酬。然而，将货币资本当作资本商品转让，也就是说，生息资本的本质在于它是“资本商品”。生息资本的关系在形式上表现为资本作为商品的买卖关系，但并非是商品所有权转移的买卖关系，而是货币作为资本的使用权出让的借贷关系。货币资本所有者将货币作为资本要素贷出，定期获得利息收入，称为所有权收益资本化。因此，只要将生息资本与处于流通过程中的商品资本和货币资本相比较，生息资本的性质就显而易见了——生息资本作为资本投入流通，成为资本商品。

生息资本是一种所有权资本

生息资本的贷出和收回，都不是资本现实循环过程中的行为；生息资本的买卖与交换是在不放弃货币资本所有权的条件下，转让了货币资本的使用权。生息资本的使用，使资本所有权和使用权分离，同一资本便取得了双重存在：一方面是所有权资本，另一方面是职能资本。生息资本对其资本家而言，是货币资本的所有权，并不会自行增殖，但可以凭借这种所有权获得利息；这部分货币资本以借贷形式转到职能资本家手中后，就成为了实际执行资本职能的增殖手段，能够

□ 高利贷的先驱——加尔文

在欧洲历史上，高利贷曾一度被禁止。第一个为高利贷正名的人是法国的加尔文，他曾大声疾呼："不要让钱闲着，应该让它生利。"他主张人们发财致富，支持商业和高利贷，崇尚节俭，鼓励积累财富。他的这一思想推动了现代瑞士银行业的兴盛。

生产或实现剩余价值。生息资本的贷款并非放弃对货币资本的所有权，而是暂时转让其使用权。生息资本在其资本家手中是所有权资本，不是职能资本，而货币在生息资本家手中只是一种可能的资本，要使它成为实际资本，生息资本家必须将货币借给职能资本家使用。

生息资本的特殊运动形式

生息资本的运动与商业资本的运动不同，与简单商品流通也不同。它既不是被付出，也不是被售出，而只能被贷出。生息资本的贷放行为并非一种等价交换行为，它具有特殊的转让方式，贷款、偿还和付息构成它的运动三要素。生息资本具有特殊的流通形式，表现为G—G—W—G′—G'，即生息资本家将货币贷给职能资本家（G—G），后者用货币投资，产出商品（G—W），由于商品中已包含了剩余价值，因此出售后能够获得更多货币（W—G'），继而，它又将货币还给生息资本家（G'—G'）。但一般情况下，职能资本家不可能将自己赚到的所有利润都给生息资本家，所以第一个G'要大于第二个G'，这里表现为"双重支出"和"双重回流"。这里，货币G作为资本被支出两次：一次是由货币资本转到职能资本家手中，然后，职能资本家用于购买生产要素或经营商业，与此相应，又作为已经实现价值增殖的资本——G的两次回流；一次是带着利润回到职能资本家手中，然后带着利润的一部分即利息回到货币资本家手中。在这种双重支出与双重回流中，实际上又包含了两种不同形式的运动：G—W—G'是现实资本的运动，而G—G和G'—G'则是资本的贷放和偿还运动，是按法律契约交易的结果。

资本拜物教的神秘性

资本拜物教的神秘性在生息资本形式上得到了充分体现。生息资本的运动公式是G—G'（G+g），g表示利息。从表面看，生息资本的运动似乎可以脱离现实资本的运动，利息似乎与职能资本的运动无关。它的运动直接表现为货币资本本身能够增殖，即钱生钱。但实际上它的运动最终由现实资本运动所决定。因为这个公式省略了职能资本运用生息资本的过程，于是造成一种假象：似乎不经过任何生产与流通过程，货币本身便可以生出更多的货币，从货币的支出到更多货币的回流，即G—C'。又因为在生息资本的表面运动即G—G'中，表现为货币资本的自动增殖，货币资本“无论它是睡着还是醒着，是在家里还是在旅途中，利息都会日夜长到它身上来”。这使生息资本最具有资本拜物教性质，它进一步掩盖了资本价值增殖的真实过程，资本的拜物教形态与资本拜物教的观念已经完全形成。

利润和利息率

在借贷关系中，资本的所有者要获得利息；资本的使用者要获得企业利润。由于货币资本家的独立存在，从质的方面看，利息表现为资本的单纯所有权提供的剩余价值；从量的方面看，利息量和资本量保持着一定的比率。

利息和利润

利息的高低由平均利润的大小决定。由于利息是平均利润的一部分，利息率的高低首先取决于平均利润率的大小。利润的变动决定利息的变动，二者成正比。在平均利润率已定时，利息率决定于金融市场上生息资本的供求状况。若生息资本的供给大于需求，利息率就会下降；反之，则会上升。生息资本的供给与需求之间的关系又决定着当时市场的利息状况。在一定的平均利润率水平和生息资本供求平衡时，利息率由一个国家的消费习惯与法律所决定，如预期价格变动率、生息资本风险的大小、借贷时间长短等。总之，必须将平均利润看作是利息的有最后决定作用的最高界限。利息率的特点在于中等利息率在每个国家的较长时期内都会表现为不变的量。

□ 剥牡蛎

本身不增殖的资本，被资本家运用于商品生产与销售过程后，就产生了剩余价值，即资本家所追逐的利润。也就是说，不管是产业资本家还是银行资本家，他们的利润都来源于工人在生产商品过程中所创造的价值和剩余价值。图中，妇女和儿童们正在恶劣的环境中剥牡蛎，他们正源源不断地为资本家创造剩余价值，而这些剩余价值最后又转化为产业资本家和银行资本家的利润。

决定利息的因素

利息是平均利润的一部分，利息量是资本的借贷者和借入者在生产过程开始之前决定的。在资本主义社会中，根本不存在平均利息率的客观规律。这是因为它是由利息的性质决定的。即在生产过程中，资本作为生息资本的性质不起任何作用，因此，利息的量纯粹是经验的、偶然性的事情。

利息率是一定时期内利息量与生息资本的比率。其计算公式为：利息率 = 一定时期的利息量/生息资本总量 × 100%。利息量 = 生息资本 × 利息率。利息率的最高界限不能等于而只能低于平均利润，最低界限不能等于零，即零 < 利息率 < 平均利润率。可见，利息率只能在平均利润率与零之间上下波动。这是因为利息是平均利润的一部分而并非平均利润的全部，如果利息率高于或等于平均利润率，表明借入货币资本的企业得不到任何好处，他自然就不会去借钱从事经营了。但利息率最低也不会等于零，如果这样，实际上就等于资本所有者将货币资本白送给企业使用，世上自然不会有这样的好事，因此，利息率总是在平均利润率与零之间波动。

从量的分割转化为质的区别

从使用借入资本的情况，可看出量的分割到质的区别。由于货币资本家和职能资本家不仅有法律上的不同身份，而且在生产过程中起着完全不同的作用。由于再生产过程中作用的不同，量的分割便转变为质的区别：利息表现为所有权的果实；企业利润（即企业主的收入）则表现为发挥职能的果实。企业借用货币资本经营所取得的平均利润，扣除利息后的余额称为企业利润。在借贷关系中，资本的使用者凭借其使用权获得企业利润，而资本的所有者凭借其所有权获得利息。

从使用自有资本的情况，看量的分割到质的区别。利润由纯粹量的分割转变为质的区别一旦固定，便对所有资本产生同样的作用。

利润分为利息和企业主收入

在利息形式上，资本与雇佣劳动的对立消失了。因为就生息资本自身而言，不是以雇佣劳动为自己的对立面，而是以执行职能的资本为对立面。企业主的收入也不表现为与雇佣劳动相对立，似乎利息和企业主收入都不是由雇佣工人所创造的剩余价值，而是资本所有权带来的收入，是由资本自身结出的果实。二者的对立掩盖了资本与雇佣劳动的对立。企业主收入在现象上表现为职能资本家使用生息资本从事生产经营活动所带来的收入，它似乎是监督劳动或指挥劳动所获得的报酬。一方面，企业主收入的高低与利息率成反比；另一方面，企业主的收入是从事职能活动的结果，并被资本家看作是“监督工资”。剥削者把监督劳动的二重性在理论上混同起来，作为为剥削辩护的理由。但凡许多人一起劳动，都应有指挥的职能；同时，建立在对立基础上的劳动，还要有监督的职能。资产阶级将这两种职能混为一谈。在资本主义制度下，指挥劳动同资本所有权的分离逐渐普遍，并且由经理承担。而资本家则成了多余的人，负责剥削工人的劳动。在监督职能和所有权职能分离的情况下，监督工资与企业主收入是分离的。如此一来，利息与企业主收入原本是剩余价值转化形态的这一共同本质就被掩盖了，从而导致资本主义的本质关系也被掩盖。

因此，企业主和雇佣劳动对立关系的消失，是因为利息和企业主收入的对立，与资本与雇佣劳动的对立是不同的。利息和企业主收入的分割是以资本对雇佣劳动的剥削为前提的。

信 用

信用是指能够履行诺言而取得信任，是长期积累的信任和诚信度。银行信用经营规模较大，可以聚集大量货币从事借贷，这打破了商业信用受单个企业资本数量的限制，为他们提供更高的信用。

信用借贷简称信贷，是从属于商品交换和货币流通的一种经济关系。它是在商品货币关系基础上产生和发展起来的，是商品买卖中的延期付款或货币的借贷行为，是以偿还为条件的价值的特殊运动形式。在不同社会中，信用所体现的经济关系是不同的。资本主义信用是生息资本的运动形式，它体现了资本主义的经济关系。生息资本可采取多种形式，其中主要是商品形式和货币形式，与之相对应，资本主义信用也分为两大类：商业信用和银行信用。

□ 柜台里的钱商

借贷资本是为了获取利息而暂时贷给业者使用的货币资本。它是一种商品资本。转化为资本的货币具有双重使用价值：作为货币来执行职能的使用价值和作为商品来执行职能的使用价值。借贷者将一定数量的货币转让给业者使用，这些货币都是资本，是一种特殊的商品。图中，以借贷为业的钱商正在柜台里数钱。

商业信用和商业货币

商业信用是职能资本家之间采取延期付款的方式赊购商品而形成的借贷关系。商业信用是为赊销商品而提供的信用，买卖双方分别成为债权人和债务人。在赊销交易中，卖者将商品转让给买者的同时没有取得现款，而是得到约定延期支付的票据，到约定之日，卖者才能凭票据取得货币。通常，赊销商品的价格要高于现金购买商品的价格，其差额便是赊购者支付的利息。商业信用的实质是将资本以商品形式贷放出去，它是整个资本主义信用的基础。

商业信用在货币作为支付手段的职能，并且在简单商品经济条件下就已经存在。但它的广泛发展则表现在商品经济发达的资本主义社会。商业信用是资本主义再生产过程中不可或缺的条件之一，它对于促进商品流通，加速资本周转，推进资本主义经济的发展，起着重要的作用。商业信用是信用制度的基础，在经济生活中会长期存在。

商业信用的手段是商品票据。票据作为工具推动商品买卖。它是一种有一定支付期限的债券，一种延期支付的证书。由债权人“背书”[1]的商业票据，可以在一定范围内作为支付手段流通，执行货币的职能，起到互相抵销债权的作用。

银行信用

银行信用是在商业信用发展到一定阶段的基础上形成的，是由货币经营业发展而来的。由于商业信用具有一定局限性，它只是私人之间的开设，所以信誉低；因为它只能沿着供给向需求方向提供，所以流转方向单一；又因它只限于职能资本家之间使用，所以流通范围有限。随着商品经济的发展，由于资本家之间直接借贷的局限，当货币经营资本发展为银行资本，货币的借贷就成为银行信用，因此，银行信用是银行向职能资本家提供贷款时所产生的借贷关系。

当货币经营资本发展为银行资本，货币的借贷就成为银行信用。它具有以下特点：①活动范围广，不限于商品的赊销和赊购，打破了商业信用要受商品流转方向的限制，可以广泛地集中社会的闲置资本，提供范围更广的信用；②经营规模大，可以聚集大量货币从事借贷，并能提供数量更大的信用；③借贷期限较长，打破了商业信用受资本周转状况的限制，提供时间更长的信用。银行信用的产生打破了商业信用的局限性。

银行是专门经营货币资本业务的特殊部门，充当货币借贷中介人、支付中介和发行信用流通工具的结合体。银行资本与生息资本是有区别的。①二者的资本

---

[1] 债权人“背书”：是票据的收款人或持有人在转让票据时，在票据背面签名或书写文句的手续。背书时写明受票人姓名或受票单位名称的，称记名背书；未写明受票人姓名或受票单位名称的，称不记名背书。经过背书转让的票据，背书人负有担保票据签发者到期付款的责任，如果出票人到期不付款，则背书人必须承担偿付责任。经过背书，票据的所有权由背书人转给被背书人。一张票据可以多次背书、多次转让。背书有限定性背书、空白背书、特别背书、有限度背书和有条件背书5种方式。

形态不同：生息资本是职能资本在运动中分离出来的一部分，因此，生息资本是派生形式的、单纯的所有权资本；银行资本则是经营货币信用和货币流通技术业务的资本，是货币资本的独立化形式，属于职能资本的范畴；②二者的分配方式不同：生息资本从职能资本手中获得的利息，只是平均利润的一部分。

□ 巴林银行创始人——巴林

1763年，弗朗西斯·巴林爵士在伦敦创建了巴林银行，这是世界上首家商业银行。由于经营灵活、富于创新，巴林银行很快就在国际金融领域获得了巨大的成功。其业务范围相当广泛，无论是到刚果开采铜矿，从澳大利亚贩运羊毛，还是挖掘巴拿马运河，巴林银行都可以提供贷款。

银行资本经营获得的收入是银行利润。银行资本也是职能资本，同样在部门之间的竞争中参与利润率平均化，要求获得平均利润。银行利润的形成是银行存款和贷款的利息差额加上各种非信用业务收入。一般来说，银行的贷款利息率高于存款利息率，其差额扣除银行雇员工资以及其他经营管理费用之后的部分就是银行利润。换言之，银行向外贷款所收取的贷款利息大于吸收存款所支付的存款利息，二者的差额再减去经营银行的业务费用，就得到银行利润。银行的贷款利息率不能高于社会平均利润率，存款利息率则必须低于贷款利息率。银行自有资本的利润率则等于社会平均利润率。银行资本家投资于银行的自有资本，也要获得相当于社会平均利润的利润，否则，银行家就不会投资银行。

银行利润的来源

银行利润源于生产部门的雇佣工人所创造的剩余价值，它是由向银行借款的职能资本家，将其使用这部分资本剥削雇佣工人所获得的剩余价值的一部分作为利息付给银行而形成的。

银行资本的来源包括自有资本和债务资本。银行资本的投资目的与职能资本相同，其自有资本至少要获得社会平均利润水平的利润，否则银行资本同样会转移到工商业部门。银行通过存款的形式将社会中分散的闲置货币聚集到自己手里，又以各种贷款形式，将这些货币资本借给企业使用。总之，银行是充当货币资本的所有者和使用者，即贷款人和借款人的信用中介，同时也是资本家相互之间的支付中介。银行经营的特殊性，在于它以货币资本经营为业务对象。银行业务又包括吸收存款的负债业务和放贷、债券经营的资产业务等。

银行负债业务及资产业务

银行的负债业务是以吸收存款方式吸收存款，即把社会中大量闲置的货币资本集中起来。它包括：①职能资本家存入的暂时闲置的货币资本。②居民的货币储蓄及其他阶层的货币存款。数目较小的金额是无法单独作为货币资本发挥作用的，但当它们集中在一起成为巨额资金时，就形成货币能量。这种积少成多的活动是银行制度的一种特殊作用，它应当与银行在真正货币资本家和借款人之间的中介作用相区别。③食利者阶层的货币资本等。

银行的资产业务将所支配的大量货币资本通过各种形式贷放出去，即把货币资本贷给职能资本家使用。银行的资产业务包括：信用贷款，一种不需要任何抵押品作担保，仅凭贷款对象的信誉而发放的短期或长期贷款；抵押贷款，它是以受贷人的待售商品、提货单、期票、有价证券和其他不动产等作抵押品而进行的银行短期或长期贷款；票据贴现，它是票据持有者到银行进行的票据贴现。此外，银行还经营结算、转账、汇兑等业务。对拥有钞票发行权的银行可发行本行的银行券。银行券无非是向银行家开出的、持票人随时可以兑现的、由银行家用来代替私人汇票的一种汇票。

信用在资本主义生产中的作用

有了信用的基础，资本家就能依靠赊购商品和银行贷款，迅速集中大量货币资本，重新投资给职能资本家，克服生产资料转移中的困难，促进资本在不同部门之间自由流动，从而为资本自由转移创造便利条件，实现利润平均化。

信用促进利润率的平均化

资本在各部门间的自由转移是实现利润平均化的前提。因为各部门的生产资本都有自身特定的自然形态和专门用途，因此，资本的自由转移会受到影响。借助信用，资本家就能依靠赊购商品和银行贷款，迅速集中大量货币资本，重新投资给职能资本家，克服生产资料转移中的困难，促进资本在不同部门之间自由流动，从而为资本自由转移创造便利条件，实现利润平均化。

信用节省了流通费用

第一，缩减了与货币流通相关的费用。信用货币可以代替贵金属进行流通，极大部分的商品交易也是通过商业票据进行，从而减少了现金结算。第二，通过信用关系抵销债权、债务而不使用现金。第三，信用可以加速货币流通速度，减少流通领域的货币量。第四，商业信用的赊购赊销，缩减了与商品流通相关的费用。最后，它加快了资本的周转，减少了货币准备金，也节约了流通资本和费用。

□ **民间集市**

资本主义信用制度的发展，使劳动资本和劳动力更加集中，使生产规模惊人地扩大。图为集市，是民间定期买卖货物的市场。虽然民间集市里的农民与小商人的资金有限，但同样需要信用资本来促进商品流通。

信用促进股份公司的发展

股份公司是随着资本主义大工业和信用制度的发展而出现的，它是根据信用制度，通过发行股票的方法将分散的个别资本集中起来进行合资经营的一种企业组织形式。银行信用贷款的设置便为创办股份公司提供了条件，因为股份公司的发展离不开信用制度。股票的发行有时通过银行、有时是银行自身完成，而发行和购买股票原本就是信用活动。股票通过银行发行，促进股份公司的发展。

随着生产社会化程度的提高，生产和企业规模不断扩大，对资本家而言，只有拥有巨额资本才能兴办大型企业，因而需要通过集资方式，将单个资本及社会中闲散的资本联合组成股份公司。资本主义信用制度的发展，在两方面促进了股份公司的产生：一方面，股份公司的股票购买者拥有资本的所有权，而这些资本的使用权则交给股份公司，由他们从事生产经营活动。因此，股份公司的资本所有权与使用权是相分离的，它是信用借贷活动的一种特殊形式。另一方面，股份公司股票的发行，通常是由作为信用机构的银行来进行的，而且有时银行也成为购买股票的投资者，或由银行自身发行股票集资组建股份公司。

股份公司和股份经济的发展使资本关系表现出一些新的特征，股份公司对促进资本主义经济的发展有着极为重要的作用和功能。从整个社会来看，单个私人资本已经无法适应社会化大生产发展的要求，股份公司的形成则促使生产资料和劳动力更加集中，大大地推动资本集中，提高了资本的社会化程度，使生产规模以惊人的速度扩大。一些新工业企业形式逐渐发展起来，这些形式代表着股份公司的二次方和三次方，有利于快速聚集资本和优化投资结构。股份公司通过发行股票，可在短期内集中大量资本，实行规模经营，有利于获取较高盈利，在

□ 东印度公司总部

1602年，荷兰联合东印度公司成立，这是世界上第一家联合股份公司。为了融资，公司发行股票，承诺对股票分红。通过向全社会融资的方式，公司筹集到650万资金，成功地将分散的社会财富变成了自己对外扩张的资本。图为当时东印度公司总部大楼。

市场竞争中取胜。同时，股份公司有利于投资者将资本向市场需求大、经济效益高的部门和企业转移，从而优化投资结构，合理配置社会资源，促进资本职能与资本所有权的分离。从股份公司内部来看，经理制度是对职能资本家的扬弃。建立法人治理的组织结构，所有权与经营权相分离。实际执行职能的资本家转化为单纯的经理，即他人的资本管理者，而资本所有者则转化为单纯的所有者，即单纯的货币资本家，这就使原本的单纯货币资本家成为了社会生产中多余的人。然而，这对所有权与经营权的分离却是有利的，它提高了企业的运营效率。它既能使企业财产所有者的权益得到维护，又能使企业拥有独立的经营权，独立进行生产经营活动，并在企业内部形成一个专业化的经营管理队伍，从而提高企业管理水平和运营效率。从企业的组织形式来看，股份公司是对私人财产的扬弃。它作为一种资本家集团所有制形式，把私人资本转化为集团的财产。就此而言，资本在这里直接取得社会资本的形式，而与私人资本相对立，这是对私人个别资本的否定；企业也表现为社会企业，与私人企业相对立。股份公司企业对股东投资所形成的全部财产具有法人财产权，这种企业法人财产具有整体性、稳定性、连续性。整体性是指不论有多少企业投资者，都由企业法人占有和统一交配。稳定性指股东即使将自己投向企业的资金转让给他人，也不会使企业法人的财产发生变动。连续性则是指只要公司企业存在，投资者的变动便不会影响企业法人财产权的连续行使。总之，公司企业财产的完整与稳定，有利于企业进行较长期的经营决策，有计划地从事较长期的生产经营活动。

股份公司可以增强资本的支配权，使许多分散的个体资本相联合，使生产资料事实上具有了社会形式。这是作为私人财产的资本在资本主义生产方式本身范围内的扬弃。股份公司是在资本主义关系限度内，适当地改变和调整生产关系，以适应生产力的发展。它是对资本主义私人产业的扬弃、保留和提高。与此同时，资本的集中也促进了工人合作工厂的产生与发展。在工人合作工厂中，一方面不可避免地依然保留着资本主义工厂制度的一些缺陷；另一方面，这种工厂内部已经没有资本家和工人的对立，这是对资本和劳动对立的一种“积极”的扬弃，是在旧形式内对旧形式打开的第一个缺口。因此，股份公司也是一种向社会主义公有制过渡的形式。

信用推动世界市场的形成

随着资本主义信用的发展，信用制度一方面使分散的小资本联合起来，形成大资本；另一方面，通过“大鱼吃小鱼”的方式，推动资本兼并进程，使绝大部分社会资本集中在少数人手中，受他们支配。资本集中对世界市场的形成起到了积极的推动作用。

资本主义信用的二重性

资本主义信用一方面加速了生产力的发展，另一方面又加深了资本主义的基本矛盾。信用制度促使少数人拿别人的财产来冒险，使社会财富逐渐集中到少数人手中；使单个资本家不仅可以支配自己的资本，还可以依靠信用，在一定范围内取得绝对支配他人财产的权利；使少数资本家拿社会的财产，而不是拿自己的财产来进行冒险。信用制度加剧了各生产部门之间发展的不平衡性，促使一些部门生产过度膨胀，导致社会资本再生产的比例严重失调，引发信用膨胀[1]、通货膨胀和金融风险，从而加速和加强经济危机的爆发。

信用制度固有的二重性质是：一方面，把资本主义生产的动力——用剥削他人劳动的办法来发财致富，发展为最纯粹、最巨大的赌博欺诈制度，并且使剥削社会财富的人数越来越少；另一方面，它又是转到一种新生产方式的过渡形式。

[1] 信用膨胀：指经济生活中信用过度扩张的过程。在国民经济中，银行和其他金融机构向企业、财政部门或个人提供贷款，意味着形成社会购买力。社会购买力要求有相应的商品供给，但一定时期内的商品供给数额有其客观限度，并不随着需求的增长而增多，如超过客观允许的限度提供贷款，必然造成商品供不应求的局面。当这种现象持续发展，影响较大时，就意味着信用膨胀。

银行资本的组成部分

银行资本是指商业银行自身拥有的或能永久支配、使用的资金，是银行从事经营活动必须注入的资金。从所有权看，它由两部分构成：一部分是银行资本家投资办银行的自有资本；另一部分是吸收存款的借入资本。其中借入资本是银行资本的主要部分。

银行资本的组成

资本主义银行所掌握的资本称为银行资本，由两部分组成——现金（金或银行券）和有价证券。然而，从资本的来源看，银行资本又包括自有资本和借入资本。自有资本即银行资本家自己投入的资本，只占银行资本的小部分，但在经营资本中所占的比重却是银行金融安全的指标之一。借入资本即银行吸收的存款，

□ **伦敦皇家交易所　佚名　油画　19世纪**

金融资本是最具活力的资本。金融资本作为商品进入市场，即所谓证券交易市场，它的固定资本就是固定的交易所。图中描绘的是伦敦皇家交易所，拿破仑战败于滑铁卢的消息曾在这里引发一场投机风潮。

占银行资本的大部分，也称银行经营资本。

银行资本的物质组成部分

虚拟资本是生息资本发展的必然结果。随着借贷关系的发展，特别是利息这一经济范畴在资本主义经济生活中的普遍化，一切可以获得的固定收入，都被看作是一定数额的资本带来的利息，于是出现了虚拟资本这一经济概念。它以有价证券的形式存在，为持有者带来一定收入，是相对现实资本而言的抽象资本。虚拟资本的实质是收入的资本化，是生息资本的特殊转化形式。它不同于产业资本、货币资本、生产资本、商品资本等现实资本，能够为其所有者作为财产所有权获得收入。虚拟资本只是凭借权利证书索取收益，不同于生息资本。它不以现实资本生息，而是以有价证券生息，它的出现使资金与现实增殖过程的联系消失了，使资本是一个自身增殖的价值这一观念牢固树立起来。人们将虚拟资本的形成过程叫作资本化，把每一个有规则的会反复取得的收入按平均利息率来计算，把它算作是按这个利息率贷出的资本会提供的收入，如此一来，这个收入就被资本化了。可见，生息资本的存在与利息范畴的独立化，是虚拟资本形成并存在的客观经济基础。

□ 纽约证券交易所

1792年5月17日，纽约的24个证券经纪人在华尔街68号外一棵梧桐树下签署了举世闻名的《梧桐树协议》，开始讨论有价证券交易的条件和规则，组成了一个独立的、享有交易特权的有价证券交易联盟，这就是后来纽约证券交易所的雏形。图为1792年刚刚成立的纽约证券交易所。

虚拟资本的存在形式

虚拟资本从广义上而言，即银行的借贷信用（期票、汇票、存款货币）、有价证券（股票和债券）、名义存款准备金以及由投机票据等形成的资本的总称。虚拟资本是以契约形式存在的受法律保护的反映债权债务信用关系的所有权证书，与其他价值符号相同，只是价值的权利证书，是以资本索取权的形式存在的。虚拟资本的存在形式分为两种：一是信用形式上的虚拟资本（期票、汇票、银行券、国家债券以及各种证券抵押贷款等）；二是收入资本化形式上产生的虚拟资本（股票、债券）。

银行的存款

随着生息资本和信用制度的发展，一切资本似乎都能增加一倍，甚至两倍。因为不同方式使同一资本，甚至同一债权在不同的人手中以不同形式出现。这种“货币资本”的最大部分纯粹是虚拟的。全部存款，除准备金外，都只是银行家账上的存款项，但它们从未作为现金保存在那里。若是将存款用于转账业务，它就会在银行家将它们贷出之后，对银行家执行资本职能。银行家们再通过结算的方法，互相偿付彼此对这种已经不存在的存款的支取凭证。

货币资本和现实资本

随着信用制度和证券市场的发展，货币资本积累和现实资本积累间呈现出复杂的关系。我们现在从虚拟资本的角度研究货币资本与现实资本之间的关系，着重说明二者之间的区别和信用制度在经济危机中的作用。这里所讲的货币资本，是指借贷货币资本；现实资本是指职能资本。

生息资本在有价证券上的积累

在资本主义信用制度发达的情况下，货币资本的积累实际就是银行家手中财富的积累。由于银行资本大部分是虚拟资本，因此并不反映现实资本的积累。当然，国债的积累也无法反映现实资本的积累，因为它早已被消费。它之所以表现为积累，只是凭借它可以取得收入（利息）。股票与债券不同，它代表了一定数量的现实资本。但它也是现实资本的“纸复制品”。如果股票是新发行的，由扩大再生产引起，它的积累与现实资本积累就是一致的。然而，股票的价格并非完全反映现实资本的运动变化，因此属于虚拟资本。

□ **挤兑**

挤兑是在信用危机的影响下，存款人和银行券持有人争相向银行和银行券发行银行提取现金和兑换现金的一种经济现象。在出现挤兑时，市场异常紧缩，借贷资本短缺，利息率不断上涨，迫使一些银行和金融机构倒闭或停业，更进一步加剧了货币信用危机。

商业信用与现实资本的关系

由于商业信用贷出的资本属于商品资本，因此，它的扩大反映了现实产业资本的扩大。商业信用与现实资本的运动相一致的情形，在产业同期的不同阶段上有着十分明显的反映。但是，当商业信用和银行信用交织时，情况就会有所不同，因为后者克服了前者的局限性，使它与现实资本的关系不再那么一致。

货币资本积累与现实资本积累的关系

货币资本积累与现实资本积累，有时相一致，有时又并不一致。在经济萧条阶段，借贷货币资本的积累与现实资本积累的不一致表现得最明显。在经济萧条阶段，市场不活跃，商品无法售出，物价下降，生产处于停滞状态，大量货币资本呈游散状态。在生产规模不变的情况下，借贷资本的增加并不表示现实资本的增加。在危机阶段，货币资本减少，产业资本过剩。总之，在复苏和高涨阶段，两者相一致；在萧条阶段，借贷资本的过剩与产业资本的收缩相结合；在危机阶段，借贷资本的奇缺与产业资本的过剩相结合。

经济危机发生的原因不在于货币的缺乏，而在于生产与消费的对立。经济危机往往表现为货币危机和信用危机，但是，二者并非经济危机产生的原因，这一切都是生产过剩导致的。在危机发生时，商品价值无法实现，有价证券贬值。这表明，货币危机加深了经济危机。

流通手段与贵金属

在繁荣时期，营业扩大，对借贷资本的需求增加，利息率提高。在危机时期，由于信用的动摇，人们产生了对储藏手段的需要，才出现了流通手段的不足和借贷资本供给不足结合在一起，从而使利息率提高。

我们研究信用制度与货币流通的关系，说明信用制度的发展，在节省流通中货币量的同时，又创造了新的流通手段，从而阐明了信用制度下的货币流通规律。

信用制度可以减少进入流通中的货币量，有两方面原因：一是因为商业汇票所代表的债权，可以互相抵销；二是因为信用也会作为媒介，提高货币流通速度。这里，第二个原因又可以从两方面看：一方面，信用制度的发展，使企业与个人暂时闲置的货币周转起来；另一方面，由于信用的介入，企业之间的相互支付也能更好地衔接起来。

银行券[1]流通规律

银行券作为流通手段和支付手段，也受货币流通规律的支配。由于银行券作为金属货币的代表，能够兑换黄金，与流通中的货币起着相同作用，因此也受同一规律的制约，其数量按交易的需求进行调节。在繁荣时期，银行券的流通正常、通畅，但在危机中，大家都需要支付手段，需要银行券时，它却消失了。

---

[1] 银行券：银行发行的用以代替商业票据的银行票据，可作为一种信用货币。它产生于货币执行支付手段的职能，以商业票据流通为基础。在商业票据未到期时，票据持有人因某种原因需将商业票据变为现款，就到银行去贴现。而在银行没有现款支付给票据贴现人时，就用自己发行的票据（即银行券）代替私人商业票据。持票人凭银行券可以随时兑现。银行券具有黄金和信用双重保证，因而得以广泛使用。银行券的发行，不仅可以使银行能够超过其实有资本数量来扩大信用业务，而且可以满足商品生产发展引起的对货币的追加需求。

□ **美国西部的淘金热**

1848年，詹姆斯·马歇尔在靠近科洛马的土地上发现了黄金，这一发现掀起了美国历史上最疯狂的淘金热：士兵离开营房、仆人离开主人、公务员离开办公室，甚至传教士也离开了布道所，他们集体奔赴矿区淘金。

银行发行的银行券包括实际流通的部分和当作准备金闲置在银行的部分。这里，从影响银行券作为流通手段绝对量的几种情况来分析银行券的发行与资本贷放之间的关系。情况一：在实际营业额和银行券作为流通手段的需要量都不变的情况下，只是由于别的原因，例如纳税和国债利息支付时，银行券流通量发生了变化。情况二：由营业额的变动引起的银行券流通量的变化。在繁荣时期，企业经营扩大，对借贷资本的需求增加，利息率提高；在危机时期，由于信用动摇，人们产生了对储藏手段的需要，才出现了流通手段的不足和借贷资本供给不足相结合的情况，从而使利息率提高。除危机阶段外，通货的绝对量不会影响利息率。银行券作为流通手段的发行与资本贷放之间的差别，在现实的再生产过程中表现得最为清晰，流通手段的发行只与商品交换有关。

贵金属在各国的运动

贵金属运动与中央银行贵金属储藏的关系，和输入超过输出以及相反的现象，大体可以用中央银行的贵金属储备的增加或减少来体现。当然，这要看一个国家的银行业集中到怎样的程度。即使如此，也无法完全反映，因为在一定情况下，输入的贵金属可以投入国内流通或用来制造奢侈品。同时，即使没有追加的贵金属输入，国内流通需求的增加，也会使储藏量减少。当储藏量减少成为一种趋势时，贵金属的输出就会采取流出的形式。

国际收支可以分为：贸易收支、劳务收支、非贸易收支、投资收支、资本和信用的转移等。通常，这些收支在确定的时期进行结算。

贵金属外流和经济危机

贵金属的输入主要发生在经济萧条和复苏阶段，这主要是为了摆脱经济危机，尽可能多地获得利润，促进固定资本的更新，使生产规模扩大，资本回流，吸收国外投资。危机前夕，每个人都想尽可能多地获得现金和信用手段，这时市场商品过剩，信用收缩，加上银行提高贴现率[1]，如果这时贵金属外流，必然会加速危机的爆发，但这仅是危机产生的原因之一。

金银是社会财富的代表

在资本主义制度下，金银与其他财富形式的区别在于，金银是财富的社会性质的独立体现和表现，在商品生产统治一切的情况下，只有拥有货币才能拥有所需要的使用价值。因此，可以说金银是社会财富的代表。

---

[1] 贴现率：指未来支付改变为现值所使用的利率，或指持票人用没有到期的票据向银行要求兑现，银行将利息先行扣除所使用的利率。

第 6 章 超额利润转化为地租

CHAPTER 6

资本主义地租是农业资本家为了取得土地使用权，交给土地所有者超过平均利润以上的超额利润。它不是产生于资本，而是产生于资本对一种能够被人垄断并且已经被人垄断的自然力的利用。

地租的实质是土地所有权的经济形态，资本主义地租是在平均利润以上的剩余价值的转化形态。土地有优有劣，租种优等土地支付的地租就多；租种劣等土地支付的地租就少。这种与土地等级好坏相联系所支付的地租，叫作级差地租。

资本主义土地所有权的形成和特点

封建地主获取地租，除了凭借土地所有权外，还要依靠“超经济的强制”，强行掠夺农民各种剩余劳动产品；而资本主义土地所有者只能依靠土地所有权，按照纯粹的经济契约来获得地租。

土地所有权即土地所有者具有完全支配和处置自己土地的权利。地租是土地所有权在经济上借以实现的形式，是土地所有者纯粹凭借土地所有权获得的收入。一些人靠垄断拥有大量的土地，把它作为排斥其他一切人的、只服从自身意志的领域。这种对土地的所有权是一切地租产生的根源。

资本主义土地所有权的形成

资本主义土地所有制是凭借土地所有权从雇佣工人所创造的剩余价值中获取地租的一种土地占有形式，而它的土地所有权则是从封建土地所有权和小农土地所有权转化而来的。一方面，它通过改造封建土地所有权，使土地所有权从统治和从属关系下完全解放出来。通过废除土地所有者在政治和法律上的种种特权，把直接生产者——农民从对土地的依附关系中解放出来；另一方面，又使劳动条件与土地所有权相分离。通过各种暴力手段剥夺小农土地所有权，使农民成为出卖劳动力的无产者。通过上述“改造”，与资本主义生产方式相适应的土地所有权建立起来。资本主义土地具有双重作用：一方面使农业有可能按社会化的方式经营，另一方面将土地所有权变得荒谬。

资本主义土地所有权的特征

地租以土地所有权为前提，不同形式的地租必然体现不同的经济关系。由于土地所有权性质的不同，土地所有者获取地租的方式、数量也不相同。这里，不能把不同社会制度下的地租形式混同起来，我们既要看到不同的地租形式的共同性都是土地所有权在经济上的实现形式，又不能忽视它们之间的差别。资本主义地租体现了农业中资本主义的生产关系。资本主义土地所有制同封建土地所有制相比，有三个明显的特点：

一、资本主义土地所有权消除了各种非经济的特权。资本主义地租是以资本主义土地私有制为前提，它建立在剥削具有人身自由的农业雇佣工人的基础上。土地所有权与人身依附关系相分离，农业劳动者摆脱了封建依附关系，农民成为自己劳动力的所有者，具有一定的人身自由。在封建制度下，地主获取地租，除了凭借土地所有权外，还依靠“超经济强制[1]”，强行掠夺农民各种剩余劳动产品。而资本主义土地所有者只能依靠土地所有权，按照纯粹的经济契约来获得地租。地租的数量不再是农民全部剩余劳动产品或部分必要劳动产品，而是农业工人创造的剩余价值的一部分，即超过平均利润的部分。因此，“现代意义上的地租……是超过平均利润即超过每个资本在社会总资本所生产的剩余价值中所占的比例部分而得出的余额”。

□ **自耕农**

自耕农曾一度被视为英国社会的主要支柱和“民族独立自主权的保持”的功臣。他们是英国的富裕农民阶层，伴随着圈地运动和土地市场的发育而崛起，成为农业资本主义发展中强大的力量。然而，英国并没有形成强有力的农民经济，自耕农随着圈地运动的加速逐渐走向了衰落。

二、土地所有权与土地经营权完全分离，表现为一种纯粹契约的经济关系。在资本主义土地所有制条件下，资本主义土地所有权是一种单纯的财产权，大土地所有者一般不经营土地，而是将它们出租给农业资本家经营，按租用契约获得地租。农业资本家从土地所有者手中租来土地，购买生产资料，再雇请农业工人

[1] 超经济强制：超经济强制（super-economic power）是马克思提出来的。马克思受19世纪中古史家的影响，认为封建时代是一个普遍依附的时代。这时的财产关系，附带有政治的和社会的附属物，没有采取纯经济的形态。超经济的强制或者被称为经济外的强制和非经济强制，就是生产资料的所有者对直接生产者具有政治、法律的强制力量。这种政治、法律的力量，可以是国家等权力机关正式赋予的，也可能是由习俗、习惯等形成的。但它的基础，应该说还是经济上的强制，即封建主掌握着封建社会的主要生产资料——土地，排斥了直接生产者——农民对土地的占有。

进行农业生产，将他们创造的剩余价值的一部分作为平均利润据为己有，剩下的部分即超过平均利润的超额利润则作为地租交给大土地所有者。

三、资本主义地租体现了资本主义社会的三个阶级之间的对立关系。农业雇佣工人所创造的剩余价值，由土地所有者和农业资本家共同瓜分，前者获得地租，后者获得平均利润。在资本主义土地所有制条件下，三个并存而又相互对立的阶级——雇佣工人、产业资本家和土地所有者产生了。

资本主义地租

资本主义级差地租是租佃较好土地的农业资本家向大土地所有者缴纳的超额利润。它是由优等地和中等地农产品的个别生产价格低于按劣等地个别生产价格决定的社会生产价格的差额决定的。

资本主义地租是农业资本家为取得土地使用权而交给土地所有者的超过平均利润以上的超额利润。

我们通过两方面的考察，科学地分析资本主义地租：一方面是作纯粹的考察，便于认识它的性质；另一方面是考察相关情况，以此了解造成理论混乱的因素。在研究资本主义地租时，应当避免三个主要错误：一是不能将不同历史阶段的地租形式混为一谈。二是不能将剩余价值和利润存在的一般条件用来代替地租的分析。虽然地租是剩余价值的一部分，但不能说一切剩余价值都是地租。三是不能将资本主义商品生产的特征与地租的特征混同起来。分析地租存在条件，除了剩余价值和利润的一般条件外，还要分析它的特殊条件、土地差异和资本有机构成。土地所有权不能全部占有剩余价值，地租是超过平均剩余价值的一部分，不是由农民的全部剩余劳动和部分必要劳动构成。

地租不同于租金

资本主义农业租金是指农业资本家在一定时期内，为了使用土地而向地主缴纳的全部货币额。要准确地考察资本主义地租，就必须严格地区分地租和租金，这有助于掌握地租的本质。农业资本家支付给土地所有者的“地租”，并不是纯粹意义上的地租，而是租金。租金中除地租外，还包括由其他原因所产生的各项费用：

一、土地上的固定资产折旧费和利息。土地上经常会有一些附设的固定资产，如灌溉设备、排水系统、农用建筑等，它们连同土地一起出租给农业资本家。因此，农业资本家租种土地时，不但要缴纳地租，还要缴纳使用这些固定资产的折旧费以及与其价值相应的利息。这部分资本是由租地农业资本家投资的，但租约一到期，土地上尚未收回的各种投资，就全部归土地所有者拥有。由于固定资本的投资是由农业资本家进行的，因此，土地所有者与农业资本家在租约期的问题上存在着一定的矛盾。

二、从平均利润和工资部分中扣除的费用。在租金里面，还可能有部分是从平均利润中扣除的，或从正常工资中扣除的，抑或从二者中同时扣除。租金还可能包括农业资本家的一部分平均利润。如果地主索要高额租金，而某些无力从事其他部门经营活动的农业资本家，就不得不将平均利润的一部分作为租金交给地主，同时，他们还经常克扣农业工人的一部分工资作为租金交给地主。在资本主义农业中，一定数量的小资本家由教育、教养、传统、竞争以及其他条件所决定，他们不得不作为租地农民把自己的资本投到农业上，他们被迫满足于平均利润以下的利润，并把其中一部分以地租形式交给土地所有者。

□ 级差地租

地租具有两种形式——级差地租与绝对地租。级差地租是一种等量资本投在相等面积的土地上的地租形式，由不同生产率形成。由于土地肥沃程度不同、地理位置不同，即使在相同面积的土地上投入等量的资本，农产品的产量和收益也会不同。农业资本家据此将土地分为优、中、劣三个等级。下图依次为这三种土地。

优等地

中等地

劣等地

资本主义地租的形态

地租分为级差地租和绝对地租两种形态，级差地租属于平均利润以上的部分，这是在某种自然条件（土地质量、地理等）被垄断的有利情况下，产品按生产价格出售而出现的超额利润，是由于土地的差别而引起的；而绝对地租是地主凭借对土地的所有权，在最劣等地上所获取的地租。在农业中，农产品市场生产价格的决定不同于工业，它是由最劣等地的生产条件所决定，于是耕种最劣等土地也能获得超额平均利润，因此，绝对地租由此产生。

级差地租

级差地租是等量资本投在相等面积的土地

上的一种地租形式，它由不同生产率形成，由个别生产价格与社会生产价格的差额构成，并由超额利润转化而成。换言之，资本主义级差地租是租佃较好土地的农业资本家向大土地所有者缴纳的超额利润。它是由优等地和中等地农产品的个别生产价格低于按劣等地个别生产价格决定的社会生产价格的差额所决定的。因为土地有优有劣，租种优等土地所支付的地租就多；租种劣等土地所支付的地租就较少，这种与土地等级好坏相联系所支付的地租，就叫级差地租。

级差地租形成的条件

土地本身存在着优劣程度的差别，其自然基础有肥沃程度以及地理位置等方面的差别，因而同量资本投入生产条件不同而面积相同的土地，劳动生产率和产量收益也不相同。因此，土地所有者按土地等级来收取级差地租是无可厚非的。

级差地租是以生产价格的存在为前提，与自然条件的等级相联系。农产品的社会生产价格便是由劣等地的个别生产价格决定的。大部分不得不租种劣等土地的农业资本家按照等量资本获取等量利润的原则也要求获得平均利润。因为如果只租种优等地而撂荒劣等地，势必引起社会上农产品的严重供不应求，导致价格上涨，在客观上使租种劣等地的农业资本家拿不到平均利润。由此可见，农产品的社会生产价格不是由中等地的生产条件决定，而是由劣等地的生产条件决定。投资于较好的优等或中等土地的农业资本家，优越的土地自然条件可以提高农业劳动生产率。单位面积产量较高，其农产品的个别生产价格本来低于社会生产价格，但以社会生产价格出售，便可以获得超额利润，将这种在平均利润以上的超额利润作为级差地租缴纳给

□ **级差地租的形成**

土地的肥沃程度或地理位置不同，同量资本投入面积相等但生产条件不同的土地，其劳动生产率不同，因而农产品的个别生产价格也就不同。租种较好的土地，劳动生产率较高，产量较多，农产品的个别生产价格也就低于社会生产价格，从而获得超额利润。图为级差地租的形成示意图。

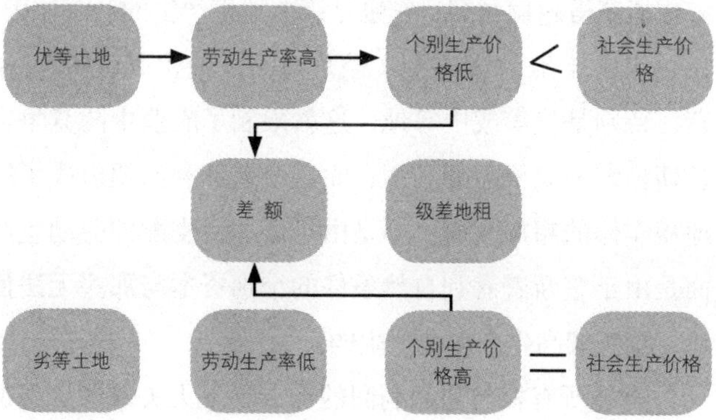

土地所有者，农业资本家自己则获得平均利润。

工业和农业超额利润具有共性：二者都是个别生产价格低于社会生产价格的差额。二者的区别在于：首先，农业超额利润是利用瀑布的工厂所获得的超额利润，瀑布是一种自然力，它不费资本家分文。当然，使用蒸汽机的工厂也利用了自然力，但是，它是被大家共同利用的，这样虽然利润得到提高，但不能创造出超额利润。超额利润的创造，还需其他说明。就是说，个别资本能获得超额利润，是因为它们降低了成本价格。当然，这又是由于生产规模的扩大和劳动生产率的提高。这里，瀑布的利用就降低了个别生产价格。其次，利用瀑布的工厂所得的超额利润，是比较稳定的、持久的利润。只要占有了瀑布这种自然条件，就可以产生超额利润。

级差地租形成的原因

土地的资本主义经营垄断是指在土地有限，特别是优等或中等地有限的条件下，土地作为经营对象被农业资本家使用后所形成的对土地的经营性垄断。土地的资本主义经营垄断的客观存在，使租种优等土地的农业资本家能够比较稳定地拿到农业超额利润，这是因为：

一、土地数量有限，特别是优等土地。土地生产资料的特殊性，使它不同于工业生产资料，不能随意增加；在自然界中只是存在于某些地方，不能由一定的投资创造出来。自然条件优越的土地是有限的，大部分都属于劣等土地。而优等土地一旦被某些农业资本家租佃，便能稳定地得到一个超额利润，他们就会排斥其他农业资本家再来使用这些优等土地，从而使其他农业资本家只能经营劣等地。这就是所谓土地的资本主义经营垄断，它使得经营优等或中等地的农业资本家都能获得超额利润，它也是级差地租产生的经济原因。

二、土地的资本主义经营垄断，使得其他部门的资本无法自由转入农业经营，特别是优等或中等地，这就限制了农业中的竞争。这些垄断者在农业中可以长期稳定地获得超额利润，而这个超额利润便形成了级差地租。可见，构成级差地租实体的超额利润，不是由于资本所支配的劳动生产力的绝对增长而产生的，而是由于垄断着有利自然条件的个别资本与那些无法使用这种自然条件的资本相比，具有较高生产率而产生的。

土地所有权与超额利润的形成是毫无关系的。但前者的存在，使这部分超额利润从农业资本家手中转移到土地所有者手中。因此，土地所有权是超额利润转化为级差地租的原因。在这里，前者并未创造那个转化为超额利润的价值部分，而仅是使土地所有者能将这个超额利润从农业资本家那里转移到自己的口袋中。它并非这个超额利润创造出来的原因，但却是它转化为地租形式的原因。可见，农业中的超额利润以级差地租形式从农业资本家手中转入土地所有者手中的原因是土地私有权。

地租的来源

地租是农业工人的剩余劳动所创造的剩余价值的一部分，即超额剩余价值。因此，地租是这部分超额剩余价值的转化形式。在资本主义农业中，在大土地所有者存在的条件下，资本家要投资于农业，必须向土地所有者租佃土地，再雇佣工人进行农业生产劳动，并将农业工人创造的剩余价值的一部分作为地租，交给土地所有者。地租的源泉并非来自土地的自然力，而是来自农产品，也就是只有通过人的劳动，才能创造出超额利润。良好的土地自然条件只是形成超额利润的自然基础，资本主义土地所有权决定超额利润归土地所有者。农业资本家作为产业资本家的一部分，投资于农业与投资于工业和商业相同，都要求获得平均利润。这一事实决定了农业资本家从农业工人那里攫取的剩余价值必须大于平均利润并分成两部分：其中相当于平均利润的那部分剩余价值归农业资本家；超过平均利润以上的那部分剩余价值，则以地租形式付给大土地所有者。因此，资本主义地租来源于农业工人创造的超过平均利润以上的那部分剩余价值。

□ **农民交租**

实物地租是封建地租的形式之一，是封建土地所有者凭借土地所有权强迫租佃农民交出自家生产的农产品的一部分，即无偿占有农民的一部分剩余劳动。在形式上，实物地租主要是农产品，有时也可以是家庭手工业产品。图中，农民正在向地主交纳实物地租。

级差地租的形式

级差地租具有两种形式——级差地租Ⅰ与级差地租Ⅱ，它们分别代表了资本主义农业发展从粗放到集约的两个不同阶段。下面我们对这两种形式进行具体分析。

级差地租Ⅰ

级差地租Ⅰ形成的条件：

一、土地肥力不同。肥沃程度会导致不同土地自然劳动生产率的差异，土地肥力的差别与变化决定着级差地租数量的多少，包括自然肥力和人工肥力。自然肥力的差别是由表层土壤的化学结构形成的。自然肥力的开发和利用的多少，取决于农业化学和农业机械的发展。因此，土地的有效肥力不单由自然肥力决定，还与农业生产力的水平直接相关。

二、地理位置不同。即土地距离城市的远近和交通条件的好坏。凡是距离市场较近的土地，流通费用就少，反之，则多。经营离城市较近和交通条件较好的土地，可以减少运输费用，降低成本，从而使农产品的个别生产价格低于社会生产价格，并以社会生产价格出售，因此可以获得超额利润，形成级差地租Ⅰ。

然而，“土地肥力和位置，可以发生相反的作用。一块土地也许位置很好，但肥力很差；或者情况相反”。这说明，在土地的开发和利用中，土地肥力和位置会随经济发展的要求而变化，既可能是先开

□ 农产品运输

土地位置是指距离城市的远近和交通条件的好坏。凡是距离市场近的土地，农产品的流通费用就少，反之，则多。运输费用的支出，使农产品的生产成本也会有所增加。图中，农民正雇佣马车将农产品运送往市场。

发和利用肥沃的土地，也可能是先开发离市场近但肥力较差的土地，这就要视土地的用途而定了。

综上所述，级差地租Ⅰ形成的条件是不同地块的肥沃程度与地理位置的不同。农产品的社会生产价格不但由劣等土地所生产的农产品的个别生产价格决定，还由距离交通线和市场最远的土地所生产的农产品个别生产价格决定。这样，农产品的个别生产价格低于社会生产价格的超额利润，就转化为级差地租Ⅰ。

级差地租Ⅱ

级差地租Ⅱ是由于等量资本连续投资在同一块土地上，且每次投资具有的不同生产率所造成的超额利润而形成的级差地租。由于农产品的社会生产价格是由劣等地决定的，因此，只要在同一块土地上的连续投资生产的农产品的个别生产价格低于劣等地所决定的农产品生产价格，就会产生级差地租Ⅱ。至于构成级差地租Ⅱ实体的这部分超额利润是否转化为地租以及在何种程度上转化为地租，则取决于农业资本家与土地所有者之间的契约和斗争。在租约的有效期间，连续追加投资而产生的超额利润，归农业资本家所有；当租约期满，重新缔结租约时，土地所有者往往会考虑追加投资效果而提高地租，将农业资本家追加投资产生的部分或全部超额利润据为己有。因此，围绕租约期的长短，农业资本家与土地所有者展开了长期的斗争。

综上所述，级差地租Ⅱ形成的条件是，同一块土地上连续追加投资的劳动生产率不同。在同一块土地上追加更多的投资，通常是在优等土地上进行的。只要在优等土地上追加投资所形成的劳动生产率（单位面积土地所生产的农产品数量）比劣等土地高，则追加投资所生产的农产品的个别生产价格，就会低于由劣等土地生产的农产品所决定的社会生产价格，这二者的差额所形成的超额利润，就转化为级差地租Ⅱ。

□ 自耕农

英国自耕农阶层在圈地运动中崛起和衰落的历史事实告诉我们，即便是在英国这样以大农业为主要发展方式的国家，农民经济仍不是可有可无的、被动的和无足轻重的附属物，相反，它在农业发展进程中发挥着相当重要的作用。

级差地租Ⅰ与级差地租Ⅱ的关系

级差地租Ⅰ与级差地租Ⅱ之间既存在共同点，又存在区别。

二者的共同点：在实质上终究都只是投在土地上的等量资本所具有的不同生产率的结果，都是超额利润的转化形式。投在不同的土地上产生不同的生产率，形成级差地租Ⅰ；连续投在同一块土地上，便形成级差地租Ⅱ。

二者的区别：①超额利润转化为地租的过程不同，Ⅰ从最初就明确属土地所有者，而Ⅱ却不同。②Ⅰ是Ⅱ的基础和出发点。不管从历史上还是任何一个一定时期的运动而言，Ⅰ都是Ⅱ的基础和出发点。追加投资能否形成级差地租，要与劣等地的生产率进行比较。从资本主义农业发展的历史来看，只有在肥力和位置不同的各级土地同时并列耕种的基础上，即在级差地租Ⅰ的基础上，才会产生级差地租Ⅱ。③Ⅱ是Ⅰ的发展形式。Ⅰ与土地肥力和位置的差别相联系，Ⅱ则是除与土地肥力和位置相联系外，还同各个资本家拥有的资本量相联系。除了肥力的差别，还有资本（以及获得信用的能力）在租地农场主之间分配上的差别。资本量的大小，对于Ⅱ的形成具有重要作用。形成级差地租Ⅱ要求有更大的经营资本量。由于农业与工业不同，农产品价格不是由中等地生产条件所决定，而是由劣等地来决定，因此，资本不需要达到“平均资本量”，而只需达到“最低资本量”就可以获得平均利润，如果高于“最低资本量”，就可以取得超额利润，从而转化为级差地租Ⅱ。

绝对地租、建筑地段地租和矿山地租

绝对地租是资本主义地租的一种形式，在资本主义制度下，由于土地为地主所私有，因此无论租种如何都要收取地租。建筑地段地租是随着土地距离市中心的远近而定，城市建筑地段，特别是繁华市区地租不断上涨，形成高额垄断地租。矿山地租是指工业资本家为采掘矿藏向矿山土地所有者租用矿山所支付的地租。

绝对地租

绝对地租是指由于土地私有权的存在，租种任何土地都必须缴纳的地租，其实体是农产品价值超过社会生产价格以上的那部分差额利润，即土地所有者凭借土地私有权的垄断所获取的地租。土地所有者对他的土地，不论是优等还是劣等地，总要取得一定的地租，否则，他宁可将土地长期闲置，也不会让他人无偿使用。

绝对地租产生的原因

单纯法律上的土地所有权并不会为土地所有者带来任何地租。土地不出租，其所有权就没有任何收益，在经济上也就没有任何价值。只有土地所有者与租地农业资本家之间建立了一定的经济关系后，土地所有权才会通过收取地租的形式来体现它在经济上的价值。可见，土地所有权垄断是绝对地租产生的原因。土地私有权垄断是指农业中有限的土地被私人土地所有者占有之后，他人就无法再拥有对土地这种生产资料的私有权。

仅从农业资本的有机构成较低来说明绝对地租的存在是不够的。因为工业生产中一些部门价值高于生产价格，但却不能获得超额利润，只能获得平均利润。工业上的超额利润只存在于部门内部劳动生产率高的企业。而绝对地租来自农产品价格高于生产价格出售而形成的超额利润。因为在自由竞争时代，农产品是以价值而不是以生产价格出售。工业部门的一切生产条件都可以由资本自己创造或自由支配，没有不能克服的外力。由于工业部门之间资本的自由转移，剩余价值

□ 农民的艰苦生活

英国圈地运动[1]使大量小土地占有者失去赖以谋生的土地，同时，土地私有权得以在法律体制的基础上确立，经济的发展不再受传统道德规范的束缚，所以说，圈地运动对于消除英国自然经济的残余起了重大的推动作用。图为当时农民艰苦生活的写照。

被平均化，形成平均利润，商品要按生产价格来出售，超额利润只能在同一生产部门内由社会生产价格和个别生产价格之间的差额发生。工业中虽然也存在这样的超额利润，但并没有使具有先进生产条件的资本家获得一个长期、稳定的超额利润。这是因为，工业中的资本自由竞争和利润的平均化，使这种超额利润的存在只是短暂的，无法形成稳定收入，工业品的总价值与总生产价格也是一致的。而在农业部门中，土地是不能由资本自己创造和自由支配的，独立于资本之外，并存在着与资本相对立的土地私有权的垄断。这使资本对农业产业的进入构成一种壁垒或限制。这个壁垒不是排除工农业之间的自由竞争，而是决定了资本如不缴纳地租，不论租种优劣，在事实上都是不可能的。土地所有权的垄断限制了资本自由投入，阻碍了农业利润在各个部门之间的平均化，使这种来自农产品价值与生产价格差额的超额利润，成为农业资本家稳定、长期的收入，进而形成绝对地租。绝对地租量的确定又完全取决于供求状况和新耕种的土地面积。如果农业资本的平均构成等于或高于社会平均资本的构成，那么，上述意义中的绝对地租就会消失，也就是既和级差地租不同，又和以真正垄断价格为基础的地租不同的地租，就会消失。因此，这种土地私有权垄断阻碍和排斥资本自由转入农业获得土地私有权，限制了部门之间的竞争和农业部门的超额利润参与社会平均化的过程，使农业利润无法参与利润平均化，因而农业中的剩余价值并不参加全社会的利润平均化过程。而且，土地私有权垄断还决定了租种任何土地都必须缴纳

[1] 圈地运动：在14、15世纪，在农奴制解体过程中，英国新兴的资产阶级和新贵族通过暴力把农民从土地上赶走，强占农民份地及公有地，剥夺农民的土地使用权和所有权，限制或取消原有的共同耕地权和畜牧权，把强占的土地圈占起来，变成私有的大牧场、大农场。这就是英国历史上的"圈地运动"。

绝对地租。所以，正是土地私有权垄断的存在使得农产品不仅能够，而且必须按照高于社会生产价格的价值出售。农产品按高于社会生产价格的价值出售，在价值与生产价格两者之间的差额，就会形成一定量的超额利润，从而在农业资本家获得平均利润的同时，价值高于社会生产价格的超额利润便成为绝对地租。

绝对地租形成的条件

把农产品价格看作是普遍意义上的垄断价格是不对的，因为还无法理解生产价格和价值的区别。商品的生产价格与价值的差额都是由资本有机构成决定的。从资本主义的历史来看，在一定的经济发展阶段中，农业发展落后于工业，因而，农业资本有机构成低于工业资本有机构成。在这个条件下，一定量的农业资本与由社会平均构成的同等数量的资本相比，会生产较多的剩余价值，因为劣等地同样需要缴纳绝对地租，这意味着农产品的市场价格必须高于它的生产价格，才能使经营劣等地的农业资本家在获得平均利润的基础上有余额来缴纳绝对地租。由于农业属于资本有机构成较低的社会生产部门，同量资本在农业中可推动更多的活劳动，在剩余价值率相同的情况下，农业部门所创造的剩余价值高于工业部门，从而农产品的价值便会高于其社会生产价格。这使得租种劣等地的农业资本家把农产品按高于生产价格的价值出售，为在平均利润以上有一个余额来缴纳绝对地租提供了前提条件。农产品的价值高于社会生产价格而产生的超额利润，便形成农业资本家向土地所有者缴纳的绝对地租。

随着科学技术的进步，农业资本有机构成已经出现赶上甚至超过工业资本有机构成的趋势，农产品的价值不再可能超过它的生产价格，绝对地租也随之消失。然而，土地私有权垄断决定了绝对地租必

□ **农民的聚会**

1914年，俄国取消对废除农奴制所引起的个人主义的最后期限，为俄国造就了一个兴旺发达而又独立的农民阶级。它使农业最终渡过难关。但是它的工业化需要较高的教育水平，这就给俄国带来了新的压力，并且仍然需要外国供应商所提供的资金。图为1910年的俄国农村，一些农民正在举行集会。

然存在，只是形成绝对地租的条件发生了变化，绝对地租不再是农产品的价值高于社会生产价格的超额利润，而是农业资本家的一部分平均利润的扣除，即把平均利润的一部分转化为绝对地租，有时农业资本家也会克扣农业工人的一部分工资来作为绝对地租。

垄断地租

垄断地租是由垄断价格带来的垄断超额利润所构成的。要分析它，首先要把与地租相联系的两种垄断价格区分开来。第一种垄断价格，是由于对特殊的优越与稀有性的土地的自然条件的垄断形成的。它的价格由购买者的需要程度和支付能力决定。由生产的商品价格超过其价值的那部分垄断价格所形成的超额利润转化而成的地租，归土地所有者。这种垄断价格是对这些特殊土地的资本主义经营垄断，与土地所有权无关。第二种垄断价格是由于土地所有权的垄断，形成了对投资的限制，要交纳地租，因而农产品价格要高于生产价格或价值出售。

建筑地段地租和矿山地租

地租不仅存在于农业，还存在于一些直接以土地为经营对象的生产部门中，研究这种地租的基础应该遵循农业地租的一般规律。非农业用地地租主要包括建筑地段地租和矿山地租。凡是存在着土地所有权，租用任何土地，无论是用于经营农业，或是建造房屋，还是开采矿藏，都必须支付地租。

建筑地段地租

建筑地段的地租，是资本家为了修建各种建筑物，向土地所有者租用土地而交纳的地租。这种地租的基础与一切农业用地地租的基础相同，都是由真正的农业地租调节的。建筑地段地租与农业地租相比，具有如下特征：

地理位置对其级差地租具有决定性的影响。位置好的地段，如接近大城市或交通枢纽的地方，都市的繁华区，靠近车站、港口等地区的土地，比远离这些地区的土地地租要高出许多倍。土地所有者具有明显的被动性，建筑地段的所有者更是具有完全的寄生虫特征。在某些特殊的地段，垄断地租占有明显的优势。在许多情况下，如泉水、瀑布、可观赏的云雾等特殊地段的价格是垄断价格，形成垄断地租。建筑地段的所有者拥有巨大的权力，占有明显优势，形成垄断价格。如果可以提供特殊产品和服务，这种地租就会呈绝对上涨的趋势。

矿山地租

矿山地租是资本家为向土地所有者租用矿山而支付的地租。真正的矿山地租的决定方法与农业地租是完全相同的。它也包括地租的各种形式：

矿山的级差地租。由于各矿山所蕴藏的资源优劣不同，距离市场和交通枢纽的远近也不同，矿产品的单位产品的个别价格也有高有低。矿产品的社会生产价格是由劣等生产条件来调节的。因而，经营优等矿或中等矿的资本家就可以得到超额利润，从而形成级差地租。

矿山的绝对地租。在采矿业中，由于无须购买原料，因而减少了不变资本的支出。资本有机构成通常低于工业资本有机构成，从而使矿产品的价值高于生产价格。并且在土地所有权存在的条件下，限制了矿山的自由投资和竞争，从而使矿产品能够以高于生产价格的价值出售，并形成绝对地租。

矿山的垄断地租。某些稀有矿产品，如钻石矿等，由于供不应求，便可以以垄断价格出售，从而形成垄断地租。

土地价格

土地价格是一宗土地或成片土地在一定权力状态下某一时点的价格。由于它是资本化的地租，在其他条件不变的情况下，购买者所购买的地租收入与存款利息相比较，相当于能够取得这笔地租收入的货币资本。因此，土地价格的高低与银行存款利息率成反比。

土地有价格的原因

未经开垦的原始土地是自然界存在的天然产物，没有经过人类劳动的天然土地不是劳动生产物。因而土地本身不会有价值，也就不存在以土地价值为基础的土地价格。但是，在资本主义制度下，在土地私有权和商品关系普遍存在的情况下，凡是被私人所占有的有用物质都可以当作商品来买卖。当土地被其所有者占有而作为商品买卖时，没有价值的土地也可以作为买卖的对象，从而取得价格形式。

土地价格并非土地价值的货币表现，而是土地可以提供的地租收入的购买价格。土地价格相当于这样一笔货币资本价值，如果将这笔货币资本存入银行，每年所得的利息，就相当于购买这块土地后将其出租每年所获取的地租收入。因而，土地购买价格的实质是资本化的表现。

影响土地价格水平的因素

一、地租数量的大小。由于土地价格是资本化的地租，在其他条件不变的情况下，土地价格的高低与地租额的大小成正比。因此，地租数额的高低是决定土地价格水平的因素。

二、银行利息率的高低。与上个因素相同，由于它是资本化的地租，购买者所购买的地租收入与存款利息相比，相当于能够取得这笔地租收入的货币资本。因此，土地价格的高低与银行存款利息率成反比。

三、投资于土地资本和活劳动的物化价值、资本的利息等。简而言之，土地价格即全部土地租金的资本化。如兴修水利、平整土地以及土地的特殊地理位置所获取的垄断收入等。它们构成土地租金中的非纯粹地租部分。

四、土地供求状况。土地的供求关系是决定土地价格的重要因素。土地价格与地租量成正比。

□ **荒凉的旧萨兰**

土地的价格与土地的等级有关。而土地的等级并非定数，它会随着时间的推移，政治、经济、军事等情况的变化而变化，俄国用750万美元卖掉的阿拉斯加，如今却成了美国的无价之宝。昔日歌舞地，今天瓦砾场——旧萨兰已经荒凉，昔日城塔高耸入云的都市，现在只留下依稀可见的轮廓。

土地价格多少用公式表示为：土地价格=地租／利息率。例如，土地所有者的某块土地每年可获地租200镑。卖掉土地的价格如果存入银行，每年必须同样获得200镑利息，地价才能为所有者接受。假定银行存款利息率为5%，则土地价格为4 000镑。如果土地已经过人工开发，那么土地价格中就要包括对土地资本投入的补偿及其利润或利息。

土地价格有提高趋势

在资本主义社会，土地价格具有上涨趋势。由于土地所有权对土地的垄断，随着市场对农产品和土地需求的增长，其权力日渐发展起来，地租数额也随之增加，从而使剩余价值更多地转化为地租。地价的上涨抑制了产业资本的发展，在城市中则使雇佣劳动者阶级住宅问题变得更加难以解决。

第一，伴随平均利润率下降的趋势，利息率也出现下降趋势。随着投资的增加，土地上的建筑物会越来越多，“土地资本[1]”的利息和折旧也会随之增长，从而使租金提高。

[1] 土地资本：指为改良土地而投入土地并附着在土地上的资本，属于固定资本的范畴。这些固定在土地上的资本就被土地所有者攫取，并成为他增加地租或提高地价的条件，他如果再次将土地出租，地租量就会增加；如果将土地出卖，地价就会上涨。

第二，由于社会对土地产品需求和土地资本的增加，土地的地租、租金必然出现提高趋势。又因为经济的发展和人口的增长，对住宅的需求必然有所增加，那么，地租也会随之提高。随着未开发或闲置土地的逐渐减少，土地的供求关系在总体上势必呈现紧张趋势。

第三，土地投机也会使土地所有者任意提高地租。在繁华的大城市中，建筑投机的对象是地租而不是房屋，而投机者则是通过建造房屋在地租的上涨中发财而已。

第 7 章
各种收入及其源泉

CHAPTER 7

收入，即各个社会主体在既定的社会形态中进行生产消费和生活消费的经济基础。要理解收入就必须追寻其源泉。收入的源泉，归根结底取决于创造社会财富的剩余劳动。剩余劳动是人类社会中所有收入的源泉，因此占有剩余劳动，就占有财富和收入的源泉。在资本主义生产方式的框架中，剩余劳动是雇佣劳动中超过必要劳动的部分，剩余价值是超过雇佣劳动者劳动力价值以外的部分，因此，收入源泉的问题实际上就是剩余价值的生产和创造的问题。

三位一体的公式

所谓三位一体公式，是法国资产阶级萨伊首先提出的，是关于资本主义的生产方式，即：资本—利润，劳动—工资，土地—地租。

“三位一体的公式”的荒谬性

资产阶级的“三位一体的公式”，掩盖了资本主义各种收入的真正来源。因为公式中，利润这个作为资本主义生产方式特征的剩余价值形式被排除在外，从而资本主义生产关系的实质被掩盖。此公式中被作为收入来源的资本、土地和劳动，事实上是分属于完全不同领域的风马牛不相及的东西。

关于资本

一些人认为是资本创造利息，这是荒谬的，因为“资本不是商品，而是一定的、社会的、属于一定历史社会形态的生产关系，它体现在一个物上，并赋予这个物以特有的社会性质”。与资本并列的土地，属于无机的，自然界本身不可能创造价值。而劳动，是人类共同具有的活动。可见，社会关系、自然界本身及人类劳动，就如公证人的手续费、甜菜和音乐之间毫无共同之处一样，是毫无关系的。因此，构成所谓价值源泉的资本、土地、劳动，完全属于不同的领域，毫无共同之处。

□ 田间劳动

资本创造利润，土地创造地租，劳动创造工资，这是法国经济学家萨伊的观点。这种观点掩盖了资本主义各种收入的真正来源。资本本身并不创造价值，土地在生产中也只是一个载体，劳动所创造的，绝不仅仅是工资。图中，一位农民正在耕种土地，他的劳动所获得的是粮食。

关于劳动

劳动总是在一定的生产关系下

进行的，因而具有一定的社会性质。撇开一定的社会形态谈劳动，那样只能流于表面。如果将劳动当作一般生产要素来考察，它是人类社会所共有的，而工资是雇佣劳动的产物，通常不能成为特殊的原因。雇佣工人的劳动，分为必要劳动时间和剩余劳动时间两个部分，必要劳动时间是工资的来源，而剩余劳动时间创造了利润（利息）和地租。

“三位一体的公式”的实质

“三位一体的公式”将人与人之间的社会生产关系和资本家阶级与土地所有者共同对雇佣劳动者进行剥削的关系掩盖起来了。通过对资本主义的整个生产过程进行考察，就可以发现，资本主义生产关系中，利润、地租和工资等收入的真正来源，是雇佣工人的劳动新创造的价值，即$v+m$，也就是国民收入。工资是国民收入中相当于劳动力价值即v的部分，其余部分即剩余价值，则被资本家与大土地所有者无偿占有。因此，这一公式完全是为资本主义制度辩护的理论。

“三位一体的公式”抹杀了资本关系的历史性质。它不是以历史面貌的形式来认识资本主义生产过程的实质，而是把资本主义生产关系看成一切社会形态所共有的。作为一般生产过程，三要素是不可或缺的，但它们只有在资本主义制度下才成为取得收入的源泉。

“三位一体的公式”是资本拜物教的完成

在商品经济中，人与人的关系表现为物与物的关系，前者受后者支配，这种人物关系颠倒的现象就称为商品拜物教。在资本主义制度下，商品拜物教发展为资本拜物教。因为剩余价值转化为利润，已经掩盖了资本关系。由于利润转化为平均利润，平均利润分割为利息和企业主收入，资本关系又被进一步掩盖，认为资本可以直接获得利息，土地可以获得地租。因此，“三位一体的公式”使资本拜物教成立。

古典经济学的矛盾

“三位一体的公式”的理论是英国古典经济学家亚当·斯密的错误观点形成的“斯密教条”。该教条认为，商品的价值最终会全部分解为工资、利润和地租，这三种收入构成了商品的价值。亚当·斯密的贡献在于他将利润看成是工人劳动创造的价值的一部分，看到了剩余价值的源泉，这是“古典经济学的伟大功绩”。但是，另一方面，亚当·斯密又把剩余价值与利润混同起来，说利润完全受所投资本价值的支配，从而否定了之前的结论。“三位一体的公式”则是这一教条的进一步庸俗化。

分配关系和生产关系

每年新追加的劳动新生产的总价值在不同生产要素的所有者中间进行的分配，从而形成各自的收入，这就是分配的关系或形式。在资本主义条件下，年价值产品采取工资、利润和地租三种不同的收入形式，分别归于劳动力、资本和土地三种生产要素的所有者。

分配关系

人们通常认为分配关系是一种自然的关系，是从一切社会生产的性质，从人类生产本身的各种规律中产生出来的。然而，在资本主义社会出现以前就出现了其他分配方式，但那些方式被人们认为是这种自然分配关系初级的、虚假的、没有取得最纯粹表现和最高形式的、具有不同色彩的方式。

我们不能完全否定这一看法，它也有正确（唯一正确）之处：在任何社会生产中，一部分劳动的产品由生产者及其家属直接消费，一部分劳动的产品用来满足一般社会需要。撇开用于生产消费的那部分不谈，不同分配方式的同一性就可以归纳为：如果我们将它们的区别性与特殊形式去掉，只考虑它们的一致性，那么它们就是相同的。

对资本主义生产方式加以科学分析，可以得出如下结论：

第一，资本主义生产方式是一种特殊的、具有独特历史规定性的生产方式。

第二，与其他任何社会的一定生产方式相同，资本主义生产方式把社会生产力及其发展形式的一定阶段作为自己的历史条件。这个历史是一个先行过程的历史产物，并且是新的生产方式得以产生的现成基础。

第三，和资本主义生产方式相适应的生产关系，即人们在社会生产中与社会生活的生产中所处的各种关系，具有独特的、历史的和暂时的性质。

第四，分配关系和生产关系在本质上是相同的，是生产关系的正反两面，与第三条相比，它们同样具有历史的、暂时的性质。

在分析分配关系时，人们习惯从年产品分为工资、利润和地租这一所谓的事

□ 资本主义生产关系的实质

资本主义生产关系的实质是以生产资料私有制为基础的雇佣劳动制度。随着社会生产力的发展，资本主义生产方式经历了自由竞争到垄断的演进，国家垄断资本主义的产生和发展并未改变资本主义生产关系的实质，而是在更高层次进行经济剥削和垄断。

实出发，事实上，这是错误的。因为产品一方面分为资本，一方面分为收入。作为其中一种收入的工资，必须先以资本形式和工人相对立，然后才转化为收入的形式。通过劳动生产出来的劳动条件和劳动产品总体说来与直接生产者相对立，这一事实从一开始就意味着客观劳动条件和工人相对立，且具有一定的社会性质，因此，在生产劳动中，工人之间、工人和劳动条件的所有者之间具有一定的关系。当这些劳动条件转化为资本后，直接生产者的土地就会被剥夺，因而土地所有权形式是存在的。

假设产品的一部分没有转化成资本，那么它的另一部分也不会转化成工资、利润和地租的形式。

如果资本主义生产方式是以一定的生产条件为前提，那么，它会把这种生产条件不断地生产出来。资本主义生产方式不仅生产物质产品，还不断生产出生产关系，也就是说不断地生产出相适应的分配关系。

当然，也可以说资本本身已经以这样一种分配关系作为前提：劳动者被剥夺了劳动条件，这些条件集中在少数人手中，另一些人独占土地所有权，这种关系在讨论原始积累时已有说明。但是，这种分配关系与人们把分配关系和生产关系对立起来并赋予它历史性质时所理解的分配关系，是完全不同的。后者被人们借以表示对产品中归个人消费的部分的种种索取的权利。前一种分配关系是在生产关系本身范围内，落到与直接生产者相对立的、生产关系的一定当事人身上的那些特殊职能的基础。这种分配关系赋予生产条件本身及其代表的特殊的社会性质，它们决定着生产的全部性质和全部发展运动。

资本主义生产方式的两个特征

一、资本主义生产的产品是商品。它与其他生产方式的区别，不在于生产商品，而在于成为商品是它的产品的占统治地位的、起着决定影响的性质。这意味着工人自己也只是表现为商品的出售者，从而表现为自由的雇佣工人。如此一来，劳动就表现为雇佣劳动。资本主义生产的主要当事人——资本家和雇佣劳动工人，他们本身只是资本和雇佣劳动的体现者和人格化，是由社会生产过程加在个人身上的一定的社会性质，是这些一定的社会生产关系的产物。

产品作为商品和商品作为资本产品，包含着一切流通关系，也就是产品所必须通过的，并由此取得一定社会性质的一定的社会过程。这种性质也包含着生产当事人之间的关系，这种关系决定着他们产品的价值增殖和产品再次转化为生活资料或生产资料能否成功实现。产品作为商品和商品作为资本产品，可以知道全部价值决定和得出全部生产由价值来进行调节。一方面，劳动只是作为社会劳动起作用；另一方面，这个社会劳动的分配，它的产品的互相补充，它的产品的物质变换，它的从属和加入社会机构，都听凭资本主义生产者个人偶然的、互相抵消的冲动来摆布。资本主义生产者作为商品所有者，彼此之间相互对立，都想以高价出售商品，因此只有通过他们之间的竞争和互相施加的压力，内在的规律才能实现。在这里，价值规律作为内在规律，对单个当事人作为盲目的自然规律起作用，并且是在生产的各种偶然变动中，维持着生产的社会平衡。

二、剩余价值的生产是生产的直接目的和决定动机。资本在本质上是生产资本，但只有生产出剩余价值，它才能生产资本。这种为了价值和剩余价值的生产，包含着一种不断发生作用的趋势，要把生产商品所必需的劳动时间，即商品价值，压缩到当时的社会平均水平以下。将成本压缩到最低限度，成为提高劳动生产力的最有力的杠杆，然而，劳动社会生产力的提高只是表现为资本生产力的不断提高。

作为资本人格化的化身，资本家在生产过程中所取得的权威和他作为生产的指挥者和统治者的社会职能，与建立在奴隶生产、农奴生产等基础上的权威，有着明显的区别。

在资本主义生产方式下，劳动采用雇佣劳动的形式，生产资料采用资本的形式。在这一前提下，价值（产品）的一部分才表现为剩余价值、利润、资本家的赢利，表现为可供支配的、归资本家个人所有的财富。正因为价值的一部分表现为资本家的利润，那种用来扩大再生产并形成一部分利润的追回生产资料，才表现为新的追回资本，并且整个再生产过程的扩大，才表现为资本主义的积累过程。

尽管雇佣劳动对整个生产过程和生产本身起着决定性的作用，但它本身并不决定价值。决定价值的，只是社会的一般劳动时间，和社会一般可以支配的劳动量，而不同的产品在这个劳动量中所吸收的相对量，又在一定程度上决定着它们各自在社会中所占的比重。

工资以雇佣劳动为前提，利润以资本为前提，所以这些分配形式是以生产条件一定的社会性质和生产当事人之间一定的社会关系为前提。因此，一定的分配关系只是历史规定动作的生产关系的表现。

利润作为剩余价值的一种形式，是在资本主义生产形式中形成新生产资料的前提，所以是一种支配再生产关系。虽然于资本家个人而言，他完全可以将全部利润当作收入消费掉，但事实上他会遇到一些限制，这些限制以保险基金和准备金的形式出现在他面前，并在实践中向他证明：利润并不只是个人消费的分配范畴。

分配关系是与生产过程的历史规定和特殊社会形式，以及人们在再生产过程中互相所处的关系相适应的，并且由这些形式和关系产生出来。

只将分配关系看作是历史性的东西而不把生产关系看作是历史性的东西，这种看法一方面只是对资产阶级经济学开始进行的，但具有局限性的批判，另一方面，这种看法建立在一种混淆的基础上——把社会的生产过程与反常的孤立的人在没有任何社会帮助下也必须进行的简单劳动过程相混淆。就劳动过程只是人和自然之间的单纯过程而言，劳动过程的简单要素对于这个过程的一切社会发展形式来说都是共同的。

阶 级

阶级是在生产关系中处于不同地位的人群的集团，其中一个集团由于占有生产资料，因而占有另一个集团的劳动。就阶级的实质而言，它是一个经济范畴，就马克思主义的理论而言，阶级又是一个历史的范畴。阶级的存在仅仅与生产发展的一定历史阶段相联系。

单纯的劳动力、资本、土地的所有者，他们的收入源泉分别是工资、利润、地租。这些人形成了建立在资本主义生产方式上的现代社会的三大阶级：雇佣工人、资本家和土地所有者。

英国社会的经济结构已经有了最高度的、最典型的发展，这点是毋庸置疑的，但是，即使是在这样的国家，这种阶级结构也不曾以纯粹的形式表现出来，仍然存在着若干中间的和过渡阶段，它们使界限规定变得模糊不清（这种情况在农村比在城市少许多）。不过，这种情况对我们的研究而言是无关紧要的。我们已经知道，资本主义生产方式的普遍趋势和发展规律，就是使生产资料和劳动进一步分离，并让分散的生产资料越来越多地集中在少数人手中。因此，劳动转化成雇佣劳动，生产资料也转化成资本。为了适应这种趋势，土地所有权与资本和劳动相分离，两者完全独立出来，也就是说，一切土地所有权都转化成适应于资本主义生产方式的土地所有权形式。

□ 骑马休闲的资本家

资本主义社会是阶级社会。一般来说，不通过劳动创造社会财富而通过剥削占有社会财富的是资产阶级，通过辛勤劳动创造了绝大部分社会财富但并不拥有社会财富的是劳动人民。图为资产阶级富人骑马休闲的场面，它充分体现出该阶级生活的悠闲和富足。

形成阶级的原因是什么？这一

问题将会因另一个问题的答案而得到解答。这就是：什么原因形成了雇佣工人、资本家和土地所有者这三个社会阶级？

乍看之下，问题的答案似乎是收入和收入源泉的同一性。三个社会阶级的成员，分别靠工资、利润和地租生活，即分别靠劳动力、资本和土地所有权生活。

若从这一观点来看，医生和官吏似乎也形成了两个阶级，因为他们属于两个不同的社会集团。其中，每个集团成员的收入都来自同一源泉。对于社会分工在工人、资本家、土地所有者之间造成的利益和地位的无限度的划分，比如将土地所有者分成葡萄园、农场、林场、矿山、渔场等的所有者，也同样可以这样说。

特别说明

因客观原因，书中部分图文作品无法联系到权利人，烦请权利人知悉后与我单位联系以获取稿酬。

文化伟人代表作图释书系全系列

第一辑

《自然史》〔法〕乔治·布封 / 著
《草原帝国》〔法〕勒内·格鲁塞 / 著
《几何原本》〔古希腊〕欧几里得 / 著
《物种起源》〔英〕查尔斯·达尔文 / 著
《相对论》〔美〕阿尔伯特·爱因斯坦 / 著
《资本论》〔德〕卡尔·马克思 / 著

第二辑

《源氏物语》〔日〕紫式部 / 著
《国富论》〔英〕亚当·斯密 / 著
《自然哲学的数学原理》〔英〕艾萨克·牛顿 / 著
《九章算术》〔汉〕张 苍 等 / 辑撰
《美学》〔德〕弗里德里希·黑格尔 / 著
《西方哲学史》〔英〕伯特兰·罗素 / 著

第三辑

《金枝》〔英〕J. G. 弗雷泽 / 著
《名人传》〔法〕罗曼·罗兰 / 著
《天演论》〔英〕托马斯·赫胥黎 / 著
《艺术哲学》〔法〕丹 纳 / 著
《性心理学》〔英〕哈夫洛克·霭理士 / 著
《战争论》〔德〕卡尔·冯·克劳塞维茨 / 著

第四辑

《天体运行论》〔波兰〕尼古拉·哥白尼 / 著
《远大前程》〔英〕查尔斯·狄更斯 / 著
《形而上学》〔古希腊〕亚里士多德 / 著
《工具论》〔古希腊〕亚里士多德 / 著
《柏拉图对话录》〔古希腊〕柏拉图 / 著
《算术研究》〔德〕卡尔·弗里德里希·高斯 / 著

第五辑

《菊与刀》〔美〕鲁思·本尼迪克特 / 著
《沙乡年鉴》〔美〕奥尔多·利奥波德 / 著
《东方的文明》〔法〕勒内·格鲁塞 / 著
《悲剧的诞生》〔德〕弗里德里希·尼采 / 著
《政府论》〔英〕约翰·洛克 / 著
《货币论》〔英〕凯恩斯 / 著

第六辑

《数书九章》〔宋〕秦九韶 / 著
《利维坦》〔英〕霍布斯 / 著
《动物志》〔古希腊〕亚里士多德 / 著
《柳如是别传》 陈寅恪 / 著
《基因论》〔美〕托马斯·亨特·摩尔根 / 著
《笛卡尔几何》〔法〕勒内·笛卡尔 / 著

第七辑

《蜜蜂的寓言》〔荷〕伯纳德·曼德维尔 / 著
《宇宙体系》〔英〕艾萨克·牛顿 / 著
《周髀算经》〔汉〕佚 名 / 著 赵 爽 / 注
《化学基础论》〔法〕安托万-洛朗·拉瓦锡 / 著
《控制论》〔美〕诺伯特·维纳 / 著
《月亮与六便士》〔英〕威廉·毛姆 / 著

第八辑

《人的行为》〔奥〕路德维希·冯·米塞斯 / 著
《纯数学教程》〔英〕戈弗雷·哈罗德·哈代 / 著
《福利经济学》〔英〕阿瑟·赛西尔·庇古 / 著
《量子力学》〔美〕恩利克·费米 / 著
《量子力学的数学基础》〔美〕约翰·冯·诺依曼 / 著
《黎曼几何》〔德〕玻恩哈德·黎曼 / 著

中国古代物质文化丛书

《长物志》
〔明〕文震亨 / 撰

《园冶》
〔明〕计　成 / 撰

《香典》
〔明〕周嘉胄 / 撰
〔宋〕洪　刍　陈　敬 / 撰

《雪宧绣谱》
〔清〕沈　寿 / 口述
〔清〕张　謇 / 整理

《营造法式》
〔宋〕李　诫 / 撰

《海错图》
〔清〕聂　璜 / 著

《天工开物》
〔明〕宋应星 / 著

《髹饰录》
〔明〕黄　成 / 著　扬　明 / 注

《工程做法则例》
〔清〕工　部 / 颁布

《清式营造则例》
梁思成 / 著

《中国建筑史》
梁思成 / 著

《文房》
〔宋〕苏易简　〔清〕唐秉钧 / 撰

《斫琴法》
〔北宋〕石汝砺　崔遵度　〔明〕蒋克谦 / 撰

《山家清供》
〔宋〕林　洪 / 著

《鲁班经》
〔明〕午　荣 / 汇编

《陶说》
〔清〕朱　琰　蓝　浦　许之衡 / 著

“锦瑟”书系

《浮生六记》
〔清〕沈　复 / 著　刘太亨 / 译注

《老残游记》
〔清〕刘　鹗 / 著　李海洲 / 注

《影梅庵忆语》
〔清〕冒　襄 / 著　龚静染 / 译注

《生命是什么？》
〔奥〕薛定谔 / 著　何　滟 / 译

《对称》
〔德〕赫尔曼·外尔 / 著　曾　怡 / 译

《智慧树》
〔瑞士〕荣　格 / 著　乌　蒙 / 译

《蒙田随笔》
〔法〕蒙　田 / 著　霍文智 / 译

《叔本华随笔》
〔德〕叔本华 / 著　衣巫虞 / 译

《尼采随笔》
〔德〕尼　采 / 著　梵　君 / 译

《乌合之众》
〔法〕古斯塔夫·勒庞 / 著　范　雅 / 译

《自卑与超越》
〔奥〕阿尔弗雷德·阿德勒 / 著　刘思慧 / 译